軒轅之秋 著

漢興

自秦末亂世
至劉氏崛起的八十年

——從秦火灰燼中燃起的漢家王朝——

在歷史的浩瀚長河中，秦末漢初八十年波瀾壯闊；
這是一個由英雄書寫的時代，人才輩出、智謀紛呈。

漢興八十年，一幅展現歷史巨變的壯麗畫卷；
作者透過生動的筆法刻劃史實，帶領讀者一覽大漢傳奇風貌！

目錄

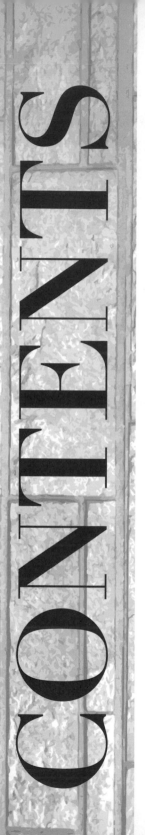

第六卷 文帝承前　　273

第七卷 景帝啟後　　323

自序

　　歷史是客觀的存在，但用文字寫出來的歷史其實從來都不客觀。

　　從《尚書》開始，《春秋三傳》、《史記》、《漢書》、《資治通鑑》，再到後來的《通典》、《文獻通考》，每部歷史其實都是一個建立在客觀之上的主觀存在。作者個人的色彩必定也會融入他所描述歷史的文字中。

　　如果描述出來的歷史純粹客觀了，反而沒有意思，同時也失去其價值了。讀史，有時候其實是在讀人，讀《史記》是在讀它背後的司馬遷，讀《漢書》是在讀它背後的班固，明明講的是同樣的故事，但給人的感受截然不同，如果再去看《資治通鑑》中漢代的部分，又是另一番氣象，因為那背後是司馬光。

　　這才是歷史真正的魅力所在。

　　大家如此，通俗化寫歷史小說的人也是如此，看《明朝那些事兒》，雖然看的是明朝的故事，但其實接受的是當年明月的明朝世界，並不是歷史上真正的明朝。

　　所以我要給大家呈現的是一個軒轅之秋的漢代世界，這個世界也許膚淺，也許太過通俗，也許還有些錯誤，但它絕對會是一個完整而有趣的漢代世界，九分的真實歷史，一分的演繹。

就像羅貫中給大家呈現的三國世界一樣，雖然那不是真實的三國歷史，但他保留了絕大部分的史實，也進行了一些趣味化的演繹。其實在寫作的過程中，我一直琢磨於「史實」與「故事趣味性」之間的取捨。作為一部通俗化的歷史小說，書中肯定得有一些演繹的成分，但我又不甘於讓自己的書太過「庸俗化」。

　　對於我的取捨，如果大家有不同的看法，還望諒解。

　　本書採用的是編年體的寫法，希望能給讀者一個更加清晰的歷史年代脈絡的定位。

　　之前我在讀《資治通鑑》的時候，沒有體會到司馬光在史料選擇上的考究，可這次編年體的寫作過程卻讓我深深地感受到，《資治通鑑》每一年的史料選擇都精巧至極，細細體會後令人回味無窮。

　　我的程度和司馬光自然是差了不知道多少光年，但在史料的選擇上也花了不少心思，不過和司馬光「資治」的定位不同，通俗化講歷史的書更多地考慮了故事的邏輯性和趣味性。

　　一本寫漢代歷史的書，為什麼我沒有選在某個皇帝駕崩的時間點截稿，而要掐頭去尾地描述從秦末到漢武帝元光六年這八十年的歷史呢？

　　這其中其實有很多想法。

　　漢代建國八十年對漢代人來說是一個特殊的時間節點：在這之前他們屢經波折，外受欺壓，內鬥不止；而在這之後，漢代國力逐漸達到巔峰，在雄才大略的漢武帝帶領下，創造了中華民族史上第一個受到全世界矚目

的盛世。

　　從秦始皇駕崩到晉破蜀漢一共四百七十三年的時間，這中間包括了秦末紛爭、楚漢爭雄、西漢十二帝、王莽新朝、東漢十二帝以及三國鼎立幾個階段。這將近五百年的時間可以算是漢朝政權能覆蓋影響的時期，而在我的概念裡，它恰好可以按照八十年一段的方式來進行劃分：

　　本書涉及的內容就是漢代的第一個八十年，西元前二一〇至前一二九年，從秦始皇駕崩開始，到諸侯反秦、楚漢相爭、劉邦統一天下，再到呂后掌權、文景之治，以及漢武帝初年的動作，這是一個大漢朝從無到有並且逐漸興盛起來的過程，所以我稱它為「漢興八十年」。

　　漢代的第二個八十年，是西元前一二八至前四十八年，從漢武帝主動出擊匈奴開始，之後有整個武帝時期的文治武功，然後有霍光輔佐昭帝、民間皇帝宣帝即位、中興漢朝等等，大概是武帝四十年、霍光掌權二十年、宣帝二十年。這一段時期先有「漢武盛世」後有「昭宣中興」，是漢朝國力最為強盛的八十年，所以我稱它為「漢盛八十年」。

　　漢代的第三個八十年，是西元前四十七至三十二年，從漢元帝即位開始、宦官起勢，之後成帝即位、外戚當權、王家崛起、五司馬相繼輔政，然後王莽篡漢、建立新朝、天下大亂，再後來赤眉軍綠林軍紛起、王莽政權被推翻、更始帝和劉盆子相繼成為起義軍的傀儡皇帝，最後劉秀先後擊敗各路兵馬、剿滅隴右隗囂和蜀中公孫述，統一天下。這是漢朝國力由盛轉衰的八十年，是從強盛到衰落、再到混亂、最後重建的八十年，所以我稱它為「漢衰八十年」。

　　漢代的第四個八十年，是西元三十三至一〇六年，從光武帝劉秀統一天下開始，重新恢復漢朝國力，大漢經歷了明帝和章帝兩代明君的統治，以及和帝的中央集權，一個東方的大國再度興起。此時的漢朝北有竇憲滅匈奴，西有班超定西域，科技文化各方面迅速發展，蔡倫發明造紙術也在這一時期，所以我稱它為「漢威八十年」。

　　漢代的第五個八十年，是西元一〇七至一八四年，從漢和帝駕崩開始，漢朝政權進入昏暗的年代，宦官弄權、外戚干政、連續年幼皇帝的出現、連續皇帝的非正常死亡，更有兩次黨錮之禍的腥風血雨，直到桓帝、靈帝時期的徹底崩潰，十常侍為禍天下。這是漢朝最為昏庸懦弱的八十年，所以我稱它為「漢庸八十年」。

　　漢代的最後一個八十年，是西元一八五至二六三年，就是大家熟悉的《三國演義》所涉及的時期，從黃巾之亂開始，董卓亂權、曹操崛起、官渡之戰、赤壁之戰、劉備定西蜀、孫氏霸江東，最後司馬氏統一天下，漢家江山的火種正式消失。所以我稱它為「漢末八十年」。

　　當然，這種對漢代歷史的劃分純粹是我個人的觀點，沒有經過嚴謹的學術討論，也不是從別人身上剽竊而來，算是一個不成熟的一家之言吧！供諸位看官一笑。

　　謹此感謝顧濤老師在成書過程中的細心指導。

軒轅之秋

第一卷 嬴秦緣起

第一章 從秦國祖先講起

　　明明是漢代的故事，卻要從秦國的祖先講起，似乎有些奇怪，然而筆者總覺得有這個必要。

　　所謂「漢承秦制」，作為中國歷史上頭兩個大一統的王朝，秦漢之間有著太多的相似與延續，再加上秦朝短暫，秦漢的歷史頗有些融合在一起而不分彼此的味道。

　　「秦時明月漢時關」，不理解秦朝的歷史與傳統，就不能理解楚漢時期天下諸侯的爭鬥；不理解「文景之治」時期休養生息的必要，就不能理解漢武帝征伐四方的決心。

　　所以說，秦漢本一體，歷史學界素有「周秦之變」、「漢魏之變」以及「唐宋之變」的說法，卻從來沒有人把秦漢分開來看。

　　當然，在我們的故事裡，秦畢竟是次，而漢才是主。所以為了分清主次，我們從秦始皇三十七年，也就是西元前二一〇年開始詳細論述。但在這之前，先簡單地聊聊秦國的祖先，大致看看秦嬴氏家族是如何一步步發展，最終享有天下。

　　秦始皇嬴政是曠世君主，他發明「皇帝」這個詞來自居一點也不誇張，所謂「三皇五帝」都是傳說中的神話人物，嚴格論起不過是上古部落的族長，所統領的區域極為有限，大抵逃不出黃河、長江流域。先不論他們到底道德水準如何（傳說中他們最為後人景仰的是道德水準），就建立功業方面而言，他們遠遠不能和秦始皇相提並論。

　　這不是對秦始皇個人的盲目崇拜，如此「振長策而御宇內，吞二周而亡諸侯」的驚天壯舉非他一人之功。賈誼說秦始皇是「奮六世之餘烈」，其

實他所繼承的「餘烈」只怕遠遠不止六世，秦嬴氏的奮鬥可以追溯數百年甚至上千年。

秦嬴氏是五帝之中顓頊的後人，顓頊即屈原〈離騷〉中自報家門時提到的那位「帝高陽」。如此說來，楚人屈原畢生協助楚王對抗的其實是「數千年前是一家」的同族，從某種意義上來說也算「大水沖了龍王廟」了。

嬴氏的第一個祖先叫大費，又叫伯翳。傳說中大費幫助舜帝馴養鳥獸，馴養得非常好，舜帝因而賜姓為嬴氏，也就成了秦嬴氏的祖先。當然，此時還只有嬴氏這個姓，沒有秦這個封號。

嬴氏大費的後人傳到了商紂王時期，有一個人叫飛廉，他善於行走奔跑，推測是當時的短跑或者長跑健將，所以被紂王重用。飛廉有兩個兒子：一個力大無比，名喚惡來，是秦嬴氏的祖先；另一個史書上沒記載有什麼特殊才能，名喚季勝，是戰國七雄中趙國趙氏家族的祖先。故秦趙本同祖。

商紂王時期民不聊生，於是有了著名的武王伐紂，飛廉和惡來都是紂王手下的大將，兵敗之後惡來被武王斬殺。季勝也不知是什麼緣故，沒有和父親兄弟站在同一陣線，反而選擇了投靠武王。在周朝建立之後，季勝成為周氏王朝的貴族，他的曾孫造父還成為給周穆王（約武王伐紂之後的一百年）駕車的親近之臣。

傳說中周穆王乘著造父駕的車西巡，見到了西王母（就是傳說中王母娘娘的原型），相聚甚歡而忘了歸期。此時恰逢徐國的徐偃王叛亂，周穆王乘著造父駕的車，日行千里，平息叛亂，大破徐偃王。之後，周穆王為了嘉獎造父的駕車之功，封他為諸侯，封地即「趙城」，此後造父的後人開始以趙為姓。

所以說，嬴氏家族在秦始皇統一天下前八百年，也就是上一次天下換主人的時候，站錯了隊，遠不如同宗趙氏顯赫，不是周王朝分封時的諸侯。惡來的後人，也就是秦嬴氏的祖先非子，還沾了同宗趙氏的光，在趙氏的屋簷下生活了很多年。

　　非子延續了家族的老本行，在犬丘以養馬為生，與野獸為伍。後來周孝王（約周穆王之後的四十年）聽說了，知道贏氏家族的祖先是為舜帝養鳥獸的，現在馬也養得很好，便讓他們為王室養馬，並賜予了一處縣邑，這個地方就叫「秦」。於是贏氏家族正式開始以「秦」為號，正式成為周王朝下的一方小諸侯。

　　說來也是湊巧，秦趙祖先本以養動物起家（大費為舜帝馴養鳥獸），後來他們也分別因為馬而得封諸侯，一個「御馬駕車」（趙），一個「養馬」（秦）。歷史長河風雲變幻，當時的周天子絕對想不到，自己「司機」的後人在幾百年之後會裂土稱王（趙），而自己親封的「弼馬溫」家族（秦）更是會在幾百年後取而代之，成為下一任王者，著實有趣。

　　贏氏善於牧馬的傳統千年流傳，據說著名的相馬大師伯樂的原型也是秦人。當然，善於相馬只能讓他們立足，真正的「雄起」還是得善於相人。

　　西周時期，秦一直是小諸侯，根本入不了大國的法眼，直到周幽王「烽火戲諸侯」引來了西戎犬戎的入侵為止。當時周邊的諸侯都對幽王為博褒姒一笑，而亂點烽火台的行為十分不滿，拒絕出兵，只有秦襄公出兵勤王立下了大功，護送幽王的兒子平王到東都洛邑（即洛陽），開始了東周的歷史。

　　周平王作為東周的第一任君主，很有手段，他對恩人秦國非常「大度」，賜予了他們岐山以西的所有土地。乍聽之下，這是一筆天大的賞賜，可其實是一張空頭支票。此時犬戎、西戎都攻到岐山以東了，所謂的岐山以西早就不是周王可以控制的地方，這種「慷慨」的行為周平王用得不亦樂乎。

　　無獨有偶，後面我們要提到的陳勝也用過這種方法，在起兵反秦之後他立了無數的諸侯王，不過封地當時還都在秦兵的控制下，他打出的就是一個「名分我給你，地盤自己去打」的賞賜。

　　「地方很大，不過得你們自己去拿，拿得到是你們的本事，拿不到與我

無關。」

於是，秦嬴氏開始了漫長的與戎族對抗的歲月，這一對抗就是幾百年的光景。

起初嬴氏與外族的戰爭互有勝負，搶回了一些地盤，但始終是反覆糾纏，沒有誰取得了決定性的勝利，彷彿是一場無休止的爭鬥。對於秦國而言，東進機會渺茫，因為橫在他們與中原之間的是強大的晉國，所以只能向西和外族打。就算是春秋時期秦國最鼎盛的秦穆公時代，也沒能成功越過晉國染指中原。

在漫長的歲月裡，晉國也曾經衰落過，可惜秦穆公運氣不好，沒有趕上：在他最強大的時候遇到的晉國也強大；在他最想問鼎中原的時候，遇到了晉文公、晉襄公父子。「崤山之敗」讓秦國徹底失去了爭霸中原的機會，雖然後來有孟明視大敗晉軍報仇雪恨，但最好的時機已經過去，中原此時注定還不屬於秦國。

雖然秦穆公東進中原的計畫泡湯，但秦國在五張羊皮換來的大夫百里奚，還有百里奚推薦的蹇叔（聽這個名字有可能是個瘸子）等賢相的經營之下慢慢強大了起來，在與西方外族的對抗中逐漸占了上風。

穆公晚年任命了一個叫由余的人做上卿，在由余的幫助下，向西滅掉十幾個部族和小國家，開地千里，稱霸西戎，為秦國後來的強大打下了堅實的基礎。雖然秦穆公終其一生都沒有稱霸過中原，但還是得到了周天子的肯定，認可了他霸主的地位，後人也把他算為「春秋五霸」之一。

什麼霸主不霸主的都是虛名，秦穆公真正的貢獻在於讓秦國坐穩了關中，使秦國有了中原國家絕對沒有的國土縱深。

所謂的國土縱深在長時期的、長達幾百年的鬥爭中有很大作用，這意味著一個國家永遠有退路，可能一時退卻、一時丟失城池土地，但始終有東山再起的機會，不太可能被人一舉殲滅。

楚國也算一個有縱深的國家，東西橫跨整個中華土地，向南也很廣闊；

北方的燕趙（或者說燕晉）不行，因為匈奴、東胡等游牧民族太強悍，不受騷擾已是萬幸，根本不可能深入攻打；東面的齊國鄰海，沒有空間；至於中原的韓、魏、鄭、衛、宋等國一向是四面受敵，更無縱深之可能。

在國家間長期的對抗中，一時的勝利往往如過眼雲煙，背後真正的實力才是支持國家的根本（比如國土縱深）。齊國曾經把燕國打到差點亡國，但實力懸殊，馬上又被樂毅打回來，打得齊國七十幾座城只剩兩座。可燕國畢竟是小國，一鼓作氣如此也到盡頭了，不久又被田單「火牛陣」一舉打回，迅速光復七十幾座城。

若拉長時間線來看，這些爭鬥與勝負都無關大局，改變不了國家的根本實力對比。而秦國坐穩了關中卻不同，讓他們擁有超大的後盾，對於提升國家實力有飛躍性的幫助。從這時開始，秦國面對山東諸國幾乎已經立於不敗之地了。

再換個角度來看，強大的國家彷彿都是擁有一方不受攻擊的大國，西面的秦、南面的楚、東面的齊。因為如此，他們才能夠有穩定的後方補給供給前方的戰事。腹背受敵的國家時間拖久了便會力竭而亡，比如中原的韓、魏，北面的燕、趙（北方的游牧民族太厲害）。再想想後面要提的楚漢時期：劉邦有蜀漢和關中之地的大後方，蕭何可以把源源不斷的兵源和糧食送到前線；而項羽的楚國卻北面受齊國田氏兄弟的騷擾，南面受梁國彭越的騷擾，難怪打到最後會一直「乏食」。

所以筆者一直認為，項羽分封時最大的失誤，就是沒有占領關中之地，這種策略性的失誤遠比打一場小敗仗要來得嚴重。

第二章 秦國六世之烈

　　到了戰國時期，晉國一分為三，強大的絆腳石不復存在，秦國開始有了逐鹿中原的機會。

　　其實他們一開始還是不順，分晉之後的魏國在魏文侯、魏武侯兩代賢君的治理下，成為第一個強盛起來的三晉國家。到了魏惠王時期，魏國上下齊心，無論是經濟建設還是軍事實力都走在七國的前列，而且在秦國之上。

　　反觀秦國，由於連續幾代出現了爭奪王位的混亂，實力大大受損，雖然國土很大，但論戰鬥力應該是戰國七雄裡最弱的。

　　此時魏國實力達到巔峰，震懾天下，諸國都唯魏國馬首是瞻。魏惠王首先就想拿秦國開刀，接連聯合趙、韓兩國伐秦，史稱「三晉伐秦」。

　　對手已經變強了，可秦嬴氏還是那個只知道一味打仗的「野蠻民族」，他們在幾百年來與外族對抗中，早已習慣了這種直截了當的處理方式，尚未意識到發展改革的重要性。所謂「自古知兵非好戰」，真正軍事強大的國家都不會是只知道打仗的國家。秦人不明白，魏國軍隊的強大在於他們背後改革帶來國家整體實力的上升，一味打下去，最終只有死路一條。

　　魏國名將龐涓（鬼谷子傳人，孫臏的師兄弟，後來身死馬陵）百戰百勝，搶占了秦國的河西之地。春秋戰國時期，河西之地泛指黃河以西，今指山西、陝西兩省間黃河南段以西地區，約於陝西省的韓城、合陽、大荔一帶。此期間秦魏之間打仗，秦國基本沒有贏過，最大的成果就是有一次俘虜了魏國的大將公孫痤。

　　公孫痤的名字大家可能沒有聽過，可他有個無人不知、無人不曉，大

名鼎鼎的門生——衛鞅，後來被稱為商君或商鞅。

　　就在秦國最危難的時刻，他們的國土縱深發揮了重大作用，雖然節節敗退，一直丟失土地，但始終沒有亡國，甚至當全天下都聯合起來想滅秦的時候，他們都沒有亡國。

　　當時的山東六強（指崤山以東的六個大國：齊、楚、韓、魏、燕、趙）經常會盟，可是從來都不帶上秦國，他們把秦國和夷狄看作一類，根本不算在諸侯之列，只等著哪一天消滅之，然後大家分一杯羹。

　　秦人的頑強讓他們挺過了這段艱難時期，有了國土縱深作保障，只要不亡國，終究會迎來英雄帶領他們殺回。

　　天佑秦國，英雄出現了。

　　西元前三六一年，年僅二十一歲的秦孝公嬴渠梁即位，開啟了秦國六世圖霸的篇章，為第七世的秦始皇一統天下做好了鋪墊。

　　接下來的故事很有名，大家都知道：秦孝公變法圖強，頒布「求賢令」，吸引了來自敵國魏國的衛鞅。衛鞅在魏國不受重用，就到秦國來實現自己的人生價值，創立一番不朽的功業，展開了著名的「商鞅變法」。

　　秦孝公與商鞅的變法只用了幾十年的時間，就讓秦國的勢力從七國末位一舉躍居六國之上，讓諸強——尤其是魏國跌破眼鏡，不但在幾十年後重新搶回河西之地，還一度兵圍魏都安邑，報仇雪恨。

　　壯大後的秦國從櫟陽遷都到咸陽，以新角色出現在戰國時代。

　　秦孝公過世後，秦惠文王即位。此人很有一套，為了穩住自己的君位，安撫在變法中利益受損的秦國貴冑，他將商鞅車裂，為貴族報仇，可貴族真正痛恨的秦國新法卻一點也不更動。

　　「既然你們痛恨變法，我便把變法的人殺了，這下滿意了吧？什麼？還要變回去？那可不行。」

　　明眼人都知道新法是秦國強大的根本，只有守住了它，秦國才能繼續

稱雄。

　　秦惠文王正式稱王，成為秦國的第一個王，他面對鬼谷子弟子蘇秦的「合縱抗秦」之策不急不躁，任用另一名鬼谷子門人張儀為相，開始了反其道而行之的「連橫」，打破了六國聯盟。

　　同時，他又重用著名的司馬錯為將軍，對六國軟硬兼施，其間既有強硬的軍事打擊，又有柔軟的外交壓迫和欺騙，手段非常高明，不斷地擴張秦國的領土，增強秦國的勢力，與其相鄰的趙、韓、魏、楚都或多或少吃了虧。他還趁機滅掉一向與外界交往不多的蜀國，即四川出土的三星堆遺址的所在地。

　　秦惠文王在位期間，秦國成為實力遠超六國的強大國家。

　　秦國的統一，和戰國時期連續出了好幾位雄才大略的君主有關，秦孝公算第一個，秦惠文王算第二個，後來的秦昭襄王算第三個，秦始皇算第四個。當然這四個人不是連續在位，其間也或多或少有昏庸和無作為的秦王存在，但這些人都在位個幾年就因為各式各樣的原因去世了，秦國能統一天下，和「運氣」不無關係。

　　比如秦惠文王的兒子秦武王，為人倒也不糊塗，就是有一個愛好，喜歡比試力氣，本身也是個大力士。秦武王在位的第四年，魏國的太子來朝見他，他和手下孟說（一說孟賁）在大殿上表演舉鼎。

　　戰國時的鼎大都為青銅製，巨大無比，原本是煮飯做菜的器具，慢慢地演變成權力和天下的象徵。楚莊王在楚國強盛時，曾問周天子的鼎有多重，其意就是想染指中原圖霸，於是便有了「問鼎中原」這個詞。

　　而身為最大諸侯國秦國的君主，秦武王為了和孟說爭一口氣，居然拚盡全力去舉原應舉不起來的鼎。

　　不是每個人都能和西楚霸王項羽一樣「力能扛鼎」，秦武王舉鼎時用力過猛，竟然一命嗚呼，絕臏而亡。

武王意外去世後，公子稷從燕國趕回來繼承王位，即後來在位長達五十六年、秦國第三位雄才大略的君主秦昭襄王。

秦昭襄王剛即位時還很年輕，前半段時間，國家大事都由母親宣太后和舅舅穰侯魏冉把持，這樣的情形一直持續到范雎出現。范雎是戰國時期，秦國繼商鞅、張儀後第三位來自他國的賢相。

說來也湊巧，秦國出了四個雄才大略君主的同時，也從別的國家先後吸引了四位輔佐君主爭霸的賢相共襄大業，變法的商鞅是第一個，「連橫」的張儀是第二個，「遠交近攻」的范雎是第三個，後來助秦始皇統一天下的李斯是第四個。這種「河海不擇細流，故能就其深」的態度讓秦國大受裨益。

另外，如果算得勉強一些，還可以總結出四個時期的名將（商鞅身兼將相兩個角色），排成秦國四個階段君主將相的「鐵三角」很有意思，他們分別是：

「秦孝公，商鞅，商鞅」；「秦惠文王，張儀，司馬錯」；「秦昭襄王，范雎，白起」；「秦始皇，李斯，王翦」（蒙恬更大的功業在於對抗匈奴，不在與諸國爭霸，故先不列入此）。

說起范雎，他和商鞅、張儀一樣，都是魏國人。

有時候筆者真的很好奇，魏國到底是個什麼樣的國度，培養出這麼多優秀人才卻又送給其他國家，簡直成了秦國的人才培訓學校。對於這些人才來說，魏國絕對是一個有益於成長鍛鍊的地方，因為這裡給他們提供了「磨難」。

凡「天將降大任於斯人也，必先苦其心志，勞其筋骨，餓其體膚，空乏其身，行拂亂其所為」，魏國喜歡聚天下英才而折磨之，逼迫他們成長，最後去別的國家施展拳腳，反過來報仇。商鞅如此，范雎也是如此，都是在魏國飽受欺凌後才跑到秦國實現抱負，回過頭來打擊魏國。

其實魏國也不僅是給秦國送人才，同樣經歷的還有孫臏，在魏國被弄

成殘廢以後跑到齊國，最後帶著齊國的大軍又是「圍魏救趙」、又是「增兵減灶」，在馬陵全殲魏國主力，斬殺他的師兄兼仇人龐涓。

簡言之，范雎對秦國的貢獻有三：

一是集權：范雎對秦昭襄王說：「聞秦之有太后、穰侯、華陽、高陵、涇陽，不聞有王也。」在他的建議下，秦昭襄王徹底拔掉了母后一家的勢力，把秦國的權力掌握到自己手中。

二是薦將：秦國之前的大將一直是穰侯魏冉，在秦王集權之後，范雎果斷推薦了武安君白起為將。白起為秦國立下了赫赫戰功，累計屠殺六國的軍隊近百萬，幾乎可以稱為戰國第一劊子手，光和趙國的長平一戰就活埋了四十萬軍隊，使得趙國一時間在大街上都看不到男子，殘忍之至。

三是遠交近攻：范雎對抗六國的核心策略是「遠交近攻」，可算是張儀「連橫」策略的延續，就是結交遠的國家燕、齊，而集中火力攻打韓、魏等鄰近國家，分化六國的同時，壯大自己。

值得一提的是，范雎在秦國著名他國賢相中，是難得善終的一位，他「急流勇退謂之知機」，在白起被處死後，范雎意識到危險，果斷放棄權力以自保，這種范蠡般的大智慧，商鞅、張儀和李斯都比不上。

秦昭襄王當了五十六年秦王，在他的統治下，秦國又朝統一天下走了一大步。昭襄王晚年，秦人想吞併天下的野心已經是盡人皆知，他徹底滅掉了周天子，結束了周人幾百年的傀儡統治，把象徵天下的天子九鼎運回秦國。（古時禮儀很嚴格，只有天子才可以用九個鼎，所以取九個鼎其實就是向所有人說：「我要做天子。」不過有個趣事，這九鼎有一個不慎掉入了泗水，故秦人最終只運回了八個。）

秦昭襄王辭世後，他的兒子秦孝文王即位，爸爸活得太久了，所以孝文王即位的時候已經五十三歲，身體也不太好，過了一年就病逝了。於是，孝文王的兒子莊襄王即位。

說到莊襄王，這邊又有故事了，那就是呂不韋「奇貨可居」的故事。

　　秦莊襄王，尚未即位前名喚公子異人。

　　那時孝文王還沒有即位，叫安國君。公子異人是安國君一個不太喜歡的妃嬪夏姬的兒子，所以從小被送到趙國當質子。質子是古時候東西方都流行的一種策略，歐洲中世紀也有很多類似的政策，即各個國家為了鞏固自己的政治利益，讓兒子去對方國家當人質，好讓對方放心。

　　秦昭襄王時期，山東六國中最強大的是趙國，趙武靈王「胡服騎射」改革軍制，建立了當時中原最強大的騎兵，連秦國也要忌憚三分，派一個王孫當質子也很正常。只可惜趙國與秦國的對抗也只是一時的，單單軍事強大畢竟不能持久，後來的「沙丘之亂」和「長平之戰」，迅速讓趙國這樣一個強國跌入谷底，再也爬不起來。

　　呂不韋本是趙國的商人，他在見到公子異人後，認為這是「奇貨可居」。種植糧食最多也就十倍收益（恐怕還沒有），珠寶生意的也就幾十倍的收益，而把「君主」當作貨物來投資，回報將是空前絕後。

　　當時秦趙交兵，公子異人在趙國過得非常悽慘，在他最需要幫助的時候，呂不韋出現了。呂不韋不但接濟公子異人的生活，還撒下重金助其成為秦國繼承人。雪中送炭永遠比錦上添花讓人刻骨銘心，公子異人與呂不韋結下了生死之交。

　　安國君最喜歡的妃嬪華陽夫人恰好沒有子嗣。作為君主的妃嬪，不管如何受寵，如果沒有子嗣支持，遲早要落得一場空。何況秦昭襄王已經當了這麼多年王，安國君當太子都嫌老了，都快五十歲了，只怕年歲不久。安國君若死了，沒有兒子的華陽夫人注定只有被其他妃嬪欺負的份，下場必不好，所以她亟需一個兒子。

　　呂不韋相中這個機會，便花錢籠絡華陽夫人，使公子異人成為她的乾兒子，既然雙方各有所需，這種結盟自是一拍即合。不久秦昭襄王去世，安國君即位為秦孝文王，他果然聽了華陽夫人的話，立公子異人為太子。一年後，秦孝文王離世，公子異人正式即位，即秦莊襄王。

在呂不韋的幫助下，幾年的時間，莊襄王就從一個流落異鄉的質子，變成了秦國的君主，他心存感激，封呂不韋為國相，號文信侯，食邑十萬戶，同時掌秦國之政。

　　呂不韋的投資終於得到回報，真可謂風險投資行業的鼻祖。

第三章 秦皇一統，海內大同

　　秦莊襄王在位時間也不長，僅僅三年便去世，千古一帝秦王嬴政繼位。

　　此時，秦國已開始對六國有欺壓之勢。與「合縱連橫」時期不同，那時候六國聯合起來還強於秦國，而此時六國聯合，也抵擋不住強大的秦軍了。在嬴政即位前，「戰國四公子」之一的魏國信陵君，曾經率領五國聯軍戰勝過秦軍，「叩關函谷」、「卻秦軍於河外」也算是替山東各國大大出了口惡氣。只可惜，函谷關天下堅城，即便是以強擊弱也未必能攻破，更何況是以弱擊強？信陵君再厲害也是枉然，整體實力的差距非個人能力所能彌補。

　　嬴政即位後，山東諸國的聯盟再次崩潰，信陵君也遭人猜忌失勢，天下已經無人能夠阻止秦軍的腳步了。

　　賈誼所謂「六世之餘烈」中的「六世」，指的就是從秦孝公開始，到秦始皇之前的六任秦國君主，前面我們已經一一介紹過：秦孝公、秦惠文王、秦武王、秦昭襄王、秦孝文王、秦莊襄王。

　　而關於秦始皇的身世，有很多撲朔迷離的地方。

　　司馬遷在《史記》的原文中，只保守地說秦始皇的母親本是呂不韋的小妾，卻沒有說當時她到底有無身孕；可是唐代司馬貞在給《史記》作索引時，卻說秦始皇的母親本來是邯鄲富豪家的女兒，擅長歌舞，在呂不韋獻給公子異人的時候已經懷孕。

　　如果我們相信司馬貞的說法，秦始皇不就成了呂不韋的兒子嗎？呂不韋做了一場比之前投資公子異人時還要大的生意，直接剽竊了秦嬴氏家族千年的奮鬥和努力結果，一舉讓自己的兒子成為天下之主。

其實呂不韋本身並沒有享受到任何好處，因為秦始皇不會認他。

嬴政根本就不在乎他到底是誰的兒子，反正天下是自己的，建立「前無古人，後無來者」之功業的君主什麼都可以捨棄。

繼位之後，嬴政和他的「曾祖父」秦昭襄王一樣，先把妨礙自己的太后和把持朝政的權臣請出朝堂，把國政實實在在地掌握在手中。

在放下母親（太后）、父親（呂不韋）和母親的情人（嫪毐）這些包袱之後，嬴政把手伸向六國，在李斯的幫助下，起用蒙驁（蒙恬和蒙毅的爺爺）、王翦等將軍連年征伐。

嬴政先滅了已經被欺凌多年、早已孱弱不堪的韓國，然後離間趙國君臣，讓廉頗、李牧這些名將不受重用，後一舉滅趙，又順帶掃滅魏國。之後，秦始皇讓本已告老的王翦帶兵六十萬決戰滅楚，在燕太子丹派遣的荊軻刺殺失敗後，又一怒滅燕，最後集全國之力剷除齊國，前後用了二十六年的時間。

統一之後的嬴政不再滿足秦王的稱號，他認為自己「德兼三皇，功蓋五帝」，於是創立了「皇帝」這個詞。同時，他不再採用周朝的分封制度，而開始使用郡縣制，將天下分為三十六個郡，直接由自己任命各個郡的長官，廢除諸侯王各自為政的制度。為了防止臣民叛亂，他沒收天下大部分的兵器，熔煉成十二個大金屬人放在宮廷中，希望自己的子孫可以萬世為君。

秦始皇的貢獻顯然很大，他規定車同軌、書同文，讓原本雜亂幾百年的中原大地真正從各方面變成一家人，變成了再也分割不開的國家，讓中華民族有了大一統的傳統。

世界四大文明，只有中國文化綿延幾千年不絕，正是基於秦始皇大一統的觀念，讓中華民族永不分裂，分久必合。

然而，再多的貢獻也無法掩蓋秦始皇作為暴虐君主的事實。

從商鞅變法開始，秦國一直走著「國富民窮」的路線。秦國越來越強大，然而秦國的人民卻越來越痛苦，每天都生活在水深火熱之中。

「商鞅變法」建立的法家統治，和如今我們所說的「法制」差別極大，原因在於二者立法的根本不同。

現今的法律是為「公民」立法，規定公民的義務，保障公民的權利，從某種意義上來說限制了統治者的權力，規定了統治者的義務。可秦朝的法則不同，它純粹保障了統治者的權力，和人民一點關係都沒有，甚至和官員也沒有太大關係，秦法只為君主一人服務。

這種法和之前周朝盛行的「禮不下庶人，刑不上大夫」也不同，秦朝的刑不會放過士大夫階級，因為在他們眼中，不管是貴冑還是官員，都和普通百姓一樣，全都是皇帝的奴隸，故要受到法律的限制。

「商鞅變法」無疑給社會帶來了更大的活力，因為它拉近了底層百姓和一般貴族間的差距。只要肯出力立下戰功，任何賤民都可能一躍成為貴族，這大大地激勵了民眾的積極性，秦國的發展自然變得飛快。

但話說回來，以前貴族可以靠自己家族的勢力，在一定程度上制衡君主，有防止暴君出現的作用；可如今貴族都被顛覆，綿延數百年的大家族越來越少，貴族的權力越來越小，全都成了君主剛剛提拔上來的奴才，還談什麼制衡？

於是，君主的權力越來越大，可以為所欲為，壞事做盡無人管，也無人有能力管。這樣的政權顯然不會長久，軍事力量再強大也沒有用，可以馬上得天下，安能馬上治天下？

秦始皇在統一之後，將自己的權力推向巔峰，做任何事情皆隨心所欲，有任何不順自己意的臣民就殺掉。統一之後的十年，阿房宮拔地而起，萬里長城連成一片，秦皇陵兵馬俑成千上萬，焚書坑儒，海外求仙；因為一句「亡秦者胡」，派大軍三十萬打得匈奴不敢南下牧馬；因為石碑諷刺自己，而殺光附近所有百姓。所有前人不敢想、後人不敢做的事情，秦

始皇都做了，於是秦王朝也加速了自己的滅亡。秦始皇在的時候還好，憑藉著他的餘威尚能壓制住底下臣民，可他走了以後呢？

秦始皇希冀子孫萬世為君的美夢注定為一場空，商鞅建立的法家統治從根本上來說，就是一個讓社會流動的制度，即便是君主也難以逃脫。

為什麼陳勝、吳廣能說出那句「王侯將相，寧有種乎」？在「商鞅變法」之前，這是根本不可能發生的事情，因為在那之前的王侯將相天生就比他人尊貴，倘若出身不好，便注定一輩子與功名利祿無緣。

那時候「刑不上大夫」，王侯將相都是像秦嬴氏這般幾百年、上千年流傳的世家，一般的平民根本沒有翻身的機會，即便是造反都沒有人會認同你，因為沒有人看得起你。就這樣，幾百年、幾千年裡，貴族永遠是貴族，平民永遠是平民，社會上下層之間幾乎沒有流動。

「商鞅變法」讓人們看到，原來平民和貴族之間可以隨意轉化，貴族可以被貶為平民，平民也可以一躍為貴族，造反翻身成為可能。平民更進一步地想，既然我都可以變成貴族，那為何不能直接當皇帝？於是，秦嬴氏最終被人民的戰爭推翻。

滅秦真的是人民的戰爭，消滅秦國主力部隊的項羽雖然出身楚國貴族，但首舉義旗的陳勝、吳廣，和最終取而代之的劉邦，都出身於窮苦老百姓，是實實在在的平民。

商鞅變法之後，中國古代變成一個流動性很大的社會，帝王將相有可能幾代之後就成了平民，平民也有可能幾代之後成為帝王將相，這和西方社會有顯著的區別。西方社會在資本主義革命之前，都是家族式的、缺乏流動的社會，貴族上千年來都是貴族，各個國家也都由各大家族支撐，有些家族勢力龐大得幾乎可以獨自對抗一個國家，任何國家的政治皆由各自貴族所左右。中世紀的時候，歐洲大陸每個國家的王室都互相有著姻親關係，是一個龐大、牢不可破的利益團體，平民想靠自身努力混入其中，難如登天，根本不可能出現如劉邦、朱元璋這樣一舉翻身的人。

　　故云：中國古代的歷史是人民的歷史，而歐洲古代的歷史只是幾個大家族的歷史。我們可以從兩句俗語中看出端倪，歐洲人說「三代才能培養出一個真正的貴族」，而中國人說「富不過三代」，這就是從側面反映了中國古代社會階層的流動性。

第二卷 反秦戰役

第四章 禍患常起於忽微

　　在回顧秦嬴氏家族上千年艱苦奮鬥、奪取天下的歷史之後，我們把目光拉回這個故事開始的年份，秦始皇三十七年，西元前二一〇年。

　　這一年發生了什麼事情呢？秦始皇駕崩。

　　在在位的第三十七年裡，秦始皇巡遊天下，周覽四方。他先到了南方的吳國，然後沿著長江入海，從海上北上到今天的山東半島，之後又繼續北行。到了黃河下游的平原津時，秦始皇突然生病，而且病情來勢洶洶。

　　秦始皇知道自己命不久矣，於是立下遺詔，讓遠在北方的公子扶蘇即位。

　　公子扶蘇與秦始皇的法家政見不同，扶蘇是一個崇信儒家的人。在秦始皇焚書坑儒的時候，扶蘇曾經勸諫，他認為天下初定，人心不穩，孔子學說是很多人習頌的學問，應該得到尊重，如果一直用這種嚴刑酷法來治理百姓，可能會導致天下大亂、民怨四起。

　　短短幾句話，就可以看出公子扶蘇是個非常有見識的人，他能夠在秦朝最鼎盛的時期看出當時統治潛藏的隱患，絕非庸碌之輩，這種居安思危的遠見和能力令人稱道。可是秦始皇並不同意兒子的觀點，甚至一怒將他趕到邊郡，和蒙恬一起戍守邊關，帶有強烈的貶謫意味。

　　其實秦始皇對公子扶蘇的處理方式可能蘊藏著深意。雄才大略的秦始皇或許也意識到了自己窮兵黷武、法令嚴酷的問題，認為兒子可能是對的，但高傲了一輩子，要他突然把頭低下，實在拉不下臉，所以把兒子趕到看不見的地方，先讓自己耳根清淨幾年。

　　「以後你想要怎麼做我都不管，不要現在逼你老爸做就好。」

這種心態和漢武帝末年有些相似，明明意識到兒子是對的，但出於面子、尊嚴和多年的習慣等各種原因，始終不肯開口承認。當然，漢武帝最後承認了，他頒布了著名的〈輪台詔〉，只不過讓他下決心邁出這一步的代價更大，那就是兒子的性命。

　　或者秦始皇是為了鍛鍊兒子，才把扶蘇派到邊郡去。從後續故事的發展中可以看出，扶蘇仁弱不堪，有可能是個仁愛君主，但絕對不是亂世的霸主，他的猶豫和脆弱更甚於漢武帝的太子劉據。也許秦始皇是想以邊郡的戰事和軍旅生涯來鍛鍊扶蘇的心智與性格，讓他成為一個更加合格的秦國君主吧！

　　試問秦始皇如果真的不喜歡扶蘇，怎麼可能讓他去和秦朝最好的將軍蒙恬待在一塊呢？更何況身邊還有三十萬秦軍最精銳的部隊？

　　公子扶蘇據說是仁義愛民的化身，但這些事情都說不準，如果他真的繼位，在秦朝這種制度下也未必能成為一個愛民的君主。

　　「周公恐懼流言後，王莽謙恭未篡時。若是當時身便死，一生真偽復誰知？」用一個人掌權之前的表現去估計他掌權之後的表現是不明智的，也是令人難以信服。我更願意相信後人對扶蘇的無限稱讚，是出於對他未能繼位而感到的遺憾。

　　當然，扶蘇就算當皇帝的資質再差，也糟不過他弟弟胡亥，能把千年基業、大一統的江山在兩年之內就敗光，歷史上只怕難有人出其右。

　　秦始皇臨終選擇了扶蘇，其實就是死之前的迴光返照——對自己曾經作為的修改。他知道此時的天下需要一個仁愛君主，他走的時候也許剛剛好，一切都在計畫之中。

　　只可惜「禍患常起於忽微」，計劃好一切的秦始皇卻忽略了身邊的人：胡亥、趙高、李斯。他的遺詔甚至沒能出得了沙丘就被扣下來，他的死訊也一直沒有公開。趙高直到部隊趕回咸陽控制局面之前都沒有發喪，路上屍體發出惡臭，為了遮掩，就弄一堆魚在車隊裡，讓味道混在一起，免得

大家起疑心。

說來也是湊巧，兩個沒有處理好兒子問題的霸主，都死在所謂的沙丘（當然不是一個地方），前一個是「胡服騎射」的趙武靈王，因為沒有處理好兩個兒子之間的鬥爭，最終被兒子圍起來活活餓死。

其實秦始皇在位的時候，並沒有很信任宦官趙高，只是「禍患常起於忽微」，他的雄才大略都花在天下，以至於忽略了身邊的小人，他沒有想到一個狗奴才居然敢扣住自己的遺詔，還假傳聖旨改變皇位繼承人。

一個狗奴才當然不敢，但如果是一群狗奴才呢？

趙高勾結了丞相李斯，一起改立秦二世胡亥，同時還矯詔賜死了遠在北方的扶蘇和蒙恬。

後文我們會提，在秦漢的政治體制之下，尤其是漢武帝之前，丞相可說是非常厲害，真正的「一人之下萬人之上」，其權力遠遠超越後來的歷朝歷代，足以完全佐理一朝的政治。

貴為丞相的李斯為什麼會屈尊和宦官趙高合作，去背負千古罵名呢？這都是權力惹的禍。

李斯當丞相當上癮，非常希望能繼續做這個「一人之下萬人之上」的丞相。只可惜，蒙恬的威望太高，和扶蘇的關係太好，如果扶蘇即位，那麼丞相職位無論如何都輪不到他，鐵定是蒙恬的，他李斯就只能隱退，結束政治生涯。

李斯雖然才能卓著，卻是個私心極重的人，而且為人善妒，在他心裡，永遠是自己的利益擺在第一位，什麼秦國的霸業，那是在滿足自己之後才考慮的事情。當初秦始皇寵信韓非，作為法家的集大成者、融合「法、術、勢」三派的韓非，才能遠高於李斯，因此招來了李斯的嫉恨。李斯反覆在秦始皇面前進讒言，說韓非的壞話，讓韓非下獄，最後在獄中迫使他自殺。

秦始皇三十七年　西元前二一〇年

如今又到了關乎自己利益的風口浪尖，李斯再一次選擇滿足自己的私利，置秦國江山社稷於不顧，和胡亥、趙高勾結。只可惜，這種只知道為自己打算的人，目光永遠短淺狹隘，他妄以為鬥掉蒙恬這隻猛虎就可以高枕無憂，不料「螳螂捕蟬，黃雀在後」，背地裡早就被趙高這匹餓狼給盯上。和蒙恬這種君子鬥輸，無非是告老返鄉、離開朝堂；可和趙高這樣的小人鬥輸了，卻注定要身首異處、連累全族。李斯後來的悲劇，完全是他自己一手造成的。

　　在丞相李斯的幫助下，趙高扶胡亥上台的陰謀成功施行，可他還是顧慮遠在北方的公子扶蘇和將軍蒙恬。原因很簡單，扶蘇是秦始皇長子，名聲又好；而蒙恬是現存秦國第一大將，又帶著三十萬的精銳部隊；更有蒙恬的弟弟蒙毅掌管皇帝身邊的禁衛軍。如果這夥人要聯合起來反對胡亥和趙高，不但名正言順、響應民意，而且無論內外都有相當的實力，不容小覷。

　　於是趙高趁秦始皇身死的消息還沒有公布（因為他們在未到咸陽控制局面之前，一直沒有發喪），矯詔模仿秦始皇的口吻，賜死公子扶蘇與將軍蒙恬。

　　這本是小人慣用的伎倆，有點想法的人都不會相信。筆者突然想起了喬治‧ 馬丁的著名小說《冰與火之歌》裡的一個場景，當艾德‧ 史塔克於君臨城被殺之後，皇后讓艾德的女兒寫信騙北方掌管部隊的哥哥羅柏‧史塔克放棄軍隊來君臨城，十六歲的羅柏在看到妹妹的親筆信後，毫不猶豫，第一反應就是召集手下，商量起兵造反的事情。

　　這才是正常人的反應嘛！只可惜扶蘇不是正常人，他是一個堅守儒家信仰以至於有點迂腐的人。在他腦子裡，「君君，臣臣，父父，子子」的觀念太重了，當蒙恬勸他抗命的時候，他居然說：「父親命令兒子死還有什麼好猶豫的？」於是立刻自殺。

　　這哪裡是父親命令你死，分明是弟弟想讓你死啊！

就向著扶蘇表現出的屪弱和幼稚來看，他就是真的當了皇帝，也不一定保得住大秦江山。這種人如何和野心勃勃的陳勝、威猛無敵的項王，還有天縱之資的劉邦鬥呢？

同樣的歷史條件對比，扶蘇的膽量甚至還不如一百多年後漢武帝的太子劉據。仁弱的劉據被江充小人誣陷，還大膽地懷疑武帝可能已經駕崩，猶豫一番之後決定先起兵自保。雖然劉據最後兵敗身亡，但至少他曾經努力過，有過機會；而扶蘇有著比劉據當時好得多的局面，卻沒有膽量邁出這一步，實在是可悲。

看來擁有堅強的性格比強大的能力更重要。

蒙恬是身經百戰的將軍，是能打到匈奴丟盔棄甲的傳奇人物，當然不會像扶蘇一樣輕易自殺，只可惜扶蘇的死讓他失去了名正言順起兵的機會，最後也只得選擇放棄，但他仍心存懷疑，沒有自殺，而是請求面見秦始皇。

起初秦二世聽到扶蘇已死，本打算饒了蒙恬，但趙高不願意放過蒙恬，蒙家在秦國的勢力太大，威望太高，蒙家不倒，他永遠也不可能把持秦國的朝政。

之前提過，蒙恬的爺爺蒙驁也是秦國大將，曾經攻取無數的三晉城池，蒙恬的父親蒙武隨王翦一起參與過秦楚大戰，殺了楚國的大將項燕，也就是項梁和項羽的祖先。

蒙恬的功績更是不得了，率領三十萬大軍將匈奴人趕出河套地區，修築長城將整個北方的防線連起來。不要以為這沒什麼了不起，看看後來漢朝是如何對匈奴委曲求全八十年，你就會明白蒙恬和他的三十萬部隊有多厲害了。

除了蒙氏祖孫三人之外，蒙家還有蒙恬的弟弟蒙毅，他相當於秦始皇身邊御前侍衛的總管，也是一個備受信任的近臣。

秦始皇駕崩的時候，蒙毅恰好被派遣去開路祭山不在身邊，所以也沒

能見到趙高、李斯當時的陰謀。趙高和蒙毅有大仇，趙高曾經犯法犯到蒙毅手上，蒙毅欲治他死罪，後來是秦始皇親自把趙高保了出來，可兩個人的梁子也就此結下。

如今趙高得勢，他絕不會放過蒙家兄弟，於私算是報舊仇，於公也是剷除政敵。

在趙高的百般讒言之下，胡亥最後決定賜死蒙毅，連後來的第三任秦王、胡亥的姪子子嬰反覆勸說也沒有用。

就這樣，蒙毅被處死了。當然，蒙毅沒有像電影裡一樣英勇無敵、力戰而亡，更不會託夢到幾千年後尋找愛情，臨死前，他費盡唇舌討好胡亥，舉了不少君主殺良將而沒有好結果的例子，比如昭襄王殺白起、吳王夫差殺伍子胥等等，希望胡亥能手下留情。

只可惜，胡亥殺蒙毅之心已定，蒙毅最後丟掉氣節的努力沒有造成任何效果，反而給自己最後的人生留下了汙點。

蒙毅死後，蒙恬也心灰意冷，感慨一番後吞藥自殺，秦國的棟梁蒙家就此滅亡。

國家大廈傾倒，苦苦支撐秦國的就只剩李斯一人而已了。

可是，偌大的天下又怎會是他一人支撐得起的！

第五章 得天下難，失天下易

　　秦始皇三十二年時，一次他去北方邊郡巡視，在燕國的地界遇到了一個很有名的方士盧生。盧生向秦始皇獻上一冊圖書，名叫《圖錄》，書中記載：「亡秦者胡也。」

　　這句「亡秦者胡也」是歷史上非常著名的讖語。

　　所謂的讖語，是秦漢時期比較流行的「讖緯之學」的一種，是中國文字獨有的創造。讖是秦漢方士編造出來預示吉凶的隱語，大都弄得非常玄虛，往往被當作一種政治預言。在漢光武帝劉秀把這門藝術發揚光大之前，讖緯還不是很盛行，只是很多人都會抱著「寧可信其有，不可信其無」的態度。

　　秦始皇就是如此，氣吞山河、一統天下的他，唯一的對手就是上天，他費了那麼大的工夫去海外求仙藥，製作了那麼多兵馬俑陪葬，都有很強的迷信色彩在裡頭，如今出現了讖語，自然是相當重視。

　　「亡秦者胡也」是什麼意思呢？秦始皇一拍腦袋，「胡」應該是指北方的胡人吧！

　　這是一個很正常的邏輯，已經掃蕩六國的秦國在視野範圍之內的對手只剩周邊的少數民族，其中當屬北方的胡人——匈奴為最強。於是，秦始皇派蒙恬帶領三十萬秦國最精銳的部隊出擊匈奴，卻敵七百餘里，打得他們盡數退出了河套地區，從此「不敢南下而牧馬」。後來，秦始皇又把六國時期遺留下來的長城全部連接起來以作防禦之用，形成了如今中國壯麗景觀「萬里長城」的雛形。

　　秦始皇花了如此大的力氣對抗胡人，卻做夢也沒有想到，「亡秦者胡也」

中的「胡」居然不是指胡人，而是他的寶貝兒子胡亥。

胡亥才是真正使秦國滅亡的人。

看了秦二世胡亥短短三年的統治，我們不得不感慨：「得天下難，失天下易。」秦嬴氏上千年的奮鬥、戰國時六世秦王的努力、秦始皇一生的經營，只需短短的三年就可以被全部敗光，一丁點都不剩。

從顓頊到大費，不知經歷了多少年、多少代才有了嬴氏家族；從大費到周孝王時期，又不知過了千百年，才有了秦這個封號；從周孝王時期到周平王時期，又過了一百二十年，秦國才有了名義上的地盤；從周平王時期到秦穆公，又過了一百五十年，秦國才在西部站穩腳跟；從秦穆公到秦孝公，又過了兩百五十年，秦國才在關中紮根，日益強盛；從秦孝公到秦惠文王，又過了三十年，秦國才得以稱王；從秦惠文王到秦始皇，又過了一百年，秦國才享有天下；然而從秦始皇到秦二世，不過短短三年，嬴氏家族便身死國滅，消失於中國歷史中，何其可悲！

當然，亡國的徵兆其實在秦始皇末期就已經顯現，只是一直被壓抑著，如今終於爆發，這就是傳說中的「坑灰未冷山東亂」。詩人說的多形象啊！秦始皇晚年「焚書坑儒」，彷彿那坑灰還散發著熱，岐山以東爆發了叛亂。

其實從秦始皇駕崩，到陳勝、吳廣的大澤鄉起義，中間還過了幾個月，在這段時間裡，秦二世讓天下人心中最後的一點猶豫徹底消失了。

即位之後，秦二世知道自己無德無能，擔憂諸多兄弟還有朝中大臣不服，於是詢問趙高解決的辦法。

這是秦二世在他不長的政治生涯中難得表現出的一點智慧。

只可惜，這僅有的一點智慧卻演變為災難。因為趙高給秦二世出的解決辦法是：「不服？不服就全都殺了吧！殺了這些貴族，然後再提拔一批貧窮的人上來，他們必定會因為感謝陛下而忠心不貳。」

於是，一場大屠殺開始了，秦國的皇族子嗣幾乎被斬盡殺絕，秦始皇傳說中有二十多個兒子，可除了扶蘇、胡亥、公子將閭和公子高以外，其他人連名字都查不到，可憐他們明明擁有令人艷羨的公子王孫名分，卻成為害己的利刃。更令人髮指的是，秦二世連姐妹都不放過，在連續斬首十二個皇子示眾之後，他又先後車裂了十個公主。

可悲的秦嬴氏，滅族的屠刀居然是被自家人舉起的。

更加可笑的是，胡亥的一個兄弟公子高知道自己必死無疑，為了保全家中其他人，他主動上疏請死，希望能夠葬在驪山陪父親。秦二世看了兄弟的請死書後高興得不得了，主動拿給趙高看，說：「這就是急著要死吧？」得意之情，溢於言表，還賜了公子高家人十萬的安葬費。

秦二世誤以為他的這條「殺」的辦法造成了效果，趙高也迎合道：「做臣子的現在擔心自己是不是會死還來不及呢！根本沒有時間去思考謀反的事了。」

簡直是一對自欺欺人的活寶。

秦始皇當年收天下兵器，鑄了十二個金屬人，認為從此憑藉著秦朝軍隊的絕對戰力，便可保子孫萬世為君。

這一切不過是美夢而已。

民心永遠不能為武力所征服，這個道理春秋戰國時期的諸位大思想家早已參透，可是不論他們再怎麼強調人民的重要性，卻始終承認人與人之間的不平等。

儒家說：「禮不下庶人，刑不上大夫。」雖然商鞅變法讓整個社會有了上下的流動性，但當時的主流社會還是貴族的遊戲，包括那些思想家其實也只是貴族階級中較為突出的一批人罷了。

社會的公平，從來沒有真正面向平民，而時代呼喚能打破這潭死水的英雄。

於是有了大澤鄉的驚天吶喊。

陳勝不但敲碎了秦嬴氏萬世為君的美夢，勇於第一個跳出來挑戰種性論權威，他一聲「王侯將相，寧有種乎」的吶喊，不但響徹雲霄，也震驚千古。

這場風雲激變最初不過是件很小的事情。

秦朝的法律規定每個成年男子每年都要完成一定徭役的任務。徭役分成兩種：一種是力役，像給秦始皇修阿房宮一樣做粗活；另一種是兵役，去充當一段時間的士兵。

兵役分為自己郡縣的屯戍和戍邊兩種：自己郡縣的屯戍是每年在自己所在的郡縣當士兵，進行一些訓練；而戍邊是到邊郡去駐防一段時間。其實戍邊時真正駐守的時間並不長，也就三天，可是花在來回路上的時間就久了，而且路費還得完全由自己承擔。

秦朝這種戍邊的方式，是用頻繁的更換來完成一種全民皆兵的效果，從「商鞅變法」時期就開始採用。一開始秦國的地盤較小，都在關中，從國中任何一個地方到邊郡都很近，所以對於人民來說壓力不大。

秦始皇統一天下以後，秦朝版圖擴大數倍，覆蓋了整個中華大地，可是統治者似乎沒有意識到應該改變原有的戍邊方式，依然讓全國男子每年輪流到邊郡當三天兵，而且因為更換太頻繁，為了防止出現交接問題，還很嚴苛地定下了「遲到就斬首」的法令。

如此一來，邊郡戍邊成為秦朝老百姓一個非常大的負擔，尤其是南方人。從南方到北方的邊郡實在太遠了，南方的成年男丁每年要花大量的時間在路上而不能勞作，大大浪費時間，加重了家裡的負擔，更何況路費還要由自己承擔，一旦有個什麼事耽擱，還會因為遲到被斬首。

所以戰國六國中，處於南方的楚國人民對秦朝的統治最不滿，當時就有「楚雖三戶，亡秦必楚」的說法。事實上，後來在推翻秦朝的過程中，最主要的三個人陳勝、項羽和劉邦確實都是楚人，其中陳勝和劉邦正是因

秦二世元年 西元前二〇九年

為戍邊遲到，知道自己必死無疑後，才決定放手一搏、起兵造反。

起義前的陳勝和吳廣，被都尉押往北方漁陽郡駐守。當時正值秋季，經常下大雨，道路被阻塞，眼看著無論怎麼趕路都要遲到了，可秦朝的法令不管這麼多，遲到就是砍頭。

不想就這麼白白結束一生的陳勝、吳廣開始策劃造反。

雖然兩人都只是社會最底層的賤民，但他們絕頂聰明。造反也不是亂來，而對整個過程都有精心的設計。

要想讓別人肯跟著自己、接受自己的指揮，首先得凸顯出自己更為高貴的身分以建立威信，否則大家都是賤民，憑什麼要聽你的？既然沒有什麼王侯將相的名號能抬高自己，就只能借用怪力亂神的事來實現目的了，用他自己的話說，就是要「先威眾」。

陳勝、吳廣先是在晚上學狐狸叫「大楚興，陳勝王」，讓眾人感嘆怪事；白天又把事先藏好、在魚肚中寫有「大楚興，陳勝王」的布條，故意讓別人無意中發現，總之就是想盡一切辦法來營造上天注定陳勝成王的氣氛。

等到氣氛營造得差不多的時候，兩人便發起了一次小規模的武裝反抗，成功殺死了押送所有人的都尉，打出了造反的大旗。他們對同行的人說：「我們已經遲到，肯定會被斬首；就算到時候僥倖沒有被斬，現在戍邊而死的人也有十之六七。身為壯士，死就要為國家大事而死！王侯將相，難道都是天生的嗎？」

這番說詞仔細分析起來很巧妙，先是斷了大家的退路（反正都是死），後又激勵大家（為國家大事而死），最後用一個美好的願景給大家希望（王侯將相），可以說相當有煽動性。再加上之前神怪的鋪墊，和陳勝、吳廣一起去漁陽服役的九百人，基本上都選擇留下來跟隨二人。

陳勝、吳廣的聰明，體現在他們不但會打仗，還知道如何操作政治攻勢，不但打出「楚」的大旗，自封為楚國將軍，還冒充了秦始皇長子扶蘇和原楚國大將項燕兩人的名號。

從這點就可以看出，這兩人絕非一般人，政治素養比只知道打仗的項羽高出許多。扶蘇在全國有很高的聲望，項燕也是他們楚地鼎鼎大名的人物，二人的名號給陳勝、吳廣豎起了一面大旗，吸引無數人前來投靠，所以部隊發展得極快，沒有多少時間就從幾百人擴大到了幾萬人。

這種做法還有另外一個優點，就是明確自己反秦盟主的地位。雖說陳勝、吳廣是「首事」或「首義」之人，但畢竟賤民的身分難以服眾，那些響應的貴族可能不會搭理。可如今他們打著「楚國將軍」的大旗，還用秦國皇子扶蘇和故楚大將項燕的名號，那就不同了，至少可以成為名義上的盟主。何況，從起義的開始，扶蘇和項燕到底有沒有死，其實天下人並不知情，因為古時候的消息沒有辦法像現代傳遞得這麼快，扶蘇的死訊還沒有多少人知道，而項燕究竟是逃亡了還是死了，也沒有多少人清楚，這就給了二人機會。

部隊成了氣候以後，陳勝開始了病毒式的擴張。他並沒有一直牢牢地把部隊和土地握在自己手裡，而是分出部隊讓手下自己擴張地盤，充分發揮了這些人的主觀能動性，造成了迅速擴張的效果。

當然，陳勝的做法有利有弊，從打擊秦王朝的角度來說，這種方式絕對比自己一個人孤軍奮戰要好，他用自己的星星之火帶起了消滅秦朝的燎原之勢，銳不可當。可這對陳勝本身而言卻不一定好，他那些有自己地盤和軍隊的手下後來一個個獨立，不再聽陳勝的話，某種程度上反而成了他的對手。

確實，陳勝部隊發展得過快，導致無論是將還是兵，對他都沒有絕對的忠誠，他並沒有一支可以信任的嫡系部隊控制局面。

而此時，自我膨脹的陳勝又顯得有些心急，他不顧眾人的反對，自立為「楚王」，定都於陳，同時封吳廣為「假王」。

「高築牆，廣積糧，緩稱王」是群雄割據時代的真理，聰明的人無論如何，都不會為了那些虛名而讓自己成為眾矢之的，只可惜出身貧困的陳勝

太想要翻身稱王，他已經等不及了。

陳勝稱王之後，六國的後人紛紛而起，其他稍微有些志向的人也想方設法趕上這一股造反的大浪，當時幾乎是人人都想來湊個熱鬧。

於是天下徹底大亂了。

可笑的是，陳勝、吳廣已經鬧成這樣，趙高卻對秦二世說：「不過是有些盜賊危害郡裡，已經讓郡守都尉追捕，現在全抓住了，不用擔心。」

秦王朝繼續在溫水煮青蛙裡等待死亡。

秦二世元年　西元前二○九年

第六章 大澤鄉的隊伍

在陳勝、吳廣掀起的反秦大浪下，群雄紛起。

一開始占據天下的各種割據勢力大都源自陳勝的部隊。在陳勝先後派出去為他攻城略地的部隊中，有記載的大概七支：吳廣、葛嬰、武臣、周市、召平、宋留、鄧宗、周文。

讓我們一個一個介紹。

吳廣此時還是陳勝部隊中絕對的二號人物，他率領起義軍的主力部隊西進伐秦，也遭遇了秦軍此時於函谷關外最頑強的抵抗，那就是三川守李由防守的滎陽、洛陽一線。

李由是李斯的兒子，正所謂虎父無犬子，他是個能戰的將領，吳廣對其久攻不下，反而成了陳勝派出去的部隊中發展較慢的，慢慢從主力打成了二流部隊。其他幾路由於對手太弱或者秦國太不得人心都迅速壯大，只有吳廣在啃最硬的骨頭，因而落在了後面。

葛嬰為陳勝打下了最初的地盤，占領了陳縣，後來又帶兵到了東城。一開始，葛嬰並不知道陳勝想自立為王，以為他打著楚國的旗號只是要尋找楚國王族的後人，於是在找到了一個楚王後人襄疆之後，立了襄疆為楚王。

其實立誰為王都只是傀儡，葛嬰的想法沒有錯，只是太不懂揣測主子的心理，而且膽子也太大，立楚王這種大事都不匯報一下，就自己擅作主張。

也有可能是葛嬰高估了陳勝的智商，沒想到陳勝敢在這種風口浪尖的時候自立為王，使他進退兩難。最後，葛嬰決定殺死自己剛立的楚王襄

疆，回到陳縣向陳勝請罪。

只可惜，憤怒的陳勝根本沒有理會葛嬰的補救措施和認錯請罪的態度，直接把他殺了，大澤鄉起義的元從功臣之一（甚至可以說是三號人物）葛嬰就這樣結束了自己短暫的輝煌。

武臣是陳勝的故友。陳勝聽了張耳和陳餘的勸說，在西進的同時也向北派兵攻占趙地。於是封武臣為將軍，以張耳、陳餘為左右校尉，帶三千人攻打趙地。

武臣從白馬津渡過黃河，到了諸縣，憑藉口才說服了當地的豪傑追隨，部隊迅速從三千人擴大到數萬，然後繼續強攻猛打，占領了趙國十幾座城池，被陳勝封為武信君。

之後，范陽人蒯徹勸武臣，趙地的官員都苦於秦朝的殘酷統治，現在是迫於形勢苦苦抵抗，如果要硬打的話，他們定會抱著必死的決心防守，但如果能夠收降幾人並優待那些歸降之人的話，他們一定會紛紛跟著投降。

武臣聽取了蒯徹的意見，用非常隆重的儀式接受了范陽令徐公的歸降，並予以重利。之後，武臣大軍所過不戰而下的有三十幾座城池，勢力一下子壯大。

武臣其實只是楚漢時期的小人物，蒯徹卻是個值得為他寫書的人，筆者認為他可以和陳平、范增並列為當時的一流謀臣（張良是最傑出的謀臣，無人可比），這個後面會再談。

周市替陳勝攻取的是七國時齊國的地盤，結果在齊國碰上齊王室的後人田儋也起兵，兩相交戰之下，周市兵敗，只得退兵到魏國的地盤，開始占山為王。

召平本來就是南方人，他的任務是替陳勝向南發展，攻打廣陵，也就是吳國地界。

宋留帶著陳勝的部隊從南面西進，計畫是先占南陽，然後從武關打入

關中。

鄧宗替陳勝向南攻打九江郡等楚國的地區，也就是現在的江西省。

周文算是陳勝手下將軍中少有的正規軍人出身，曾經是項燕將軍的手下。只不過他既不是將軍，也不是校尉，而是軍中專門負責算卦、占卜吉凶的人。

周文在戰國末年，曾經在著名的「戰國四公子」之一的春申君底下當過門客，學過一些兵法，在陳勝面前自吹自擂，陳勝也相信了他，給了他一支部隊。

周文部隊一開始確實還挺順利，大概也是因為吳廣拖住了李由的秦軍主力，竟沒有什麼阻礙就讓他打到了函谷關。周文一路上收取慕名而來投奔的士兵，到了函谷關下的時候，已經聚集了數千乘戰車，數十萬部隊。這種等比級數的發展速度，倒也不是因為周文有多厲害，或者周文名望有多高，實在是秦王朝的統治太不得人心，大家都巴不得跟著一起造反。

幾十萬大軍攻到了函谷關，趙高一直向秦二世欺瞞的太平盛世終於瞞不住了，秦二世大驚之下問群臣解決的辦法。

此時秦朝的名將已經盡數被秦二世和趙高殺光，唯一可戰的李由也和吳廣僵持不下，無法脫身，秦朝一時陷入了無人能戰的狀態。幸好最後少府章邯挺身而出，主動請纓，他對秦二世說：「現在賊軍來得太急，徵調附近郡縣的兵已經來不及了，在驪山服役的苦工甚多，請陛下赦免他們給我當士兵，讓我來平亂。」

少府是個什麼官職？在秦漢的官制「三公九卿制」之中，這是九卿的一員，算是國家的高級官員。只是少府並非九卿中的武職，而是屬於兩個管財政的官員之一：大司農負責收田稅給國家，少府負責收山河湖澤的費用給皇室，相當於皇家的御用財政大臣。

讓一個財政官員帶兵打仗，可見秦朝當時已經人才匱乏到了什麼地步。當然，當時不少武官大概也已經喪失了出戰的勇氣，只有章邯還願意

秦二世元年 西元前二○九年

為大秦的江山奮力一戰。

雖然章邯是個財政官員，但打起仗來確實也不虛，一鼓作氣之下，居然真的靠這支由奴隸、苦力還有少量正規部隊所組成的雜牌軍大敗周文部隊幾十萬人。其實章邯的部隊雜，只怕周文的部隊更雜，兩者程度半斤八兩，周文可能還不如章邯。大家想想，一個短短數月從四面八方湊起來的幾十萬軍隊，除了人多以外，能有什麼真正的戰鬥力，別說訓練了，估計到底有多少人都還沒來得及登記清楚。更何況，章邯的秦軍至少還有不少庫存的精銳武器裝備，而周文手下可能有不少人拿的是木刀木槍或者鍋碗瓢盆。（天下的兵器都被秦始皇收起來做金屬人了，流落在民間的並不多。）

想想：一個財政官員、一個算卦的，互相拿著幾十萬雜牌軍隊拚命，一方擁有精銳的武器裝備，另一方卻都是破銅爛鐵甚至木頭，誰勝誰負，不是很明顯了嗎？

當然，我們也不能太小覷章邯的個人能力，從他後來殺了項梁的戰果來看，他還是挺有實力的。此時，章邯大勝之後又窮追猛打，幾個月的時間打得周文逃無可逃，最後拔劍自刎。

周文之後下一個是誰呢？章邯的大軍開出函谷關，將屠刀伸向陳勝。

陳勝作為反秦的先驅，是類似民主革命時期孫中山式的人物，為什麼在掀起反秦大浪之後又迅速敗亡了呢？筆者想，除了大勢以外，他的性格也是致命因素。

仔細分析一下陳勝的性格：他的優點自不必說，敢想敢做，敢於承擔責任，聰明又有想法，是一個具有開創精神的英雄式人物。陳勝勇敢無畏、心比天高的特點和項羽有些相似，他們一個能在身分低微的時候就有鴻鵠之志，另一個在看到秦始皇的氣派時就想取而代之。

但兩人不太一樣的地方在於：陳勝更擅長掌控政治大局，這點從他冒充扶蘇、項燕的旗號，而且讓部下採取病毒式的擴張就可以看出來；而項

羽更擅長征戰和武力，是所有人都敬畏的英雄，除了最後一戰，他幾乎是不敗之身。

兩人的缺點也很類似，有兩個：第一，容易自大，放鬆警惕；第二，不懂得籠絡人心。而這些恰恰是劉邦最擅長的。

為什麼說陳勝有這兩個缺點呢？

如今秦朝還沒有滅亡，他們還坐擁關中，依仗著堅城函谷關。陳勝在面對如此局面且眾多勢力林立的情況下，居然開始自大自傲了，自以為天下大勢已定，殊不知「驕兵必敗」。

與此相比，劉邦可是奮鬥一生，直到去世也沒有鬆一口氣，即便是在他享有天下、掃平六國之後。（當然，也不能說得這麼絕對，劉邦的彭城大敗和平城大敗也都和他一時自大放鬆有關，只是這些後果都不致命。）

其實自大還好，陳勝更大的問題是不會籠絡人心，這點我們有三個證據：

第一，《史記》裡記載，起初在大澤鄉起義的時候，「吳廣素愛人，士卒多為用者」。所以說，那九百人願意跟著兩人造反，和吳廣有很大的關係，而吳廣一向力挺陳勝為老大，大家自然也就順從了。至於吳廣為什麼力挺陳勝而不願自己帶頭，這就不得而知了，有可能是真的佩服陳勝，也有可能是不願意當出頭鳥。

陳勝在籠絡人心方面可能一直仰賴吳廣這個搭檔。吳廣也是可憐，不願意當老大，永遠不能把命運掌握在自己手裡，以至於後來慘死，這個後面再說。（筆者發現《史記》、《漢書》、《資治通鑑》各自的記載均有些出入，《資治通鑑》沒有提「吳廣素愛人」這件事，而《漢書》裡說「勝、廣素愛人」，筆者不知道原因為何，在此先採用《史記》的說法。）

第二，陳勝有個有名的小故事，他在發跡之前曾經給別人做苦力耕田，他對身邊一起做苦力的朋友說「苟富貴，勿相忘」，就是「如果我們有人富貴了，不要忘了大家」。當時周圍的人都在笑他痴人說夢，身分低微的

人怎麼可能富貴？於是陳勝感慨：「燕雀安知鴻鵠之志！」

其實故事沒有到此為止。沒錯，在陳勝的努力之下，他確實是成為鴻鵠騰飛於藍天之上，而且大富大貴了。可他卻忘了自己當初說的那句「苟富貴，勿相忘」，再也看不上窮困時的朋友和同鄉人了。

陳勝還真有那麼一個「單純」的好兄弟，牢牢記住了當年那句「苟富貴，勿相忘」，在陳勝自立為王之後，他去找陳勝，而且還大大咧咧地直接找到了王宮，對周圍的守衛說：「吾欲見涉。」

這裡解釋一下，陳勝姓陳，名涉，字勝。我們一般叫陳勝其實是在稱呼他的字，這是比較禮貌客氣的叫法，就像項王姓項，名籍，字羽，而我們一般都叫項羽一樣。

古時候直呼別人的名是非常不禮貌的，只有長輩和上級才可以這麼叫，平輩之間都稱呼對方的字。而這個好兄弟全然不顧陳勝現在已經發達了，對著侍衛直接叫「陳涉」，腦袋確實是有點不清楚。

侍衛怎麼可能隨便放這種人進去，恰巧陳勝經過門口，看到故友才把他領了進來。

這好兄弟還不知天高地厚，入宮之後拉著陳勝一頓調侃，還把他當成當年那個和自己一起耕田的陳涉呢，一點也不知道今時不同往日，很多話已經不能再在陳勝面前說了。估計也是這位好兄弟說話不知分寸，得罪了陳勝周圍的人，有人就勸陳勝：「這個人愚昧無知，在此妄言，輕了大王的威嚴。」陳勝也正對著這位愣頭愣腦的故友生氣呢！於是一怒之下就把故友給殺了。

這位好兄弟確實是太不懂人情世故，陳勝生氣也在情理之中，可居然為此就殺了對方，這已經不是「勿相忘」的問題了，而是過河拆橋、翻臉不認人，甚至是趕盡殺絕，做得實在過分。

陳勝的這一做法使眾多故人感到寒心，很多人因此離開了他，一時之間很少有人能夠真正地和他親近。成王之後的陳勝，還真的成了孤家寡人。

還有個例子，陳勝的岳父和大舅子本來想投靠陳勝，結果陳勝對待他們就好像對待一般的賓客一樣，沒有想要特別尊敬他們的意思，於是岳父大怒，說：「仗著自己現在發達就連長輩都不尊敬了，這樣的人一定不會發展長久。」於是不辭而別。

　　諸多的故事告訴我們，陳勝是個忘恩負義的人，和韓信那種「滴水之恩，當以湧泉相報」的優秀品格相比，確實顯得有點差勁，被身邊的人拋棄也是正常。

　　第三，前文說過葛嬰的事情了。作為一開始大澤鄉起義的三號人物，葛嬰為陳勝立下了大功，他雖然犯錯立了別人為楚王，但是聽說陳勝自立後馬上就把自己立的楚王殺了，以示對陳勝的忠心。可陳勝居然一點也不顧慮他之前的功績和忠心，依舊執意殺了葛嬰。

　　據說類似的事件還有不少，為陳勝代表出去打仗的將軍回來以後很少有好下場的，這讓不少在外帶兵的將士心寒。當時，陳勝手下有兩個負責監察的官員徇私枉法，他們羨慕諸將出去攻城略地拿好處，所以等諸將回來以後就百般刁難，如果有誰和自己關係不好，就直接治罪。這一切都是瞞著陳勝做的，此二人也讓陳勝大失人心。

第七章 反秦大浪起，誰是弄潮兒

陳勝雖然不得人心，但畢竟首挑抗秦大旗，再加上部隊聲勢浩大，無人能敵，可以算是當之無愧的起義軍第一代領導核心。

可周文這支陳勝部下中發展最快的幾十萬部隊被章邯打散後，情況就不一樣了。伴隨著陳勝勢力的迅速下滑，各方勢力紛紛起了異心。本來陳勝是天下唯一的王（秦二世是皇帝），可在之後短短一段時間內，突然諸王並起。

讓我們來一一介紹：

一、齊王

田儋本是齊國王室田氏的後人，他和兩個弟弟田榮、田橫都是一方豪傑，手下有不少能人，住在齊地的狄城。

周市奉陳勝之命攻打齊地，到了狄城，田儋看太守不是一個可以做大事的人，就聯合族人把他給殺了，然後召集一幫豪強子弟自己當家作主。田儋自立為齊王，帶著手下把周市的大軍給打了回去。周市離開齊地之後，田儋又出兵占領了許多齊地地盤，成為第一個不聽陳勝號令的反秦勢力。

二、魏王

周市從齊地敗退回魏地之後，知道如果回去見陳勝定不會有好下場，定會被陳勝降罪，於是就地立下山頭，留在魏地。周市聽說田儋自立為齊王，於是也打算立一個魏國的後人做王當傀儡，然後讓自己把持朝政。

當時魏國王室的後人魏咎恰好在陳勝手下，周市便派使者去陳勝處要

秦二世元年 西元前二〇九年

人。這種事情陳勝當然不可能同意，「拿了我的部隊給別人建立國家怎麼行？」可周市遠在魏地不肯回來，陳勝也拿他沒辦法。

周市手下有很多人請求他自立為王，關於這點他腦子還很清楚，不願意當出頭鳥，因而不厭其煩地、一遍遍地派使者去找陳勝要人。此時周文兵敗的消息傳來，陳勝的實力大大削弱，對於這些在外將軍的掌控力又更弱了。陳勝迫於無奈，他不想和周市鬧翻，「再怎麼說魏國也算我立的，就把人給他吧！」於是陳勝把魏咎送了過去，立為魏王，周市順理成章成了魏相，把持朝政。

三、趙王

趙王就是之前提過的陳勝好友武臣，他在張耳、陳餘還有蒯徹的幫助下，迅速平定了燕趙地區的三十幾座城池。他本來沒有打算稱王，後來周文大敗的消息傳了過來，又聽說諸多給陳勝攻城掠地的將領回去以後都沒有好下場，猶豫了一下之後也稱王。

陳勝聽說武臣稱王之後，勃然大怒，準備殺光武臣全家，然後出兵攻打趙國。這時候有人勸說陳勝：「如今秦國還沒有滅亡，如果攻打趙國，相當於又生出一個敵人；不如順勢承認他，表示一下祝賀，大王還是全力西進攻打秦國比較重要。」

陳勝怒火過後也冷靜了下來，他明白自己最大的敵人是秦，這些小氣就只能先忍著了。陳勝把武臣的家人全都遷到自己的宮中加以控制，好吃好喝地伺候著，又派了使者去趙國表示祝賀。

武臣在接到陳勝的祝賀之後，張耳、陳餘又對他說：「大王自立本不是陳勝的意思，現在來祝賀不過是緩兵之計，等到他滅掉秦國之後，一定會回過頭來攻打我們趙國的。所以我們不能向西攻打秦國，而應該向北繼續攻打燕趙的地盤來擴大自己，在陳勝滅掉秦國之前讓自己壯大起來。到時候我們趙國南面依仗黃河，北面有燕、代地區，即使楚國戰勝了秦國，也不能拿我們怎麼樣，如果楚國輸了，趙國則可以趁著秦楚兩敗俱傷之際大

展拳腳。」

只恨這反秦部隊還沒有真正傷害到秦國，就紛紛打起了自己的算盤，如此一幫人，如何能成事啊！

四、燕王

武臣採納了張耳、陳餘北攻燕趙之地的建議，派部下韓廣攻打燕地，派張耳打常山。

誰能料想報應竟來得如此之快，背叛別人的人馬上也被人背叛。韓廣在燕地打下一點地盤之後就起了異心，在當地豪傑的擁戴下自立為燕王。韓廣一開始還有點擔心自己在趙國的母親，後來有人像張耳、陳餘勸趙武一樣勸說韓廣：「趙國現在西面憂秦，南面憂楚，自身的力量根本拿我們沒辦法。況且，楚國都這麼強了，還不敢傷害趙王的家人，趙王又豈敢傷害您的家人呢？」果然，沒過多久，趙國就把韓廣的母親給送了過來。

可武臣說什麼也無法輕易嚥下這口氣，後來他又親自帶兵攻打燕國，只可惜實力不濟，反而為燕國所擒。

燕國一開始想殺了武臣，可後來又想到張耳、陳餘也都是虎狼之輩，如果武臣死了，兩人必然會把趙國瓜分，各自為王，到時候只怕會更難對付，最後還是把武臣給放了回去。

一時間諸國紛起，秦朝未滅，諸侯卻各自都打著反秦的名義經營起自己的霸業，真可謂「竊鉤者誅，竊國者侯」！

此時，秦二世的秦國還控制著西面的關中，韓廣的燕國和武臣的趙國控制北方，田儋的齊國控制東方，中原是三川守李由的秦軍與陳勝手下吳廣主力的對峙，而章邯的大軍正緩緩從西面開往中原。

東西北中都說完了，那南面呢？

其實南面的起義軍才是我們的主角，只不過他們還沒有那麼急著稱王而已。

是誰呢？

沛公劉邦，還有項梁、項羽叔姪。

劉邦是我們的主角，他的故事要詳細說，且放在後面，先講講項家軍。

陳勝和吳廣只是冒充了已故楚國大將項燕的名號而已，項梁和項羽才是項燕真正的後人，楚國的貴胄。

項羽的叔叔項梁是項燕的兒子，當然這並不能說項羽就是項燕的孫子，因為項羽的父親到底是誰，歷史上從來都沒有記載。有可能項羽的爺爺是項燕的兄弟，項梁是項羽的堂叔。

項家世世代代都是楚國的將領，封地在項城，所以以之為姓氏，也是楚國的望族。

項梁與項羽兩人多年來好勇鬥狠，橫行楚地，名氣極大。後來，他們因為殺了人，逃出了楚地，到了春秋戰國時吳國的地盤逃難，結果短短數年的時間，他們在吳國培養出了一大批自己的心腹，吳地的望族都十分信服項梁。

項梁厲害，項羽也不差，從小就有霸王的潛質，長八尺，力能扛鼎，人見人怕。只不過項羽的弱點也從小就表現了出來，那就是「志大才疏」。項羽一直心比天高，見到秦始皇巡遊會稽，居然對項梁說「彼可取而代之」，足見項羽不甘屈居人下的心理。

項羽學東西不認真，無論是讀書兵法還是武術，他都只學了皮毛。當然，由於他自身天賦極佳，其用兵和武藝依舊無人能敵，但政治素養上就差強人意了，這也正是他後來敗亡的主因。

反秦浪潮剛起的時候，會稽郡郡守想起兵響應，就召來項梁一同商量大事。可項家的人不願屈居人下，項梁反過來用計讓項羽殺了會稽郡守，搶下郡守的印綬，自立為會稽的首領。據說殺會稽郡守的時候，項羽一個人擊殺上百人，威震當場，當時他只有二十四歲，可以算是霸王出世了。

項梁在會稽起兵，楚國人項家一開始起家的地盤卻是江東，按照嚴格的地理意義來劃分應該屬吳地（當然也可以算楚，戰國時期吳先被越滅掉，越後來又被楚滅掉）。

項梁召集了八千江東子弟兵，成為項家霸業的奠基石。八千子弟兵隨項家東渡，征戰天下，不料八年以後，這八千子弟兵全部陣亡，無一生還，這也是項羽最後寧願於烏江自刎，也不肯逃回江東的原因之一，他覺得自己「無顏面對江東父老」（這個故事正是此句俗語的出處）。

項梁對造反謀劃已久，平時就暗中觀察吳中子弟的人品和能力，在起義之後迅速根據自己的紀錄封官分工，眾人信服。有一個人覺得自己沒有受重用，項梁封官封的不公平，項梁馬上拿出自己的紀錄，說他「某年某月負責某件事情沒有做好」，因此不能夠得封高官，那人也就心服口服，再也沒有狡辯什麼。

從這件小事我們可以看到項梁的智慧和見地，他和項羽不一樣，是一個知人善任的人，也是個很有想法的政治家。項家最後的敗亡和他的早死有很大關係，年輕幼稚的項羽過早地接下接力棒，如果能夠讓項梁再帶他幾年，說不定歷史就要改寫了。

項家是楚地的大家族，威望之高難以想像，陳勝只是假借了項燕的名號，現在真正的項家人站了出來，人民紛紛投靠，不久項家的部隊就擴大到了六七萬人。

陳勝、趙王、齊王、燕王、魏王、劉邦、項梁。反秦的勢力越來越多，而且這些勢力還都以不慢的速度發展著，另外還有新勢力不斷湧現，反秦已成為大勢所趨。

也許有人會問，秦朝對於地方的掌控為什麼如此不堪一擊，讓起義部隊能夠輕鬆地建立和發展？

這就要從秦國郡縣制的角度來講了。

秦朝是第一個施行郡縣制的朝代。由於之前周朝分封制度下各諸侯國

的裝備太強，最後強過了中央政府，造成春秋戰國的混亂局面，所以秦國反其道而行之，大大地削減各個地方郡縣的軍事力量。誰知矯枉過正，秦國地方郡縣的力量過弱，反而導致了陳勝、吳廣這些起義軍在地方上輕易起勢。

此時，章邯率領的中央部隊雖然大勝，可秦朝的地方部隊已然無法阻止各方勢力紛起，再加上暴秦的統治本就不得人心，官兵抵抗也不十分認真，漸漸地，陳勝的這一點星火掀起了反秦的燎原之勢。

只不過這些人在燎原的同時也並非一致抗秦，他們各自有著自己的小算盤，互相鉤心鬥角，甚至直接開戰。本來陳勝可以在某種程度上壓住局面，可周文幾十萬大軍一敗使他實力大損，局勢變得撲朔迷離。

第八章 劉邦的身世

在諸多反秦勢力中，劉邦此時只是非常弱小不起眼的一個，但他日後會成為主角，所以我們先從主角的背景開始講。

反秦大浪起的這一年，劉邦已經四十七歲了。

兩千年前的醫療條件很差，那時過了五十歲就算老人，過了七十歲就算高壽，所以我們這位漢高帝劉邦其實在開始雄偉的事業之前，已經虛度了大半生，浪費了生命裡最好的年華，就他未來十年裡建立的功業來說，可謂「大器晚成」。

劉邦的前半生過得真不好。

首先他不受父親劉太公的喜愛，世人都說父母最關注的是長子和么子，中間的孩子經常受到忽略，而劉邦正是「中間的孩子」。劉太公有四個兒子，劉邦是老三，上有兩個哥哥，下還有一個弟弟。

不但如此，劉邦生得還有些詭異，以至於無數的野史都曾經懷疑劉邦到底是不是劉太公的親生骨肉。

史書上關於劉邦的出生，原文是這樣的：

「母媼嘗息大澤之陂，夢與神遇。是時雷電晦冥，父太公往視，則見交龍於上。已而有娠，遂產高祖。」

也就是說，某一天劉邦的母親在河邊睡覺，夢到了神靈，然後劉邦的父親恰巧也去了河邊，看到龍盤在自己妻子的身上，於是妻子就有了身孕，後來生下了劉邦。

這本是老掉牙的開國君主的神奇氣象，不過是要說明劉邦是命中注定

的真龍天子而已,和三皇五帝、夏商周那些開國君主祖先的出生有異曲同工之妙。

上古時期人民尚未開化,有這些傳說也不奇怪,很多人都說那是母系社會的孩子,不知道父親是誰,比如殷商的祖先傳說就是母親吞了玄鳥的蛋而懷孕的,這可以解釋為這個母親和一個部落圖騰為玄鳥的男子生下了殷商祖先。

可是到了秦朝這樣一個開化的文明時代,劉邦再用這種方式來出生,似乎就有些奇怪了,連秦始皇這麼好大喜功的人都沒有給自己妄加這種過時的傳說。

所以劉邦的出生成了謎團。

本來謎團歸謎團,由於史料實在太少,我們也無法究其根本,但這個世界上偏偏就有很多人喜歡用方舟式的質疑方式展開一系列神奇的聯想,讓後人對劉邦出生的想像一下子喧騰起來。

特此申明,以下這些有關「劉邦到底是不是劉太公親生」的質疑,都不代表筆者個人觀點,僅供大家參考一樂。

劉邦的父親劉太公定居在楚地的沛縣,大概在現在江蘇省徐州附近,沛縣附近還有一個豐縣,豐縣有個盧太公。沛、豐二縣相鄰,基本都是親戚同鄉,所以互動頻繁。

劉太公的家境一般,一直是在家底殷實的盧太公的幫助下才得以過活,而劉太公也視盧太公為大哥,兩人情同手足。

盧太公的兒子叫盧綰,和劉邦同一天出生,兩人從小穿一條褲子長大,非常要好,盧家對劉邦十分照顧,劉邦造反時,盧家曾暗中相助。日後劉邦投桃報李,封異姓王的時候,費了很大的工夫,力排眾議,把功勞不大的盧綰加了進去,成為燕王。

對於手下一直都留心防備的劉邦,對盧綰卻是絕對的信任,戰爭時期

盧綰是唯一可以隨意出入劉邦大帳的人，連蕭何、曹參這些跟了劉邦一輩子的大功臣都沒有如此待遇。

這些史實結合前面史書中描寫的劉邦的神奇出生，讓野史上多了一種想像力十足的說法：

劉邦是盧太公和劉太公妻子的私生子！

劉太公的妻子為什麼會挑雷雨之天去河邊呢？其實是去和盧太公偷情！兩人都是有家室的人，村子又不大，要偷情什麼地方最合適？當然是河邊！草木繁盛，地點隱蔽，事後又容易處理。

不知道是劉太公起了疑心，還是看見打雷下雨，有些擔心自己的妻子，便尋到了河邊，本來是捉姦在床的節奏，誰料劉太公竟意外地發現那個男人是自己的盧大哥。劉太公騎虎難下，雖說盧太公「朋友妻，不客氣」的做法實在是不夠意思，自己卻不能跟他翻臉。

這倒不是說劉太公多有義氣，具有什麼「女人如衣服，兄弟如手足」之類的詭異品德，而是他們一家老小在這塊地面上全仰賴盧家才活得下去，人在屋簷下，哪能不低頭。大丈夫能屈能伸，劉太公只得對這種事情睜一隻眼閉一隻眼。

秦漢時期風氣開放，和宋朝之後的封建王朝不同，男女之間私通的現象不少，道德上的譴責遠不如宋之後強烈。整個漢代其實都是一個相對開放的朝代，在武帝罷黜百家之前更是如此。即便儒家學說在武帝時得統治地位，當時的風氣也不像一般人想像的那樣循規蹈矩或受各種禮教束縛。

西漢甚至出過許多有名的私生子，歷代名將楷模衛青、霍去病二人都是由母親和外人私通後生下的。

劉太公默許了盧大哥和自己妻子的姦情後獨自回家，為了維護自己的面子，他想出了一系列託詞。那就是：我到了河邊，發現我妻子一人睡在那，而有一條龍盤在她身上！

這下劉太公的妻子變成和傳說中的龍偷情了，龍給的綠帽子也是有靈氣的，不但得罪不能、非戴不可，還得供起來大肆宣揚。

從這一點上看，不管劉邦是不是劉太公親生，他們父子倆這個厚臉皮的性格還真是一脈相承，家學淵源。

頂著龍的血脈的劉邦就這樣來到了人世，只可惜劉太公似乎對這個真龍送來的兒子十分地感冒，覺得他不是自己的親生兒子，整天責備他既不如兩個哥哥會種田可以養家餬口，也不如他的弟弟會讀書有涵養，只是個無所事事的混混。

「說我是混混，我就混給你看！」

仗著盧家對自己不錯，經常接濟自己（劉邦以為是因為自己和盧綰情同手足，所以盧太公時常接濟自己，說不定他和盧綰是真的手足……）劉邦和盧綰整天在鄉里間調戲婦女，遊手好閒，常常喝了別人的酒也不給錢。

當時沛縣有兩個賣酒的女子武負和王媼經常給劉邦賒酒，年終的時候也不要帳，甚至把那些抵押都給毀了，心甘情願地讓劉邦賴帳。

關於這件事，史書上說這兩個女子因為經常看到劉邦喝醉以後顯現出真龍的異狀，所以自願銷毀抵押。但其實，筆者更願意相信這兩個女子根本就是劉邦的性伴侶，被劉邦花言巧語哄得不願收錢而已。

劉邦就這樣混到了四十歲，已過不惑之年的他沒有娶妻，但因為個人生活極其不檢點，所以已經有了一個不小的私生子劉肥。

不會種田、不會讀書的劉邦倒也不是一無是處，他交友廣泛，在沛縣一帶結識了不少朋友，比如縣衙的文吏蕭何、縣衙的獄吏曹參、屠夫樊噲，還有葬禮上給人吹笛子的周勃等等，在朋友的幫助下，劉邦當上了一個小官，成為沛縣的泗水亭亭長，算是秦朝最底層的一名國家公務員。

而在那一切都還沒有開始之前，誰也不會想到以後的天下會因為這樣一個小混混而改變。

秦二世元年 西元前二○九年

一般而言，開國君主應該是形象高大、英明神武的形象。他們運籌帷幄、決勝千里；他們身經百戰、開疆拓土。

然而歷史卻不乏例外，或許說，其實例外還不少。

無論是李淵之於唐，還是劉邦之於漢，其形象只怕說不上高大。李淵倒還有解釋，我們可以說真正打下江山的是李世民。那劉邦呢？一個不學無術的無賴如何能成就四百年的強漢？

劉邦最初不叫劉邦，而叫劉季。說實話，「季」字也不能算什麼名字，古時候鄉下人一般都不取名，因為沒什麼用，沒多少人識字，所以經常按著排行隨便叫叫。排行一般以「伯仲叔季」來排，老大叫「伯」，老二叫「仲」，其他中間的都叫「叔」，最小的叫「季」。

劉邦在家裡排行老三，而且在他底下還有個弟弟，理論上他應該用「叔」字，但卻用了「季」，頗為奇怪，而他的弟弟甚至沒有叫排行，而是有了正經的名字「交」。

具體的原因無從得知，算是個謎吧！

和項羽一樣，劉邦也曾見過秦始皇的威嚴，他在年輕的時候去咸陽服役，看了秦始皇的氣勢之後感嘆：「大丈夫當如此。」可見，雖然他一無所有，雖然他在社會的最底層，但也和陳勝一樣，胸中懷有「鴻鵠之志」，想闖一番大事業，只不過還在等待著機會降臨。

已經過了不惑之年的劉邦除了那些奇怪的異象以外，一無是處，直到他突然娶了妻子。

劉邦娶妻的過程十分有趣，他和後來大名鼎鼎的呂后的相遇，頗有一種有緣千里來相會的感覺。

呂后，名呂雉，其父呂公本是單父人，單父即現在的山東省菏澤單縣，《天龍八部》裡那個被人燒死全家的鐵面判官單正的家鄉。劉邦一直待在沛縣，位於現在的江蘇省徐州地界。單父和沛縣兩地大概相距一百公

里，以古代的交通水準來說，距離並不短，兩人即便不是千里相會，至少也是百里相會了。

呂公得罪了仇家，帶著一家老小從單父逃出來避難，因為和當時沛縣的縣令相熟，所以落腳到沛縣。呂家十分富有，估計以前在單父也是小名氣的地主，呂公來到沛縣之後，縣裡的豪傑紛紛去拜訪他。

拜訪自然要送錢，送的人多了，呂公自然應付不過來，就開始給前來拜訪的客人分了三六九等。當時幫呂公分流這些客人的，是沛縣縣衙的文吏蕭何，應該是縣令專門派去幫忙的。

蕭何行事十分幹練，雷厲風行，馬上立下一條「進不滿千錢，坐之堂下」的規矩。在當時千錢可不是個小數目，秦朝這種國富民窮的時代，老百姓能留在手上的錢很少。所以沒有幾人能坐到呂公堂上。

可劉邦硬是進去了，而且還坐在了上座。

《史記》原文是這樣寫的：「高祖為亭長，素易諸吏，乃紿為謁曰『賀錢萬』，實不持一錢。」

這段話的大意是：「劉邦做亭長期間和各種官吏的關係都很好，於是讓看門的官吏寫下『劉邦敬賀一萬錢』，實際上半毛錢也沒有。」短短文字裡，我們已經看到了劉邦的能力。

亭，在秦漢時期是一個和鄉平行的行政劃分，都是直接歸縣衙管，鄉負責民政，而亭負責緝拿強盜、押送征夫還有迎來送往官員等。

既然要接待來往官員，亭長手上定有分配部分公款的權力，而劉邦就是利用這些公款在沛縣廣交好友，以至於整個沛縣上上下下都和他交好，熟到連縣衙的官吏都願意為他開後門。

蕭何怎麼說也算個縣長祕書了，他對劉邦如此看重，可見劉邦必定有過人之處。

好戲還沒有結束，一般人白吃白喝必定十分低調，生怕被人發現；可

是劉邦進了呂公的宴席，不但沒有絲毫顧忌，反而特別放得開。他嬉笑怒罵，完全沒有把在場的大人物當外人，其大氣磅　的性格，一時盡顯無疑。

劉邦如此不凡的舉動引起了呂公的注意，呂公也是個奇人，知道劉邦其實沒有獻錢的真相後不怒反喜，認定劉邦絕非凡人，大為讚賞，直接提出要把女兒呂雉嫁給他。

傳說中，呂公能有此舉動是因為善於看人的面相，看準了劉邦日後能大富大貴，這些大概是後人胡謅。筆者更願意相信，呂公只是單純覺得劉邦這種「放得開、人脈廣」的性格和能力，在亂世比那些循規蹈矩的人更能站穩腳跟。

當然，據說劉邦的外貌是有一點與常人不同，「隆準而龍顏」，而且左邊大腿上還有七十二顆黑痣。

呂公的妻子對此不甚理解，認為呂公常說要將這個女兒嫁給貴人，沛縣的縣令都求之不得，怎麼就看上劉邦了？

顯然，呂公的眼光沒有問題，劉邦和呂雉的結合也可謂天造地設，兩個同樣心狠手辣、工於算計的人走到了一起，江湖上必定會掀起一陣血雨腥風。

劉邦比呂后大將近二十歲，中年得妻更是寵愛異常，沒有幾年的時間就產下了一子一女，兒子是後來的漢惠帝，而女兒是魯元公主，他們的故事我們後面再說。

相傳一次劉邦外出，呂后與兩個孩子留在家中，一個老人路過討碗水喝，看到呂后之後便說：「夫人是天下貴人。」呂后很高興，又讓他看自己兩個孩子的面相，老人又說：「夫人的富貴都是因為這個男孩（即漢惠帝）。」

等到老人走後，劉邦回來了，呂后給劉邦講了這件事，劉邦又追出去找到了那個老人，讓他也給自己看看，老人看了劉邦之後大驚：「您的面相貴不可言！」

秦二世元年　西元前二〇九年

這八成是劉邦登基之後瞎編的故事了，不過也可以從側面反映劉邦可能真的長得與眾不同。

　　劉、呂夫妻二人的好日子沒有過多久，劉邦就趕上了風雲際會的反秦浪潮，參與了轟轟烈烈的造反事業，從此聚少離多，呂雉甚至做了項王好幾年的階下囚，等到兩人再一次重逢時，劉邦已經是坐擁天下的皇帝，呂雉卻青春不再了。

　　世人往往只看到呂后晚年的狠毒手段和蛇蠍心腸，其實仔細體會一下，作為一個女人，她整個生命最美好的時間都因為劉邦而耗費在奔波和囚禁中，好不容易返回夫君身旁，對方身邊卻多了一個年輕貌美的戚夫人，她所忍受的折磨也確實驚人了。

第九章 高祖斬白蛇

其實劉邦在這股浪潮開始之前就造反了，他的起義過程和陳勝、吳廣非常相似。

作為亭長，劉邦本來要押送征夫去驪山服苦役，在路上他自己盤算了一番，以當時他押送的人逃亡的情況來看，到了目的地肯定難逃一死，索性反了。

最初的隊伍小得可憐，也就十幾人。隊伍再小，該聚攏人心也要聚攏人心，劉邦和陳勝、吳廣一樣借用了鬼神的名義，即著名的「高祖斬白蛇」的傳說。

故事很簡單，就是劉邦帶著自己小部隊前行的時候遇到一條大蛇擋道，誰都不敢靠近。當時劉邦喝醉了，藉酒壯膽，二話不說，上去就一劍將其斬殺。之後劉邦在這件事上做了文章，找了一個老婦來哭訴，對大家說：「我的兒子是白帝之子，變成了蛇擋在路中，現在赤帝的兒子將其斬殺了，所以我很傷心。」

由於秦始皇的先祖秦襄公說自己是白帝的後裔，而劉邦此時自命為赤帝之子，他斬殺了白帝之子就是在向他的手下暗示，他要代替秦朝取得天下。

說實話，鬼神這一套有時真的很管用，它可以迅速建立起手下的忠誠，比別種方式更加容易，尤其是部隊大部分人是教育程度不高的農民團體時。歷史上著名的百姓起義，或者說是窮苦老百姓的起義，大都伴隨著迷信：陳勝和劉邦皆是；東漢末年的「黃巾起義」也是憑藉著宗教迷信的力量凝聚人心；甚至一千多年後的朱元璋，還有明末的李自成，都用過這種伎倆。

之後，劉邦和呂雉還共謀過一個「天子氣」，那就是呂雉逢人便說：「無論劉邦的部隊躲在深山裡的哪個地方，我都可以輕易找到他，因為有劉邦在的地方，天上就會有一股雲氣。」

如此一段時間神乎其神的把戲玩下來，劉邦這個反賊在沛縣一帶的名氣慢慢越來越大逐漸擴大，部隊日益壯大。

後來反秦浪潮一起，很多秦國的官吏被手下所殺，於是有不少地方長官為了不做嬴氏的替死鬼就自己主動先造反。

沛縣的縣令就動了這個念頭，他準備起兵響應陳勝。

此時，劉邦先前在沛縣積累的人脈發揮作用了。蕭何、曹參等人認為縣令不足以帶領眾人起義，他們想讓劉邦回來當起義軍的首領，就騙縣令：「您是秦朝的官吏，現在要反叛，恐怕沛縣的子弟都不聽從，不如把沛縣外面一些已經造反的人召來，這樣可以借助他們的部隊來逼大家一起造反。」

縣令覺得有道理，就讓樊噲把劉邦召了回來。

劉邦部隊此時已經發展到數百人（但仍稍遜於陳勝的部隊），在樊噲的指引下到了沛縣城外。此時沛縣縣令發現不對了，整個沛縣從蕭何、曹參到樊噲都是劉邦的人，那往後自己還有何立足之地？於是臨時變卦封閉城門，不讓劉邦進來，還準備殺了蕭何和曹參。

透過之前那些怪力亂神之事的鋪墊，劉邦在沛縣有很高的聲望，他開始用往城內射書帛的方式煽動老百姓，說現在反秦是大勢，如果大家還盲目地跟著縣令不造反，要死忠秦朝的話，遲早會被紛起的諸侯屠城。

在劉邦強大的言論攻勢之下，沛縣老百姓最後跟著一起暴動，殺害縣令，迎劉邦進城商量造反大事。

自立為沛公的劉邦，在家鄉招募了三千沛縣子弟，開始了自己的爭霸之路。

其實本來蕭何和曹參在沛縣的聲望也不低，論身分還比劉邦高貴些，

可他們都是文人出身，雖然有造反的想法，卻沒有當老大的膽子，於是一致把劉邦推舉出來。

當老大確實是需要一種與生俱來的氣質，這不但是權力，更是責任，要敢於為所有人的性命和前途負責。有些人能力很強，但限於性格或膽量，充其量只能做輔佐他人的角色，而無法勝任當家作主的角色。蕭何、曹參如此，四百年後的諸葛亮又何嘗不是？

書生氣息較濃的人一般不適合當老大。書生的顧慮太多、想法太多，在該堅決的時候不夠堅決，反而不如那些具有一點「混混氣質」的人，因為「混混」什麼都放得開，什麼都敢做。

起兵後，沛公部隊所有的旗幟都用紅色，主要是為了順應之前「赤帝之子斬白蛇」的傳說。後來漢朝的主色調幾經變化，漢初曾經改用黑色，用了幾代之後，到了武帝時期改成黃色，直到光武帝劉秀復興漢室後才又恢復成紅色，自此穩定下來。

這裡簡單介紹一下這個中國古代用來解釋王朝更替的學說，即「五德始終說」。

「五德始終說」是戰國時期齊國著名的稷下學宮（齊國在臨淄稷門附近建的一個官辦高等學府，召集各派思想家於此處講學，百家爭鳴的主要地點，曾經會集了天下賢士上千人）的大學者、陰陽家代表人物鄒衍提出的學說。

鄒衍說的「五德」就是指金、木、水、火、土所代表的五種德，每個王朝順應其中一種「德」，這五種德循環當家作主。鄒衍用這個來解釋各個朝代的更替，古時候皇帝詔書開頭經常是「奉天承運」，這裡承的「運」指的就是「五德」中的「德運」。

五種德運按照五行相生相剋，故順應五種德運的朝代也因此相生相剋，具體內容是「金剋木，木剋土，土剋水，水剋火，火剋金」，「金生水，水生木，木生火，火生土，土生金」。

秦二世元年　西元前二〇九年

當然，這種說法迷信，可信度不高，但歷朝歷代的皇帝卻深信不疑。或許這些皇帝不是真正相信，而是用這種方式，堂而皇之地解釋自己取得天下是「順天命」。

畢竟，新朝代的開創者相對於舊朝代而言，都是叛逆者和篡位者，按照別的理論，篡位者永遠是篡位者，可是按照這個理論，篡位者就可以變成順應天命來接管天下的接任者，一下子名正言順，統治者當然喜歡。

但是也有問題，一股勢力到底應該是什麼德，沒有標準的說法，也沒有一個權威認定機構，於是大家紛紛自己作主，非常混亂。

比如：黃帝時代因為黃龍地蚯出現，所以是「土德」；夏朝因為青龍止於郊野，草木暢茂，所以是「木德」；商朝時銀從山嶺中溢出，所以是「金德」；周朝武王伐紂時出現了赤烏之符，所以是「火德」；於是鄒衍說「虞土，夏木，殷金，周火」，他們是後一個剋前一個的關係，剛好解釋了朝代更替，於是再往下數應該是「水剋火」，正好秦朝尚黑，說他們代表「水德」也合理。可是再往後就不行了，「土剋水」，但漢朝無論如何都和「土德」扯不上關係。

如果扯不上關係，豈不是說漢朝接替天下是「名不正，言不順」？那怎麼行！

幸好，人的智慧無窮，總有辦法解釋。

劉邦統一天下之後，大臣張蒼便說，秦國短祚而且暴虐無道，不能算正統朝代，所以漢朝應該是「水德」，「水剋火」所以漢代取代了周朝。劉邦採納了這種說法，開始尚黑。

漢武帝時期，武帝比較承認秦朝（他和秦始皇一樣都是好大喜功的人，推測有些惺惺相惜之意），又改漢代為「土德」，開始尚黃。

王莽篡漢之後，才由王莽正式採用西漢末年劉向、劉歆父子的說法，定漢朝為「火德」。

秦二世元年 西元前二〇九年

再後來，雖然王莽被趕下台，但光復漢室的漢光武帝劉秀還是沿用了這種說法，確定漢朝為「火德」，改秦朝為「金德」，周朝為「木德」。

從此，東漢以後寫的史書比如《漢書》、《三國志》都用了這種說法，漢朝有時也被稱為「炎漢」，又因為漢朝皇帝姓劉而稱為「炎劉」，一切都是「火德」的延續。

到了三國時期，劉備蜀漢一脈也一直以「火德」自居，以表示自己是延續漢朝皇族的正統，劉禪的年號「炎興」也明顯有「火德」的成分在其中。相反，曹丕在稱帝之後，果斷拋棄了漢代的「火德」，自命為「土德」；而孫權一見另外兩家都有了自己的「德」，也不甘示弱，自命為「水德」。所以三國時期是水、火、土的鬥爭。

再往後，隋朝認定北周為「木德」，因為隋朝發源於北周，故而用木生火來解釋自己是「火德」。唐朝得到天下之後，順了「土德」。到了宋朝，宋朝自命為火，遼自命為水，金自命為土，而元自命為金。

明朝的開國皇帝朱元璋篤信五行之術，本來他的姓氏「朱」就有紅色的意思，象徵著火，所以自命為「火德」。而且，朱元璋認為「炎漢」從字裡講是「兩重火」，而明朝的「明」則是「三重火」。

不但如此，朱元璋在給自己子孫起名字的時候也按照五行來排，所以明朝皇帝的名字特別有意思，都具有五行的特點。朱元璋給自己二十幾個兒子每人題了一首二十字的詩，要求這些兒子的後人取名時，第一個字須使用屬於自己詩裡的字，第二個字要有五行的組成部分，並且以火、土、金、水、木的順序依次循環。

明建文帝的名字叫「朱允炆」，後來永樂帝朱棣奪位，輩分變了，所以之後的詩也變成了燕王一系。明朝往後的皇帝分別是仁宗朱高熾（火），仁宗的兒子宣宗朱瞻基（土），宣宗的兒子英宗朱祁鎮（金），英宗的兄弟代宗朱祁鈺（金），英宗的兒子憲宗朱見深（水），憲宗的兒子孝宗朱祐樘（木），孝宗的兒子武宗朱厚照（火），武宗的兄弟世宗朱厚熜（火），世宗

的兒子穆宗朱載　（土），穆宗的兒子神宗朱翊鈞（金），神宗的兒子光宗朱常洛（水），光宗的兒子熹宗朱由校（木），熹宗的兄弟思宗朱由檢（木）。

這些皇帝名字的第一個字，按照輩分湊起來是「高瞻祁見祐，厚載翊常由」，正是朱元璋給燕王朱棣一系題的詩，而第二個字也正是按照「火、土、金、水、木」的順序循環，很有意思。

明朝滅亡，滿洲人入關，定國號為「清」，也是件很有意思的事。不知道是湊巧，還是滿洲人真的如此講究，有人說他們的國號「清」故意帶了「三點水」，象徵著剋明朝的「三重火」，所以他們順應的是「水德」。

雖然這個「五德始終說」基本可以認定為無稽之談，完全沒有根據，但其內容確實也飽含了中華民族的傳統文化。

第十章 陳勝敗亡

　　秦二世二年，反秦大火的燎原之勢突然有點轉偏，不但燒向了腐朽的秦王朝，也燒回了起義軍自己身上。古往今來，百姓起義軍共同的、最大的敵人出現了：內亂。

　　在古代，所謂最受壓迫、最具有先進性的工人階級尚未出現，社會矛盾衝突加劇的時候，承擔最大痛苦的就是平民階級。所以歷朝歷代的末期，最先跳出來造反的往往是百姓起義軍，只不過最終成功的不一定是他們。

　　百姓起義軍在造反之初都是窮苦老百姓，是深受統治階級迫害的人，他們的奮起一戰為天下人民帶來福利。可由於大多數人起兵的初衷往往是為了私利，所以打著打著就會走調，窮苦老百姓打著打著就會變成大地主、大土匪，變成為了自己私利而戰的割據勢力。

　　所謂「竊鉤者誅，竊國者侯」說的大概就是這種情況。窮人一旦翻身當家作主之後，就失去了原來奮鬥的動力，開始為成為壓迫者而努力，歷來百姓起義無不如此。成功者和失敗者唯一的區別在於，有的人目光長遠，想用統一天下來滿足自己的私利，在諸侯紛爭時把私心藏得比較深，而有的人目光短淺，只看到了短期的小利，很早就把私心顯露出來，開始做一些「反動」的事情。

　　中國歷史上百姓起義的失敗很多從內亂開始。在利益面前，曾經共患難的戰友會拒絕與「你」同享福，因為「他」想「獨享福」。這並不是說「他」有多自私，其實「他」背叛「你」在某種程度上也是「你」逼的，因為「他」如果不主動出擊，先「獨享福」的話，「你」很可能就會先動手來「獨享福」。巨大的壓力逼得「他」不得不為了自保而動手。

很多排除異己大權、獨攬大權的奸雄走到那一步其實也情有可原，也許他們最初的動力並非執掌權力，而只是想繼續活下去，可殘酷的現實逼得他們想活下去就必須把其他有威脅的人都除掉。這就會有「寧可錯殺，不能放過」的事情出現，「你」內心到底想不想和「我」搶權力「我」判斷不了，為了保險，就當「你」想吧，畢竟冤枉了一個好人於「我」只是內心受到譴責，而放過壞人則可能有性命上的疑慮。

亂世就是一個弱肉強食、用簡單的叢林法則來作遊戲規則的時代。沒有強大的國家政權保障正常制度運行的時候，人與人之間的相處只會越來越趨於原始，不把權力抓在自己手裡，就等於是把屠刀架在自己的脖子上。

比如吳廣。

大澤鄉起義的時候，吳廣本是起義軍中當之無愧的二號人物，甚至曾經有可能成為一號人物，可隨著起義軍勢力的逐漸擴大，他的一再謙讓把自己逼上了絕境。

吳廣率領陳勝的主力部隊圍攻滎陽，防守滎陽的是三川郡郡守李由，丞相李斯的兒子，李由這個將門虎子非常厲害，守得滴水不漏，吳廣一時也沒了主意。久攻不下讓吳廣在軍中的威信越來越低，之前吳廣可以靠自己出色的個人品格讓大家追隨他，可現在起義軍壯大了，生存的法則已經改變。

純粹靠個人的美好品德可以成功地指揮幾萬大軍嗎？顯然不行。對於行軍打仗，有時候強權和暴力統治是必要的，吳廣敗就敗在過於仁慈。

章邯在函谷關下大敗周文的消息已經盡人皆知，吳廣軍中自然也起了騷動。將士知道，章邯大軍一路向西，即將遇到的第一個目標就是自己。

於是，有個叫田臧的將軍開始和周圍人謀劃：「章邯大軍馬上就到，我軍圍攻滎陽這麼久都沒有結果，到時候肯定會被章邯全數殲滅。不如只留少量的兵繼續圍著滎陽，然後用精兵主動迎戰章邯，這才是存活之道。可如今吳廣怠惰，根本就不懂兵法，和他商量也如對牛彈琴，還不如自己動

手。」

由於吳廣對軍隊的掌控太弱，對手下的弟兄又太過信任，軍中的防備幾乎為零，田臧這一夥人很容易就發動了軍變，他們帶人假冒陳勝的詔令直接殺了吳廣，接著把他的頭顱獻給陳勝。

陳勝見到好兄弟被殺自然是火冒三丈，可如今的局面早就在他的控制之外了，為了大業，他只能忍氣吞聲，順勢封田臧為將軍，算是公開合法化這次兵變。

田臧主動出擊章邯秦軍的謀劃也許是對的，像吳廣那樣圍著滎陽打不下來又不做任何反應，基本上也只是等死，章邯大軍一到必然潰敗。而田臧主動出擊的策略至少還有一線生機。

只可惜，戰爭沒有那麼簡單，能夠打敗周文幾十萬大軍的章邯，又怎麼可能輕易地被一個小小田臧擊敗。

如果說，圍著滎陽城不動是等死的話，主動出擊章邯就是找死。

章邯輕易地擊破了田臧的出擊，殺了田臧，順手解了滎陽之圍，還把起義軍剩下的部隊消滅得乾乾淨淨。

周文部隊先敗，吳廣主力又敗，陳勝被章邯一個人從人生事業的巔峰打到絕境。章邯得理不饒人，根本不去理會其他人，認準了「擒賊先擒王」的道理，繼續追著陳勝猛打。既然陳勝是起義軍的領袖，那我就先把他打殘打死，讓你們其他造反的人群龍無首。

之後，章邯又連續擊殺陳勝手下的伍逢、房君、張賀，追得陳勝一路到了汝陰。

窮途末路的陳勝沒有得到東山再起的機會，他的車夫莊賈大概是真的跑不動了，一氣之下直接把陳勝殺了投降章邯。在大澤鄉掀起反秦大浪的陳勝就這樣死在一個小人手上，實在是可惜。

陳勝一死，各種反秦勢力真的陷入一片茫然。陳勝得勢後雖然犯了很

多錯誤，但他立誓要把秦朝消滅的決心一直都在，在各個諸侯紛紛開始各自搶地盤割據政權的時候，只有他一力扛著大旗主動與秦軍作戰，是諸多起義軍的核心力量。起義軍中其他勢力或跟著陳勝摻和湊熱鬧，或趁機占點便宜發展自己，沒有人敢獨立與秦軍主力會戰。

如今陳勝一死，核心力量沒了，各諸侯更加不知道該如何抗秦了，便演化成了激烈的內鬥。反秦形勢的一片大好，突然間就隨著陳勝的隕落而變得撲朔迷離。

宋留的部隊我們前面提過，也是當初陳勝派去搶地盤的一支隊伍，而且還承擔了重要的任務，就是從南面攻破南陽，經由武關進入長安。

透過後來的歷史我們可以知道，從武關攻入長安要比從函谷關攻入長安容易上千百倍。後來劉邦先後兩次打進長安都是走武關，而且縱觀整個中國歷史，基本上的規律也是，如果函谷關西面的政權沒有出現什麼非常嚴重的內部問題，東面的軍事力量很難直接破函谷關而入。

最容易攻入長安的是武關，即便不能一蹴而就，也可以破壞長安大量的防守力量，給叩關函谷的主力提供援助。宋留的部隊雖然很不起眼，但其策略意義非常重大，他們也一直在穩步實現自己的價值，陳勝隕落的時候，宋留已經攻破南陽，離武關不遠了。

只可惜時運不濟，正當宋留這支奇兵要發揮作用的時候，陳勝在主要戰場卻連續遭遇大敗，最後弄得自己也兵敗身亡。宋留此時的情況就好像我們經常看到的諜戰片裡那些深入敵人內部的間諜一樣，自己正在承擔巨大的風險、完成偉大的事業，可上級卻忽然死了，沒人繼續發揮自己的價值，自己也就真的沒了價值，變成了一支必死的孤軍。

換一個比喻就好像圍棋兩邊對殺，宋留是深入敵方重圍的幾顆棋子，雖然被對方的棋子圍了起來，但敵方的棋子外面還有我方的棋子，互相對殺的過程中，可能就因為這幾個關鍵的深陷敵圍的棋子而可以贏得那關鍵的幾口氣，讓對方不敢貿然展開對殺。可是這個時候，外圍的我方大片棋

子突然被敵方棋子吃了，那宋留這幾個棋子就真的成了棄子了，其實他們沒有任何變化，但大勢變了。

陳勝死後，如果能夠有一個中流砥柱式的人物迅速組織起義軍團結抗秦的話，那麼宋留還可以找到新的上級，繼續發揮自己的作用。可是這個時候，諸多起義軍卻偏偏開始了無休止的內戰，根本沒有人還想著抗秦這件事，於是宋留的情況愈發尷尬了。

尷尬歸尷尬，也不能就此等死啊！在萬般無奈的情況下，宋留只能選擇投降秦軍，倒在武關之外，倒在了一百公尺衝刺的最後十公尺。

宋留的倒戈給起義軍的氣勢帶來重大的打擊，對秦二世卻是個千載難逢的機會，如果他能夠好生對待這個大澤鄉起義之後第一個歸順秦朝的人，說不定還會有更多在內戰中不得意、對秦朝還存有一絲幻想的起義軍首領跟著投降。如今起義的形勢突遭逆轉，人民的內心多少都會有些動搖。

只可惜，秦二世真的是被趙高哄騙得無可救藥，他還以為天下形勢大好，宋留不過是一個小小的流寇，絕對不可原諒。自己堂堂大秦王朝，掃平六國一統天下是何等氣概，怎麼可以向這些賤人低頭？於是秦二世連猶豫都沒有猶豫，直接把投降的宋留給車裂，毀了眼前這個平息叛亂的好機會。

掃平六國統一天下的是他爸爸秦始皇，又不是他胡亥，秦二世使得全天下的起義軍堅定了抗秦到底的決心。

宋留之後，雖然起義軍還是內戰不斷，但失敗者或者隱退，或者投靠另一支起義軍，很少會有人選擇歸順秦朝，因為他們知道，歸順秦朝也是死路一條。

於是，真的無人再放棄反秦這項偉大而有前途的事業了。

第十一章 內亂紛擾

　　說宋留之後再也沒有起義軍投降秦軍有點誇張，凡事都會有例外，最有影響力的意外是趙國的大將李良。

　　李良是趙王武臣手下一個能征善戰的將軍，先打下常山郡，又被趙王派去打太原郡。從常山到太原要穿過太行山脈，必須經過井陘，著名的「太行八陘」之一。

　　所謂的「陘」就是指山脈中斷的地方，是穿過山脈的必經之路。太行山脈東西向有很多這樣的陘，最著名的八陘分別是軍都陘、蒲陰陘、飛狐陘、井陘、滏口陘、白陘、太行陘和軹關陘。在古代交通不發達的條件下，這八條陘便成為了軍隊在北方中原（現在的山西、河北、河南）穿梭的八條要道。太行山脈延袤千里，百嶺互連，八條陘各自地形複雜，非常容易埋伏，易守難攻，是一等一的軍事重地。

　　李良的部隊從常山到太原就要穿過太行八陘之一的井陘，可是秦軍已經早早地在這裡設好了埋伏，他一時間攻不過去。在僵持的過程中，守關的秦將偽造了一封秦二世寫給李良的勸降書，希望李良能夠倒戈。

　　以秦二世的智商和那個放不下面子向起義軍低頭的性格上看，當然不可能給李良這種小人物寫勸降書，這不過是秦朝守將的計謀。李良雖然沒有特別懷疑，但也沒有輕易相信，就撤回了邯鄲，希望能夠請趙王再多撥一些兵馬，讓他一舉攻破井陘。

　　李良的部隊還沒有到邯鄲，先遇到了趙王武臣的姐姐。趙王這個姐姐也是飛揚跋扈的人，出去找人喝酒帶了一百多個騎兵隨行，李良一看這個陣勢以為是趙王本人出行，於是畢恭畢敬地跪在道路一旁。

李良是趙國大將，還手握重兵，按道理來說，即便真的是趙王武臣，也應該很客氣地下車來打個招呼，可偏偏武臣的姐姐此時已經喝醉，搞不清楚狀況，也沒弄清楚外面是誰，以為只是個普通的官員，就派隨行的隨從簡單地回個禮。

李良素來嬌貴，看到一個女子居然如此看不起自己，不肯下車來接見他，立刻就勃然大怒。當初大澤鄉起義的時候，李良地位本來高於武臣，後來因為武臣和陳勝關係好，所以成為了軍隊的主帥，再之後又因緣際會成了趙王，李良反而成了他的臣子。

所以，其實李良的內心深處不一定把趙王放在眼裡，更何況是他的姐姐？

本來接到秦二世的勸降書，李良就有了些想法，如今遇到這種事，一時衝動就真的反了。他帶部隊追上前去殺了武臣的姐姐，看到自己已經在邯鄲城下，索性就攻入了邯鄲。

邯鄲城內的趙王做夢也沒有想到自己躺著也中槍，姐姐的一場醉酒居然釀成如此大禍，對李良的倒戈沒有一點防備。李良很輕鬆地攻入邯鄲，殺了趙王和一票趙國大臣，只有趙王的左膀右臂張耳、陳餘兩人因為耳目眾多，提前開溜，逃過這場大難。

張耳和陳餘素來在北方享有大名，在建立趙國的過程中又形成了中流砥柱的作用，具有很高的威望。他們在逃出邯鄲之後四處收攏散兵，最後湊齊了一支部隊打回邯鄲。李良不敵張耳、陳餘，連夜逃跑，恰逢此時章邯的大軍一路追殺陳勝到了附近，他就投奔了章邯，成為起義軍中少見的投降秦軍的例子，逆歷史的大勢而行。

李良後來究竟如何，歷史沒有記載，鉅鹿之戰後不知道他有沒有和章邯一起投降項羽，如果是那樣，也真是一個諷刺了。

張耳和陳餘沒有自己稱王，他們比較有智慧，不想把自己推向風口浪尖，找個原來戰國時期趙國王族的後人趙歇來做傀儡君主，而自己完全把

持了趙國的朝政。

　　陳勝和趙國都因為內亂，勢力大大地削弱，劉邦也沒能倖免，在起兵反秦的最開始階段，他也好好地享受了一次手下背叛所帶來的惡果。所謂「一朝被蛇咬，十年怕井繩」，劉邦坐擁天下後對手下的臣子百般防備，甚至連蕭何、周勃這些同鄉都難以倖免，韓信、彭越更是被趕盡殺絕，只怕都和劉邦一開始吃的這個虧有關。

　　教訓太深刻，難免會矯枉過正。

　　前面說劉邦殺了沛縣縣令自立為沛公，斬白蛇而起，他攻打的第一個目標就是好兄弟盧綰的家鄉，和沛縣互為唇齒的豐縣。沛、豐兩縣相距甚近，兩地人之間基本也都是親戚或者朋友，劉邦想立足家鄉繼續發展，攻打豐縣是最好的選擇。

　　劉邦打下豐縣之後，逐漸引起了秦軍的注意，沛縣和豐縣都屬於秦朝泗水郡的管轄範圍，於是泗水郡的郡監，一個叫平的人開始對劉邦進行剿滅。結果這個平打著打著發現打不過劉邦，就帶著殘兵逃到了薛郡。

　　沛縣在如今的江蘇徐州，而薛郡在山東棗莊，還是有一點距離的，劉邦為了壯大自己、取得進一步發展，於是率軍追殺平。沛縣有蕭何、曹參防守沒有問題，豐縣他挑選了本地人雍齒做長官守城。此時的劉邦對同鄉還是信任的，也沒有留下什麼後手防備。

　　結果就在劉邦追殺平的這段時間，陳勝兵敗被殺，原本一致抗秦的形勢陡然大亂，各地起義軍開始紛紛擴張自己的地盤而不再齊心向西攻秦。

　　做得最露骨的就是魏國。

　　魏國的來歷前文提過，陳勝大將周市在攻打齊國被田儋擊敗後，撤到魏地做土皇帝，建立了魏國，還要挾陳勝送來戰國時魏國王室的後人魏咎做傀儡君主。從周市這些表現就可以看出他是個見利忘義、目光短淺且毫無道義的人，拿著陳勝的部隊打不下齊國就自己稱王，還藉機要挾陳勝，可謂小人之至。

周市缺乏道德操守，所以做任何事情也都不太會顧慮別人怎麼罵他，他見秦軍勢大，毫無道德地就把兵鋒轉向了周邊起義軍，妄圖透過殘害同道來擴大自己的勢力。

周市的第一個目標就是劉邦的沛縣和豐縣。

周市趁劉邦大軍去薛郡的時候，帶兵到了沛、豐一帶，招降當地守將。蕭何和曹參當然不會倒戈，以他們的智慧怎麼可能跟著這種毫無前途的主子，可雍齒就不一樣了。

劉邦年輕時在沛、豐一帶的名聲不好，雍齒向來看不起他，後來劉邦風雲際會當了沛公，雍齒在他手下做事也還是心中不服，總覺得自己在這種無賴手下做事很丟臉，於是直接把整個豐縣獻給了周市。

劉邦追殺平到薛郡，後來又繼續追殺到了戚地，剛剛取得徹底的大勝就聽說自己後院起火，大驚之下馬上率軍回救。周市的部隊這時候也撤了，沒有和劉邦大軍發生正面衝突，因為他們的後院也起火了，而且這把火還是強大的章邯大軍點的。周市的如意算盤還想趁陳勝死後的混亂擴大勢力，誰知道滅了陳勝之後，章邯第一個就把屠刀伸向了他。

周市的部隊雖然撤走，可豐縣已經倒戈，劉邦大怒之下對豐縣進行猛攻。可雍齒當初能夠被委以重任，確實也是因為比較會守城，一時間劉邦居然打不下來，只能在城外僵持。

劉邦的內心非常著急，周圍虎狼成群無不死死地盯著他，對他來說，久攻不下一座城池是非常危險的，稍不留神就會被別人趁機吞併。

鑑於這種危險的形勢，劉邦沒有被仇恨沖昏頭一味猛攻豐縣，而是開始思考不再單獨作戰，投靠一個稍微強大一點的勢力，藉外力來發展自己。

他第一個選擇的是楚王景駒。

楚國的楚王陳勝不是才剛剛被殺嗎？何時又多出一個楚王來？

其實景駒也是一個剛剛興起的勢力。

東陽人秦嘉最早在東海郡一帶起義，他不想孤軍奮戰，就打出旗號說自己想跟隨陳勝一起反秦。陳勝聽了很高興，於是派了一個叫武平君畔的人給他們當監軍。秦嘉是個不肯放權的奸雄人物，雖然表面上尊敬陳勝，但其實心裡還是「老子天下第一」。陳勝要派一個人來管他，他當然受不了，就假傳陳勝的命令，找個理由殺了武平君畔。

按道理說秦嘉的這種做法定會引起陳勝的不滿，但是當時陳勝的大軍已經節節敗退，根本沒有時間理會這種小事，再後來陳勝就兵敗身亡了。本來已經做好和陳勝決裂打算的秦嘉一聽說陳勝已死，知道自己的機會來了，馬上大變臉，立身邊一個戰國時楚國王室的後人景駒為楚王，延續楚國大旗。

不得不說秦嘉很有智慧，他知道「名不正，則言不順；言不順，則事不成」的道理，明白「名分」二字有多重要，厚著臉皮藉陳勝和楚國的餘威為自己服務。雖然秦嘉只是諸多反秦起義軍裡起兵較晚的一個，卻很快就成了有影響力的一個，楚國的旗號讓他們在無形中有延續陳勝起義軍「正統」的感覺，引得諸多人紛紛投靠，實力發展迅速。

恰好此時楚王景駒和秦嘉就在留縣，劉邦也被他們楚國正統的旗號吸引，在危難時刻選擇投靠他們，希望得到他們的幫助。

第十二章 金麟豈是池中物，一遇張良便化龍

對劉邦來說，此次留縣之行具有非常重大的意義，這個意義和景駒倒是一點關係也沒有，而是劉邦在去留縣的路上遇到了同樣想去投靠楚王景駒的張良。

張良的名氣之大，相信不用筆者多作介紹。

《三國演義》裡水鏡先生評價諸葛亮的一段很有意思：關羽說，諸葛亮自比管仲、樂毅是不是太過自大，水鏡先生的回答是，諸葛亮自比管仲、樂毅不太合適，他的才能堪比「興周八百年之姜子牙，旺漢四百年之張子房」。

能配得上「旺漢四百年」這五個字，可見張良在漢代的地位。

馬榮成先生的漫畫《風雲》裡有一句詩「金麟豈是池中物，一遇風雲便化龍」，說是天下會的幫主雄霸一遇到「風」、「雲」兩人就運勢大轉，稱霸天下。這裡借用這句詩，筆者認為劉邦才是真的「金麟豈是池中物，一遇張良便化龍」。劉邦這種曠世帝王怎麼可能始終糾結於沛縣和豐縣這一小片水池，此次留縣之行遇到了張良，以後發展的態勢就一發而不可收，走上了爭霸天下的真龍之路。

張良本是戰國時韓國貴族的後人，韓國被秦國消滅後，他就一直在為心中懷著的這份仇恨而四處奔走。少年時張良遊歷江湖，想刺殺秦始皇，曾經找大力士在博浪沙拿重兩百四十公斤的鐵錘砸秦始皇的車駕。

古時候君主出行都非常小心，往往要安排好幾個一模一樣的車子來當誘導，沒有幾個人知道到底哪個車子裡才是真正的君主，這些用來迷惑的

車子被稱為「副車」，而副車的馬被稱為「副馬」，也都分別由朝中的高官來管理，駙馬這個官職就是從副馬演變而來，後來逐漸成了公主丈夫的代名詞。

張良找的大力士在刺殺秦始皇的時候就沒有砸中正確的車，而是毀了幾輛副車。雖沒成功，但也驚出秦始皇一身冷汗，同時讓張良四海揚名。

中年之後的張良思想逐漸成熟，不再想用這些簡單粗暴的方式，他知道殺一個秦國皇帝無法從根本解決問題，推翻暴秦的統治才是解決之道，於是他開始學習兵法權謀，立志要用畢生所學推翻秦朝。

幫助劉邦統一天下的人裡能人眾多，各有各的才能，各有各的作用，劉邦能夠把這麼多厲害的人團結在一起，就是他最大的能力，而這些人裡最厲害的三個就是所謂的「三傑」：蕭何、張良、韓信。

劉邦的原話是：「夫運籌帷幄之中，決勝千里之外，吾不如子房；鎮國家，撫百姓，給餉饋，不絕糧道，吾不如蕭何；連百萬之眾，戰必勝，攻必取，吾不如韓信。」

顯然，就「三傑」的作用來看，如果一定要排個第一的話，也非張良張子房莫屬。「運籌帷幄之中，決勝千里之外」短短十二個字蘊含著多高的評價，千古之下又有幾人能做到。中國幾千年的歷史，名將無數，有名的政務大臣也很多，但真正能夠像張良這樣笑看風雲，平定天下，最後還能全身而退的真沒有幾個。

張良之前，除了神話中的姜子牙，春秋時的管仲、百里奚，泛舟五湖的范蠡以外，也就沒有別人了吧？可畢竟他們謀劃的都還只是個小局部的爭霸（所謂的武王伐紂時期，中國人活動的版圖還太小）；張良之後，諸葛孔明享有大名卻魂歸五丈原，至於徐茂公、劉伯溫之流也終是稍遜一籌。

作為劉邦手下第一謀略大臣，漢軍發展路上幾個重大關口都在張良的幫助下度過。

從張良勸劉邦去投靠項梁開始，到後來的鴻門宴，再後來要到漢中的

封地，再到還定三秦時穩住項王贏得發展時間，還有阻止立六國後人，以及最後勸劉邦封韓信、彭越等人為王對項羽進行最後一擊。

張良每一次的進言都至關重要。

傳說中張良的才能是得自《太公兵法》，當然筆者還是傾向相信這只是一個傳說，但作為一個故事而言還是挺有趣的。

相傳張良少時曾經偶遇一老父，老父在他面前把鞋子扔了，然後對張良說：「小子，去給我把鞋穿上。」張良看他年邁，就強忍屈辱把鞋子撿起來給老父穿上。老父非常滿意，和張良約定五日後天亮的時候再見。

五日後，張良天亮時到了約定的地方，老父已經先到，就把張良大罵一頓，說和老人相約不能遲到，再五日以後天亮見。

又過五天，張良去得早多了，在雞鳴的時候就已經到了約定的地點，但那老父還是先到了，又把張良給罵了一頓，再度約在五日後的天亮時分見。

第三次張良終於想通了，半夜就趕到約定的地點，這次總算比老父先到，老父非常高興，就給了張良一本兵書《太公兵法》，並說讀了之後就可以成為帝王的老師，在十年以後會有大的用處。

說完老父就走了，張良開始仔細研讀這本兵書，而十年以後果然爆發了舉世皆聞的陳勝、吳廣大澤鄉起義，張良也憑藉著自己的本事成功幫助劉邦謀取了天下，成為真正的帝王老師。

張良一生低調，在天下大定之後，劉邦本是想封張良侯三萬戶，結果被拒絕了，他只選擇了小地方留縣，安安穩穩地做一個戶數不多的留侯。

大家可能沒有三萬戶的概念，漢初人口稀少，功臣位次裡排第一的蕭何也不過萬戶而已。哪怕是到了武帝時期，功勳無人可比的衛青、霍去病也都不到兩萬戶。漢初三萬戶恐怕比得上諸侯王了，這對於一個從沒有軍功的人而言，絕對是不可想像的數字。

可張良卻不敢接受這曠世恩寵，在項羽死後他就不再隨軍出征，也不太關心朝政，只是專心修道而已，其間還一度辟穀絕食來修行道法，最後被呂后阻止。

張良挑的封地留縣很有意思。沒錯，這正是他和劉邦初遇的地方，淡泊名利的張良推翻秦朝，大仇得報之後他已經不在乎這些世俗的利益，寧願守著這個紀念自己選擇劉邦的地方，既能夠不捲進朝廷的紛爭，也算是報答了劉邦的知遇之恩。

回到秦二世二年，很多人會奇怪，張良本來不是帶著幾百人去投靠楚王景駒的嗎，怎麼會突然跟了劉邦？張良不是已經名滿天下了嗎，怎麼會選擇劉邦這個此時既沒有實力又沒有名氣的小勢力？

「知遇之恩」真的是很神奇的東西，兩個人的契合有時彷彿是天注定的一樣，拿籃球來舉例子，筆者相信喬丹和皮朋、馬龍和史塔克頓之間那種默契程度，不是光靠後天的努力就能培養出來的，裡頭絕對有一些他們天生某種氣質一致的東西存在。

劉邦和張良就是如此。以張良的大才，他最怕的不是自己算錯，而是主子不相信他、不聽他的，或者即使聽了也做不到自己所要求的。他怕自己最終像夫差與伍子胥、項羽與范增之間的遺憾。

相傳張良之前跟別人說自己從神仙處學來的《太公兵法》，別人經常不能理解，可是和劉邦說，劉邦每次都能領會其中的奧祕，並且不折不扣地採納，連張良自己都感嘆：「沛公這大概是老天傳授給他的才能吧！」從此就立下了要跟劉邦一輩子的決心。

劉邦和張良一起見了楚王景駒，想藉景駒的兵攻打豐縣的雍齒。誰料此時章邯手下的一個司馬帶兵到了附近，景駒就給劉邦一些兵馬，先讓他迎戰章邯的司馬，之後再談收復豐縣的事情。

劉邦一開始作戰不利，可在張良的幫助下最終還是擊敗了章邯手下的這支小部隊，並且逐漸擴大自己，發展到了九千人。

勢力稍微壯大一些的劉邦還是念念不忘自己的豐縣，立誓一定要找雍齒報背叛之仇，於是又打了回去。只是這次攻打豐縣又失敗了，劉邦好像就是邁不過這道檻。

運籌帷幄把握大局，張良厲害，可實打實地攻城略地，他一個書生還真的在短時間內束手無策。不過，他思路開闊，眼光絕不會僅僅局限於這小小的攻城戰，沒過多久就發現了一個千載難逢的良機。

這個良機在一開始出現的時候也許都不能算是良機，應該是危機。因為劉邦陷入了和當年宋留一樣的窘境：自己打得風生水起，卻突然發現上級沒了。

原來，就在劉邦四處征戰的時候，自己名義上的主子楚王景駒（當然大家都知道，這個勢力實際控制者是秦嘉）的大軍被項梁擊敗，全軍覆沒，兵敗身亡。

第十三章 項家軍崛起

楚王景駒和秦嘉是如何被消滅的？這得先從項家軍的崛起談起。

前文提過，項梁和項羽叔姪倆在吳中避難的時候就暗地準備以後起兵造反的事情，可以說是謀劃已久。後來他們趁著陳勝掀起反秦浪潮的時候殺了會稽郡守，招募八千江東子弟兵渡江，開始了爭霸之路。

由於項梁和項羽是貨真價實的楚國貴族，而且是楚將項燕的後人，所以名聲很大，而且項梁善於謀劃，項羽天下無敵，相當得人心，發展得非常快，很多人主動去投靠他們。

首先投靠項家軍的大勢力是召平。這個人我們之前提過，他也是最早和陳勝一起在大澤鄉起義的將軍，陳勝派他向南方發展，攻打廣陵一帶。召平還沒有攻下廣陵就聽說陳勝已經死了，他猜測章邯的大軍馬上就要殺到東面，自己如果不趕快做出決定，必死無疑。

最終，召平選擇了附近聲勢最旺的項梁，全軍投靠，還假傳陳勝的命令，授予項梁楚國上柱國的官職。

於是，項梁成了楚王景駒和秦嘉之後第二個打出延續陳勝旗號的勢力。

此時秦嘉已經立景駒為新楚王，自封為楚國的上柱國，項梁雖然沒有立楚王，但也是楚國的上柱國。一個楚國又如何能夠有兩個上柱國？所以，兩個勢力必有一戰，用來決定誰才正統。當然，並不是說誰真的正統誰就正統，而是誰贏了誰就是正統。

同樣是聰明人，項梁顯然比秦嘉更厲害，威望也更高，之後又陸續有人投靠。

秦嘉的同鄉東陽人陳嬰本來是東陽令史，反秦大浪的時候，縣裡少年

殺了縣令聚了兩萬人，要立陳嬰為王，也參與爭霸。陳嬰很明白局勢，知道自己如果稱王肯定沒有好下場，就對手下這兩萬人說：「項家世世代代為楚將，在楚國享有大名，如果我們想成大事，就一定要投靠他們。依靠了名門望族，滅亡秦朝就成了必然的了！」

於是陳嬰帶了兩萬人投靠項梁，進一步加強了項梁的勢力。

從陳嬰的選擇可以看出，所謂的「名分」和「望族」這些看起來虛無的東西究竟有多重要，陳嬰看重項梁望族的身分遠遠超過他和秦嘉的同鄉之情。這也是後來三國時期劉備為什麼總要把那一句「我是中山靖王之後」掛在嘴邊的原因，不管是不是真的，有這點背景總是有用的。

秦嘉和項梁的爭鬥可以說從一開始就落後了，落後在祖宗上。所謂的百姓起義果實總是被貴族盜取，也真的是件很無奈的事情，祖宗做出了偉大的事情惠及後世也是難免。

緊隨召平和陳嬰之後，番君吳芮和他的女婿英布也投靠了項梁。

吳芮是番陽縣縣令，在江湖上有些名聲，人稱「番君」。而英布又名黥布，黥是古時候的一種刑罰，就是在臉上刻字，《水滸傳》裡宋江和林沖他們都受過這種處罰。英布受了黥刑之後非常高興，對別人說：「看相的人說我受了黥刑之後就可以做王，不知道會不會靈驗。」

英布本身性格很有土匪的意思，他最早被判去驪山給秦朝做苦工，當時在驪山服役的人數十萬，英布和其中的頭目或者強橫有勢力的人都有交情，後來率領一夥人逃到長江一帶，聚眾為盜，慢慢地發展到了幾千人。

英布聽說番君吳芮在江湖上小有名氣，就帶著幾千人來投靠。此時反秦大浪已經開始，吳芮知道在亂世英布這樣的土匪會有所作為，就把自己的女兒嫁給了他，和他一起加入了起義軍的行列。

此時，英布已經擊敗了附近的秦軍，聽說項梁要西渡淮河，也覺得跟著項梁可能更有前途，就帶著岳父吳芮一起投靠。

就這樣，隨著各種人的加入，項家軍雖然只有八千子弟兵渡過長江，可等他們再渡過淮河的時候，已經發展到了六七萬人，勢力遠遠超過楚王景駒和秦嘉。

項梁駐紮在下邳，秦嘉駐紮在彭城，都是楚國的核心地帶，相距甚近，最後兩個自命楚國正統的勢力開始了決戰。結果一點也不出人意料，項梁大勝，景駒和秦嘉都沒能活下來。

消滅楚王景駒和秦嘉之後，項梁成為唯一的楚國，也成了反秦起義軍新的領導核心，如今他的勢力和威望都足以接替陳勝的大旗。

項梁一直沒有立楚王，其實也是點想自立的意思，畢竟他也是正宗的楚國項家後人。可此時，項梁找到了他們項家軍未來的總規劃——范增，范增勸他不要這麼做。

范增是典型的「大器晚成」，晚得有點厲害，他在投靠項梁的時候已經七十歲了。范增認為陳勝之所以會這麼快敗亡，就是因為太早自立，此時還是應該先立一個楚國王室的後人，才可以更好地收攏民心。

范增也算是楚漢時期一等一的謀士了，幾乎可以與張良一爭短長，很有見識。項梁採納范增的建議，找到當年楚懷王的孫子心，可憐當年的王孫如今卻成了傀儡，莫名其妙地被找回來立為楚懷王。

傀儡皇帝立好之後，項梁的聲望達到了頂點，獨攬大權，大部分起義軍都唯他馬首是瞻。

劉邦當然也不例外。

本來名義上劉邦還算是楚王景駒的手下，手上還拿著景駒借的部隊，可還在圍攻豐縣不下的他一看局勢已變，馬上變臉，在張良的建議下，第一時間就帶了幾百人跑過去向項梁獻殷勤表忠心。

項梁大度，反正秦嘉已死，這些人他也樂意收為己用，就給了劉邦五千兵馬。他絕對想不到，眼前這個無賴以後會成為自己項家最大的敵

秦二世二年 西元前二〇八年

人，會讓項家徹底滅亡。

在景駒和項梁之間折騰一圈，劉邦高興壞了，兩邊居然各自給了自己幾千兵馬，讓自己聲勢壯大了起來。

項梁的軍隊戰鬥力確實不賴，劉邦拿到這五千人之後很輕鬆地就拿下了豐縣，了結這麼長時間的一個心願。

張良雖然跟了劉邦，但他畢竟是韓國後人，心裡還是繫著母國，看到項梁立了楚王，就懇請他也立一個韓國王室的後人，光復韓國。

此時項梁正好也希望多些人來和秦王朝周旋，就找來了韓國王室的後人韓成，給了他一千多部隊去攻打原來韓國的地盤。韓成先是攻下了幾座城池，可隨後又被秦軍打了回去，他開始在韓國地盤上打起游擊戰，反覆其間，耗費了一些秦軍的精力。

和韓成交戰的只是一般的秦朝部隊，並不是章邯的主力大軍。在項梁和秦嘉爭奪起義軍領導權的時候，章邯可沒有閒著，不久他就把北方掃了遍。

章邯在殺了陳勝之後，先是攻打北方的魏國。（這也是劉邦圍攻這麼久豐縣魏國周市都沒有來救的原因，根本自顧不暇，哪裡還顧得上豐縣。）

魏國知道以自己的勢力絕對抵抗不了章邯大軍，於是在死守的同時向齊國田儋和楚國項梁求救。

可笑的是魏國最不講究起義軍的道義，在陳勝死的時候率先起內鬨，挑事搶地盤，結果自己被打了還要靠這些起義軍朋友，希冀別的國家來救！

但田儋和項梁還是顧全大局，紛紛派出部隊去救援，唇亡齒寒的道理還是懂一些。陳勝已死，如果魏國再滅，只怕整個反秦大局會有危險。

項梁派同族項它去救，而齊王田儋仗著自己會打仗親自率軍前往魏國。

章邯深知兵法，知道自己一旦攻打魏國，周圍的其他起義軍肯定會

救，於是就設計好了圍點打援的計畫。他圍攻魏國只是誘餌，真正的秦軍主力早就埋伏好了要對付這些援軍。

項梁和田儋都中了章邯的計！

章邯挑了一個夜晚，讓所有士兵嘴裡銜著一個木棍防止出聲，趁齊國和楚國的援軍立足未穩，對他們進行偷襲，大破齊楚聯軍，之後又乘勝消滅魏國。魏王魏咎、魏國的實際控制者周市以及齊王田儋均死在這場戰役中。

魏咎的弟弟魏豹逃到楚國，項梁給了他幾千人，讓他自己慢慢收復一些魏地；而田儋的弟弟田榮也收了一些哥哥留下來的散兵，想撤回齊地，但章邯還在後面緊追不捨，想把田儋的兩個弟弟田榮和田橫趕盡殺絕。

項梁聽說章邯大敗三國軍隊的事，不敢怠慢，親率大軍救田榮，在東阿和章邯大戰一場。兩個可以說是在項羽和韓信嶄露頭角前楚漢時期最厲害的將軍進行了人生的第一次交鋒，結果章邯小敗。

一戰過後，章邯知道項梁的厲害，便穩住陣腳，沒有繼續追殺田氏兄弟。

因為項梁的幫助，田榮成功帶軍隊跑回齊國。

誰知，之前齊國人聽說田儋已死，田榮還在被章邯追殺，就新立了齊王，是戰國時齊國最後一個王齊王田建的弟弟田假。田儋三兄弟都是狠人，田榮和田橫聽說這個消息之後勃然大怒，用殘兵擊破了齊軍，趕走了田假，立大哥田儋的兒子為齊王，兩兄弟分別任丞相和大將軍。

田假被田榮、田橫兩兄弟趕走之後逃到楚國，投奔了項梁。

此時，被擊敗的章邯得到了後方的支援，軍隊戰鬥力重新大振，想和項梁再戰一場。項梁看到章邯勢大，就讓齊國的田榮、田橫兩兄弟一起出兵對抗章邯。

按理說項梁之前救了兩兄弟的命，要不是項梁，他二人早已死在章邯

手中，對項梁應該是感恩戴德，盡快出兵。可偏偏田榮、田橫忘恩負義，他們對田假當齊王的仇恨還耿耿於懷，就威脅項梁說：「楚國殺了田假，我們就出兵。」

項梁此時是起義軍裡的核心和領袖，又剛剛擊敗了章邯，氣勢正旺，如何能夠受人要挾，大怒之下就跟田榮、田橫說，絕對不會殺田假。

於是，面對章邯新一輪的攻勢，齊國拒絕出兵。

魏國已滅，韓國尚小，齊國又拒絕出兵。所以其實在中原真正和秦軍周旋的只有項梁的楚國、張耳和陳餘控制的趙國和遠在北方韓廣的燕國，當然還有混在其中的沛公劉邦。

國家少並不代表戰鬥力不行，趙國和燕國其實都可以忽略，光靠楚國現在的戰鬥力都已經可以和秦軍分庭抗禮了（當然此時劉邦算在楚國裡），因為秦朝自己的後方出了很大的問題。

事實證明，不是只有起義軍才會出內亂的，強大的秦王朝也會內亂，誰讓奸臣當道呢！

秦二世二年　西元前二〇八年

第十四章 秦王朝的內亂

秦王朝的內亂首先來源於李斯和趙高兩人的矛盾愈演愈烈。

秦二世越來越信任趙高，朝廷的大權逐漸集中在趙高一人手中。趙高對秦二世說，陛下如果每天都出現在群臣面前的話，只會讓臣子有更多機會發現陛下的缺點，陛下不如以後不要見他們，躲在深宮中垂拱而治，應付群臣的事情交給我們這些近臣就好了。

有點頭腦的人都會發現趙高這個建議有多居心叵測，可偏偏秦二世就是笨到相信了趙高的話，從此以後再也不見其他大臣，朝堂徹底成為趙高一人的舞台，只有他才能見到皇帝，他想怎麼說就怎麼說，別人很難有反抗的餘地。

對於這種搞笑的做法李斯顯然不滿，他主張的苛政雖然害了秦國，但從某種程度上來說初衷畢竟是好的，和趙高不同，他對整個國家還是有責任感的，知道做事的分寸。

趙高也知道李斯不滿，便開始耍花招，假裝去討好李斯，對他說：「關東盜賊紛起（其實起義軍的勢力此時幾乎已經可以和秦軍分庭抗禮了，絕不再是盜賊那麼簡單），陛下卻還加緊增加征夫去建阿房宮，蒐集狗馬一類無用的玩物。我想進行規勸，可因地位不高不敢言。這可是您的事情啊，您為什麼不去勸諫呢？」

李斯一聽趙高的話，非常高興，居然就相信了，說：「本該如此，我早就想說了，但如今陛下不坐朝，不接見大臣，不聽取奏報，經常在深宮之中，我所要說的話不能傳達進去，想要覲見又沒有機會。」

趙高知道李斯已經逐漸走進自己的圈套，又說：「若您真的要規勸，請

讓我在陛下有空的時候通知您。」

李斯滿心歡喜地答應，這時的他完全沒有想到，心狠手辣的趙高已經準備拿他開刀了。

趙高當然不會真的在秦二世有空的時候叫李斯覲見，反而專門挑秦二世玩樂到最高興的時候讓李斯進來，如此接連三次，秦二世總是在最高興的時候被李斯打斷，頓時勃然大怒。

秦二世問趙高：「每次我有空的時候丞相不來，我正玩得高興的時候他就來奏報，他這是因為我年輕看不起我嗎？」

趙高一看目的已經達到，便順勢放了把火：「當年沙丘偽造遺詔讓扶蘇自殺的事情丞相也參與了，如今陛下已經是皇帝，可他的地位卻沒有提高，所以心懷不滿，丞相的意思是想自己裂土封王。陛下如果不問我，我不敢說，丞相的長子李由是三川太守，而楚地盜賊陳勝都是丞相老家鄰縣的人，所以這些盜賊經過三川的時候，李由只是閉門據守不肯出擊。我聽說他們還互相有公文來往，只是還未了解確實，所以沒敢報給陛下。丞相在朝廷外面，權勢可比陛下大。」

秦二世聞後大驚，他躲在宮中不問世事已經好久，所有的消息都源自趙高，已經失去了基本的判斷力，對趙高的話深信不疑，想查辦李斯。可李斯畢竟是先帝留下來的重臣，秦二世在沒有確認之前，還是不敢隨便定他的罪，就派人去三川郡調查李由的事情。

李斯聽說此事之後，知道自己被趙高耍了，馬上向秦二世上疏，進行反駁，他說：「趙高獨攬大權，權力已經和陛下沒有什麼區別了。從前，田常當齊國的相國，竊取了齊簡公的恩德威勢，下得百姓愛戴，上獲群臣支持，最終殺掉了齊簡公，奪取了齊國，這是天下人都知道的故事。如今趙高有邪惡放縱的心意、陰險反叛的行為，他私家的富足與田氏在齊國一樣，而為人又貪得無厭，地位權勢僅次於君主，欲望無窮，竊取陛下的威信。陛下如果不設法對付，他一定會犯上作亂的！」

李斯的話雖然看起來有點狗咬狗的意思，卻句句是實，只可惜秦二世對趙高的信任早已超出一般人可以理解的範圍了，他想都沒想就反駁道：「這是什麼話，趙高本來就是個宦官，但他卻從不因為處境安逸而胡作非為，不因處境危急而改變忠心，他行為廉潔向善，靠自己的努力才得到今天的地位。他因忠誠而得到提拔，因守信義而保持職位，朕也確實認為他賢能。但您卻懷疑他，這是為什麼呢？而且朕不靠趙高，又當用誰啊？何況趙高的為人，精明廉潔，強幹有力，對下能了解民心，對上則能適合朕的心意，請您不要再猜疑了！」

　　李斯聽到秦二世的這些話，只怕當時要氣炸了，秦朝的國君滿腦子都是這種愚蠢的想法，不知道他會不會感覺到心涼。但其實反過來想想，也不難理解秦二世，對於趙高這樣一個從小時候就照顧自己的人，而且自己的所有人生都是由他規劃的人，自己的皇位也是他謀劃的人，怎麼可以隨便懷疑呢？秦二世對趙高的依賴已經到了骨子裡，很難抹去了。

　　秦二世太喜歡趙高了，生怕李斯會陷害趙高，就偷偷把這些話全都告訴了趙高。趙高一聽，知道自己和李斯已經勢同水火、不能共存了，於是反咬一口：「如果我死了，丞相就會去做田常的那些事，而沒有人能夠阻止他了。」

　　經過李斯這麼一鬧，反而讓秦二世和趙高統一意見要除掉他，只不過還在找一個合適的理由。

　　欲加之罪，何患無辭？找個理由還不簡單，沒多久就找到了。

　　由於關東起義軍鬧得實在厲害，李斯覺得現有的秦軍已經開始打不過了，就提議暫時停止修建阿房宮，讓幾十萬的征夫先去打仗，解燃眉之急。這本是個應急的好計策，可秦二世卻大怒：「大凡能夠尊貴享有天下的，就在於可以極盡享樂。如今天下安定，就應該對外排除四方，對內修建宮殿來表達心意。朕在位的這兩年裡，盜賊紛起，你們身為臣子沒能夠好好地阻止，卻要來阻止我延續先帝修建宮殿的事業，這是上不能報答先帝，下不能效忠於朕，如此無能，憑什麼還占據官位！」

聽了秦二世這一番曠古未有的可笑論斷和奇怪邏輯，和李斯一起上疏的許多大臣都對秦王朝徹底死心了，乾脆直接自殺，一了百了。只有李斯自己還放不下，還抱著一絲希望想苟活下來，於是被抓進監獄。

秦二世把李斯交給趙高，趙高把李斯全家老小和賓客都給抓了起來，嚴刑拷打，屈打成招。

李斯之所以認罪還不自殺，是覺得自己立過很多功勞，而且他善於辯論，想要上疏自辯來洗清冤屈，希望秦二世能夠幡然悔悟將他赦免。

李斯在獄中上疏：「我任丞相治理百姓已經三十多年，曾趕上秦國疆土狹小，方圓不過千里，士兵僅數十萬的時代。我竭盡自己微薄的才能，暗地裡派遣謀臣，供給他們金玉珍寶，讓他們去遊說諸侯，同時暗中整頓武裝、政治政令，擢升能戰善鬥的將士，尊崇有功之臣。故而終於能以此脅迫韓國，削弱魏國，擊破燕國、趙國，剷平齊國、楚國，最後兼併六國，俘獲了他們的國君，立秦王為天子。接著又在北方驅逐胡人，在南方平定百越，以顯示大秦的強大。並改革文字，統一度量衡，頒布於天下，以樹立秦王朝的威名。現在所有罪名我都承認，但希望陛下能夠讓我竭盡所能，苟活下來繼續為大秦效力。」

李斯上疏的核心意思其實就一句話：「我有罪，但我很厲害，請陛下讓我繼續發揮作用。」

只可惜李斯用心良苦，秦二世最終卻連一個字都沒有看到，趙高直接攔截下來，說：「囚犯怎麼可以上疏。」便扔到了一旁。

雖然李斯承認了罪名，但趙高怕他再見秦二世的時候會臨時翻供，把實情說給秦二世聽。趙高派自己的門客假扮成朝廷裡的各種人，御史、謁者、侍中，輪番去問李斯，先後有十幾批，如果李斯翻供說實情就讓人再對他嚴刑拷打，如果李斯老老實實地承認罪名就暫且放過他。如此時間一長，李斯見到誰都不敢說真話，以至於最後秦二世真的派人偷偷問李斯的時候，李斯還以為是趙高的人，還是老老實實地認了自己的罪名，葬送了

最後的一絲希望。

　　此時，秦二世之前派去調查李斯的兒子三川太守李由的人也已經回來，但李由已經兵敗身亡為起義軍所殺，根本查不出什麼東西，趙高便隨便捏造了一些李由的罪名，和李斯的罪名合在一起，最終定罪誅殺全族。

　　秦朝的一代名相李斯和他的幾個兒子一起在咸陽城被腰斬，成就了他一生功業的地方最終也成了他的刑場，沙丘之亂時他為了一己私利選擇的主子和同夥，最終竟聯手將他殺害。

　　真是時也命也，天作孽猶可違，自作孽不可活。

第十五章 瘦死的駱駝比馬大

在秦朝內部亂得一塌糊塗的時候，起義軍在項梁的帶領下節節勝利。楚軍先在東阿小勝章邯，又在定陶再勝一場。更大的好消息來自項羽和劉邦一起率領的另外一支部隊，他們在雍丘與秦軍大戰一場，殺了李斯的長子——三川太守李由。

未來天下的兩大霸主強強聯手，威力果然不凡，遠勝之前那個老實人吳廣，李由就算本事再大，最終還是守不住了，死在他父親前面。不過從某種程度來說也算好事，他沒有看到自己全族被屠殺的慘劇。

連續的勝利讓項梁開始自大，以為秦軍不過如此，不堪一擊，消滅秦王朝指日可待。

自古驕兵必敗，自大就是失敗的開始。在整個三年秦王朝與起義軍的對抗中，秦二世從來就沒有認真過，除了這一次以外，這唯一的例外獻給了項梁，讓未來天下的局勢都發生了變化。如果是項梁和劉邦爭天下，可能是另一番全然不同景象的楚漢之爭了。

剛剛除掉李斯的秦二世不知道是後悔還是怎麼的，把人殺了之後卻採納了李斯因之獲罪的那條建議，自己打自己的臉，發了好幾萬驪山征夫充軍，用來補充章邯的部隊。

章邯連續被項梁擊敗，本來處境已經十分危險，但接到後方支援後戰鬥力倍增。

畢竟瘦死的駱駝比馬大，秦王朝當年能夠開創曠世偉業，掃平六國，統一天下，勢力還是非凡，即使再破落，也有些殘存的實力，沒那麼容易被擊垮。

戰力大增的章邯又與項梁在定陶大戰一場，措手不及的項梁被殺得大敗，自己也難逃一死。

陳勝之後的第二代起義軍靈魂又被章邯殺了，此時項羽和劉邦正在攻打陳留，聽說項梁已死，全軍驚恐，於是馬上撤兵，和將軍呂臣一起兵分三處，駐紮在彭城周圍。

項梁死後，最高興的無疑是楚懷王，那個項家找來當傀儡的孩子。

楚懷王可不是一個普通的孩子，也不知是因為王族血統，還是真有些天賦，抑或他在當傀儡的這段時間快速積累了相關知識，他已經成為一個非常有心計的君主。

本來楚懷王還在想如何擺脫項梁的控制，這下好了，章邯幫了他大忙。楚懷王馬上遷都到彭城，接手項梁之後的殘局，以迅雷不及掩耳之勢掌管了項羽和呂臣的部隊，同時拉攏劉邦，試圖控制局面。

項羽天下無敵，楚懷王也知道，故而不敢盲目地動他，也不敢給他兵權，便封了個魯公的虛銜給項羽。

一時間看似楚國易主，但這畢竟是項家打下的天下，楚軍的主力都是項家軍，楚國很多權臣當初也都是衝著項梁、項羽和項家的威名而來，想完成這個易主的過程，遠沒有楚懷王想得那麼簡單。

與此同時，章邯以為擊敗了項梁之後，楚國就沒有什麼好畏懼的了，便把火力轉向趙國。從章邯擊敗周文出關開始，他已經先後消滅了楚國陳勝、魏國周市、齊國田儋、楚國項梁，可以算是把幾個大的反秦起義軍勢力都滅了遍，只剩下趙國，功績相當輝煌。

趙國本來就相對弱小，發生叛亂後勢力大大削弱，章邯手下還有曾經是趙國大將的李良，對整個趙國和邯鄲非常了解，打起來自然是勢如破竹。

張耳和陳餘眼看抵擋不住章邯，便帶著趙王撤出邯鄲，在鉅鹿城防守，同時向楚國求救。

秦二世二年　西元前二〇八年

　　此時楚國已經逐漸從項梁戰死的陰影中走了出來，楚懷王迅速穩定了軍心。這個穩定軍心的機會也可以說是章邯給的，當初章邯要是像當年打陳勝那樣乘勝追擊，往死裡打，別說楚懷王了，未來的楚霸王項羽只怕也回天乏術。

　　看章邯之前的風格，無論是追陳勝還是追田榮、田橫兄弟，包括這次殺項梁，都有一股斬草就一定要除根的氣勢，絕不留下後患，不知道為何這次不這樣做了，推測是打從心底看不起楚懷王，不像重視陳勝、項梁和田榮、田橫兄弟那樣重視他。只是章邯沒有料到，楚懷王雖然不足為懼，但他也因此失去了除掉未來擊敗會自己的項羽的機會。

　　說實話，章邯這兩年太累，如果光論打仗贏的數量而不論規模和意義，他都可以算是冠絕楚漢時期，敗周文、敗陳勝和其手下、敗魏國、敗田儋、敗項梁、敗趙國，沒有他秦朝早就完了。只是陳勝的星星之火已經燎原，秦朝盡失人心，四處烽火狼煙，不是光靠一個會打仗的將軍就能夠打得過來的。

　　《司馬法》裡說「國雖大，好戰必亡」。贏得再多總有輸的一天，章邯已經贏得夠多了，該開始輸了──的確，攻破趙國邯鄲就是他這輩子最後一次打勝仗了。

　　楚懷王接到趙國的求救之後，召集了周圍幾股勢力組成聯軍去救。這是楚懷王第一次實際上的派兵，而且還有這麼多國家的軍隊看著，非常關鍵，要想徹底擺脫項梁的陰影，讓其他諸侯國都承認自己，必須打出名堂。

　　誰來當這支軍隊的統帥呢？按楚軍威望來說，顯然應該是項羽，再往下排就是劉邦。

　　劉邦此時已經被派去西進，收集陳勝和項梁留下的散兵了。

　　楚懷王重掌大權之後，與諸將約定：「先入定關中者王之。」這是很厲害的一手，既可以激勵諸將抗秦，又可以形成分化劉邦和項羽的作用。關中是人人都眼紅的要地，易守難攻，而且富庶、有充足的兵源，秦王朝就

是憑藉這個優勢才能在和六國的爭鬥中占到上風。所以，關中之地人人都想要。

不過此時項梁剛剛兵敗身亡，秦軍的聲勢浩大，沒有人敢主動西進對抗秦軍，只有項羽急著報叔父大仇，多次要求想和劉邦一起繼續向西。

楚懷王最忌憚項家，如今項梁已死，他對項羽不得不防，必然不能讓他真的先入關中，於是就尋了個理由扣下項羽，不讓這隻猛虎有下山一展拳腳的機會，而讓劉邦一人獨自西進。

如今趙國有難來，楚懷王不得不出兵救援，這是實打實的硬仗，再不用項羽恐怕會引起許多人的不滿，可他還是不能夠接受給項羽兵權，於是想出了一個折中的辦法，就是讓項羽出征而不讓他當主帥，只是做一個次將軍，讓宋義做軍隊的統帥、上將軍。

宋義是何許人也？其實只是一屆書生，根本不是會打仗的將軍，能夠讓楚懷王如此信任他，完全是因為另外一個人的舉薦，即齊國使者高陵君顯。

齊國田榮、田橫兩兄弟之前因為田假的事情和項梁鬧翻，如今項家失勢，他們便又和楚國要好了起來，這次援助趙國也派出了軍隊，而這個高陵君就是隨軍隊而來的齊國使者。

高陵君對楚懷王說，之前項梁聲勢最猛的時候，宋義曾對他說過，項梁如今太過自大，日後必定會失敗，果如宋義所料，項梁真的敗了。由此可見，宋義一定是個精通打仗的人，可以委以重任。

宋義是否真的有過這麼神奇的預測很難說，從後來事態的發展看，宋義和齊國一定是有某種勾結的，因為他把自己的兒子宋襄送到齊國去做高官。退一步說，就算宋義真的說對了，也絕對不可能如他所言懂打仗，光知道一個自大會失敗有什麼用？你就算再謙虛，對行軍布陣之事一竅不通還不是要吃敗仗。楚懷王僅僅因為齊國使者的一面之詞就任宋義為大將軍的做法太過兒戲，《孫子兵法》第一句就是：「兵者，國之大事也，死生之

地，存亡之道，不可不察也。」打仗是一個國家最重要的事，直接影響到生死存亡，你既然想壓制項家，就好好地派一個將軍來完成這件事，這麼一個書呆子如何擔當項羽的對手？

就這樣，宋義統領著諸國聯軍出發，還起了個特別響亮的名號「卿子冠軍」。

我們分析一下當時天下的形勢：秦朝還保有關內，趙高隻手遮天，剷除了李斯全族。關內，之前的主力軍固守三川的李由已經戰死；由關中將士和驪山征夫組成的章邯大軍剛剛大勝項梁，聲勢浩大，人數大約有三十萬；秦朝還有一支由王離帶領的戍邊將士的部隊，因中原戰事緊張，已經離開了邊關，開始參與中原平亂，規模是十萬。現在章邯和王離合力圍攻北方的趙國，趙國幾乎要滅亡了。

起義軍這邊，楚國依舊是核心，只不過實際的控制者已經變了好幾次，從最初的陳勝到景駒和秦嘉，又到了項梁，如今項梁一死，當初項家的傀儡楚懷王掌握了大權，指揮項羽、劉邦等各路勢力。楚懷王分兵兩路：一路讓宋義帶著項羽等項家軍和其他國家的聯軍救趙，迎戰章邯；另一路讓劉邦帶領本部西進，收復幾次敗仗所散落的兵卒，劉邦此時已經有了張良，實力正在逐步擴大。

除了楚國以外，齊國也算是大國，之前的齊王田儋已經被章邯所殺，如今是他的兒子即位，不過實際大權掌握在田儋的兩個弟弟田榮和田橫手裡，戰鬥力也還算比較強。

齊楚之外，其他就都是小國家了：趙國、魏國、燕國和韓國。

趙國就是之前陳勝好友武臣所建立的，武臣已經被李良所殺，現在的趙國是張耳和陳餘又重新復國的，立了戰國時的趙王族後代為王。

現在的魏王是魏豹，之前魏王咎的弟弟，魏王咎和周市被章邯殺了以後，魏豹在楚國的資助下僅收復了幾座城池，非常弱小。

燕國建立的時間稍長，是最早從趙王武臣手下分出來的韓廣建立的小

國，因為遠離中原，也還存活。

另外，項梁派出去的韓國王族後人韓成收復了幾座城池之後也建立了韓國。

看完起義軍的情況，我們可以發現此時的動盪有多厲害，諸國裡除了遠在北方的燕國，包括最強的楚國在內，掌權者都換過一遍了，而且基本上都是章邯所殺。可見，章邯不除，起義軍終究無法翻身。

打敗章邯的任務要靠誰來完成呢？

當然是西楚霸王項羽！

第十六章 破釜沉舟楚霸王

　　上次說到，楚懷王派宋義為統帥去救趙國，項羽只是他手下的部將。宋義帶著大軍到魏國的安陽後就停了下來，不再前進，一停就是四十六天。這可把項羽急壞了，他對宋義說：「秦軍圍攻趙國，如此危急的情況，我們應該迅速渡過黃河去救，到時候和趙國裡外夾攻，一定可以取勝。」

　　宋義卻回答：「不對！要拍打叮咬牛身的大虻蟲，就不可以消滅牛毛中的小蝨子。現在秦國攻打趙國，等他們戰勝了一定會很累，到時我們再一舉出兵，贏起來更加容易；如果秦國打不下趙國，我們一舉向西甚至可以直接滅了秦國。披堅執銳在戰場上廝殺，我並不如你；但是運籌帷幄決勝千里，你卻不如我。」

　　宋義的話聽起來彷彿有些道理，但其實卻是書呆子背兵書的蠢話，這種鷸蚌相爭漁翁得利的如意算盤只怕絕對打不響，章邯部隊自從出關以來屢克強敵，勝仗無數，從來沒有見過什麼累了的情況，每戰勝一個新的敵人只會讓他聲勢更加浩大。

　　如果章邯再拿下了趙國，單單憑楚國這些部隊就難以與之抗衡了。

　　筆者之前說過，宋義和齊國很可能有不同尋常的勾結，在這關鍵時刻，他突然讓自己的兒子宋襄去齊國當高官，還親自送到無鹽縣，當時天氣寒冷，又下了大雨，楚國的士兵又冷又餓，宋義卻在無鹽縣大擺筵席。

　　項羽忍無可忍，直接衝進大帳殺了宋義，然後假稱自己是奉楚懷王的密令殺這個遲疑不進軍的逆臣，同時代為將軍，又派人去追殺宋義的兒子。可憐那宋襄剛剛到齊國就被項羽派來的人追上給殺了。

　　楚國的兵士願意跟著項家的英雄，項羽很輕鬆就拿回了兵權，是金子

總要發光，是猛虎總要下山，沒那麼容易壓制。當然，這整件事大概也少不了范增的謀劃。

懷王在後方聽說了這件事，懊惱不已，但也沒有什麼辦法，讓項羽有了部隊就真的沒有任何辦法了，只得順了他的意封之為將軍，讓他繼續履行救趙的職責。

項羽掌握大軍之後毫不遲疑，立刻開拔。

章邯和王離兩個秦軍主力軍合併之後，王離負責指揮前線圍攻趙國的部隊，而章邯修築通道保證大軍正常的糧草供給，非常穩固，幾乎已經把鉅鹿城內的趙王和張耳逼瘋了。王離兵多糧多，也就能優哉游哉地在外面圍著，而楚國的援軍遲遲不到，鉅鹿城城內不但兵士越拼越少，糧食也快吃光了。

張耳數次向城外駐紮的陳餘求救，可是陳餘覺得自己兵太少，抵擋不住秦軍，所以不敢來救。這樣過了好幾個月，張耳非常生氣，經常寫信去罵陳餘，陳餘覺得對不起張耳，偶爾也會派點部隊來打一打，但無一不是一來就被秦軍全部滅掉，毫無起色。

從建立趙國開始，就一直是趙國左膀右臂、生死之交的張耳和陳餘從這個時候慢慢有了嫌隙，為他們日後的決裂埋下了伏筆。（兩人的關係，據說張耳其實是陳餘的義父，但其實他們更像兄弟或者朋友吧！）

上一次章邯圍攻魏國的時候，用圍點打援的計策讓起義軍吃了大虧，這回圍攻趙國又是這般，不急著打，穩穩地拖著，弄得起義軍不敢貿然救趙，燕國和齊國的軍隊到了以後都只是遠遠觀望，沒有實質性的進攻，都在看楚國的行動。

直到項羽來了鉅鹿，真正的戰爭才開始。

項羽先派兩萬人去劫章邯的糧道，截斷了王離大軍的供給，隨後又全軍渡過黃河。項羽渡河之後，做了一件讓所有人都吃驚的事情，就是直接擊沉所有船隻，砸了所有鍋，只留三天的糧食，以表示絕無退還的決心。

這就是著名的破釜沉舟。

王離是秦朝名將王翦的孫子，蒙恬和扶蘇死後，他接管了原來秦朝戍邊的三十萬大軍。反秦大浪起，戍邊將士大部分的征夫都逃離散去，只剩下了十萬嫡系部隊。這十萬人是秦朝平定六國的家底，也是蒙恬大敗匈奴的資本，戰鬥力極強，一直負責邊關的安全，要不是如今起義軍的勢頭太旺，他們絕對不會離開職位參與平亂。

按理說章邯帶著由驪山征夫組成的雜牌軍就殺的起義軍落花流水，如今王離這支精銳部隊參與戰鬥後定是勢不可當，可有時候事實偏偏會有很多意外。

明明擁有最好的裝備、最好的將領、最強的戰鬥力，可就是被輕易擊敗了。影響戰爭的因素太多了，只要上了戰場，什麼都可能發生，勝敗乃兵家常事，沒有人能保證每戰必勝。

王離雖然是王翦的孫子，但卻沒有爺爺的謹慎。當年王翦滅楚國，堅持沒有六十萬就不出兵，可王離看到項羽破釜沉舟之後，非但沒有小心防備，還大笑項羽傻。

當年爺爺為秦國滅了楚國，如今孫子被楚軍擊敗，送走了秦國最強的部隊，真是天理循環，報應不爽。

面對四十萬秦軍，人數上要少很多的楚軍沒有絲毫畏懼，在項羽破釜沉舟的激勵下戰鬥力極強，抱著必死的決心與秦軍一戰，連續擊敗王離九次，殺得王離全軍覆沒，逼得後面的章邯也只能一路退卻，無法抵擋其鋒芒。

其他各國的軍隊本來一直在觀望，只見項羽的楚兵殺起秦軍來無不以一當十，喊得驚天動地，看得暗自驚心，直到章邯開始退卻了，他們才敢出兵追殺，這些人是之前被章邯打怕了，有了心理陰影。

此戰之後，無論是秦軍還是起義軍，所有人都看到了項羽的實力和楚軍的戰鬥力。擊敗秦軍最精銳部隊的項羽繼陳勝和項梁之後，成為起義軍

的第三代領導核心。據說當時各國所有將領進轅門見項羽時，無一不下跪，大家都畏懼項羽的氣勢和威武。

趙國之圍終於解了，趙王趙歇和張耳出城答謝，宴請各路援軍，當然趙國自己在城外部隊的統帥陳餘也來了。張耳還在生氣陳餘一直不來救，責備了他好多句，還問他張涉和陳澤兩個人去哪裡了。

原來張涉和陳澤兩個人是張耳的親信，跟著陳餘一起在城外統軍。當時秦軍攻打鉅鹿最猛烈的時候，陳餘因為覺得打不過所以拒絕出兵相救，可張涉和陳澤卻以死相要挾要出兵去救，陳餘沒有辦法，只讓他倆帶了五千兵馬去試試，結果這一去直接全軍覆沒，兩人也戰死。

陳餘這樣解釋給張耳聽，可張耳不信，他懷疑是因為張涉和陳澤兩人想出兵相救，所以被陳餘給殺了。陳餘被冤枉之後大怒，對張耳說：「沒想到您會這樣想我！難道您以為我是捨不得放棄這個將印嗎？」說著就脫下將軍的授印要還給張耳，張耳沒想到陳餘會這麼做，有點愕然，推辭不受。

爭執不下之際，陳餘去上廁所，就這個空隙，有人勸張耳說：「現在陳將軍要把兵權給您，您要是不接受反而不祥。」張耳大概也是想把兵權控制在自己手裡，就收下了這個授印。等到陳餘上完廁所回來，發現張耳居然真的收起了授印，心裡面更加生氣，直接離開了宴席，帶著幾百名親信到黃河岸邊捕魚狩獵去了，再也不理趙國的事情。

兩兄弟（或者說兩父子？）就此決裂。

鉅鹿大戰之後，章邯也損失不少，他清楚了項羽的實力，知道以他現在的部隊和項羽打正面是不可能的，就開始和項羽相持，先消耗一陣再伺機而動。

章邯這一點很有智慧，他不是沒有輸過，但每次輸都不會輸得太徹底，總能一邊保存實力，一邊尋找轉機，後來和劉邦對戰也是如此。項家軍就不懂這點，項梁和項羽兩叔姪都是一生不敗，但敗一次就敗得特別徹底，兵敗身亡，再也沒有翻身的機會，這是個很有趣的現象。

秦二世三年　西元前二○七年

當然，也有人說章邯和王離其實有矛盾，所以在鉅鹿大戰的時候無法互相幫襯，讓項羽占了便宜。尤其是章邯，有點故意出賣王離的意思。這個說法是真是假，很難判斷，筆者認為章邯在此戰中損失也不小，有可能他覺得王離必敗無疑，為了不擴大惡果，就選擇了先保存實力。

此時正在黃河邊上捕魚的陳餘給章邯寫了封勸降信，大致的內容是：

「當年武安君白起為秦國打下無數土地，但最後還是被賜死；蒙恬北逐匈奴立下大功也不得善終。這是因為秦國的法令決定了即使功勞再大，封賞也不會特別豐厚，但是一旦犯罪了，再大的功勞也沒有用，一定會受到懲罰。將軍您當秦國的將領三年了，損失了十幾萬秦軍，可是反秦的起義軍沒有變少，反而越來越多，如今趙高當權，他也怕自己要承擔這些責任，所以一定會想辦法讓將軍您當代罪羔羊，謀害將軍。您一直在外面打仗，朝廷裡肯定有很多人記恨，所以現在您是打勝仗也要死，打敗仗也要死，不如趁著手上還握有兵權，趕快自己稱王，和各路諸侯一起相約滅秦吧！」

陳餘的信還真的頗有煽動性，章邯也有了動搖的情緒，不過他仍然希望能放手一搏，希望再相信秦二世一次，希望秦二世能夠給他更多的援軍，就像上次讓他出其不意打敗項梁一樣。

只可惜，秦二世根本不懂打仗，看不清當時的局勢，他對章邯遲遲不與項羽正面開戰的做法十分不滿，反而連續派人來責備章邯。

章邯為了證明自己的清白，派貼身手下司馬欣返回咸陽匯報戰況，希望二世能夠理解自己。

司馬欣到了咸陽後急著見秦二世，可秦二世已經有很多日子沒有見過外人了，躲在深宮之中，全部大事都由趙高來處理。司馬欣在皇宮外的司馬門等了三天，二世一直都沒有接見他，神經非常敏感的司馬欣可能在這幾天聽到了什麼風聲，馬上意識到有什麼不對，他開始惶恐，並且敏銳地預感到朝中將要發生大事，而且還一定是不利於自己這些在外將領的大事。

司馬欣想通以後馬上準備逃離咸陽，他沒有沿原路返回，反而特地繞路，走了另外一條很詭異的路線。後面我們會說，趙高此時真的已經開始準備兵變，要殺害秦二世奪權了，所以在聽說司馬欣逃走之後，馬上派人追殺，但他做夢也想不到司馬欣這個只會打仗的粗人居然這麼精明，挑了那麼詭異的路線逃跑，所以沒能成功追殺。

　　司馬欣回到軍中，見了章邯，對他說：「現在朝中趙高弄權，下面的人不可能有什麼功勞，如果我們作戰獲勝，趙高一定會嫉妒我們；如果我們失敗，那麼注定一死。希望將軍早為自己的出路著想。」

　　秦國最後的支柱章邯就這樣動搖了，他知道自己現在很難再打敗項羽，拖下去也不會有什麼好下場，所以只有投降這一條路了。

　　章邯開始暗中派人到項羽軍中討論投降的事宜，經過幾番反覆，最終雙方達成共識，章邯率領秦國所有的部隊投降項羽。

第十七章 劉邦西進

在項羽迅速崛起的時候，劉邦也沒閒著，穩步西進，而且一路走去，收穫不小。

劉邦先是在昌邑遇到了彭越。

彭越是後來劉邦的八大異姓王之一，在楚漢之爭時期有著非常重要的策略意義。他本是個在山河湖海之間打家劫舍的強盜，反秦大浪掀起的時候，同鄉的人推舉他為長官，彭越一開始不想做，後來大家不斷勸他擔任，他才勉強答應，然後在第一天就給了所有人一個下馬威。

彭越與大家約定第二天早晨太陽出來的時候集合，遲到的就斬首。第二天日出以後，有十幾個人晚到，最遲的中午才來。彭越對大家說：「我年紀已經不小了，本來不想做這個首領，你們執意要推舉我，我才做的。如今過了約定的時間，仍有不少人遲到，所以我不按照約定全殺了，但是會殺最後一個人。」

大家都以為彭越在開玩笑，都是同鄉，都是平時一起嬉戲打鬧的人，沒人當真。誰知彭越真的把那個人拉出來斬了，還開壇祭祀，這下所有人都知道了彭越的厲害，彭越也透過這種方法建立了威信。

之後，彭越四處發展，大概有了一千多人，便來協助劉邦打昌邑。

昌邑還沒有打下來，劉邦路過高陽，又得到了著名的「高陽酒徒」酈食其（讀音是「ㄌㄧˋ　ㄧˋ　ㄐㄧˊ」），日後幫助劉邦殲滅整個齊國的人。

劉邦手下有個侍衛正好是酈食其的同鄉，酈食其對他說：「路過高陽的各種勢力已經有十幾批了，我看他們都是齷齪自大之輩，不能聽真正的勸

諫。我聽說沛公雖然輕慢看不起人，但是有大略，這才是我願意追隨的主子，可惜沒有人為我引薦。如果你見到沛公，就對他說：『我同鄉裡有個姓酈的書生，六十多歲了，有八尺多高，大家都叫他狂生，可是他自己卻說不是狂生。』」

那個侍衛說：「沛公不喜歡儒生，每當賓客中有人戴著儒生的帽子來，他就要脫下他們的帽子，在裡面撒尿。與人談話的時候也常常破口大罵，你最好不要以儒生的身分去見他。」可是酈食其就是不聽。

後來這個侍衛把酈食其的話轉達給了劉邦，劉邦讓酈食其來傳舍見他。酈食其到的時候，兩個女子正在給劉邦洗腳，劉邦便這樣非常沒有禮貌地見了酈食其。

酈食其一見這個架勢，也只是作了個長揖，而沒有下拜，對劉邦喝道：「你是要助秦朝掃滅諸侯嗎？還是要助諸侯來滅秦？」劉邦罵道：「你這個沒見識的儒生，天下人都受了暴秦統治的苦，所以各國才相繼起兵攻秦，你怎麼可以說我在幫秦攻打諸侯呢？」

酈食其又說：「您若真的想要聯合正義的部隊誅暴秦，就不該如此傲慢無禮地接見年長的人。」

劉邦看酈食其這個架勢，感覺他應該是個有本事的人，馬上停止洗腳，穿好衣服，請酈食其上座，向他道歉。劉邦就是這點厲害，他如果感覺一個人對他有用，馬上就可以放下所有的成見，放下所有的架子，放下所有的面子，一切以自己的利益為優先，其他虛名的東西都無所謂。

之後酈食其和劉邦談論起了六國合縱連橫的歷史，劉邦非常高興，封了酈食其為官，與此同時，還封了和酈食其一同前來的弟弟酈商做將軍。

酈食其和酈商都是劉邦開國功臣中很重要的人物，酈食其雖然比不上張良、陳平這樣的大才，但也是個類似於戰國時辯士的角色，有謀略，口才也很好，後來在平定齊國時立了大功，而酈商也是個能征善戰的將軍，功勞不在樊噲和周勃之下。

劉邦就這樣一邊收著各式各樣的人才一邊西進，但是一開始進度較慢，遇到了秦軍的頑強抵抗，費了不少工夫才到南陽。

南陽就是當年陳勝那支奇兵宋留到過的地方，只不過和宋留孤軍深入不同，劉邦是穩紮穩打進來的。而且形勢已經和當年完全不同了，那時秦軍勢力還很大，可現在項羽大敗王離主力秦軍，章邯也在連敗之下氣勢消沉，秦國日趨式微。

南陽太守為了自保，對劉邦說：「沛公這一路攻城都很辛苦，就是因為人人都抱著必死的決心在守城，如果您接受了我的歸降，還能對我非常好的話，後面的城池守將也會紛紛效仿我投降。那麼沛公就可以不戰而勝，搶占入關中的先機。」

劉邦聽了以後覺得非常有道理，就採納了南陽太守的建議，對歸降的秦軍非常好，果然如南陽太守所說，劉邦大軍之後的進展非常順利，沒有多久就逼近了長安。

當然，劉邦西進能夠如此順利，很大程度是沾了項羽的光，如果沒有項羽在鉅鹿擊潰王離十萬大軍，並且接受章邯三十萬大軍的投降，這一路上秦軍的守將也沒有那麼容易放棄。

眼看著劉邦兵臨城下，長安城內又發生了變化。

前面提過，李斯被滅族之後，趙高已經完全掌握了朝政，這中間還發生了非常有名的故事——指鹿為馬。

大概的過程，就是趙高想知道到底還有哪些大臣敢違背自己的意願，就在大殿上獻上了一頭鹿，卻對秦二世說這是一匹好馬。秦二世當然分得清楚鹿和馬的區別，就說這明明是頭鹿，怎麼說是馬？於是便問朝中的大臣。

有些大臣畏懼趙高的權勢，說這是馬；有些大臣不肯屈服，就說是鹿。趙高暗中記住了所有說真話的大臣，之後的一段時間裡透過各種方式或除掉他們，或趕出朝堂。這下，朝堂之上再也沒有人敢反對趙高了。

恰好這時候劉邦已經開始攻打武關，秦二世再傻也知道趙高一直對他說的「太平盛世」是假的，於是開始責怪趙高。趙高知道事跡敗露，便動了別的心思，和他的女婿閻樂一起謀劃兵變。（這裡是筆者一直弄不明白的地方，太監居然也有女婿，不知道是趙高當太監前生的女兒，還是後來收的義女？）

　　趙高是個很仔細的人，即便對自己的女婿也沒有完全放心，先把閻樂的母親劫到府中當人質，才敢放心地讓閻樂帶兵。

　　閻樂領了一兩千兵士說宮中出現了大盜，要前去誅殺，宮廷守門的侍衛將他們攔住，閻樂就喝道：「大盜已經闖進宮去了，你為何不阻攔？」那個侍衛說：「宮廷防守嚴密，怎麼可能有大盜進去？」於是閻樂就地斬殺那個侍衛，衝進了宮中。

　　閻樂就這樣衝進來，大部分侍衛都直接跑了，只有一個小太監最後死死地守在秦二世身旁。

　　秦二世對那個小太監說：「原來丞相（指趙高）是這樣的，你怎麼不早點告訴我，竟到了這種地步。」那個太監說：「我不敢說，所以才能保住性命，我要是早說了，早就被殺了，哪能活到今日？」

　　閻樂對秦二世說：「你驕橫放縱，濫殺無辜，天下人都背叛了你！」都到了這個時候秦二世還存著苟活的僥倖，說：「讓我去做一個王好嗎？」閻樂說：「不行！」秦二世又說：「那萬戶侯呢？」閻樂說：「也不行！」秦二世又說：「那就讓我帶著妻子兒女去做一個普通老百姓吧！像之前六國的公子那樣。」

　　眼看秦二世還在這裡痴心妄想，閻樂說：「我奉丞相的命令，為天下百姓誅殺你。」秦二世聽了這句話，只得自殺。

　　閻樂成功之後回報趙高，趙高說：「秦國之前是個諸侯國，始皇帝統一天下後才稱皇帝，如今六國復立，秦國的地盤越來越小，只是一個空頭皇帝罷了，還是叫王吧！」於是趙高立秦嬴氏的後人子嬰為秦王，然後開始

聯繫長安附近的起義軍，希望能在他們入關之後給自己封王。

　　只可惜趙高想多了，他根本見不到起義軍入長安，因為剛剛上位的子嬰不會放過他。

　　趙高讓子嬰齋戒，然後到宗廟參拜祖先，接受國君的印璽。齋戒了五天之後，子嬰就和兩個兒子商量：「趙高殺了二世皇帝，害怕群臣說他謀權篡位，所以才假裝立我為王。我聽說他和楚軍約定，在消滅秦朝宗室之後分別在關中為王，這次讓我去宗廟，只怕是要在宗廟殺我。我先假裝生病不去宗廟，趙高一定會來宮殿見我，到時候你們趁機把他殺了。」

　　果然，在去宗廟的當天，趙高聽說子嬰病了沒有來，就親自去宮殿叫他，落入了子嬰預先設下的陷阱，被埋伏好的侍衛所殺。一代奸相，禍害了秦嬴氏天下的趙高就這樣輕易被誅殺了。隨後，子嬰又趕盡殺絕，殺光了趙高家族的所有人。

　　子嬰掌控局勢之後一步也歇不了，畢竟劉邦此時已經打到武關，他馬上派兵增援，希望能夠守住。也許子嬰本該是個有作為的好君主，只可惜秦二世和趙高留給他的這個攤子太爛，以至於他根本無力挽回，更何況他面臨的對手可是未來的天下之主——劉邦。

　　張良對劉邦說，秦軍現在戰鬥力還很強，不適合硬碰硬，不如先讓人在山頭上插很多旗子來壯大自己的聲勢，再派酈食其、陸賈這些辯士去遊說守關的將領，希望他們能夠投降。秦軍的將領在劉邦的利誘之下，果然有很多人都想投降，這時候張良又說：「現在只是這些將領想投降，秦軍的兵士不一定想投降，不如就趁他們麻痺大意的時候偷襲。」於是劉邦領兵繞過關口襲擊秦軍，在藍田徹底擊潰他們，屯軍霸上。

　　到了這個地步，秦國最後一點部隊也全都葬送了，大秦王朝名存實亡，秦嬴氏幾千年奮鬥的家業全數耗盡。

第三卷 楚漢相爭

第十八章 千古至寶和氏璧

王離十萬秦軍被項羽消滅，章邯三十萬秦軍集體投降，長安最後的守備力量在藍田被劉邦擊潰，秦國已經完全失去了抵抗能力，三年的反秦戰役終於結束。

秦王子嬰乘坐素車白馬，綁住自己向劉邦投降，還獻上了傳國玉璽。

這個傳國玉璽就是著名的和氏璧，流傳千年，頗多傳奇，我們不妨來談談。

《韓非子》記載，春秋時期，楚人卞和在山中得到一塊璞玉，獻給了楚厲王，楚厲王讓玉工去辨識，說這是石頭，厲王大怒，以欺君罪對卞和的左腿進行了刖刑。

刖刑是古代的一種酷刑，把腳砍掉，使之殘廢一條腿。

過了幾年，楚厲王薨，楚武王即位，卞和又把這塊璞玉獻了上來，楚武王找的玉工也說是石頭，於是楚武王又對卞和的右腳進行了刖刑。

等到楚文王即位的時候，雙腿殘廢的卞和抱著璞玉在荊山之下痛哭，文王讓人去問他，他說：「我不是哭我殘廢，而是哭沒有人識得這塊絕世寶玉，還誣陷我這樣的忠貞之士。」

於是楚文王專門找玉工剖開了這塊璞玉，裡頭果然有絕世寶玉，為了紀念卞和的功勞和犧牲，給它取名為「和氏璧」。

如此慘烈來歷的寶玉，注定了它的不平凡。

戰國時期和氏璧改變了很多人甚至國家的命運，成就了兩個名相。

楚威王時期，令尹昭陽因為攻破越國有功，所以被賞賜了和氏璧。昭

陽得到和氏璧之後非常高興，在水淵畔大宴賓客觀賞。當時突然有人大喊：「淵中有大魚！」眾人紛紛離席去看，結果回來以後和氏璧就不翼而飛了，昭陽以為是門客張儀所偷，就對他嚴刑拷打。

張儀是著名的縱橫家鬼谷子的弟子，蘇秦的師弟，運用「連橫」之術一力毀掉六國聯盟，是歷史上著名的秦國丞相。當時他還沒有發跡，受了昭陽的凌辱之後，懷恨在心，一氣之下離開了楚國，進入魏國，之後又輾轉到了秦國，迎來了他人生的轉機，得到秦王的賞識大展拳腳。後來張儀為了報楚國的仇，瓦解齊楚聯盟，盡取楚國的漢中之地，又誘騙楚懷王到秦國，使得楚懷王客死異鄉。

和氏璧另一個戰國時期的故事更加有名，還衍生出了一個家喻戶曉的成語「完璧歸趙」。

和氏璧在楚國失竊之後，消失了多年，後被趙國的宦官所得，不久又被趙惠文王占為己有，奉為國寶。秦昭襄王聽說了這件事，便對趙王說，願意用十五座城池來換。

土地是國家的根本，秦王說出這種話，更多是威脅，當時秦強趙弱，趙王怕獻出寶玉又得不到城，但如果不獻的話又給了秦國口實，有名正言順的出兵理由，所以左右為難。

此時官職還低微的藺相如主動請纓，帶著和氏璧去秦國，見秦王無意獻城之後，當庭力爭，用砸毀和氏璧要挾秦王，後又透過計謀巧妙地把和氏璧運回趙國，名震天下。藺相如從此受到了趙王的重用，靠自己的才能成為趙國的一代名相，流芳千古。

再後來，秦始皇統一天下滅了趙國，和氏璧最終還是落入秦國手裡，秦始皇第一個自稱「皇帝」，命李斯用篆書寫下「受命於天，既壽永昌」八個字，又請咸陽玉工王孫壽將和氏璧精研細磨，雕琢為玉璽，希望嬴氏的子孫能夠以此為信物，萬世為君，故而稱之為「傳國玉璽」。

只可惜秦二世不成器，秦朝沒幾年就滅亡了，秦王子嬰也只好把傳國

玉璽獻給劉邦，這是一個很有象徵意義的東西，因為只有真正的天下之主才配享有。劉邦把傳國玉璽收為己有，而不獻給楚懷王或者項羽，其實野心已經非常明顯了。

傳國玉璽後來的故事還很多，劉邦統一天下之後，仍然以此為信物，一直到西漢末年。當時傳國玉璽保存在王莽的姑姑太后王政君手上，王莽篡漢後向姑姑索要玉璽，王政君非常生氣，可又沒有別的辦法，就狠狠地把它扔到了地上，結果摔壞了一個角，王莽令工匠用黃金把這個角給補齊。

之後王莽兵敗被殺，禁衛軍校尉公賓就得到了它，獻給了一開始稱帝的更始帝劉玄；赤眉軍殺了劉玄，又占有了這塊玉璽，最後被漢光武帝劉秀擊敗。劉秀把玉璽搶回手中，繼續在東漢的皇帝中流傳。

東漢末年，宦官專權，大將軍何進被殺之後袁紹帶兵入宮，傳國玉璽就此失蹤。之後的故事應該很多人在《三國演義》裡看過，「江東之虎」孫堅攻破洛陽，在枯井之中找到傳國玉璽，如獲至寶，帶著它連夜欲撤回江東，結果在渡江的時候被劉表偷襲，兵敗身亡。孫堅的兒子孫策拿著傳國玉璽投靠了袁術，後來為了擺脫袁術獨立，就用它換了五千兵馬征戰江東，打下江東六郡八十一州，為鼎立三國時期的吳國創下基業。

袁術拿了傳國玉璽後，痴心妄想，率先稱帝，引得全天下群起而攻之，後被曹操和劉備合力擊潰，曹操奪回傳國玉璽還給漢獻帝，繼續挾天子以令諸侯。

曹操死後，其子曹丕篡漢，逼漢獻帝禪讓，自己當了大魏的第一個皇帝，搶過傳國玉璽，還「此地無銀三百兩」地讓人在傳國玉璽的肩部刻上隸書「大魏受漢傳國璽」幾個字，來證明自己不是「篡漢」，欲蓋彌彰。

再往後，司馬懿的孫子司馬炎如法炮製當年曹丕的做法，逼魏國皇帝傳國璽於晉。

永嘉五年，發生了著名的「永嘉之變」，匈奴人劉聰攻入洛陽，俘虜晉朝皇帝，奪過傳國玉璽，又過了十九年，劉聰的前趙被羯族人石勒的後趙

所滅，玉璽又到了後趙。

石勒別出心裁地在玉璽的右側加刻了「天命石氏」四個字。又過了二十年，冉魏搶過玉璽，後來為了乞求東晉的救援，不小心被東晉的將領給騙走。東晉將領以三百精騎連夜送到首都建康（現在的南京）。

傳國玉璽在北方少數民族手中打了一圈之後，又回到晉朝司馬氏。

從此傳國玉璽就一直留在南方，經歷了宋、齊、梁、陳四朝的更迭，其中也一度遺失，還曾落入棲霞寺的水井之中，最終還是被找了出來。開皇九年，隋文帝楊堅統一天下，把傳國玉璽帶回北方，放入隋宮。後來楊堅的兒子暴君隋煬帝楊廣在江都被殺，隋朝滅亡，蕭皇后帶著傳國玉璽逃到漠北的突厥部落。

經歷了隋唐風雲，唐朝最終一統天下，唐太宗李世民非常希望能找回傳國玉璽，但一直未果，就刻了許多其他的，什麼「受命寶」、「定命寶」以稍作彌補。

貞觀四年，衛國公李靖率軍討伐突厥，帶著蕭皇后返回中原，這才拿回了傳國玉璽，李世民非常高興。

就這樣傳國玉璽在唐朝傳承了三百多年，直到天祐四年，朱全忠廢掉唐哀帝，建立後梁為止。朱全忠保有玉璽十六年，後被後唐李存勗所滅；李存勗保有玉璽十三年，又被大漢奸石敬瑭帶著契丹軍隊打敗，後唐的末代皇帝李從珂抱著傳國玉璽在洛陽自焚，「真正的」傳國玉璽就這麼失蹤了。

再後來，宋哲宗時期，有個叫段義的農夫在耕田的時候發現了傳國玉璽，送回朝廷，經朝中大學士多方考證，都認定是真的，但還是有很多人覺得是假的，一時爭論不休。

宋朝「靖康之恥」後，金兵攻破汴梁，宋徽宗和宋欽宗被金國擄走，這個不知真假的傳國玉璽也銷聲匿跡，不知去向。

忽必烈建立元朝統一中國，蒙古人當時還停留在一個比較原始的狀

態，雖然有很高的戰鬥力，但是思想、文化上落後很多，再加上種族歧視，所有元朝的皇帝，除了忽必烈略通幾句漢語外，其他連漢語都不會說，下旨都是蒙古語，所以他們對於這些漢族人的文化至寶也沒有什麼的概念。

有人說，當時元朝的宰相伯顏曾經收集各國歷代的印璽給磨平，然後發給大臣作私章，傳說中傳國玉璽曾經在元大都被他買下來，很有可能遭到了不測。

朱元璋滅了元朝之後，把蒙古人趕到漠北，又繼續追殺萬里，後來還派徐達繼續潛入漠北，窮追猛打元朝殘存的勢力，據說就是去找傳國玉璽的，可最終還是無功而返。

明清時期關於傳國玉璽的真假一直有各種爭論，有人說元朝末代皇帝帶著逃到漠北的傳國玉璽後來被皇太極所得，可是乾隆皇帝卻堅持那個只是贗品，所以那塊玉璽地位一直不高，現在保存在台北士林的故宮博物院。

也許真正的傳國玉璽早在五代時期就隨李從珂一起消失了，但它所帶來的歷史意義和歷史故事卻讓無數人回味良久，小小的一塊玉，從戰國到五代，甚至到清代、到現代，前後兩千年，見證了無數王朝的更替，無數英雄的悲歡離合，可以說它經歷了大半的中國歷史。

如果有一天真正的傳國玉璽能夠重見天日，或者說真的可以考證哪一個玉璽是真品，那麼絕對是無價之寶，因為它的意義重大，沒有任何一件文物可以替代。

第十九章 誰是關中王

　　講完和氏璧，讓我們繼續回到劉邦的故事。

　　劉邦進入咸陽後，感覺是鄉下人進了城，從來沒有見過如此繁華的景象，秦朝的窮奢極欲一下子震撼了劉邦以及那群一起從苦日子奮鬥出來的弟兄。所有人開始瘋狂地搶東西，搶財寶，劉邦軍一時陷入了混亂。

　　最可怕的是，連劉邦自己也陷入了混亂，他以為自己第一個進了長安就可以當關中王了，他忘了項羽的四十萬大軍和章邯剛剛投降的三十萬大軍就在函谷關外不遠處看著他。

　　幸好劉邦軍中還是有有理智的人，第一個當數蕭何。

　　蕭何作為劉邦的第一政務大臣，眼光獨到，在所有人都搶財寶的時候，獨自收起了秦朝留下來的所有圖書典籍。這些典籍記載了天下的地形戶口與強弱，是極為珍貴的寶貝，為劉邦以後的爭霸之路打下了堅實的基礎。

　　古代由於技術有限，做地形的整理和收集非常困難，根本不是一個地方諸侯可以做到的，也只有秦朝這樣大一統的國家才能有這種資料，劉邦白白得到，占了很大便宜。

　　除了蕭何以外，張良當然也是頭腦清醒的，明白現在的危機，他看到劉邦有意留下秦宮的這些寶物和美女，就和樊噲一起勸劉邦：「沛公到底是要享有天下呢，還是只要當一個富翁啊？這些秦朝遺留下來的寶物都是秦國亡國的原因，有什麼用？我們還是快還軍霸上，不要再留在這了。」

　　樊噲是個內心很單純的人，劉邦這群兄弟裡關係最好的是盧綰，但是最敢在劉邦面前說話的卻是樊噲。張良動員他來勸劉邦，也是很考究的，

其他人只怕都不敢開這個口。而樊噲不但和劉邦沾親（樊噲的妻子呂嬃是劉邦妻子呂雉的妹妹），還心直口快，敢直言勸諫，是最好的選擇。從這些小事上都能看出張良的智慧，知道勸諫君主這種事情也不是一味苦勸就是最好的，關鍵時刻還要有些技巧，古往今來苦勸君主最後弄死自己的人，比如龍逄、比干、田豐等人，倒是成全了自己直臣的名聲，流芳千古，可實際效果沒有達到，全成了悲劇。相較之下，張良要高明多了。

當然，張良高明還高明在選了劉邦這麼聽勸的主子，像項羽那樣的，只怕再怎麼絞盡腦汁也沒有用。

劉邦採納張良和樊噲的建議，退出咸陽，駐軍霸上。

劉邦回到霸上後，一改之前在長安的頹廢，開始勵精圖治，先召集諸縣的長者和豪傑，和他們約法三章：「殺人者死，傷人及盜抵罪。」秦朝最不得人心的地方就是他們苛刻嚴酷的法令，這些法令雖然讓秦朝一步步走向強大，但隨著愈演愈烈，也讓他們逐漸失去了民心。現在劉邦最大化地簡化法律，給百姓自由，收買民心的意圖非常明顯。

關中的百姓聽說後，喜歡劉邦喜歡得不行，爭相給劉邦軍送糧食和牛羊，劉邦心裡高興得開花，但表面上又欲拒還迎，說：「我們糧食多，不想勞煩百姓。」這下關中百姓更加愛戴他，唯恐他不能當關中王。

從這些舉動，我們看到了劉邦的野心，雖然他知道以項羽的實力和霸道，是不會讓他當關中王的，但他還是沒有死心，想透過收買民心來做一定的努力。

此時項羽已經平定河北，帶著諸國的軍隊一起西入函谷關。項羽大軍加起來有接近七十萬之多，極其龐大，組成也很複雜，項家軍只占一部分，還有諸國的部隊和章邯的降軍。

項家軍還好，諸國的部隊中有好多人都曾經在關中戍衛，那些關中原有的秦軍一般都會虐待他們，所以結下了很深的仇恨，如今這些曾經作威作福的大爺變成了降軍，原來那些受欺負的人頓時感覺翻身成主子了，開

始反過來欺負秦軍。

投降的秦軍被欺負多了，就開始抱怨：「章邯將軍騙我們投降諸侯軍，如果能夠入關破秦那是最好，如果不能，這些諸侯把我們帶回關東，而秦朝的人又會殺光我們的父母妻子，怎麼辦？」

投降秦軍的騷動越來越厲害，慢慢地傳到了項羽耳中。項羽聽說劉邦先進入咸陽，心裡非常著急，也要去咸陽，可秦朝降軍這些事情又弄得他軍心不穩，難以開拔。項王心裡一橫，也是腦子一糊塗，心想：「這些人管不住倒是禍事，還不如直接殺了，一了百了，反正我也不缺他們，光帶著章邯和他的兩個手下入關就好。」

於是章邯投降的秦軍三十萬，直接被項羽坑殺了二十多萬，只留下了一點點。

項羽這真是一步錯棋，即將要進關中，卻殺了二十多萬的關中子弟，這是自己給自己製造麻煩啊！和劉邦在關中收買人心的做法形成了鮮明的對比，楚漢之爭還沒有開始，他就先輸了威望和民心。

本來項王大敗王離，在爭天下的路上已經走在了所有人前面，可是這一下卻又給自己重重地抹黑。當年武安君白起在長平坑殺趙軍四十萬，之後直到死都還在後悔，如今項羽也不遑多讓，注定沒有好結果。真正的君主雖然心狠手辣，但往往是對自己的對手心狠，從來不會拿這麼多無辜的人開刀，人在做，天在看。

項羽是個英雄，但如果他真當了皇帝，肯定也是和隋煬帝一樣的暴君。其實他不止坑殺過這一次，破城之後屠城向來是項羽的習慣。中國人不知道是出於同情失敗者，還是感嘆項羽的悲壯和舉世無雙的本領，歌頌了他兩千年，其實這個人到底值不值得我們歌頌，很值得思考。相反，劉邦雖然既無賴又小人，但他確實給人民帶來了幸福，帶來了盛世，帶來了穩定，如果說當小人可以造福全天下的百姓，那這個小人是否也很值得歌頌呢？到底是帶來災難的英雄更偉大，還是帶來幸福的小人更偉大？

除掉投降的秦軍後，項羽帶著四十萬大軍準備進入函谷關，卻突然發現函谷關上有人把守，不讓他進。而且鎮守函谷關的居然不是秦軍，而是劉邦的軍隊。

原來，劉邦想當關中王想瘋了，聽說項羽已經打算封章邯為雍王，心裡著急。因為雍即關中的意思，項羽的意思非常明顯，劉邦想當關中王，門都沒有。就在這個時候，也不知哪個混帳給劉邦出了餿主意，既然項羽不想讓沛公當關中王，那我們就不要讓他進來吧！函谷關乃天下雄關，易守難攻，定能擋住項羽。

頭腦發昏的劉邦一時沒想明白，居然真的派兵防守函谷關了。

函谷關的確非常難打，古往今來沒有幾個人能從東面打進來，但此時兩方的實力差距太大。劉邦僅僅有十萬人，還剛剛入關，屁股都沒有坐熱，根本沒有時間做詳密的防守準備。而項羽坑了秦軍之後還有四十多萬人，都是在鉅鹿大勝過的精銳部隊，戰鬥力極強，加上項羽本身有著天下無敵的勇武，小小函谷關根本不成問題。

果然，項羽輕鬆攻破函谷關，對劉邦防守函谷關的做法十分惱火，在謀士范增的勸說下，想乘勢一舉擊破劉邦的部隊，以解心頭之恨，也順道除了後顧之憂。此時的劉邦完全沒有辦法和項羽抗衡，如果開戰，必定全軍覆沒。

范增是項羽帳下第一謀士，項梁死後，項羽尊稱他為「亞父」，在楚軍中很有話語權。范增極具智慧，和陳平一樣，算是當時天下一等的謀臣了（當然比起絕世的張良還要差一些）。項羽能夠成就一時的霸業，范增功不可沒。

范增聽說劉邦進入咸陽之後非常收斂，沒有要秦宮的財寶和美女，還還軍霸上，約法三章，馬上看出了劉邦的野心，如果讓他壯大起來，必然會成為大敵，所以要盡快解決。

此時剛好劉邦手下出奸細了，他的左司馬曹無傷覺得項羽實力更加強

大，想透過出賣劉邦換取在項羽手下當差，就偷偷派人去對項羽說：「沛公占有關中，是想獨占珍寶稱王，還要讓子嬰做相國。」

劉邦有什麼想法他曹無傷怎麼可能知道，遑論讓子嬰來做相國？這個謊言其實有點虛，但范增急著讓項羽擊破劉邦，佯裝相信，勸項羽出兵，項羽聞後大怒，決定第二天早上出兵擊破劉邦。

范增的謀劃倘若可以順利施行，劉邦的小命立時難保。

只可惜有時候歷史就這麼湊巧，劉邦手下有奸細，項羽手下也有，就是他那個親戚項伯。

叫項伯奸細稍微有些冤枉，他的人品比曹無傷好很多，最早他幫劉邦只是為了報恩，後來真的沒辦法，一步步變成奸細。項伯年輕時遊歷江湖險些喪命，多虧當時也遊歷江湖的張良救了他一命，人情債難還，項伯一直想報答張良的這份大恩。

為了報恩，項伯不顧自己家族軍隊的利益，提前把項羽要襲擊劉邦的消息告訴了張良，希望張良能夠自己先逃跑，保住一條性命。誰知張良聽了這個消息之後，非但沒有想自己逃跑，反而要設法解決劉邦的危機。

張良先勸服劉邦放棄武力抵抗項王的想法，然後又安排他當夜見項伯。劉邦知道自己的性命現在就掌握在這個人手上，就極力拉攏項伯，還和項伯相約要結為兒女親家。

項伯是個老實人，輕易就被劉邦收買，回軍之後對項羽說，如果沒有劉邦搶先攻下關中，楚軍不可能這麼容易進來，函谷關的事情只是誤會，還是應該放劉邦一馬，否則會失了人心。

有時候項羽的想法真的很特別，坑殺了二十萬人都不怕失了人心的他，這時竟會為了一個劉邦而感到害怕？當真是空有一身力拔山兮氣蓋世的武藝，卻藏著一顆優柔寡斷的心。

項羽就這樣放棄了第二天出擊的計畫，項伯趁勢讓劉邦親自來項羽駐

軍的鴻門賠禮道歉。

這就是歷史上著名的鴻門宴。

劉項二人決定天下的對決，就從這場鴻門宴開始。

漢高帝元年　西元前二〇六年

第二十章 天下命運，決於鴻門

范增屢次勸說項羽出兵不成後，只好把剷除劉邦的希望全部寄託在這場鴻門宴上。

范增和項王事先約好要在席上斬殺劉邦，以擲杯為號。

劉邦來了鴻門以後，百般解釋的同時也百般討好和奉承項羽，說：「我和將軍一起反秦，將軍在黃河北，我在黃河南，沒想到自己居然先進了關中，得以在這裡和您見面。我防守函谷關，只是為了防備一些盜賊和特殊情況罷了，根本沒有要攔住將軍您的意思，這裡面一定是有小人在搬弄是非。」

項羽真是傻得可愛，聽了幾句好話就信了，還直接把曹無傷給賣了，說：「是沛公的左司馬曹無傷跟我說的，不然，我怎麼會到這裡來。」劉邦心裡恨得牙癢癢，當下就盤算好，如果能夠活著離開鴻門回到軍中，絕對不會放過曹無傷。

項羽就這麼出賣一個投靠自己的人，真是笨得出乎意料。本來已經和范增約定要殺劉邦的他，被劉邦灌了一些迷魂湯，優柔寡斷的毛病又犯了，怎麼也下不了殺劉邦的決心，范增反覆地舉起手中的玉玦，用諧音「決心」來暗示項羽，可都沒有用。

後來范增實在忍不住了，只好出去叫來項羽的族弟項莊，讓他在席間舞劍，然後找機會順勢砍了劉邦的腦袋。「項莊舞劍，意在沛公」，可是范增的如意算盤又沒打好，已經和劉邦穿一條褲子的奸細項伯也開始舞劍，並且用自己的身軀保護劉邦。

看著手下的人在酒宴間上演全武行，猶豫不決的項羽並沒有表示什麼

態度，只是默許著手下這麼鬧。張良一看覺得不對，這樣發展下去劉邦太危險，就從帳外招呼樊噲，讓他闖進來搗亂，阻止混亂的局面愈演愈烈。

屠夫出身的樊噲一股蠻勁，根本不把威震天下的項羽放在眼裡，衝進帳內按照張良的安排一番慷慨陳詞，倒真把項羽給震懾住了，劉邦的危機也暫時消除。項羽向來喜歡壯士，所以他對樊噲也還算尊重。

酒宴過半，劉邦覺得自己不能再在這待下去了，范增肯定還會想出其他的辦法，於是他假裝如廁，獨自騎馬跑回了軍營。

從劉邦這個逃亡的例子，我們不難發現其心思縝密和心狠手辣。

劉邦來的時候帶了一百多騎兵，人人騎馬，可逃跑時卻把所有人馬都扔了下來，只是自己一人騎馬逃跑，帶的四個隨身護衛都是步行，其他人甚至直接扔在鴻門不管了，這樣做一是人少容易逃跑，二是萬一真有追兵，自己也可以騎馬跑，而那四個護衛因為沒有馬，就只能留下來給劉邦斷後。

另外，劉邦走的時候，沒有馬上讓張良進帳給項羽賠罪，而是讓他估算著自己已經跑得夠遠了才給項羽講這個消息，讓項羽沒有追擊的可能。

范增聽說劉邦已經跑了回去氣炸了，也不顧項羽的面子，大喊一聲：「豎子不足與謀！」估計此時的范增除了遺憾和無奈以外，更多的是對項羽的失望，他當初是投奔項梁而來，項梁對他言聽計從，可如今的項羽卻總是猶豫再三，優柔寡斷。

鴻門宴是反秦戰爭的結束，也是楚漢之爭的開始。從此，長達五年的鬥爭將在劉邦和項羽之間展開。

劉邦就這樣從鴻門逃出，經歷這一次驚心動魄的冒險，他意識到如果想要爭霸，他還得先藏起來。至少短時間內得避開項王的鋒芒。但是，有一件事情是必須做的，那就是殺了奸細曹無傷，項羽送的大禮豈能不要。

幾天以後，項王帶兵進了咸陽，和之前的劉邦完全不一樣的做法，不

漢高帝元年　西元前二〇六年

但沒有約法三章收買民心，反而對咸陽進行了屠城，先殺秦王子嬰，後放火燒了秦朝的宮殿，傳說中當時大火三月不絕，民怨沸騰，百姓對他大失所望。

屠殺完咸陽之後，項羽開始請示楚懷王，他的意思很明顯，雖然劉邦先進關中，可如今他實力強，劉邦不能做關中王。誰知楚懷王恨透了項家人，不甘心這樣一直當項家的傀儡，不甘心忍氣吞聲，他一點面子都沒給項羽，只回覆了兩個字：「如約。」

如約是什麼意思？不就是先入定關中的人做關中王嘛！項羽看了這個回覆之後大怒，說：「懷王是我們家族立的，並不是因為他有什麼功績，怎麼可以一個人來作主約定？全國反秦的開始，只是暫時立過去諸侯的後代為王，方便討伐秦朝，但是這三年來披堅執銳、出生入死、消滅暴秦的人，是我和諸位將軍，和那些公子王孫有什麼關係？」

於是項羽立楚懷王為義帝，遷到江南，像當年周天子一樣供起來。

然後項羽自封為「西楚霸王」，大封十八路諸侯，想恢復春秋時期的局面，各個小勢力林立，而自己當霸主。

項羽分封的十八路諸侯分別是：

第一路 盟主西楚霸王項羽

第二路 漢王劉邦

第三路 雍王章邯

第四路 塞王司馬欣

第五路 翟王董翳

第六路 西魏王魏豹

第七路 河南王申陽

第八路 殷王司馬卬

第九路 代王趙歇

第十路 趙王張耳

第十一路 九江王英布

第十二路 衡山王吳芮

第十三路 臨江王共敖

第十四路 遼東王韓廣

第十五路 燕王臧荼

第十六路 膠東王田市

第十七路 齊王田都

第十八路 濟北王田安

項羽雖然是貴族出身，但骨子裡卻瞧不起那些因為家族而得到封地的人，比如楚懷王，他喜歡真正立功的戰將，所以在分封的時候多少會有些傾向。另外，這份分封名單裡面，個人的好惡也造成了很大的作用，項羽對喜歡的人就非常好，對討厭的人就非常差，隨著性子來。

下面詳細介紹一下這十八路諸侯。

第一路項羽和第二路劉邦大家都很熟悉了，後面我們再慢慢談。

第三路雍王章邯也是我們前文經常提的人物，秦朝大將，項羽居然沒有記恨他的殺叔之仇，果然封了他做關中王，不過不是他一個人，還連同他兩個手下司馬欣和董翳，一個封塞王，一個封為翟王，三個人共同分了秦朝原來關中之地。這也是後來關中另外一個稱號「三秦」的來歷。這裡項羽能夠盡釋前嫌，忘記章邯的殺叔之仇，還封他們在關中，目的就是要壓制蜀漢的劉邦。他們三人都是能征善戰的將軍，又是關中人，乍看之下還真的挺適合，但其實很有問題，具體的我們後面說。

第六路西魏王魏豹前面也提過，他的哥哥魏咎是陳勝手下周市建立的

漢高帝元年　西元前二〇六年

魏國的傀儡君主，被章邯滅了之後，魏豹收復了一些失地，又復立了魏國。

第七路河南王申陽，這個人其實之前沒有什麼貢獻，就是項羽大軍渡過黃河去救趙國的時候，他主動帶兵迎接了楚軍，所以項羽特別喜歡他，還給他封了河南這塊好地方。河南為什麼好？天下商人最集中的、最富庶的洛陽在這片地上，你說好不好？當然這是從發展的角度來說，如果從爭霸的角度來看也不一定好，洛陽在天下之中，四處平原，無險可守，如果實力不夠，很容易被滅掉。

第八、九、十路都源自之前的趙國，張耳之前提過很多次，最早和陳餘一起協助武臣建立趙國，後來復立趙國成為實際控制者，項羽覺得他功勞大，乾脆直接封他為趙王，而改原來的趙王趙歇為代王，向北方移動了一點。趙國除了趙歇和張耳之外，還有第三個人封王，趙將司馬卬，因為他平定河內有功，所以也被封為殷王。司馬卬就是司馬遷的祖先，不過說實話，當時的趙國如果有第三個人要封王，那也應該是陳餘，他和張耳一直是趙國的左膀右臂，功勞不比張耳少，後來雖然鬧翻，但還寫信勸降章邯，起了很大作用。項羽居然疏漏了陳餘這麼厲害的人，是個很大的隱患，這個後面談。

第十一、十二路是項羽的親信，之前提過的翁婿二人，衡山王吳芮和九江王英布，他倆最早在項梁時期就投靠了楚軍，某種意義上而言也算是項家軍的一員，是諸侯中難得被項羽看重的人。

第十三路臨江王共敖是楚懷王的人，項羽給了一點面子，也封了他一個小王，同時把他從楚懷王身邊拉走。

第十四、十五路源於之前的燕國，韓成建立燕國的時間比較早，他從武臣那裡脫離出來以後就一直在北方，也沒有什麼大貢獻。各國救趙的時候，韓成命令將領臧荼帶兵和楚國一起去，結果項羽就看重立過戰功的，不顧韓成已經稱王好久，反而封臧荼為燕王，而遷徙韓成為遼東王，把他趕到了更加偏遠的地方。

第十六、十七、十八路是之前的齊國，同樣和臧荼一樣，項羽因為齊將田都帶兵和他一起救趙有功，就封他為齊王，反而遷徙原來的齊王田市為膠東王。另外，田安在濟北攻下許多城後投降項羽，所以項羽也封他為濟北王。

　　項羽的分封完全憑藉個人意志，他喜歡的人就得到很多好處，他不喜歡的人就被欺負，甚至連王都當不了，許多諸侯心裡不太愉快。

　　項羽以為天下從此安定了，在他的霸權之下平穩了，殊不知亂世才剛剛開始。

漢高帝元年　西元前二〇六年

第二十一章 分封的問題

項羽大封十八路諸侯，威風八面，可其實在分封的過程中犯了許多的錯誤，對後來楚漢之爭形勢影響很大，接下來詳細地解說。

第一個錯誤：對劉邦

項王將劉邦封到蜀地，本是有意為難劉邦，想將他趕到偏僻之地，讓他失去爭霸天下的機會，可其實蜀地是一個極其富饒的地方，而且易守難攻，反而成就了劉邦後來的霸業。

蜀地在秦統一之前是相對獨立的，不在戰國七雄的領地之內，和中原聯繫較少，所以那時的人民對蜀地的情況還不甚清楚。秦國在統一六國之前先打下蜀地，從此才慢慢讓世人體會到這塊地方的價值。

只可惜項羽分封的時候可能還不知道這件事，所以鑄下大錯，輕易把這塊地方送給了劉邦。從四百年後諸葛亮和劉備隆中對的時候可以看出，那時的人民已經相當認可蜀地的價值了，否則也不會有「川中之地，天府之國，沃野千里，高祖因之以成天下」的說法。

其實如果項羽只是把蜀地封給劉邦也就算了，畢竟那是一個相對封閉的地方，很難打出來，這也是三國時劉備為什麼非賴著荊州不還給孫權的重要原因之一，光有蜀地就只能防守，缺乏進攻的平台和跳板。

張良非常有遠見，分封之後重金賄賂了好友項伯（就是鴻門宴上那個奸細），給項王說了好多好話，最後生生把漢中也要了過來給劉邦。

項羽也是糊塗之至了，漢中這種軍事要地怎能隨便給劉邦？

關中之地本是堡壘一座，極難攻打，但如果占了漢中，一切就不同了，基本就是和後來諸葛亮打曹魏的形勢一樣，機會大增。不同的是，劉

邦、張良、曹參這幫人不一定比諸葛亮差多少，而對面卻沒有司馬懿這樣的人物，而且雙方國力的對比也大大不同。

第二個錯誤：誰王關中

項羽在分封諸侯的時候，有一個書生曾經建議他把自己封在關中之地，那裡是秦王朝起家的地方，「左據函谷，二崤之阻，表以太華終南之山；右界褒斜、隴首之險，帶以洪河、涇、渭之川」（引用班固〈兩都賦〉裡對長安的描述），可以說地形非常適合作為帝都。

只可惜關中再好，項羽也不肯留在那，理由非常荒唐：「富貴不還鄉，如衣錦夜行，誰知之者？」就是說他現在富貴了、成功了，如果不回老家，就好像穿了好衣在夜裡行走，有誰能夠知道呢？

於是項羽把自己的都城定在老家彭城，也就是現在的江蘇徐州，在這種無險可守、四面受敵的地方，等待他的只有無盡的戰爭。

書生對項羽非常失望，說了句：「人言楚人沐猴而冠耳，果然。」意思就是「人人都說楚國人就是猴子戴了帽子，看起來像人，其實不過是猴子裝模作樣罷了，虛有其表。」此人一句話就點出了項王空有一身萬人斬的功夫和西楚霸王的身分，其實骨子裡依然是目光短淺的小人物。

說出這種話，項羽自然不會客氣，當場就把這個書生給烹煮了。

項羽自己不王關中也就算了，好歹派個合適的人到關中來對付劉邦啊！結果他選擇了最不該選的人，項羽把關中之地封給了以章邯為首的三位秦朝降將。

章邯本是能戰之將，從他之前帶領秦朝的殘軍屢敗起義軍主力就可以看出，可能項王選他也有這方面的考慮，況且章邯三人本是秦人，對於這塊地方也比較熟悉。

但項王忽略了最重要的東西，所謂「天時不如地利，地利不如人和」，他忽略了戰爭中最重要的東西——人心。

章邯等三人當初率領秦軍最後三十萬主力部隊和項羽僵持，後來選擇了投降，而項羽在接受了他們三人的同時，為防止自己管不住降軍，將之盡數活埋。

　　這三十萬人可都是關中子弟，你讓三個用活埋三十萬關中子弟來換取自己王位的人去王關中，關中的百姓能服嗎？這個王位他們坐得住嗎？

　　第三個錯誤：驅除原主

　　前文提過，在對待齊國、趙國和燕國的態度上，項王都採取了同樣的方式：重用跟隨自己一起打鉅鹿之戰的將領，而把他們原來的君主遷到了別的地方，造成很多矛盾。

　　當然，有人說這是項羽有意而為之，他想藉此機會來動搖各國的實力，讓那些將軍和原來的主子對峙，在互相內鬥中削弱實力，為項羽將來的一統天下做準備。

　　可是，事情皆一體兩面，矛盾產生了，項羽一下子得罪了一票人，很多人都把這筆帳算在了項王頭上。尤其是那些六國後人的支持者和六國貴族的殘存勢力，比如張良。

　　第四個錯誤：漏封能人

　　項王不但封得不公，還漏封，漏了幾個特別重要的人。

　　張耳和陳餘本是差不多的功勞，陳餘在勸降章邯的事情上貢獻頗多，可項羽只封了張耳為趙王，卻絲毫沒有給予陳餘封賞，讓陳餘非常不滿。

　　齊國的田氏家族裡，項王一共封了三個人，卻沒有田榮和田橫兄弟的份，這是因為當年田榮忘恩負義，在項梁讓他們出軍的時候百般要挾，最後還鬧翻了，項羽因而懷恨在心，要整治他們。

　　可是，田榮兄弟雖然道德涵養一般，但確實驍勇善戰，是齊國中最屬害的，項王非但沒有拉攏他們的意圖，反而大大惹怒了他們，兄弟倆怎麼可能嚥下這口氣。雖然以田榮和田橫的本事也不可能真的打敗項王，但是

以他們鬧事的本領，也足夠折騰項羽一陣子了，且他們耗費了項羽的精力，其實就是間接給劉邦發展的時間。

最後還有一個關鍵人物沒有封王，就是能戰善戰的彭越，他也是個很厲害的主。

項王分封完沒多久，陳餘、田榮和彭越三個人聯合在一起鬧了起來，用不同的方式對抗項王。

田榮聽說項王讓田市遷到膠東，而讓田都來做齊王，大怒之下立刻發兵，擊敗了田都，把他趕出了齊地。可田市卻害怕了，不敢違逆項王的意思，偷偷地跑到了膠東。田榮一看，當年哥哥田儋是何等英雄，這姪子田市卻如此膽小，真是沒用，乾脆直接帶人追到膠東把田市給殺了，自己來當齊王。

殺了田市之後的田榮又聯合彭越，合兵殺了項羽封的另一個齊地的王——濟北王田安。就這樣，三個月的時間，田榮就把項王封的三個齊地的王全都收拾了，占有了齊國全部的地盤，自立為齊王。

項王派蕭公角去攻打田榮，半路卻被田榮的盟友彭越給截殺，楚軍只得暫時撤出齊地。

趙國那邊，張耳剛回到趙國，在黃河邊上打獵的陳餘就生氣了，說：「我和張耳的功績明明一樣！項羽給張耳封王，卻只封我侯，不公平！」於是他派人聯繫田榮，讓田榮資助他兵馬反項王，田榮一聽非常高興，便派了一支兵馬給陳餘，陳餘就用田榮這支兵馬在趙國鬧了起來。

陳餘確實厲害，又利用原來的威望發動三個縣的兵，和自己合軍一起圍攻常山，張耳實在打不過，只得放棄王位和趙國去投奔劉邦（後面要說，此時劉邦已經攻出了蜀漢，占有關中）。陳餘重新立了一個趙王，那個趙王投桃報李封陳餘為代王，可是陳餘沒有回代國，而是留下來成為趙、代兩國實際的控制者。

項王分封之後的三個月，齊、趙兩個大國紛紛出事，實在是給了他結

結實實的一記耳光。

劉邦在分封之後也取得了很大的戰果，本來一聽說項王要給他封到蜀中，非常生氣，差點就要直接和項王開打，好不容易被蕭何和張良勸了下來，老老實實地入蜀。

因為張良是韓國的後人，所以此時不能跟著劉邦入蜀，而必須跟著韓王韓成。但韓王韓成一直被項羽扣在身邊，不讓他回國，所以張良也只能暫時跟著項羽一同回楚國的都城彭城（就是現在的徐州）。

張良離開劉邦之前，除了幫劉邦要到漢中地，還反覆叮囑劉邦要忍住，入蜀的時候得把棧道給燒了，以表示無意再染指中原，放鬆項王的警惕。

自古出入蜀都是走的棧道，十分險要，李白就有著名的〈蜀道難〉的詩篇，棧道燒了，基本上一年內是修不好的，所以項王真的被這一手給騙了，以為劉邦暫時沒什麼威脅，先集中精力去解決齊地田榮的問題。

其實劉邦雖然燒掉了棧道，但還是趁著項王和田榮糾纏的這段時間成功從蜀漢打了出來，因為他得到了一位恐怕是天下唯一可以和項王抗衡的將軍——韓信。

第二十二章 韓信出世

　　韓信，楚國人，家鄉在淮陰，少時家貧，名聲又很普通，不能被推薦為官，也不懂經商做買賣，所以十分窮困，經常有一餐沒一餐。當時河邊有個洗衣服的老太太經常接濟他，幫助他渡過一陣子的難關，可見韓信當時有多麼落魄。

　　韓信是個非常能忍的人，淮陰縣有個屠戶的兒子當眾羞辱韓信，對韓信說：「你要是不怕死就來殺我，要是怕死，就從我的褲下鑽過去。」「胯下之辱」在古代是一種非常嚴重的羞辱，一般人都不可能接受，可韓信為了不惹事，忍氣吞聲地鑽了過去。

　　後來項梁大軍渡過淮河的時候，韓信投靠了楚軍，因為沒什麼名氣，所以沒有受到重用。項梁死後，韓信繼續在項王手下做事，給項羽出過好多次計策，都沒被採納。項羽喜歡像季布、英布那樣驍勇善戰的勇將，韓信這樣肯受胯下之辱的人他是看不上的。

　　韓信知道自己跟著項王也沒什麼前途，聽說漢王劉邦很懂得聽別人的勸諫，就逃離了楚軍，沒有和項王一起回彭城，而是千里迢迢地隻身入蜀找劉邦。蜀道艱難，我們可以想像當時韓信的毅力和決心。

　　誰知韓信到了劉邦漢軍之後還是很不得志，沒什麼名氣，還因為連坐一些小罪要被斬首。韓信前面的十三個人都已經被斬了，到他的時候，他情急之下大喊：「漢王難道不想取得天下了嗎？為什麼要斬殺壯士？」這句話正好被劉邦的同鄉，也是御用車夫滕公夏侯嬰聽到，覺得此人出口不凡，見他相貌威武，便釋放了韓信，和他交談了起來。

　　夏侯嬰覺得韓信是個人才，就推薦給劉邦，可劉邦還是覺得韓信沒什麼特別的，就隨手封了一個都尉。

當了都尉的韓信開始慢慢接觸到一些漢軍的高層，可惜當時張良不在蜀中，而是被項羽脅迫帶回彭城，要是他在的話，定能一眼發現韓信的價值。

　　金子終究是要發光的，雖然沒有張良，但蕭何發現了韓信的不同。

　　蕭何是劉邦同鄉中少有的「讀書人」，見識不凡，楚漢時期他源源不斷地給劉邦的前線部隊提供後勤保障。保障兵源和糧草雖然不容易，但也還不是最難，最難的就是保障人才的供給。蕭何推薦給劉邦的人才雖然不多，但有韓信一個就夠了。

　　劉邦的漢軍大部分都是楚國人和中原人，在蜀漢待不慣，當時很多人都偷偷地跑回去，而在這個時候，韓信也逃跑了。

　　韓信倒不是因為想家或者待不慣，和大家被動跟著劉邦入蜀不同，他可是主動跑過來的。韓信對自己非常有自信，一定要找到一個可以讓自己發揮作用的地方，當初項王不重用自己，他果斷地離開這個現在最強的勢力；現在蕭何和夏侯嬰幾次向劉邦推薦，自己還是得不到重用，他猜想劉邦也不太可能重視自己，就再一次選擇了離開，毫不拖沓。

　　蕭何一聽說韓信逃跑，急得連夜去追他回來，這就是著名的「蕭何月下追韓信」。

　　有人不明就裡，以為蕭何也逃跑了，就報告劉邦。劉邦一下慌了，蕭何是他的重臣，他跑了就形容失去了左右手，影響是致命的。過了一兩天，蕭何帶著韓信回來，劉邦又是高興又是生氣，罵蕭何：「你為什麼要逃跑？」蕭何對劉邦說：「我不是逃跑，我是去追逃跑的人。」劉邦說：「什麼人值得你親自去追？」蕭何回答道：「韓信。」

　　劉邦不信，因為在他眼中，韓信是一個非常普通的人，甚至連普通人都不如，因為他曾經受過胯下之辱，就說：「逃跑的將領已經有幾十個了，你也沒追過，說追韓信，一定是假話。」蕭何說：「那些一般的將軍容易得到，但是韓信，國士無雙。如果漢王準備長期待在漢中，那麼韓信沒什麼

漢高帝元年 西元前二〇六年

用；如果漢王想去爭天下，只有韓信能夠幫助您實現大志！」

　　劉邦聽蕭何話說得如此狠，果真動搖了先前對韓信的看法，想封韓信當個將軍試試看。可蕭何得理不饒人，說：「封韓信一個區區將軍，他不會想留下來的。」劉邦秉承著「用人不疑，疑人不用」的態度，心想既然都決定要用韓信了，索性就狠一點，說：「那就封他為大將軍，統率全軍！」

　　筆者真的不得不佩服劉邦的氣魄和胸襟，一個之前毫無建樹的無名小卒，就因為蕭何的極力推薦，而一舉把他推成全軍統帥。當然，這也是建立在劉邦對蕭何能力的絕對信任上。筆者相信，如果是張良推薦韓信，不用這麼麻煩還弄一次月下追逐，只要短短一句話就夠了。

　　只要是劉邦相信的人，他就會相信到底，而不像項王那樣優柔寡斷，總是想太多，連最值得信任的范增的話都不聽。

　　劉邦特地為韓信舉行了拜將儀式，挑選吉日，登台拜將，讓全軍的人都知道他對韓信的看重。

　　韓信當了大將軍之後開始獻策，他先給劉邦信心。因為項羽打仗實在太厲害了，天下無敵，當年那麼厲害的秦軍都敵不過他，所以劉邦心裡其實一直都沒有自信能夠戰勝項王。

　　對於這麼厲害的項王，韓信卻只用了八個字來評價，而且非常貼切，那就是「匹夫之勇，婦人之仁」。

　　韓信說：「項王厲聲怒斥的時候，上千的人動都不敢動，但是他卻無法任用有才德的將領，這只不過是匹夫之勇罷了。項王待人，恭敬慈愛，言語溫和，別人生了病，他會憐惜地流下眼淚，把自己吃的東西分給病人；但是當任用的人立下功，應該賞賜的時候，他卻總是捨不得，這就是婦人之仁。項王現在雖然霸有天下，但卻不占據關中，反而定都彭城，背棄懷王的約定，把親信的武將裂土封王，惹得大家都對他有意見，這些都是不對的事情。項王部隊經過的地方無一不遭到毀滅，老百姓都不親附。所以雖然他名義上是霸王，但實際上已經失去了民心，很容易由強轉弱。」

罵完項羽後，韓信開始說實際的：「漢王要是能夠任用良將，把封地封給有功之臣，擊敗項王是遲早的事情。現在封在秦地的三個王都是過去秦朝的將領，他們率領秦國子弟作戰好多年了，被殺死和逃跑的人多得數不清，而他們又欺騙自己的部下投降諸侯軍，結果項王把這些降兵都坑殺，只有這三個人沒死。所以說，關中的老百姓都非常恨這三個人。現在項王倚仗自己的權勢背棄約定，強行封他們三個為關中王，絕對坐不穩。漢王您當初進入武關的時候，對百姓秋毫無犯，還約法三章，關中百姓都愛戴您，所以如果您起兵攻打關中，不用太費事，一紙號召就可以解決。」

　　韓信對於天下形勢的判斷準確無誤，給予劉邦極大的信心，提出的攻打關中的建議也一直是劉邦心裡所想的，可現在關鍵的問題在於，棧道已經燒燬了，劉邦的漢軍很難在短時間內打出去。

　　於是韓信又耍了一個花招，派人假裝大張旗鼓地修棧道，告訴全天下人我們漢軍要出來了。齊地的項羽和關中的章邯一聽劉邦開始修棧道，都沒放在心上，因為他們知道棧道非常難修，基本上要一年的時間，所以劉邦出兵的日期還遙遙無期。

　　誰料韓信這時候卻偷偷帶著漢軍主力從陳倉故道繞了遠路打回關中，這條路雖然比較遠，但是在修棧道的假象掩護下，還是打了章邯一個措手不及。

　　這就是有名的「明修棧道，暗渡陳倉」。

　　章邯之前當秦朝將軍的時候非常厲害，這是指項羽和韓信出名之前，楚漢時期最厲害的兩個將領之一（另一個是項梁），可是現在他們的時代已經過去了，項羽已經威震天下，韓信也開始嶄露頭角。

　　而且韓信的第一戰還要拿章邯祭旗。

　　韓信大敗章邯後，章邯從陳倉退到廢丘。章邯這次的失敗有兩個原因：一是被之前修棧道的把戲給騙了，吃了出其不意的虧；二也是韓信說的，和當年章邯手下的秦朝將士全都非常相信他不一樣，現在的章邯在關中真

的太不得人心了，軍隊戰鬥力自然大打折扣。

劉邦第二次進軍咸陽，派人圍住章邯。也只有章邯還在堅持，另外兩個秦朝降將塞王司馬欣和翟王王翳聽說章邯大敗，馬上主動投降劉邦。

劉邦沒有費多少力氣就平定了三秦，享有自己原本應得的關中。

劉邦平定關中之後，就派王陵去沛縣接回自己的父親劉太公和妻子呂雉。

王陵也是劉邦沛縣的同鄉，比劉邦還早造反，一開始是劉邦的大哥，後來造反得不太順利，決定投奔劉邦，成為一個漢軍將領，後來做了漢初時的丞相。

王陵是劉邦非常信任的人，這次讓他去接父母和妻兒也是委以重任。誰料，劉邦定三秦的事情已經震驚了項羽，項羽派兵阻擋王陵的去路，還抓了王陵的母親，以烹殺王陵母親為威脅讓王陵投降。結果王陵的母親為了不讓王陵為難，先自殺了，項羽的計畫沒有成功。

就這樣，王陵雖然沒有投降項羽，但也沒有成功接回劉邦的家人。

第二十三章 詭計專家

楚漢相爭的第二年，劉邦其實已經是個年過半百的老人，掌握了關中的他已經在爭奪天下的鬥爭中取得了很大的優勢。

縱觀中國歷史，凡是南北對抗的，大部分都是北方取勝，原因大概是北方馬匹戰力更強，在以騎兵為主要戰場的平原戰爭中有明顯優勢；而東西對抗的，一般都是西方取勝，原因大概是西方地勢較高，東進時以高打低具有優勢，退防時險要較多便於防守。（這是指雙方實力差不多的情況下，像起義軍滅秦這樣的屬於大勢所趨，孟子說「地利不如人和」，失了人心，再好的地利也沒有用。）

所以劉邦以西打東非常有利，贏了一馬平川前進，輸了卻可以一步步退。

但憑藉這些優勢還不足以讓劉邦直接和項羽開打，他還需要時間發展和壯大。

這時候張良「身在楚營心在漢」，又幫了劉邦大忙，他對項羽說，當初楚懷王約定先入關中的可以王關中，現在漢王只是拿回本來屬於他的東西罷了，沒有其他非分之想。

項羽正在齊國與田氏兄弟奮戰，雖然恨劉邦入骨，但一時抽不出手，聽張良這樣說也就作罷。隨著時間的推移，關中越來越堅固，越來越難打，錯過了這次機會，項羽這輩子再也打不回關中了。

劉邦趁項羽不管他，以最快的速度擴張，過沒多久就打出了函谷關，染指中原。

出關之後的劉邦連續兼併了好幾個中原的小諸侯：河南王申陽、殷王

司馬卬、魏王豹、韓王昌。

這裡面前三個都是項王封的十八路諸侯，只有韓王昌不是。

原來，之前項王封的正牌韓王韓成不受項王的喜歡，一直被扣在項王身邊不放，後來乾脆殺了。韓成死後，韓昌才冒出來占領了韓國領地自立為韓王，不過沒有逍遙多久，馬上又被劉邦所滅。劉邦找來了戰國時韓國韓襄王的孫子韓信做韓王，統領韓國的地盤。

這個韓信不是我們前面提到的大將軍韓信，那個有名的韓信是楚國人，而這個是正宗韓國王室之後。劉邦統一天下之後的「八大異姓王」（即八個非劉姓的王）裡有兩個韓信，這個韓信雖然沒有大將軍韓信貢獻那麼大，但也是很厲害的人，給劉邦幫了不少忙，為了做區分，我們後文就叫他韓王信。

張良的主子韓成被項羽殺了以後，他就再也沒有理由留在項羽身邊了。張良是韓國貴族之後，立志復國，所以項羽大封十八路諸侯的時候跟著韓王，可如今韓王被項羽所殺，他是死也不會留在項羽身邊的，最終張良成功從小道逃回了劉邦身邊。

智囊張良回來了，他少年遊歷江湖時染了很多病，身體不佳的他無法單獨帶兵，故而一直待在劉邦身邊出謀劃策。

除了張良以外，前文提過原先趙國的頂梁柱張耳也因為被陳餘打敗，前來投靠劉邦。此時的張耳已經是風中殘燭，除了了解趙國以外，沒有其他有用的價值，同一時期來的另一人卻給劉邦開啟了新的時代，那人就是陳平。

筆者一直覺得楚漢時期的這些謀臣裡頭，張良絕世無雙，他之後的一流謀臣就要數范增、陳平和蒯徹了，至於酈食其等人都還要再往後排。（這裡說的是謀臣，所以沒把蕭何算在裡頭。）

范增是項王帳下第一謀臣，這個大家都知道，蒯徹後面才會出現，這裡先好好介紹陳平。

陳平是個非常有名的美男子，從小因為家境貧寒，和劉邦一樣不喜歡耕田，所以寄宿在哥哥家的時候，經常被嫂嫂嫌棄吃白飯，後來哥哥為了保護自己的弟弟，直接休了妻子。（當然，這個故事其實還有另外一個版本，就是陳平和嫂嫂有染，哥哥才憤而休妻。）

陳平長大之後，有錢人不想把女兒嫁給他，自認相貌不凡的他也不想娶一個平庸的妻子。後來終於有個富人張負的孫女，出嫁五次都剋死了丈夫，無人敢娶，陳平便主動接近張家，引起了張負的注意。

有一次張負偷偷跟著陳平回家看，發現陳平家一貧如洗，但門口卻停了很多大人物的車，頓時覺得陳平會比較有前途，就想把孫女嫁給他。張負的兒子覺得不諒解：「陳平明明是個好吃懶做的窮光蛋，不好好協助家裡的農務，整天無所事事，全縣的人都笑他，你還要我把女兒嫁給他？」張負卻說：「你見過長得像陳平如此英俊瀟灑還一直貧窮的人嗎？」（原文「固有美如陳平長貧者乎？」）於是就把孫女嫁給了陳平，甚至給了陳平很多錢當作孫女的嫁妝。

陳平的相貌在他的前半生真的起了很大的作用，娶了張家千金之後，他逐漸在鄉里有了地位，過年祭祀土地神的時候，經常擔當給大家分肉的人。古時候祭祀是非常重要的事情，能夠主持祭祀，陳平地位絕對不低。鄉親感嘆道：「好啊！陳家的小子分肉分得非常均勻！」陳平卻說：「如果有一天我能夠主持天下，也能像分肉一樣分得公平合理。」

後來反秦大浪起，陳平一開始投靠了魏國的魏王咎和周市，見到魏王不怎麼聽他的勸諫，便果斷離開，逃過了魏國被章邯所滅的一劫。從魏國逃出來後，陳平又去投靠了項羽，和項羽一起入咸陽，接著又一起回彭城。

殷王司馬卬背後項羽，項羽讓陳平帶兵平定，平定了殷國之後，陳平回到項羽身邊，誰知項羽剛剛賞賜完陳平，劉邦就打出關中了，殷王司馬卬又被劉邦所滅。項羽大怒，有意遷怒於之前平定殷王的人。

陳平生怕被項羽殺，便把項羽賞賜的錢和印信都留了下來，和三國時

期的關雲長一樣，封金掛印隻身逃走。陳平渡河的時候，船家看他長得如此英俊，猜測他是出自哪裡的貴族，身上應該有財寶，就動了歹念，一直反覆地看他。陳平是個精明透頂的人，他看出船家不懷好意，索性把衣服全都脫光放在船上，船家一看沒有財寶，也就沒動手。

陳平到了漢軍之後，找到原來在魏國的故交魏無知，魏無知把陳平推薦給了劉邦。

陳平帶兵打仗的能力一般，和張良一樣只在劉邦身邊出謀劃策，可他的名聲沒有張良那麼好，甚至可以說很差，很多人不喜歡他，尤其是周勃、灌嬰這些將軍。

陳平人品確實有一些問題，在鄉里的時候和嫂子傳過緋聞，在楚軍的時候利用職權貪汙受賄被揭發過，到了漢軍以後，他的手腳也一直不太乾淨，收了很多錢，這可能和他從小家貧有關，養成這嗜財如命的性格。

陳平的毛病劉邦都知道，可還是一直很重用他。理由很簡單：現在是亂世大爭之年代，能發揮作用讓漢軍更強才是第一要緊事，道德和尾生一樣高尚卻沒什麼實際作為也是無用；陳平雖然缺點不少，但如果善加利用，反而能成為劉邦霸業很重要的一塊基石。

陳平後來果然成為了漢軍中的「詭計專家」，一生給劉邦出過六大奇計，都是在危急關頭，用了一些上不了台面卻很有效的辦法幫助劉邦度過難關，後面我們還會提及。

同樣的人，項羽只看到了他的缺點而不重用他，可是劉邦卻能容忍他各種缺點，發揮他關鍵的作用。劉邦的實用主義成就了天下，也成全了陳平。

當然，其實對於陳平來說，他最大的功勞還不在楚漢時期，更多是在劉邦死後對於呂后的限制和對劉氏江山的保護，這些是後話。

陳平也被稱為是漢初政壇的不倒翁，非常圓滑，善於保護自己，一共經歷了項羽、劉邦、呂后、文帝四個主子，總是讓自己保有一席之地，也

知道在關鍵時刻轉變立場。所以，他在歷史上褒貶不一，有人稱讚他識時務，也有人批評他牆頭草。

劉邦打得風生水起的時候，項羽又犯了一個大錯。

項羽之前把楚懷王奉為義帝，當傀儡供著，可供了一年還是覺得太麻煩，乾脆密令九江王英布把他殺了，一了百了。

義帝就算再傀儡，畢竟也是名義上的天下之主，本來項羽封諸侯的時候就因為不公平引得天下人不滿，如今又膽大妄為地殺了義帝，更加犯了眾怒。

劉邦一看機會來了，馬上大張旗鼓地替義帝發喪，同時也算是正式向項王宣戰，他覺得自己的實力已經強過項羽，可以聯合各路諸侯一起對抗項王了。

劉邦覺得陳餘是最早跳出來對抗項王的，應該比較好勸說，就先請陳餘出兵。誰料陳餘雖然恨項羽，但他更恨張耳，聽說張耳已經投靠劉邦，就要挾劉邦說：「見到張耳的人頭我就出兵。」

劉邦雖然反覆無常，但絕對不會目光短淺地為了陳餘的一點幫助就殺了張耳。張耳雖然沒有太大價值，但畢竟聲望很高，且在危難時刻來投靠，如果把他殺了，會被天下人不齒，讓自己失去人心。

善於玩花招的劉邦耍了個花招，在死囚裡找了個很像張耳的，將人頭送給了陳餘。

張耳和陳餘生死之交一輩子，還父子相稱，不知為何居然沒認出來這是假的，真的派兵助劉。

另外，田榮的盟友、一直和項王對抗的彭越也帶著三萬多人來投奔劉邦，劉邦封彭越為魏國的國相，讓他輔佐魏王豹。

隨著陳餘和彭越的加入，其他各路諸侯多少也都派了一些兵，最後給劉邦湊齊了一支六十萬人的雜牌大軍，聲勢浩蕩地開往項羽的老巢彭城。

此時還在齊國的項王已經擊敗齊軍，殺了田榮，還在齊國大肆屠城。可是田氏兄弟相當頑強，田橫繼承了兩個哥哥田儋和田榮的事業，收復散兵，和項羽打游擊戰，使得齊國滅而不亡，弄得楚軍主力被拖長戰線，無法速戰速決，更無法從齊國脫身。

劉邦聲勢浩大地發起了平生第一次對項羽的攻勢，直搗彭城，而項羽還無法從齊國脫身，結果究竟如何，接下來就讓我們看楚漢時期最大的一次會戰：彭城大戰！

漢高帝二年　西元前二〇五年

第二十四章 彭城大戰

項王主力不在，彭城幾乎沒有什麼抵抗就被劉邦攻下。

劉邦進入彭城後又犯了當年入咸陽時的毛病，覺得自己天下無敵了，項王已經被打敗了，奮鬥了這麼多年終於熬出頭了，他開始在彭城享樂，天天蒐羅財寶美女，天天設置酒宴，大會賓客。

張良雖然心裡很急，但這次連他都勸不住劉邦了，因為眼下的形勢乍看之下確實不是很危急，項羽的軍隊一時間還無法從齊國脫身，而其他的部隊根本無法對劉邦龐大的、接近六十萬人的部隊造成什麼威脅。

可是，項羽之所以是天下無敵的戰神，總有一些與眾不同的地方，這一回連張良都沒有算出項羽的膽識和氣魄。

前方焦灼不下、後方老家被占，如此危機的情況下，項羽沒有亂了陣腳，而是做了一個非常大膽的決定。

項王敏銳的軍事眼光看出了，光論戰鬥力，真正難對付的是山東的土霸王田橫，劉邦的六十萬聯軍都是烏合之眾，並沒有那麼可怕。於是，他讓手下率領主力繼續在齊國作戰，而自己僅僅挑選了三萬精兵連夜返回彭城救援。

隻身率領三萬軍隊去對抗六十萬大軍，還非常有取勝的信心，項羽之所以是霸王，不是沒有道理，就憑這霸氣，絲毫不遜色於當年破釜沉舟時的威武。

也是劉邦命中該有這一難吧，要想爭天下，要想贏項王，可沒這麼容易。整個彭城都沒有料到，遠在齊國無法脫身的項羽，可以這麼快趕回來。

這大概也是項羽用兵的考慮，如果他真的帶主力回救，不但從齊國脫

身不易，搞不好還會趁機被田橫占了便宜，而且大軍行動緩慢，劉邦聽到風聲就會做好作戰的準備。到時候真正打起來，雖然還是項羽贏的機率大些，但不論如何，都將是一場惡戰。而項羽如今只帶三萬精銳，輕裝火速回救，正應了兵法上的「出其不意，攻其不備」，效果奇佳。

當項羽打回彭城的時候，六十萬聯軍頓時亂了，他們只知道無敵的項王回來了，根本不知道回來了多少軍隊，腦子亂得除了逃跑沒有別的想法。

六十萬聯軍就這樣被項羽的三萬人追殺。

彭城外有一條河叫做睢水，當時逃跑的聯軍在渡河的時候被追殺之下互相踐踏，也不知死了多少，最後死屍居然把整條河堵死了，造成了「睢水為之不流」的局面，可見其慘烈。

劉邦自己也沒好到哪裡去，在逃跑的時候只剩下一輛車，手下的兵全都散了，剛剛營救出來的父親劉太公和妻子呂雉又被項羽抓走。

劉邦的專職司機滕公夏侯嬰在帶著劉邦逃跑的時候，恰好看到了劉邦的兒女——即呂雉親生的漢惠帝和魯元公主，就把他們帶上一起跑。

劉邦也真是丟人，眼看著追兵將近，居然嫌孩子在車上太重，使車走得太慢。他將孩子扔下車，想車跑得快些，幸好駕車的滕公不肯這麼做，又把他們抱了上來，如此反覆好幾回。劉邦看滕公的意願如此強烈，怕耽誤了逃跑，才勉強「收留」了自己的兩個孩子。

這次也是劉邦在楚漢時期數次驚魂逃脫的一次，歷史有其必然性，也有其偶然性。雖然大家都分析項羽會輸給劉邦，但如果劉邦有哪一次真的不小心丟了性命，那歷史也注定要被改寫。畢竟如果劉邦死了，蕭何也好，韓信也好，甚至是張良也好，那麼多的英豪都會面臨一個無主可依的窘境，想找出第二個能夠阻止項羽的人，還真是不容易。劉邦這種天生就是為了奪取天下而生的人，幾百年也找不出一個。

彭城大敗後，劉邦明白了項王的實力，他放棄了戰勝項王的念頭，採取了更加可取的方法，就是和項羽展開長期的拉鋸戰，預備慢慢消磨項羽

的軍備。

劉邦從彭城敗退後，遇到了大舅子周呂侯呂澤，於是停下來收拾殘兵，慢慢地穩住了腳跟，項羽因為和齊國的戰事還沒有結束，也不深追就又趕回了齊國。

彭城一戰讓原本很多投降劉邦的諸侯又紛紛倒戈投向項王：三秦王中的塞王司馬欣和翟王董翳都逃到了楚軍；魏王豹給劉邦說要回家鄉探望父母，結果一到了魏國的地盤就背叛，轉而投靠項王；趙國的陳餘此時也發現張耳沒死，之前是被劉邦騙了，果斷和漢軍決裂。

魏豹這個人很沒道德感，楚漢時期一直在劉邦和項羽之間做牆頭草來回倒，最後也因為這點被殺。張耳和陳餘做了一輩子的好朋友，鬧到最後卻成了不共戴天的敵人，變得勢不兩立，也經常為後人所感嘆。以利益相交，就算曾經再親密，最終也會分崩離析。

面對諸侯的背叛，劉邦決定重新調整自己。他回師關中，先引水灌廢丘，除掉還在負隅頑抗的章邯，解決後方的隱患；又立呂雉的長子劉盈為太子，自己萬一戰死，也有人能夠繼續事業；最後還令蕭何著手制定詳細的法令規章，進行關中人口登記、運輸糧草、儲備後備兵源等。

劉邦這一系列調整看似輕描淡寫，但其實至關重要，勢力發展得太快容易忽視整頓自身的問題，弄不好整個國家會就此崩盤。南北朝時期苻堅的前秦帝國，就是因為發展太快，急速膨脹的苻堅沒有聽從王猛的勸告，不先整頓好自己而急著攻打江南，結果淝水一敗讓看似無堅不摧的前秦迅速瓦解。

萬事萬物是平衡的，來得快去得也快，劉邦藉此次敗仗的機會調整好自身，實是明智之舉。其實現代企業的發展也遵循了這個道理，快速壯大的時候一定要注意自身的調整，否則非常危險。

在這一系列的調整中，立法律法規固然重要，立太子同樣是重中之重。亂世打天下最重要的就是有明確的接班人，否則會引起無數的麻煩，

產生內亂的隱患。只要接班人沒有明確確定，就總會有人有想法；當然，就算接班人確定了，也會有人有不安分的想法，但至少會少很多，而且那些有非分之想的人再想做手腳也會難很多。

金庸小說《笑傲江湖》中有一句話：「只要有人的地方就有恩怨，有恩怨就會有江湖，人就是江湖。」現在雖然是太平盛世，不會出現這種打天下的團體，但接班人的道理同樣適用。無論是所謂的白道還是黑道，接班人只要沒有確定，那麼現任領導人只要稍微有點問題，必定會產生無數的鬥爭。

犧牲一點發展的速度來換取和平與穩定不見得是壞事。

整頓好的劉邦率先占領中原最大的糧倉敖倉，打算在滎陽、成皋一線和項羽拖，同時派韓信率領一部分軍隊開往北方，平定叛徒魏豹的魏國。

項羽方面，解決了齊國之後，他又立田假為齊王，之後帶著大軍開到滎陽、成皋。可以說，楚漢之間的爭鬥在此時產生了轉折點，而那個質變的點就是韓信經營北方。劉邦和項羽僵持不下，但韓信之後的發展讓漢軍占得了上風，而項羽對此卻沒有採取任何的反制措施，坐看韓信橫掃北方，最後對自己形成包圍之勢。史書在這個關鍵的點上沒有提及范增，不知道他當時有無想過什麼對策，又為何沒有實行？或者是項羽根本就不想聽他的勸告。

當然，也許是范增自己也疏忽了韓信，畢竟這樣一個無名小輩能夠在短時間內輕鬆橫掃北方，無論是誰都很難預測到。

劉邦和項羽開始拉鋸戰之後，楚漢時期最慘烈的戰場滎陽、成皋、敖倉一帶見證了兩軍長達三年的苦戰，據說此期間雙方大戰四十、小戰八十，一時間生靈塗炭，百姓沒有一天安寧。

在這兩個勢力關鍵的轉折點上，我們來分析一下天下的形勢。

義帝楚懷王被殺，天下沒有名義上的主人，主要的話語權掌握在兩個最大的勢力：劉邦和項羽手上。

漢高帝二年　西元前二〇五年

劉邦有蜀漢地區和關中（今四川省和陝西省），而項羽有楚國和江東（今江蘇省和浙江省），雙方在滎陽、成皋一帶僵持（今河南省）。中原還有韓王信的韓國，算是劉邦的屬國。

北方諸侯國裡有親附項王的魏國，有相對獨立的趙國和代國（實際控制者都是陳餘），這些國家馬上就會面臨韓信的征伐。再往北還有燕國，項王封的燕王臧荼已經吞併了原來的燕王、後來的遼東王韓廣（除了陳餘以外，陳勝大澤鄉起義部隊中最後的殘存）的地盤。

東方齊國本來是項羽立的齊王田假，誰料項羽的部隊剛剛撤離齊國開往滎陽，田橫又打了回來，殺死了田假，又統一了三齊之地，繼續和項羽抗衡。項羽費了好大工夫平定的齊國就這樣瞬間沒了，早知如此，在分封諸侯的時候討好一下田榮、田橫兄弟該有多好，可以少多少麻煩事。

南方的九江王英布和衡山王吳芮是項羽的人，不過他倆在伐齊的事情上和項羽鬧了一點矛盾，劉邦已經派人去拉攏他們了，這個後面會說。除了這兩人外，名義上是魏國國相的彭越，實際上沒有去魏國而在南方，帶著自己的嫡系三萬人卡在項羽楚國和滎陽、成皋前線之間的地帶，來回活動打游擊戰，給項羽在和劉邦僵持時的糧草供給造成了很大的麻煩。

當年項王封的十八路諸侯裡現存而前面沒提的還有臨江王共敖，他本來算是義帝楚懷王的人，可現在義帝已死，他也沒什麼特別作用了。

第二十五章 韓信稱雄北方

劉邦吸取齊國田氏兄弟和項王耗的辦法，在正面和項王拖著，就是不正面開戰，而另一支部隊韓信也不負眾望，迅速平定了整個北方。

首先是魏國。

韓信帶著灌嬰和曹參一起攻打魏國，曹參和灌嬰也是劉邦帳下的名將，都是後來封侯排名前十的人，曹參第二，灌嬰第九，而他倆由連項羽都不怕的韓信帶領，漢軍的戰鬥力自然可見一斑。

而魏國，從陳勝大澤鄉起義開始就一直是沒有道德操守的牆頭草，魏王咎和周市時期已經很無良，現在的魏王豹同樣也反覆在劉邦和項王之間折騰，戰鬥力不是普通的差。

劉邦依然先禮後兵，先派酈食其去說服魏豹，沒有成功後才正式出兵，順便打探到魏國主要將領的資訊。劉邦問酈食其：「魏國大將軍是誰？」酈食其回答：「柏直。」劉邦說：「柏直乳臭未乾，打不過韓信。他們的騎兵統帥是誰？」酈食其說：「馮敬。」劉邦說：「他是秦朝將軍馮無擇的兒子，也打不過灌嬰。他們步軍將領是誰？」酈食其說：「項它。」劉邦大笑：「他也不是曹參的對手。這下我放心了，此戰必勝。」

劉邦問完之後，韓信也專門跑過來問酈食其：「魏國沒有用周叔為大將軍嗎？」酈食其說：「沒有，大將軍是柏直。」韓信說：「那不過是個豎子，不足為慮。」

《孫子兵法》裡說：「知己知彼，百戰不殆。」從這段對話我們看出劉邦和韓信對於整個戰局的把握，各種無名將軍的情況他們都知道，實在厲害。酈食其提的這幾個魏國將領名氣都不大，也沒什麼歷史記載，只有項

它我們之前提過，反秦的時候，他是項梁派去救魏國魏咎和周市的楚軍將領，結果慘遭章邯大敗，魏咎周市還有齊國的田儋都死了，就他活下來，後來又成了魏國的將軍，準備經歷人生的第二場敗仗。

魏國駐兵在蒲坂防守臨晉，於是韓信將計就計，假裝要準備船隻從臨晉渡河，暗地裡卻偷偷地從夏陽渡河，偷襲魏國的首都安邑。魏豹大驚，馬上令大軍回救，被韓信早就準備好的伏兵逮個正著，魏軍全軍覆沒。

韓信攻取魏國之後，向劉邦請示，希望能夠再給他三萬兵馬，讓他一舉攻下陳餘的趙國、代國和北方的燕國，然後東進攻擊齊國抄項羽的後路。

韓信的計謀如果成功，那就是一個橫掃整個中國北方的壯舉，此時已經深知韓信本事的劉邦沒有擔心這種做法太冒險無法實現，馬上派張耳帶了三萬人支援韓信。

韓信不負所托，他知道陳餘現在人在趙國，代國比較空虛，就先攻取代國，瞬間又滅了一個地方。滅了代國之後，韓信軍力大增，人數已經相當多了，知道劉邦在滎陽和項羽主力交戰十分不易，就又挑選了一些精兵派回滎陽幫助劉邦。

劉邦和韓信這一手互相調動做得漂亮，你給我三萬，我還你更多，做著做著進入了良性循環，在劉邦的不斷資助下，韓信已經走上正軌，迅速擴大軍力後又回饋給劉邦，如此一來，雙方的實力都得到了提升。

連破魏、代以後，韓信下一個目標準備硬碰硬，直接找上陳餘的趙國。

趙國可不是那麼好欺負的，算是諸侯裡頭比較有戰鬥力的一個，歷史也很悠久，最早建立於陳勝大澤鄉部隊中的武臣，後來經過李良叛亂，重新由張耳和陳餘掌控，控制住了章邯和王離幾十萬大軍的圍攻，防守能力尤其強，主帥陳餘也是前面經常提及的人。

韓信給劉邦分完兵之後，人並不多，不足十萬，而趙王趙歇和陳餘已經在井陘口集結了二十萬大軍，倚靠險要等待他的到來。

漢高帝三年 西元前二〇四年

　　井陘作為「太行八陘」之一，我們在前面介紹過，都是中國北方的軍事要地，當年李良就是在這裡被秦兵堵住過不去，最後才釀成反攻邯鄲的鬧劇。陳餘據險而守，兵力充足，根本沒把韓信放在眼裡。雖然韓信出山以來屢獲大捷，但還是沒有引起陳餘這個久經沙場的老將的警惕。

　　陳餘手下的李左車對他說：「韓信、張耳千里行軍，鋒銳不可當。井陘這條路戰車不能並行，隊伍必定拉開幾百里，以此形勢，他們的糧草一定在後面。如果您能給我撥三萬人抄小路去偷襲他們的糧草物資，而您堅守不戰。這樣他們向前無仗可打，向後沒有退路，野外又沒什麼糧食可以搶，不出十天必然大敗。」

　　別看陳餘一直在趙國和張耳玩權謀詐變，其實骨子裡有一點迂腐，堅持認為自己是義兵，不想用這種計謀，便說：「韓信兵力單薄，而且還疲憊不堪，對這樣的部隊避而不擊，其他諸侯肯定會認為我膽怯而來攻打我。」

　　一條大好的計策被陳餘棄之不用，其實以韓信打仗的天賦他也想到了這種情況，所以沒有隨便深入井陘，而是先派間諜反覆打探，直到確定陳餘沒有用李左車這條計策之後才放心進軍。

　　韓信大軍到了離井陘口還有三十里的地方停下來，挑選兩千騎兵，每人手拿一面紅旗，在山上的小道隱蔽起來，觀察趙軍的動向，並告訴他們：「交戰時趙軍看到我軍退逃，一定會來追擊，到時候你們趁機迅速衝入趙軍的營地，拔掉趙軍的旗幟，插上我們漢軍的紅旗。」韓信還很自信地讓副將發了一些食物給將士，說：「打敗了趙軍我們再吃午飯！」

　　趙軍二十萬聲勢浩大又據險而守，所以諸將都不太相信韓信的話。

　　韓信派一萬人打先鋒，專門背著河水安營紮寨。

　　背水紮營是兵法中的大忌，因為受到攻擊的時候無法退卻，很容易就大亂而局面無法控制，所以看到韓信背水紮營的趙軍都笑他不會打仗。

　　可是，結果大家都知道，這個經典的戰爭還誕生了一句成語——「背水一戰」。韓信先和趙軍開戰，然後假裝打不過開始撤退，可是後面沒有

退路，只得退一半到河裡。趙軍一看韓信都退到了水裡，以為自己就要贏了，就衝出營寨追擊，結果這時候韓信的兩千騎兵衝入趙軍的營寨，遍插漢軍旗幟，韓信的主力軍也開始反擊。

韓信軍隊一看對方營寨已經攻破，而自己後方是河沒有退路，各個奮勇爭先，以一敵十，而趙軍不但被韓信軍隊的氣勢所嚇，回頭一看自己的老家還沒了，頓時大亂，開始四處逃跑。

其實韓信也沒有真的那麼容易就瓦解了趙軍的營寨，只不過是用插旗子的方法迷惑所有人而已。打仗的時候因為人太多了，幾十萬人在一起，大部分都是沒有自我意識的，周圍人做什麼他就跟著做什麼，很容易被唬弄。

後來五胡亂華時期，著名的以少勝多的淝水之戰其實也是如此，前秦幾十萬大軍稍微退了一下，然後幾個晉軍俘虜大喊「秦王死了」，整個部隊馬上大亂，開始四處逃跑，被幾萬人追得大敗，沒有幾個人知道究竟發生了什麼。十萬人行軍，如果前一萬人瘋狂地往回跑說敗仗了，後面的九萬人能不跑嗎？這種情形，哪怕對方只有一千人，照樣得敗。

除非此時有個對軍隊控制力極強，極有威嚴的統帥能夠控制局面，否則人再多都是白搭。有時候名將和嫡系部隊戰鬥力強，就是因為這點，兵士都相信統帥，可以在不利的情況下穩住腳跟，不造成全軍大亂。沒有經過長時間訓練，迅速湊出來的部隊最容易這樣被人打敗，曹操赤壁之戰時東拼西湊的百萬大軍，迅速擴張的前秦苻堅的部隊，包括劉邦在彭城的六十萬軍隊，都是這樣被人以少勝多的。

陳餘的部隊更是如此，大家記得陳餘一年前只帶了幾百人在黃河邊打獵吧？他花了一年的時間，透過和田榮借兵以及迅速徵兵湊足這二十萬人，戰鬥力和凝聚力肯定不行。

項羽的項家軍為什麼厲害？除了他本人絕對的威望和本領以外，和兵士已經跟著他們項家很久了也有關係，經歷過鉅鹿等幾次大戰的考驗，兵

將齊心，戰鬥力自是不凡。

韓信活捉趙歇，手刃陳餘，又一鼓作氣平定了整個趙國，威震天下。這一招「置之死地而後生」告訴了後世的所有將軍，兵法要靈活應用，根據時勢來調整，不能死讀兵書，不是說兵法上不讓背水一戰就真的不能背水一戰。韓信之所以為千古流芳的名將，就在於他雖然作戰經驗不多，但天賦異稟，彷彿天生就會靈活運用兵法，這些東西是長平的趙括還有街亭的馬謖那些書呆子幾輩子學不來的。

消滅趙國以後，韓信第一件事就是懸賞千金徵求活捉李左車，他是個愛才之人，知道李左車可以做一個非常好的謀士，打算把他收歸麾下。皇天不負有心人，真的有人抓到了李左車，韓信沒有擺架子，反而是像對待老師一樣對待李左車，向他請教未來的計畫。

人都是有良心的，陳餘不聽李左車的計謀，而韓信卻這樣對他，李左車感動得一把鼻涕一把眼淚，就給韓信出謀劃策：「大將軍您渡過西河，俘虜魏王，東下井陘，用了不到一個早晨的時間就擊垮趙國二十萬大軍，殺了成安君陳餘，已經威震天下。可是，現在士兵連續征戰已經累了，如果再讓他們疲憊地攻打城池，只怕連燕國這樣的弱國都打不下，更別說齊國了。如果我們和燕、齊兩個國家對峙起來的話，那麼漢王和項王那邊勝負也未可知，天下的形勢會愈加混亂。」

韓信覺得李左車說得對，就問現在該怎麼辦。

李左車說：「現在最好的辦法是按兵不動，安撫百姓的同時犒勞將士，同時派一個能言善辯的說客去燕國勸降他們。等燕國降服之後我們大概也休養好了，到時候就可以向東威脅齊國，如此天下的大勢就差不多定了。」

於是韓信派了使者去找燕王臧荼，臧荼雖然之前吞併了舊主遼東王韓廣，但畢竟國力弱小，面對一個早上就擊敗趙國二十萬大軍的韓信他也十分畏懼，馬上歸降，也是後來漢初「八大異姓王」之一。

燕國歸降後，韓信又請劉邦立張耳為趙王，而自己則開始休養大軍，

準備找機會攻打齊國。這時候劉邦前線戰事吃緊，也贊成韓信休養的計策，封張耳為趙王的同時，不斷地讓韓信派軍隊來支援，共同對抗項羽。

　　韓信用了一年的時間先後消滅了魏、代、趙、燕四個國家，基本上打下了整個北方，給在正面戰場吃盡苦頭、屢戰屢敗的劉邦極大的信心。

第二十六章 眾叛親離

漢高帝三年 西元前二○四年

韓信在北方的順風順水不足以讓劉邦於正面戰場上順利，在與項王的直接對抗中，他屢戰屢敗。可是，對劉邦來說，在滎陽、成皋和項王拖著就行了，不用急著取勝，不要大敗就好，反正大後方韓信已經壯大起來，相信還會越來越威脅項羽，轉機遲早會來。

事實上，後續的發展告訴我們，即使劉邦在正面戰場大敗了，他也還是處於全局的優勢。

劉邦真的在隨後的戰鬥中全軍覆沒了一回，幾乎是一點部隊都不剩了，又是滕公夏侯嬰駕著車帶著劉邦逃了出來。

這個時候在北線的趙國，韓信和張耳手下還有很多部隊，精明的劉邦並沒有直接去找韓信，他有他自己的考慮。

雖然說韓信是自己的手下，但畢竟現在自己一點部隊都沒有了，兵都在韓信手上。韓信如果翻臉，真的是無計可施。所以劉邦趁著他戰敗的消息尚未傳到韓信耳中，駕著車謊稱是漢軍主力部隊派來的使者，直接進入了趙國軍隊的中間。

此時韓信和張耳都還在睡覺，劉邦直接闖入臥室奪走了兵符，開始用指揮旗召集眾將。等到韓信、張耳起來發現劉邦來了，劉邦早已控制好局面，分配好軍隊，根本沒有給韓信、張耳兩人任何思考的機會。

在得到了趙國軍隊之後，劉邦重新掌控了局勢，繼續和項王拉鋸，輕易地就挽回了之前的敗局。

這個時候不同的人給劉邦提出了兩條不同的策略：

一、學陳勝立六國的後人為王，一起對抗項王。

二、將項劉兩家的僵持線從滎陽、成皋一帶向西撤到河洛地區。

劉邦作為一代開國之君，確實展現了他獨到的、洞察世事的眼光，在聽取了多方意見之後，正確判斷這兩個計策都不能採納。

先說第一個，明顯這是個非常糟糕的主意。陳勝當時大澤鄉首事，是以一人之力對抗強大的秦。他既然是白手起家，本來就沒有什麼賞賜，張耳、陳餘勸他立所謂的六國後人，無非就是空給一個名號，至於地盤什麼的，你們自己去拿，這是拿別人的東西來作自己人情的大便宜。

而劉邦呢，他手上的地盤都是實實在在的自己的地盤，如果拿這些地盤來立六國的後人，豈不是用自己的肉來養肥未來的敵人嗎？即便這些人現在能夠幫助劉邦打敗項羽，那打敗項羽之後呢？只怕劉邦面對的敵人會更多。

再說第二個，也是一個非常不好的建議。古時候打仗，兵馬未動糧草先行，糧食可以說是最重要的策略資源，而在滎陽、成皋之間有當時中原地區最大的糧倉敖倉。這個倉庫在歷史上可謂是兵家必爭之地，在五十多年後的「七國之亂」中，這裡也一直是雙方著重的焦點，甚至是在一千年後的隋唐時期，瓦崗寨在李密執政之初，也正是因為打下了這座糧倉而聲名大噪，開始了稱霸之路。

所以說，放棄滎陽、成皋一線退到河洛地區，其實就是將這個巨大的軍事資源拱手贈予項羽。另外，滎陽、成皋一帶地處太行山脈，也是地形險要之處，飛狐口、白馬津（還記得斬顏良誅文醜嗎？）都是古來用兵之所，棄之可惜。

正面的劉邦被項王打敗了一次又一次，可在其他方面，局勢卻越來越向他傾斜，除了北面的韓信順風順水以外，他的說客隨何在南面也取得了重大成果，成功勸降項王的一個得力幹將，九江王英布。

隨何一開始面見英布的時候，連續三天都沒有見到英布，隨何就讓隨從把他的話傳達給英布：「九江王之所以不見我，是因為他覺得楚國強大而

漢國弱小，這正是我這次來的原因。讓我見九江王，說得對也就罷了，倘若說得不對的話，就把我們二十幾個人全都殺了，這足夠表現九江王背叛漢王而與楚國相好之意了。」

於是英布見了隨何，隨何問英布：「漢王讓我見您，是因為我們私下裡有些疑惑，不知大王和楚王是什麼關係？」英布說：「我是以臣子的身分侍奉楚王。」

隨何說：「您與楚王項羽同是諸侯，地位相等，您卻以臣子的身分侍奉他，肯定是認為楚國強大，可以當九江國的靠山。但項王攻打齊國的時候，您本應該親自帶兵全力襄助，您卻只派四千人去，做臣子的應該這樣嗎？彭城大戰，您的一萬多軍隊都沒有過河幫項王，只是遠遠地觀望，做臣子的應該這樣嗎？您這是憑藉依附楚國之名而行獨立之實！」

隨何句句都說到了關鍵，他又說：「但是您現在還不敢公開背叛楚國，是因為您覺得漢國弱小。但是，楚國軍隊雖然強大，卻背負了不義的惡名，漢王是以正義之師聯合諸侯一起對付他。如今楚軍陷在滎陽、成皋之間，千里運糧，可以說進不能攻取，退又無法脫身，自己都難保了！如果楚軍戰勝了漢軍，那麼諸侯人人自危會互相救援；但如果漢軍戰勝了楚軍，天下諸侯都會對他群起而攻之！所以說，楚國的形勢如今並不如漢國，您委身於即將滅亡的楚國，而不選擇萬無一失的漢國，是否不太妥當？」

隨何見英布有些動搖，就提出最後的辦法：「我並不認為九江國的兵力可以戰勝楚國，但大王只要背叛楚國，能夠拖住楚軍幾個月，漢王奪取天下就萬無一失了，到時候漢王肯定會封您一塊土地，而九江國也必定還是您的。」

恰好這個時候楚國的使者也到了九江，傳項王的命令讓英布盡快發兵，隨何一看英布還在猶豫，就直接衝過去對楚國的使者說：「九江王已經歸漢，楚國憑什麼來調他的軍隊？」楚國使者一聽，大驚之下馬上逃跑，隨何又對英布說：「現在事情已經泄露，如果這個使者回到項王那，項王肯定會發兵攻打您，不如我們現在就追殺這個使者，快點尋求漢王的幫助。」

英布一看木已成舟，只能殺了楚國使者，和隨何一起投降劉邦。

就這樣隨何憑著三寸不爛之舌說服了英布反叛，當然，英布的反叛絕非隨何一己之力，天下大勢以及項王自己對於部下的多疑也是重要原因。

英布歸降劉邦的消息很快就被項王知道，項王派龍且攻打九江，大敗英布。英布落魄地去見劉邦，當時劉邦正在洗腳，一邊洗腳一邊接見他，他感到非常的屈辱。

英布很後悔，因為項羽對戰將向來都非常尊重，不像劉邦這樣無禮。但是之後英布又發現他的飲食起居安排全都和劉邦一樣的規格，馬上變得大喜過望，充分體現了小人見利忘義的本質。

歸降劉邦之後，大家不能再稱呼英布為九江王了，但是當時的他在劉邦這邊又沒有什麼確切的封地，所以大家都稱呼他為武王。原因很簡單，英布以前是土匪出身，當過山寨的武大王，所以也比較習慣別人這樣叫他。

英布在九江的家人已經基本都被龍且殺光，他只帶了幾千嫡系部隊和劉邦一起駐紮在成皋。

失去了英布讓項王少了一條得力的臂膀，但畢竟也只是臂膀，項王很快又因為自己的多疑損失了「大腦」——楚國的第一謀臣范增。

前文說過陳平一生獻過「六大奇計」，可以說都是上不了台面但效果奇佳的，這裡要提一個，就是他在項羽部隊散布的謠言。他針對項王身邊最核心的幾個人，比如鍾離眛、龍且、周殷等人進行離間計，項羽的多疑果然讓他慢慢疏遠這些肱骨之臣。

除了鍾離眛這些人，當然還有最關鍵的范增。

項羽手下武將不少，但是真正的有智之士卻少得可憐，這與項羽自己喜好直來直往的打鬥有關係，也算是「物以類聚，人以群分」吧！如果項羽身邊真的一點有見識的人都沒有，他也不可能走到今天。項羽能一路稱霸至今，就是因為有范增。

陳平特地準備了針對范增的離間計：項羽的使者來漢營的時候，陳平準備了非常豐富的宴席，拿給楚國的使者看，結果他一見到楚國的使者，就假裝很詫異地說：「我還以為是亞父的使者，沒想到是項王的。」於是馬上把酒菜撤走，換成了粗茶淡飯。楚國使者把這件事報告了項羽，按理說這條計策實在太低級了，可項羽就是低級到連這個都信，竟因此開始懷疑范增。

　　項王稱范增為「亞父」，也就是僅次於父親，可謂尊重之至了，但再尊重也抵不上自己的多疑。

　　范增發現項羽懷疑自己，氣得直接告老回彭城，但還沒到，就在路上重病發作而亡。

　　范增的死可以說是楚漢之爭中真正的質變，項羽從此更加盲目地決策。雖然說即使范增還在，也不能挽回項羽最終敗亡的命運，但范增死後，項羽走向絕路的速度快得令人難以想像。

　　英雄的末路往往只是一瞬間的事情。

　　失去了范增的項王，已經失去了勝利天秤上最重的一塊砝碼。

　　范增死後，項羽發現自己中計，氣得猛攻滎陽，把劉邦團團圍住，幾乎就要活捉，幸好「詭計大師」陳平又站了出來。

　　劉邦從滎陽逃脫也是陳平「六大奇計」之一，陳平讓紀信假扮劉邦，然後出城投降，又找了一群女子在旁邊護駕，吸引項羽部隊的注意力，與此同時，劉邦卻喬裝打扮，從另一個門倉皇出逃。

　　又取得了一次正面交鋒的勝利，項羽卻並沒有乘勢追擊。但項羽恐怕也有自己的苦衷，此時項羽背後的彭越開始搗亂了，他攻占了整個梁國的地盤，如果項羽置之不理，而選擇追擊劉邦的話，很有可能會出現糧草危機。

　　所以，項王選擇轉身趕走彭越而不去追劉邦也有一定道理。

第二十七章 韓信破齊

　　田氏兄弟的齊國一直是楚漢時期非常頑強的勢力，最早章邯殺了老大田儋，老二田榮接過大旗，當天下都歸附項梁的時候，田榮選擇和項梁作對。老二田榮被項羽殺了之後，老三田橫又接過大旗，堅決和項羽打游擊戰，最終挺過難關，不但存活了下來，還因此變得很強大。

　　作為一個擁有七十幾座城的大國，齊國現在已經是中國版圖上還沒有被楚漢瓜分的最後一塊策略要地了，而田氏兄弟終於也要迎來他們的末日。

　　韓信在趙國休養好之後，開始攻打齊國，可憑他的能力還是進展緩慢，一直沒有實質的突破，田橫的實力不俗。

　　一看韓信都遇到了困難，劉邦開始幫忙，他派「高陽酒徒」酈食其去齊國當說客，希望可以勸降齊國。

　　酈食其問田橫：「您知道天下的人心所向嗎？」田橫說：「不知道。」酈食其說：「歸向漢王！」田橫問：「您為什麼這麼說？」

　　酈食其開始解釋：「漢王先攻入咸陽，項王卻背棄盟約讓他到漢中做王，隨後殺了義帝。漢王聽說項王殺了義帝，便發動蜀漢的部隊攻破三秦，出函谷關責問義帝的下落，同時收集兵將，立諸侯的後裔，降伏了城邑就封給有功的將士做諸侯王，獲得了財物也賞給兵士，所以天下豪傑都願意為他服務。而項羽不但有背約和殺義帝的惡名，還對不肯公平地對有功之人進行封賞，不是姓項的人就不能夠當權主事，以至於天下人都背叛他，賢能才人都怨恨他，無人願意為他效力。所以天下的大業終將是漢王的。」

　　酈食其又分析當前的局勢：「漢王從蜀漢出兵以來，平定三秦，渡過西

河，打垮北魏，出井陘，殺成安君陳餘，這些不是靠人的力量，而是上天的洪福，現在漢軍已經占有敖倉的糧食，扼守成皋險要，控制白馬津，決斷了太行的山路，設防在飛狐口。如此下去，諸侯不歸降的都要遭到覆滅的命運。您若是搶先投降漢王，齊國就可以保全，否則的話，危機馬上就會到來。」

田橫覺得有道理，打了那麼多年，他也是有點累了，就答應了酈食其。

之前，田橫派將軍重兵駐紮在歷下以抵禦漢軍，可他採納了酈食其的建議後，派出使者去與劉邦溝通，同時解除了歷下重兵的守備，天天和酈食其飲酒作樂。

饒是田橫一世英雄，田家三兄弟的事業就因為他這一時疏忽而全都沒了，這種戰場的事情還沒有說定之前，怎麼可以解除守備呢？又不是沒有前車之鑑。當年劉邦入武關滅秦的時候，也是先勸降秦軍守將，秦將答應投降、放鬆警惕之後馬上就遭到劉邦一舉擊潰。

其實韓信本來也沒想做這個小人，他在平原渡口渡黃河的時候，就聽說酈食其已經勸服了田橫，便想停下。

可是此時他手下的蒯徹說了：「將軍您接到的漢王詔令是攻打齊國，現在漢王不過是派了一個說客去齊國而已，並沒有讓您停止攻擊啊！為什麼不繼續前進呢？您數年的時間才打下趙國五十多座城，如今酈食其僅僅憑藉著幾句言語就拿下齊國七十多座城，這讓將軍顏面無光。況且此時漢王並沒有停止進軍的命令，為什麼不趁齊國不備，順勢攻取，將這個功勞收在自己囊中呢？」

韓信覺得有道理，便突襲齊國，早已放棄防備的齊軍幾乎全軍覆沒，七十多座城瞬間拱手讓人。狠人田橫也沒閒著，他知道兵敗已經是必然的事情，為了洩憤，直接把酈食其給烹煮了。酈食其有個弟弟酈商，也是劉邦手下的一員大將，從此酈家和韓信的梁子算是結下了。

當然，劉邦不會責怪韓信。此時他正和項羽中分天下焦灼不堪，而實

力日益強大的韓信是最需要保持和爭取的勢力，他不會為了一個說客而破壞他和韓信的關係。

齊國被攻下之後，對項羽而言，真的是出現了攸關生死的危機，他立刻派出大將龍且率領二十萬楚軍趕往齊國，想趁韓信根基未穩，將之擊潰，希望能夠挽救齊國。雖然齊國一直是自己的死對頭，但現在唇亡齒寒，項羽必須救。

看到這裡，可能會有疑問，項羽當時為什麼不自己去？如果是那樣的話，我們就會有幸見到當時兩個最具天賦的軍事家之間的對抗了。只可惜，歷史不容假設，這樣的情況最終沒有出現，因為項羽還有更重要的事情要應付。

此時彭越已經又一次完全截斷了項羽的糧道。

不像漢軍有敖倉的糧食可以供給，楚軍沒了後方的糧草，就難以過活，缺糧是當務之急，項王要親自率軍剿滅。自己要去對付彭越，大將龍且又要去對付韓信，滎陽、成皋的防線交給誰來守呢？項羽原來的肱骨之臣周殷、鍾離眜都已經和自己離心離德，難以信任了，他只得無奈地挑出曹無咎來承擔大任，防守成皋。

曹無咎這個名字取得好，無咎無咎就是沒有過錯的意思，想是他父母取名字的時候希望他一輩子不犯錯誤。可是，一切都是天注定，該犯的錯誤他遲早都要犯。

項羽知道曹無咎的能力不足以抵抗劉邦，在帶軍隊離開之前，特地囑咐曹無咎，無論劉邦怎麼挑釁，千萬不可以出戰，只要嚴防死守不讓劉邦東進即可，我十五日之內必定返還。

項羽顯然是無比自信的，而且他也確實做到了，在十五日之內平定了後方，率軍返回。只可惜，即使項羽先前再三囑咐，曹無咎也沒能忍到十五天，他在劉邦的百般羞辱之下，急於出兵迎戰，結果吃了大敗仗。

幸好有鍾離眜苦守滎陽，楚軍主力最終才等來了項王。

這件事情充分說明了項羽當時手下有多麼缺人，所以自然也只能夠派出龍且去迎戰韓信了。

項羽是將自己的命運全押在了龍且身上。

說來龍且其實也是個能征善戰之將，跟隨項王多年，忠心耿耿，立下不少戰功。只可惜這一次，他的對手是韓信，是這個時代恐怕只有項羽能夠與之抗衡的韓信。

龍且原本有機會取得這關鍵性一戰的勝利，有人對他說，漢軍遠來，已經是窮寇久戰，其鋒不可擋，不如堅守齊國最後幾座城池，然後派出使者去丟失的七十幾座城，勸服他們歸順楚國。

這些城主聽說齊王尚在，楚國又派大軍來救，一定會背叛韓信。韓信的部隊突襲兩千多里，客居齊國，如果這些齊國城主一起背叛，不供給他們糧草，一定會潰散，到那時龍且出軍攻打韓信，必定能夠一擊而潰。

如此萬全之策最終沒有被龍且採納，因為龍且這種「科班出身」的軍人，看不起韓信這種「半路出家」的人。他總認為韓信只是個地痞流氓，甚至鑽過別人胯下，不會有出息，和他玩拖延戰有失自己的身分。

《孫子兵法》的第一句就是「兵者，國之大事也，死生之地，存亡之道，不可不察也」。這句話是多少敗軍之將的血淚史。打仗是多麼重大的事情，決定國家的生死存亡，可古往今來又有多少人，視之為兒戲。比如說這個龍且，項羽把所有賭注都押在他身上，他居然還講究自己的身分，以致招來大禍。

龍且急於求戰，在渡河之時被韓信事先準備好的士兵放開攔住河水的閘門，淹之於半渡，全軍覆沒，自己也身首異處。

龍且的敗仗喪失了楚軍二十萬主力，最重要的是讓韓信控制了整個中國北方和齊國，天下局勢出現了微妙的變化。

原本只是劉邦一支支線部隊的韓信，卻意外發展得過於迅速，其地盤

漢高帝四年　西元前二〇三年

甚至已經不比劉邦原來的領土小了。

第二十八章 三分天下

　　此時的韓信已經具有了決定天下走向的能力，有人就開始勸韓信獨立，因為現在的局勢是楚漢焦灼，真正決定勝負的人是韓信，韓信幫楚則楚勝，幫漢則漢贏，自立則天下會形成鼎足三分的局勢。

　　先是項羽派出說客武涉去勸韓信，這是項羽唯一派說客的一次，過去的他只會用武力來解決問題，現在也是被逼到了絕境，沒有辦法。如果讓項羽和韓信正面打一仗，勝負未可知，可現在項羽根本騰不出手去迎戰韓信。

　　武涉說：「當初項王封王，天下本來已經安定，可劉邦卻不肯罷休，又出兵攻打三秦，染指中原，還收集諸侯軍隊攻打楚國，他是不吞併天下不罷休，貪得無厭到如此過分的地步。而且劉邦也是靠不住的，他好幾次落入項王的掌握之中，項王是因為可憐他才留給他活路，誰知他一脫身就背棄盟約重新攻打項王，無賴到這般田地。現在您自以為和劉邦關係好，竭盡全力替他打仗，可最終還是要被拿下的，您能夠苟活到如今，完全是因為項王還活著。智者的選擇是現在果斷自立，和楚漢三分天下，而不是盲目地攻打楚國！」

　　武涉是個頗有智慧的人，他知道勸服韓信歸楚不太可能，就退而求其次勸韓信自立，要是能三分天下，後面的事情就好辦。

　　當初韓信在楚營的時候備受冷落，他解不下這個心結，說：「我在項王手下的時候只是個執戟郎中，獻的計策項王從來不聽，我才投靠漢王。如今漢王給我大將軍印，撥我幾萬兵馬，我才有了今天，你卻讓我背棄他，我死也不會做！」

　　不得不說韓信很有道德感，如果是英布那種小人的話，只怕早就獨立

了，只有韓信還會為了道義和報恩而不背棄劉邦，可見項羽喜歡的都是什麼人，而忽略的又是什麼人，真是沒眼光！

另外，可以看出武涉很有勸諫能力，這就是說其實項羽手下不是沒有人才，依附在他帳下的智謀之士應該不少，雖然沒有張良這種絕世英才，但出一些酈食其這樣的，甚至是陳平這樣的應該都沒有問題。但項羽就是不想用這些人，或者說不屑用這些人。連他稱為「亞父」的范增的話他都不怎麼聽，其他人的話他又怎會聽進去？他喜歡像英布、鍾離眜這樣的戰將。

武涉走了以後，韓信自己的謀士蒯徹又來勸：「我給您相面，正面不過封侯，而背面貴不可言。」

蒯徹的意思很明顯，背面寓意「背叛」，意思就是如果韓信若不背叛劉邦，最多也只是個諸侯王；但如果背叛的話，貴不可言，有可能做到皇帝。

蒯徹甚至像諸葛亮和劉備「隆中對」的時候一樣，已經替韓信規劃好了未來的宏偉藍圖：「楚漢紛爭，戰火連年。楚軍從彭城起兵，威震天下，可如今卻困在滎陽、成皋；漢軍十萬大軍更是好久都沒有打過勝仗了。如果您這時候和他們三分天下，鼎足而立，憑您的賢能和擁兵眾多，可以順應百姓的意願，西去阻止楚漢紛爭，如此天下的人都會響應您，到時候您就最有機會成為統一天下的霸主了。」

韓信還是執念於道德感，說：「漢王對我不薄，我怎麼可以忘恩負義？」

蒯徹又說：「張耳和陳餘還是平民百姓的時候，生死相交，後來為了利益反目，張耳最終在泜水南親手殺了陳餘，這您都看到了。這兩人之前感情如此深厚，為什麼最終卻會追殺對方呢？禍患就是從無止境的欲望中產生，而這個欲望使得人心難料。您現在憑信義和漢王交往，可是你們的關係沒有比張耳、陳餘更好，你們之間涉及的利益又比他倆大得多。所以，您如果認為漢王絕對不會害您的話，那是大錯特錯！」

蒯徹的道理其實我們之前也提過，亂世之中就是叢林法則，權力永遠要掌握在自己手上才可靠，因為任何人都會在利益的誘惑下對你倒戈相向，吳廣就是個很好的例子，如今蒯徹正在防止韓信走吳廣的老路。

韓信沒有弄清楚自己和劉邦之間的關係到底如何，他不是和劉邦從沛縣、豐縣走出來的同鄉，劉邦對他不可能有真正的兄弟之情。前面我們提過，像張耳、陳餘這樣以利益相交的人，勢不能長久。可現在的情況是，劉邦只把韓信當成利益相交的工具，韓信卻錯把劉邦當成了情義相交的朋友。

劉邦就是這點能力讓別人望塵莫及，他能給身邊的每個人他們想要的東西，來換取自己的利益。韓信需要信任和情義，劉邦就給他信任和情義；張良需要有人能聽他的勸來實現自己的抱負，劉邦就對他言聽計從；彭越、英布需要利益，劉邦就給他們利益；蕭何、樊噲這些同鄉既需要情義也需要利益，劉邦也都會滿足他們。

那劉邦自己究竟想要什麼呢？也許只有天下吧！所以說他是那個幾百年才出一個的、為天下而生的人。

看到韓信的猶豫之後，蒯徹繼續說：「大夫文種為越王勾踐消滅吳國之後就慘遭殺害，狡兔死，走狗烹。論朋友交情，您和漢王比不過張耳、陳餘；論忠信，您也比不過文種對勾踐。現在已經可以說十分危險了！您現在有震撼君主的氣勢，有無法封賞的功績，如果歸附楚國，楚人不會信任您；如果歸附漢國，漢人也會因為您的功勞而惶恐。」

蒯徹勸諫完之後，韓信始終不能下定決心，於是幾天後他又對韓信說：「多慮猶豫會帶來危害，一味在細枝末節上糾纏會漏掉那些真正關係生死存亡的大事。功業難成而失敗容易，時機最難把握卻容易貽誤，錯過了就再也沒有了！」

可惜啊可惜，儘管蒯徹苦口婆心、百般勸諫，韓信最終還是放棄了自己獨立的想法，他打仗再厲害也終究只是一個將帥而已，沒有帝王的氣質

和野心。這和「多多益善」的成語典故裡所言的倒是挺相似，韓信將兵雖然多多益善，但是不善於將將，和劉邦終究不一樣。

蒯徹一看韓信不聽自己勸，知道做帝王師的美夢是無望了，再跟著韓信也沒什麼意思，毫不猶豫地馬上離去，裝瘋賣傻當一個巫師浪跡天涯，倒也逍遙自在。

筆者把蒯徹列為楚漢時期的一流謀臣，和范增、陳平並列，僅次於張良，不但因為他這幾番規劃對時局的把握極為精準，更是看重他這種知進退的大智慧。達，則兼濟天下，可以助韓信一成霸業；窮，則獨善其身，還能夠全身而退，飄然離去，比范增要幸福得多。

急流勇退絕對不比建立功業容易。

若干年後，失勢的韓信後悔當年沒有聽蒯徹的話，開始在長安進行根本不會成功的造反，最終被呂后所殺。劉邦聽說當年蒯徹曾經勸韓信獨立，就把蒯徹抓來問罪，結果蒯徹抓住了「在其位，謀其事」以及「各為其主」這幾個理由說服劉邦不殺他，逍遙風采著實令人佩服。

蒯徹一生沒留下很多計策，有記載的就四個：第一個前文提過，陳勝的同鄉武臣在攻打趙國時，蒯徹勸武臣好生接受范陽令的歸降，以給後面的人做榜樣，讓大家都不戰而降，採納蒯徹計策的武臣果然很輕易地就打下了一大片趙國基業；第二個計策是他勸韓信出賣酈食其，趁齊國不備時攻打，雖然這招有點陰狠，但也成就了韓信的不世之功，同時為自己勸韓信獨立打下基礎；第三個計策是勸韓信獨立，已經詳細講過；最後一個就是讓劉邦不殺自己，保全了一條性命。

就憑這四個計策，筆者覺得蒯徹位列楚漢時期第一流謀臣、排名前四，絕對沒有問題。

這麼厲害的蒯徹在歷史上其實沒有留下什麼名聲，除了一些愛好歷史的人，一般人甚至沒聽過他的名字，這也是因為他確實沒有立過什麼實際的功績。諸葛亮的隆中對好歹實現了一半，可蒯徹給韓信的計謀只停留在

設計中，沒有付諸實行。

　　蒯徹的埋沒當然也和沒有明主重用有關了，最後好不容易跟了韓信，對方卻不聽自己勸。其實回頭想想，中國幾千年的歷史，被埋沒的人才實在太多了，蒯徹好歹留下了幾番計謀，許多人可能空負一身才學，卻什麼也沒留下來。

　　由此可見，韓愈的那句話說得非常好：「千里馬常有，而伯樂不常有。」

　　張良雖然有智慧，但更有智慧的一定是相中張良的劉邦。

漢高帝五年　西元前二〇二年

第二十九章 項王的隕落

　　韓信雖然沒有聽蒯徹的話獨立，但功勞如此大的他終究還是有些不甘於只當一個將軍了。於是韓信寫信給劉邦，齊國這個地方民風剽悍（這個倒不假），自己一個將軍的身分壓不住他們，希望劉邦都能夠封他為齊假王（大概可以理解為代理齊王），讓他名正言順地治理這些百姓。

　　韓信當初由劉邦一力捧出，現在居然開始威脅自己，想要稱王？劉邦當時就大怒，想喝斥那個使者，可一旁的張良馬上勸住，他把類似蒯徹的那番分析說給了劉邦聽。

　　所謂英雄所見略同，張良也看出來了，現在楚漢焦灼，韓信是決定勝負的關鍵，一定要全力拉攏，滿足他的要求。明白其中利害的劉邦馬上換上笑臉，對韓信的使者說：「什麼假王？要做王就要做真的！」說雖如此，他也一直拖著沒有兌現。

　　項羽和劉邦在廣武僵持了好幾個月，項羽逼劉邦投降，否則就烹煮了劉邦父親。劉邦此人也真是無賴得有意思，他回覆項羽：「當初我們曾經約為兄弟，我的父親便是你項王的父親，如果你真的要烹煮自己的父親，別忘了分我一杯羹。」

　　面對這樣一個無賴，英雄無敵的項羽居然拿他沒辦法，一怒之下就想殺了劉邦的父親和妻子，這時候奸細項伯又出來幫劉邦，說：「天下事不可預料，有志於爭奪天下的人不會在乎自己的家人，殺了劉太公也沒什麼好處，徒增禍患罷了。」

　　其實項伯此言並非毫無道理，為了天下，劉邦真的不會在乎自己家人如何，否則這幾年也不會和項羽這麼拚命地打仗了。如果他會受到家人的威脅，早就處處掣肘了。

項羽對劉邦說：「天下鬧了這麼多年，都是因為我們兩個。我們來單挑解決問題吧！不要再為難百姓了。」劉邦笑著說：「我只智取，不力鬥。」項羽連續三次讓楚軍的戰士出去挑戰，每次都被漢軍中善於射箭的樓煩給射殺。項羽大怒，親自披甲上陣，樓煩又想射項羽，項羽衝著他瞪眼大喊，這一瞪，樓煩竟不敢直視項王，雙手也不敢射箭，馬上跑了進去，不再露面。

傳說中項王是「重瞳子」，也就是眼睛裡有兩個瞳孔，和舜帝一樣，不知道這是不是真的。兩個瞳孔這種詭異的東西不太可能出現，很可能是害怕項羽的人之間的訛傳，但項羽的表情一定非常可怕，尤其是眼神，否則也不可能讓人看都不敢看他。

當時項羽就想和劉邦單挑，但劉邦非但不和他打，還列出了項王的十大罪狀：

「一、背約封我在蜀地；二、殺卿子冠軍宋義；三、救完趙不回報楚懷王，反而劫持諸侯一起入關；四、燒燬秦國宮殿，收斂財寶；五、殺已經投降的秦王子嬰；六、坑殺二十多萬秦兵；七、給自己的武將好地方稱王，卻趕走原來的諸侯；八、把義帝趕出彭城，還搶別人地盤；九、殺義帝；十、為政不公。」

劉邦準備的這些罪名當然有很多過於牽強，項羽大怒，立刻搭弓射箭，一箭就朝劉邦射來。劉邦胸口中箭，卻欺負項羽太遠看不清楚，摸著腳對項羽說：「賊子射中了我的腳趾！」項羽見沒射上要害，便也作罷。

劉邦受傷之後想臥床休息，可張良卻一定要讓劉邦撐著身體去軍中安定軍心，不要讓楚軍趁機進攻。劉邦因此傷勢更重，就趕赴成皋養傷。

後來龍且大敗的消息傳來，項羽派的說客武涉又勸降失敗，項羽一時間局面陷入了膠著。

剛好劉邦軍隊也損失不小，不想再繼續打下去了，便向項羽要求接回劉太公和呂雉，項羽趁勢提出講和，雙方以鴻溝為界，中分天下，漢占西

而楚占東。

此時劉邦短時間內無法取得正面進展，欣然同意了和談的建議，透過這次和談，他還可以接回自己的父親和妻小。

局勢已經逼得好戰無敵的項王開始主動講和，可見當時情況有多艱難。

楚漢經過四年的拉鋸終於有了結果，這次講和意義重大，甚至後來的中國象棋中間的河道也用「楚河漢界」來作為分界。

然而這次講和也只是短暫的，幾乎沒有真正意義上地實現和談，因為劉邦背約的速度實在可以用彈指一揮間來形容。

當項羽已經徹底進入休戰狀態，重整部隊準備回江東的時候，劉邦聽取張良、陳平等人的建議，抓住了這千載難逢的機會，背約對項羽進行了追擊。

當然，以劉邦部隊的戰鬥力，根本不可能對項羽造成威脅。

劉邦這次的小人行徑一開始也沒有那麼順利，約好的韓信和彭越並沒有在第一時間趕到，導致戰鬥力低下的劉邦部隊被楚軍打得落花流水。張良給劉邦分析，韓信、彭越之所以沒有在第一時間趕到，是因為他們打下了地盤想封王，但是劉邦卻一直沒有動作，這是在間接地逼宮。韓信已經攻下齊地很久，而且還向劉邦明示過。魏豹死了以後，魏國一直是由彭越作主，可彭越只是個魏國國相，名不正言不順，他也希望封王。

和項羽相比，劉邦就是這一點好，永遠都分得清輕重緩急，雖然他對韓信、彭越的這種行為恨之入骨，但仍舊封了韓信為齊王、彭越為梁王。

帳日後還可以再慢慢算，先滿足這幫人，滅了項羽再說。

「君子報仇，十年不晚」這句話筆者一直覺得很有問題。倘若真的是君子，根本不會記仇記那麼長時間，十年裡心中滿是仇恨，那不叫君子，叫變態。

劉邦就是這種變態，所以韓信和彭越也注定了日後的悲劇。

漢高帝五年　西元前二〇二年

　　這次不但韓信和彭越的軍隊到了，九江王英布的部隊也到了。另外，劉邦的親戚荊王劉賈還策反了楚國大司馬周殷倒戈，一起圍攻項羽。

　　周殷的倒戈影響力不小，他和龍且、鍾離眛等人一樣，是項羽的肱股之臣，大司馬的職位在楚國也是高級官員之一。

　　有時候僵持的局勢就是如此，誰都不能退，一退就可能被追到死，項羽就是這點吃虧，被眾人團團圍在垓下。隨何勸英布時說的情景真的出現了：如果漢勝楚，則所有諸侯都會對楚國落井下石，一起圍攻項王。

　　很多人都以為，垓下之圍的時候項羽已經窮途末路，其實根本不是這樣。且不說項羽還有江東的根基，實在不行，學孫權固守江東也綽綽有餘，就他當時被包圍的部隊來說，至少也有十萬人，如果真的有良策，以他的戰鬥力，拚死往江東跑，也不是沒有機會。

　　只可惜，項羽某些時候真的太幼稚、太容易被騙了。沒了范增的他，心智居然像個沒長大的孩子。劉邦找了楚國投降的士兵在四周吹唱楚歌，他就懷疑劉邦當時已經盡取楚地，自己已經無路可逃了。

　　很多人都覺得，「霸王別姬」既壯烈又淒美。但筆者想說，這是項羽最愚蠢的時刻。在虞姬自殺之後，他做了一個把自己逼上死路的決定：那就是僅帶八百騎出逃。

　　他擁有十萬的部隊啊，如此的軍事天才項羽竟沒有最後拚死一戰，僅帶了八百人逃跑，棄大軍於不顧，不知道他當時到底在想什麼。

　　也許項羽是太過自信，認為以他的能力，八百人足以突圍。

　　也許當時他真的能突圍，只是像他自己說的那樣，老天都不幫他而已。

　　出逃的項王在分岔路上被一個農夫騙了，走進了沼澤地，行動遲緩，最終被劉邦的大軍追上。

　　八百人出逃，此時只剩二十八騎，項羽奮起西楚霸王最後的威武，指揮這二十八騎打了他這輩子最後一場仗，只損失了兩個人而殺死了眾多的

漢軍，以一場勝利結束自己的生命，也算是對天下無敵的項王一個最大的安慰了。

只可惜當初和他一起渡江的八千江東子弟兵，如今全都回不去了。

然而非常可笑的是，項羽到了這個時候還不肯承認自己的錯誤，反覆地在給他最後的這二十多個部下說，是天不佑他，非戰之過。

這就是霸王啊！最後還要維護自己脆弱的驕傲，不肯低頭，這也正是他可愛的地方。項羽的失敗真的非戰之過，論打仗無人打得過他；但也不是天不佑他，而是他自己太單純、太沒有政治頭腦了。

韓信評價項羽「匹夫之勇，婦人之仁」非常到位。項羽在進行最後搏殺的時候，居然因為見到了一位當年的故人，就決定把擒殺自己的功勞給他而拔劍自刎。只可惜，他的屍首最終還是被一群爭功的人分成了五塊，那位故人不過是搶到其中之一而已。

項羽絕對是一個重情重義的人，可是他擺脫不了自己多疑的性格。多疑本是歷代帝王的共性，這倒也沒什麼，可他偏偏又沒有劉邦、曹操、朱元璋那種既懷疑別人、又能夠籠絡人心的能力。

或許是項羽太真性情了吧！

然而，項羽雖然是個真性情的男子漢，但如果真統一了天下，絕對不會是一個好皇帝。他的性情過於殘暴，打仗的時候就經常屠城，他若擁有了天下，百姓只會在另一個類似秦朝的時代下水深火熱。從這一點上看，讓劉邦這個小人贏得天下倒也不錯，畢竟他懂得與民休戚，長治久安。

本來項羽也有跑回江東的機會，烏江亭長的小船說不定可以讓他逃走，可是項羽最終選擇悲壯地死去，和當初和他渡江的八千子弟一起死在江的這邊。

歷代文人對此很感興趣，抒發了許多感慨。

李清照：「生當作人傑，死亦為鬼雄。至今思項羽，不肯過江東。」

杜牧：「勝敗兵家事不期，包羞忍辱是男兒。江東子弟多才俊，捲土重來未可知。」

王安石：「百戰疲勞壯士哀，中原一敗勢難回。江東子弟今雖在，肯與君主捲土來？」

這些大家所言都很有道理，只是出發的角度不同，這和他們的時代背景有關：

時值南宋亂世，朝廷受盡金國屈辱，李清照當然會更在意這種氣節，與其渡過江東在屈辱中度日，不如一死來得雄壯。

晚唐的杜牧目睹了唐朝的沒落，他急切地希望當時的朝廷能夠暫忍屈辱，捲土重來，大敗割據的藩鎮。

只有王安石發出的言論頗讓筆者有些意外，主張變法強兵的他，一直是和司馬光、蘇軾等對立的主戰派，居然也會有這種反戰的言論，很有趣，具體原因沒有研究過，不做過多評論。

曾經威震天下的項王為什麼會敗給劉邦這個小人？其中當然有很多原因，兩千年來總有人不停地討論。

筆者認為項羽在政治大勢上的錯誤判斷是他失敗的最大原因：只會打仗的他到最後才派出武涉這樣的說客，實在是太晚了，早點用上這招，說不定局面會好得多；劉邦派韓信平定北方，而項羽卻沒有任何相應的措施，導致最後被圍攻；項羽不會拉攏人心，弄得眾叛親離等等。當然在這些問題上，作為項羽軍隊大腦的范增也有一定的責任。

與此相反，項羽一直為人詬病的「匹夫之勇，婦人之仁」筆者卻認為不是致命因素。首先，項羽絕對是軍事天才，他百戰百勝，倒也不只是匹夫之勇；其次，他有時為人殘暴，有時又很心軟，也並不是純粹的婦人之仁，只是性格太過猶豫而已。

殘暴也好，心軟也罷，其實每個帝王都有殘暴和心軟的一面，關鍵還

是看他們的政治素養如何調整在適當的時候釋放這兩面。劉邦釋放得就比較好，而項羽似乎釋放得有些顛倒。

　　另外，歷史既有必然，也有偶然，運氣自然也不能忽視，如果劉邦的幾次驚險逃生中有一次出了問題，說不定天下就真的歸項王了！

第三十章 八大異姓王

　　項羽死後，楚地的城池自然是望風披靡，很快就被劉邦的大軍掃平，繼秦朝之後，又有一個統一的大帝國屹立於世界的東方，那就是大漢朝。

　　統一後的劉邦先定都於洛陽，而他第一個要面對的，就是關於國家制度的選擇：是用分封制還是用郡縣制？

　　分封制就是學周朝，大封家族人士和有功人士領土，使之形成各個小國，共同輔佐皇帝，這種做法的弊端在春秋戰國時已經表現得很明顯了，容易出現中央實力匱乏而地方強盛的局面，讓劉家的天下名存實亡。

　　郡縣制就是學秦朝：全國劃分為各個郡縣，統一由中央管理，這種做法的弊端在秦末也表現得很明顯了，一旦有人造反，地方上的控制力太弱，連帶中央也管不過來。

　　劉邦最終採取了兩相結合的辦法，那就是郡縣制和分封制並行，有的地方採取封國管理，有的地方採取郡縣管理，這樣地方上有武裝，中央也不至於太弱。

　　按照劉邦的心思，地方上這些王爺顯然都要封自己劉家的人才放心，但是像韓信、彭越這樣輔佐自己打下不少地盤的人，劉邦早已許諾過封王，不能這麼快就出爾反爾，失去天下人心，於是劉邦在大封皇室宗親的時候，也立下了八大異姓王（「七加一」的模式），這八人裡的前七個都是屬於在歸順劉邦時手裡就有地盤，或者追隨劉邦之後打下地盤獨自治理的，根基較強，不得不封王。還有一個因特殊理由封王的，我們前文提過，後面會再單獨介紹。

　　劉邦身邊真正的大功臣，比如蕭何、張良、陳平、曹參、周勃、樊

噲、灌嬰、酈商等都沒有封王的待遇。

也許有人會覺得劉邦沒有封這些大功臣為王是對他們不公吧？

後來的故事告訴我們，沒有封王實際上是對這些人最大的照顧，因為劉邦活著的最後七年做了一件事：一個一個剷除八個異姓王，營造一個真正的劉氏天下。

兔死狗烹本就是亘古不變的道理，何況這些狗還妄圖和劉邦分享天下？

跟隨劉邦打天下的人，封王的最後都死了，有沒有後代都不知道，而封侯的，不管忍氣吞聲也好，繼續輔佐劉邦也好，好歹是活下來了，而且後代也都過得很好。

後世還經常會有皇帝懷念當年跟隨高帝征戰的功臣，而反覆追封他們的後人。

接下來，讓我們介紹一下所謂的八大異姓王，他們分別是：

燕王臧荼，燕王盧綰

韓王韓信，楚王韓信

梁王彭越

淮南王英布

趙王張耳

長沙王吳芮

看到這份名單，一般都會有個疑問：為什麼會有兩個燕王？

所謂的八大異姓王就是「七加一」的模式，這個特殊的「一」是燕王盧綰。前七個王封王的原因都是因為早期反秦或者抗楚時自己打下了地盤，那些地本來就是他們的，不封不行。

盧綰的情況特殊，可以說，這個燕王是劉邦故意送給他的。

前面我們在介紹劉邦身世的時候，提過劉太公和盧太公的故事，這個盧綰就是盧太公的兒子，從小和劉邦要好（難道真的是兄弟？），穿一條褲子長大，史書上用「生子同日，長又相愛」這句話，就是說他們不但同年同月同日出生，長大之後關係也很好。

不論他們真是親兄弟，還是純粹的兒時玩伴之情，劉邦對盧綰真的不錯，當初劉邦從沛縣起兵造反時，盧綰就一直跟在他身邊，而且可以隨意出入劉邦的臥房，就連蕭何、曹參這些元老功臣也沒有如此高的待遇。

雖然盧綰一直沒有什麼戰功，劉邦享有天下之後卻將最好的咸陽城給了盧綰作封地。可是這還不夠，劉邦想讓他當王。

在項王隕落後不久，先封的七個異姓王裡頭就有人坐不住了，首先跳出來造反的就是燕王臧荼，也不知是不是被劉邦逼的。

臧荼我們前面介紹過，武臣從陳勝的隊伍中脫離建立趙國，而韓廣又從武臣隊伍中脫離建立燕國。鉅鹿之戰的時候，韓廣派臧荼去援助項羽，項羽很喜歡臧荼，便封他為燕王，而遷徙韓廣為遼東王。後來臧荼併吞韓廣的遼東國，但在面對剛剛消滅趙國的韓信大軍時果斷選擇了投降，成為劉邦手下的一個諸侯王。

劉邦可算是抓住了機會，御駕親征除去臧荼，他把盧綰帶在軍中，然後給盧綰編排了一堆虛無的功勞，堂而皇之地封他為燕王，享有臧荼原來的地盤。

劉邦如此念舊情，還真是少見，只可惜他此次念舊卻害了盧綰。燕國是什麼地方，就是現在的北京一帶。北京如今是傳說中的帝都，當年可是危險的邊郡，是面對北方少數民族的最前線。

尤其此時正值匈奴民族最強大的時期，出現了匈奴歷史上第一位民族英雄冒頓單于，第一次統一了北方草原，他甚至趁著楚漢相爭時期，攻占了河套地區，直接威脅到長安的安危。

類似「太子黨」的盧綰，先前根本沒有經過大仗的磨練，怎麼可能抵

擋冒頓單于率領的匈奴鐵騎呢？

關於盧綰封王之後的悲劇，我們後面再說。

接下來談兩個韓信。

之前提過，其實跟隨劉邦打天下的人裡有兩個韓信，只不過一個太有名了，幾乎掩蓋了另一個人的光芒，很多人根本不知道還有另一個韓信存在。

楚王韓信就是大家都知道的那個替劉邦打下了整個北部江山的大將軍韓信。在項羽自刎之前，韓信本是齊王，但劉邦是不會把這麼重要的策略要地交給如此能人的，況且那是韓信自己打下的地盤，更不能讓他在那裡落地生根。於是劉邦封韓信為楚王，讓他享有原來項羽的地盤，一是考慮到他是逼死項羽的人，不太容易在楚地扎根，二是想到當初韓信當初是在楚地待不下去了才出來討生活的，讓他衣錦還鄉也比較不至於受到反抗。

韓信還真的很樂意地回到楚地，當年那個被項羽烹煮的書生說得沒錯，楚人都挺有衣錦還鄉的訴求，項羽如此，韓信亦如此，甚至劉邦後來在臨死前也特地回到家鄉，很裝模作樣地詠下了那首《大風歌》，在鄉親父老面前顯擺一番。

另一個韓信是戰國時期韓國的王族後人，韓襄王的孫子。他生得人高馬大，也是能征善戰的將領，不過和楚王韓信相比，他更像一個只有匹夫之勇的武夫。

劉邦封這個韓信為韓王，史書上為了區分兩個韓信，一般稱楚王韓信為韓信，而稱這個韓信為韓王信。

戰國時的韓國在中原地區，當年七國時代就是有名的出產天下最好兵器的地方，劉邦可不敢把這麼重要的地方交給一個能打仗的王胄之後，所以給他換了地方，但還是叫韓國。劉邦換給韓王信的地盤有些故意，在現在的太原，也是北方面對匈奴的第一道防線，壓力不是一般的大。

說完兩個燕王和兩個韓信，再簡單介紹下剩下的四個王，彭越和英布大家應該比較熟悉了，前文屢有提及。

彭越就是那個常年在梁國地盤上遊走的土匪頭目，在整個楚漢之爭時期給項羽造成了巨大的糧草供給壓力；而英布曾是項羽最得力的第一戰將，是項羽在南線戰場上最強的棋子九江王，殺了楚懷王的就是他，他投降劉邦大大影響了當時的戰局。

這兩人都死死占著自己曾經的地盤，所以劉邦分別封了他們梁王和淮南王。

最後的兩個異姓王是相對弱小的趙王張耳和長沙王吳芮。

張耳前面經常提到，最早和陳勝一起反秦的元老，和他的好友陳餘一起幫助武臣攻下趙地，後來兩人反目，陳餘帶人打敗了張耳，張耳就投降了劉邦。劉邦讓韓信與張耳北上攻打趙魏，韓信在打下趙魏之後繼續出兵攻齊，張耳就被封了趙王，開始經營趙地，一直持續到天下統一。

長沙王吳芮是八個異姓王中唯一把王位保持到最後的，因為他實在是太弱小了。當初反秦的時候吳芮自稱「番君」，是英布的岳父，拉了一小夥人鬧了一陣子就投靠了項梁，後來和英布一起歸降劉邦，也沒什麼作為。

吳芮是出名的「君子」和「長者」，他以及他的後代一直保持著這種謹慎小心的行事風格，所以大漢朝的皇帝對這個碩果僅存的異姓王也沒有太大關注。直到漢景帝時期，傳了七代的吳芮家族因為絕後（沒有兒子）而斷絕了香火，也算是善終了。

另外，在這一年裡，劉邦還特地從海上小島召回了田橫。

齊國被韓信滅亡之後，田橫投靠了哥哥田榮的好朋友彭越，後來天下統一，彭越被封為梁王，田橫怕招來殺身之禍，便帶了五百個親信跑到海上小島（今田橫島）避難。

劉邦可沒忘了田橫，便派人去召他回來，並許諾：如果田橫肯來長安，

可以封王或封侯；如果不來，必定派兵追殺。

萬奈之下之下，田橫只得來了長安，可就在離長安還有三十里的地方，他說：「當初我和漢王一樣南面稱孤（稱王），現在他貴為天子，我卻成了階下囚，心中很慚愧。而且我烹殺了酈商的哥哥（酈食其），現在卻要和他一起做臣子，即使他礙於天子詔命不記恨我，我難道不會有愧於心嗎？陛下不過是想看我的樣子而已，現在砍下我的頭，快馬疾馳三十里還不至於腐爛，拿去給他看。」說罷自刎而死。

隨行的兩個門客將田橫頭顱拿去給劉邦看，劉邦大為感嘆，封二人為都尉，可是這兩人將田橫埋葬後，卻一起自盡了。

劉邦這下更吃驚，聽說田橫還有五百人在海上，馬上召他們入朝，可誰想到，這五百人聽到使者說田橫已死，竟也跟著自盡殉主。

劉邦因此對田氏兄弟非常佩服，認為他們能夠得到人心，難能可貴。

項羽手下的大將，英布和周殷都已投降劉邦，龍且已經戰死，鍾離眛投靠了韓信，後面會說。

先聊聊季布。

季布是項羽的大將，之前當過遊俠，武力非凡，據說要高於英布等人，在楚漢相爭時期，他曾經數次讓劉邦陷入險境，差點死在他手上。如今天下統一，劉邦重金懸賞捉拿季布，如果有敢窩藏季布的，就誅殺全族。

季布給自己剃光頭，喬裝打扮成奴隸。這些奴隸剛好被當時的天下第一遊俠朱家給買了，以前季布也當過遊俠，朱家認出了他，就收留了，還託人去找劉邦的御用車夫滕公夏侯嬰，說：「季布沒有罪，只不過是各為其主罷了，他武藝高強，正好可以為朝廷所用。如果漢廷不用他，他往北就去匈奴，往南就去南越，會變成敵國的資本。」

夏侯嬰知道朱家是大俠，好給人解難，也猜到了季布就在他家，就給劉邦轉達了他的話，劉邦此時統一天下，心情大好，居然真的赦免了季

布，還給季布封了官。

　　季布當官之後十分感謝朱家，朱家卻已經離開了老家，一個人出關不知去向，大俠風度，令天下人佩服。

　　和季布情況相反的是丁公，他也是項羽手下的將軍，曾經在關鍵時刻放劉邦一馬，此時他以為劉邦會感恩，就來找劉邦要封賞，結果劉邦卻以丁公「為人做事不敬忠，私放敵人」為由將他殺了。

　　劉邦做事都有其目的性，如果是亂世，他一定會重賞丁公，這樣可以給其他楚將做榜樣——對劉邦有好處！可現在不同了，天下統一，他不能給天下人一個不敬忠的榜樣，所以一定要殺了丁公，讓天下人知道不好好給主子辦事，連敵人都不會放過你！

漢高帝五年　西元前二〇二年

第三十一章 五陵風流誰與共

西元前二〇〇年，劉邦五十六歲，他終於統一天下。

漢帝國慢慢步入正軌，趨於穩定。

劉邦放棄洛陽這個四周都是平原的地方，而是聽了婁敬的建議，把都城定在四塞之地的長安。

長安和洛陽是歷代定都常常青睞的地方，漢代就分別在兩個地方定過都，也算各有利弊吧！

長安的好處是四塞之地，易守難攻，聽這個名字就像「長治久安」。前文提過，班固在〈兩都賦〉裡說：「左據函谷，二崤之阻，表以太華終南之山；右界褒斜、隴首之險，帶以洪河、涇、渭之川。」一般來說，選長安有更多國家安全方面的考慮。

而洛陽的好處同時也是壞處，即「位於天下之中」，四周交通非常便利，便於經濟發展的同時也易於被其他勢力攻打。

在劉邦的時代，長安應該是最好的選擇。中華大地的人民大概有八百年的時間沒有享受過太平盛世了，雖然劉邦暫時統一了天下，但是誰也不敢保證一個穩定的預期，總擔心戰亂隨時再起。

對劉邦來說，那麼多的異姓王在各地虎視眈眈，把都城建立在易守難攻的長安是非常明智的。

然而長安作為都城，最大的弊端是缺糧食，而且交通不便。

在漢代，長安勉強可以承擔糧食的消耗，可到了唐朝，都城所需的糧食需要大量地從南方和東方運送過來，洛陽有十分便利的漕運，從各地調

糧不成問題，可若想把糧食從洛陽運到長安，則是困難重重，這是一個連皇室都承擔不起的費用。

唐朝的歷史上就曾多次出現皇帝率領百官專門去洛陽「食洛陽粟」，因為長安的糧食實在不夠吃了，而把糧食從洛陽運到長安還不如把吃飯的人從長安運到洛陽方便。

劉邦定都長安後，先後建立了長樂宮和未央宮兩個漢代的主體宮殿，又強行遷徙了很多關東豪傑（有錢人）到長安附近，很快把長安變成了帝國中心。在漢初持續近八十年的輕徭薄賦政策的支持下（直到漢武帝開始打匈奴為止），長安也很快就變得富庶。

從劉邦開始，漢初的皇帝都把自己的陵墓選在長安附近，每個皇帝都會遷徙很多富豪到陵墓附近的縣邑居住，漸漸地，長安附近形成了一個很特殊的區域，叫做「五陵」。

五陵一般是指高帝的長陵、惠帝的安陵、景帝的陽陵、武帝的茂陵和昭帝的平陵，也就是漢代前六位皇帝中的五個的陵墓，但其實廣義上的五陵地區遠不止這五個，後續的皇帝也紛紛跟上了。

五陵在後世的形像是一個富豪聚集的地方，是一群豪傑的群居地域。正是漢朝的這種把各地富豪、豪傑都遷徙到自己腳下管理的政策，造就了這個極端俠義和富有的地方。

「五陵年少」一詞更是成為富豪子弟的代稱。

和五陵有關的文化，白居易著名的〈琵琶行〉裡就有一句：「五陵年少爭纏頭。」其他的諸如：「五陵誰唱與春風」、「五陵年少欺他醉」、「五陵衣馬自輕肥」、「五陵賓從莫敢視」、「五陵年少輕薄客」、「五陵年少讓清光」等詩句數不勝數。

也許有人會覺得奇怪，為什麼五陵裡沒有文帝的墓，這也是一個特殊情況。漢文帝並沒有把自己的墳墓和高帝、惠帝放一起，而是選擇了其他地方，即著名的灞河旁邊「霸陵」。這個地方地處白鹿原的東北角，是唐代

漢高帝五年　西元前二〇二年

常用來代表送別的一個意境：「柳岸灞橋。」

　　長安無疑是漢帝國的核心，除了五陵之外，三輔也算是比較特殊的規劃。

　　三輔地區又叫京輔地區，是指京兆、馮翊和扶風，京兆是都城長安一帶，馮翊和扶風兩個詞的意思都是「輔佐，保護」，就是長安地區一左一右的兩個屏障，之所以叫左馮翊、右扶風，是按照古人的習慣坐北朝南來看，和現在上北下南看地圖的習慣剛好相反。

　　古時候的人講究「南面稱孤」，王者都是向南的，朝北有「低微」的涵義，比如「北面事之」就是指稱臣，而失敗一般都叫「敗北」，俗語「追亡逐北」裡的「北」字也是指打敗仗的軍隊等等。

　　從地理位置上看，馮翊大概在現在陝西省的大荔縣，在關中平原的東部；而扶風的地名一直保留到現在，就是今天的陝西省扶風縣，在寶雞市的東面。三輔地區是大漢朝最核心的地區，而且也是秦晉地區的關隘和交通要道，素有「三輔重鎮」的稱號。

　　所以三輔地區的行政長官和一般的地方官員不一樣，都是非常受皇帝信任的人，西漢中後期的歷史上出現了很多在這三個位置上政績極佳並名留青史的人，這些人集中在昭帝和宣帝的中興時期，《漢書》專門設一篇傳來記錄這些人，最有名的五個還編出了一個口訣，「前有趙張，後有三王」。

　　三輔地區之上還有個類似省級編制的地域劃分——司隸，和清朝以及民國時期的直隸意思差不多，司隸的長官稱為「司隸校尉」。

　　司隸校尉伴隨著漢代地方刺史制度的形成而出現。最初漢朝沒有省級地方編制，中央直接管轄一百多個郡。武帝時期，隨著疆土的不斷擴張，直接管轄起來漸漸困難，就將天下分為十三個州，每個州設刺史一名，刺史的品秩很低，最初只是監察官員，並不干預地方行政，但後來慢慢地變了調，成了高等行政長官。

　　在劃分十三個州時，京城附近的三輔地區，還有弘農郡、河東郡、河

內郡和河南郡沒有在其中，這些地方單獨歸在一起稱為司隸。因為涉及都城長安和中央朝廷的一些監察，不能和一般刺史等同，便設置了一個兩千石的大員，即司隸校尉。

司隸校尉當然不可能在中央地區成為更高一等的行政長官，他不能管轄京兆尹和左馮翊、右扶風這類官員，但權力還是很大，他手上有自己的一支小隊伍，可以在三輔地區進行監察和抓捕，也就是說，不但有監察院的功能，還有一些警察局的功能。

長安還設有城門校尉的官職。

城門校尉負責長安城各個門的守衛，責任重大，是個比較敏感的武職。大家可能對清朝的九門提督這個位置不陌生，雍正即位和時任九門提督的隆科多是他的人不無關係。從表面上看，漢朝的城門校尉和清朝的九門提督掌管的事務差不多，但其實他們有本質上的區別。

這個本質的區別在於九門提督的全稱為「提督九門步軍巡捕五營統領」，他掌管的是京城附近最強的軍事武裝，其他部隊趕過來都還要花些時日。而在漢代，京城附近最強的武裝是北軍，而不是城門校尉那些小部隊。北軍在漢代意義重大，我們後面會屢有提及。

所以真正和九門提督一樣的應該是北軍中尉，而不是城門校尉。

除了城門校尉以外，長安附近還設有京輔八校尉。

京輔八校尉是指京城和三輔地區的八個校尉，他們都是兩千石的大員，分別是：中壘校尉、屯騎校尉、步兵校尉、越騎校尉、長水校尉、胡騎校尉、射聲校尉和虎賁校尉。這八個人分別是京輔一帶八個小武裝部隊的軍事長官，各有各的作用，比如射聲校尉專門培養弓箭手，胡騎校尉培養胡人士兵等。這些部隊有一定戍守防衛的意義，但力量比長安的南北軍來說相對較小，更像是一種常備特種部隊訓練營的性質。

長安的警備做好了，未央宮和長樂宮也建了起來，大漢朝的威儀意境慢慢有點意思了，可是這幫和劉邦打天下的老臣還是習慣當年戰場上那無

拘無束的感覺，在朝堂之上毫無規矩，讓劉邦很是頭疼。

於是，劉邦找來了這個領域（禮在漢代是很大的學問，有很多人因為通禮而做官）當時的專家叔孫通，叔孫通拿到劉邦給的研究經費和研究項目之後，帶領三十多位博士（真的是博士）開始進行專案研究。

一段時間之後，叔孫通的研究團隊有了成果，開始向劉邦匯報，進行一次全體高級官員的禮儀培訓，從衣著到進退、言辭到方向等非常詳盡，培訓大概花費了十個月的時間，效果非常明顯，劉邦在感受完叔孫通的成果之後，感嘆了一下：「吾乃今日知為皇帝之貴也。」也就是說，經過了叔孫通的改革，劉邦才感覺到原來當皇帝是如此尊貴。

劉邦這個皇帝當得也很辛苦，他戎馬一生，真沒享過什麼福，甚至當上皇帝以後也沒來得及享福，因為總是有各式各樣的事情找上他，讓他很難安安穩穩地躲在宮中享清福。

第三十二章 郡縣與諸侯相結合

　　之前提過劉邦選擇郡縣和諸侯結合的制度來治理天下，我們先介紹下漢代的郡縣制度，錢穆先生認為漢代的地方政府制度非常成熟，遠比幾百年之後的唐代還要好，與之相輔相成的察舉制度在同時代也十分先進。

　　漢初沒有省級編制，由中央直接管轄幾十個郡，這樣一來地方的權力較大。郡守的級別和中央九卿等官員是一樣的，都是兩千石。一個郡守如果調為九卿算是一個小升遷，如果只是調為非九卿的其他兩千石中央官員，只能算平調。

　　這種制度的好處在於中央官員和地方官員之間的流動非常方便，人員的調轉比較靈活，和後世那些複雜的制度相比，不容易拘泥於古板的形式，可以因時制宜。當然，簡單的制度也容易出現不符合規矩的破例操作，這是它的問題。

　　隨著武帝時期不斷的開疆拓土，西漢的版圖從最開始的幾十個郡慢慢地變成了一百多個，很多邊郡和中央之間的往來非常困難，每年去長安匯報往往耗費大量時間在路上，於是出現了州刺史的制度，而且還慢慢變了調。

　　最初武帝將天下分為十三個州，如果算上司隸地區，其實應該是十四個，每個州派去一個州刺史去監察各郡郡守的工作。這些刺史每年秋冬去負責的州，年終時返回長安匯報各郡的情況，直接由御史大夫負責。

　　刺史一開始權限很小，他們有很明確的六條監察範圍，超過這個範圍的內容不能干預，他們的品秩也只有六百石，和郡守的兩千石比差得很遠，其實是以下級督察上級。

隨著時代的發展，情況逐漸有了變化，各州刺史留在行部（就是他們在各州的治所）的時間越來越長，管轄的範圍也越來越大，最後演變成可以直接指揮郡守處理政務的地步，變成比郡更高一級的行政長官。

為了讓刺史的權力和品秩相稱，成帝時期乾脆把刺史升為兩千石，至少和郡守一樣，名字也改成了「牧」。

「州刺史」變成了「州牧」，這一細小的名稱變化其實反映了這個官職本質的區別，「刺史」二字帶有明顯的監察味道，一般帶「史」字的都和監察有關係，而「牧」就不同了，這明顯是「管理」的代名詞。在《讓子彈飛》裡，姜文演的張麻子說自己的原名叫張牧之，葛優扮演的師爺馬上稱好，說這是做官的典型名字，其實就體現在這個「牧」字上。

刺史制度的變化起初是一種進步，形成省級單位出於當時現實的需求，但時間一長就顯現出弊端。皇帝本來是覺得郡太多、太遠，無法很好的掌控，想透過刺史來加強中央集權，但日子久了，尤其到了東漢末年，由於州牧的權力太大，反而削弱了皇權，這也是東漢末年諸侯割據的原因之一。

我們甚至可以看到，在東漢末年這種皇權極弱的情況下，州牧已經開始各自挑選繼承人而不管中央任命了，如徐州牧陶謙直接把徐州送給劉備，袁紹死後也由兒子繼位，皇帝已經無法掌控了。

其實這種本來去地方監察，最後卻演變成更高一級地方官員的事情已經不止一次了，歷史總是驚人地相似，這樣的結局在中國歷史上多有出現。

唐代的節度使制度最早也是對於各州的監察，但隨著監察的常態化，最後慢慢演變成各自割據的勢力，形成唐後期藩鎮獨立的局面。

清代的省級最高行政長官本該是一省的布政使，但是由於巡撫和總督這種本來是巡察的官員逐漸掌權，最後凌駕於布政使之上，成為真正的「省長」。

這個問題的弊端嚴重，讓地方的層級化過多，升遷困難，中央和地方

漢高帝五年 西元前二〇二年

的流動太少，體制不夠靈活。

在漢代只要做到郡守，就有很大的機會流動到中央任高級官員甚至九卿。可是在清代，如果你從地方做起，勉強做到知府，你的上頭還有布政使，布政使上頭還有巡撫，巡撫上頭還有總督，至於中央六部的尚書、侍郎就更是遙不可及的目標了。

所以在清代，真正的人才都擠到中央，不願意留在地方，留在地方的都是一些想撈錢而沒有太多政治抱負的人，這才有了「三年清知府，十萬雪花銀」的說法，地方腐敗極其嚴重。

中央人員冗餘，而地方效率低下，會使整個國家的體制不平衡。

說回郡縣，漢代地方的郡守權力非常大，一是中央放的比較鬆，二是他本是就是和九卿一樣品秩的高官，更何況在地方上他還有中央享受不到的地位，儼然是個土皇帝。州牧在東漢的強勢在一定程度上遏制了這個現象，但在西漢，郡守仍是當之無愧的地方一霸。

漢代對於郡守的委任和對丞相的委任有些相似，那就是一郡事務，除了領兵打仗外，全部都可以自己作主，甚至一些低等官員的任命也能包辦。

另外，郡守每年還能向中央推舉一名人才去出任郎官（文官的預備役），這就是傳說中的「舉孝廉」。名義上雖然是「舉孝廉」，但其實從來就沒有用「孝」和「廉」的標準來決斷，基本上還是以能力為主。當然，郡守對於自己推薦的人是要負責的，如果被推薦的人犯錯，郡守自己也會受到牽連；如果被推薦的人表現良好，自己也能得到相應的賞賜。

都尉是地方上的武官，掌握一些部隊，但不是每個郡都有，取決於西漢在全國地方上兵力的安排。都尉也是兩千石的大員，和郡守平起平坐，並不受其管轄，這是一個制衡關係，類似中央丞相和太尉的關係：一個人什麼都管但不管兵，另一個人什麼都不管就只管兵。

郡級編制之下是縣，縣是漢代的地方基本編制，在秦朝的時候就有，縣長官的品秩不固定，在千石和六百石之間浮動，主要取決於縣的人口。

縣的大小不同，長官的稱呼也不一樣，一萬戶以上的縣長官叫縣令，一萬戶以下的縣長官叫縣長，當時一萬戶以上的縣占總數的六成左右。西漢末年的時候一共有一千五百多個縣，大概是現今中國兩千多個縣的百分之七十五。

縣令在漢代絕對不是小官，他至少是個六百石的品秩，和很多中央官員平起平坐。

漢朝縣之下的編制是鄉和亭，這是兩個平行的機構，鄉偏重民政的治理，屬於文職；而亭偏重抓捕和緝查，常由那些少壯有力和有軍事力量的人來負責。鄉長和亭長的關係像中央的丞相和太尉、郡級的郡守和都尉：一個為政，一個為兵。

另外，亭長還負責一些來往官員的接待工作，大漢朝的建立者劉邦發跡之前也是一個亭長，可以說正是亭長這份經常迎來送往的工作給他增加了不少見聞。

漢代最底層的人民往往不知道皇帝和中央那些大官是誰，他們只知道管自己的鄉長、亭長，甚至更低階的官吏。天高皇帝遠，中央那些人和自己沒什麼關係，人民最多知道縣長就可以了。

如果劉邦不是透過亭長的位置知道了外面的世界，說不定也就沒有後面那麼多的故事和發展了。

不要以為鄉長和亭長就是西漢最低階的官員了，其實在西漢官方承認的官員（也就是我們現在俗稱的公務員）中還有更低等的，那就是鄉長手下的三老和嗇夫，三老一般是鄉間德高望重的長者，負責一些鄉里之間的教化；而嗇夫就是農夫的意思，負責一些鄉間的雜務。

嗇夫有兩種，一種是有秩嗇夫，另一種是無秩嗇夫。兩者的區別就在於有沒有「公務員編制」，有秩即「有品秩」的意思，這也是西漢公務員體系裡最低等的一級，是一百石。反之，無秩的嗇夫就是不被朝廷認證的鄉里自己聘來做事的了。

上到丞相下到有秩嗇夫，這些人構建起了西漢的政府，形成漢朝的公務員體系。他們有多少人呢？西漢末年還真做過一次統計，大數是十二萬，不算少。當時是整個兩漢時期人口的巔峰，一共有六千萬人，所以公務員的比例大概是千分之二。

在西漢這種重農抑商的時代，富商大賈沒有多少，學術方面的人才大部分都有官職。所以除了那些仰賴祖宗封蔭的諸侯子弟以外，一般人只要在漢代進入了公務員體系，哪怕只是一個百石的有秩嗇夫，其實也是非常榮耀的，很好地解釋了何為「學而優則仕」。

雖然不能和現代比，但西漢的公務員比例已經遠遠高於其他朝代了，朱元璋時期全國公務員的數量只有三萬人，當時的人口應該也在五千萬左右；到了清朝更誇張，康乾盛世之時全國人口已經開始過億，公務員的人數卻逐年減少，甚至少到兩萬以下。

可以理解明清時期科舉的慘烈盛況，那是一個官員極貴的時代。

說完郡縣就可以更好地介紹諸侯制度了，西漢是一個以郡縣制為基礎，但摻雜了一些諸侯封地在其中的朝代，涉及諸侯的地方都有些特殊。

漢代諸侯制度的根基是商鞅變法時創立的秦朝爵位制度，他把人民分成二十級爵位，這些爵位可以透過軍功來獲得，也可以透過錢來購買，因其他功勞而增爵位的比較少，但是也有，總體說來比較寬鬆。

這二十級爵位分別是：一公士，二上造，三簪裊，四不更，五大夫，六官大夫，七公大夫，八公乘，九五大夫，十左庶長，十一右庶長，十二左更，十三中更，十四右更，十五少上造，十六大上造，十七駟車庶長，十八大庶長，十九關內侯，二十徹侯。

其中一到五級完全向全民開放購買，六級之後就有些條件了。六級以上算是進入士大夫階級，有很多門檻，比如有市籍的不行，這限制了富商進入士大夫階級。

爵位中最高的兩級就是我們一般意義上的侯，拿到這個就可以稱為「侯

爺」。十九級的關內侯沒有具體的封地，但有享食的戶數，可以按照戶數領取一定的賦稅收入，大致上都不多，約一百戶到三百戶之間。

二十級最早叫徹侯，後來為了避漢武帝的諱，改名為「通侯」或「列侯」。列侯有具體封地，可以享受該地相應戶數的一半賦稅，但是不參與該地的政務。漢初列侯不回封地，大都住在長安，後來文帝要求諸侯歸國，即使是在別的地方有官職，也要讓自己的太子（爵位的繼承人）回到自己的封地。不過據筆者觀察，這個諸侯歸國的制度執行得不是很嚴格，很多諸侯還是滯留在長安。

諸侯的爵位可以世襲，所以封侯是造福後代的事情。西漢的皇帝經常會找各種理由剷除一些諸侯，所以一般一個爵位傳不了太多代。當然也有長的，傳了七代以上的還是有一些，一般不超過十代，因為西漢一共二百年，王莽時期廢除之前的諸侯。雖然東漢建立之後恢復了一些西漢時期的諸侯，但畢竟是少數，東漢自己還有一堆開國功臣要封，沒有那麼多位置留給原來那些人。

諸侯封地最大一般也就一個縣，西漢封的侯裡頭超過萬戶的沒有多少，也就蕭何、衛青、霍去病這幾個人。前面我們說了，西漢百分之六十的縣都是萬戶以上的人口，即使是極少數的「萬戶侯」也很難獨占一個縣，所以縣侯就是比較大的了，大多數侯的封地都只有一個鄉或一個亭，我們稱這些侯為鄉侯或亭侯。

《三國演義》裡關羽投降曹操時，曹操封關羽為「漢壽亭侯」。很多人都覺得很霸氣，都覺得曹操對關羽太好了，他們這麼讀這個詞：「漢，壽亭，侯」，認為這是漢朝一個叫「壽亭」地方的侯。

其實不然！

我們應該讀「漢壽，亭侯」才對，意思是漢壽這個地方的亭侯，比一般的縣侯還要低一階。

漢壽這個地方現在還有，已經是一個縣了。

所以說，曹操也並不是真的特別優待關羽，規矩還是要講，一個敵人的降將，一上來就封個縣侯的話，難免會冷落其他老臣的心。

諸侯的封地不論是縣、鄉或者亭，都要統一改名為「國」，相應的縣長、縣令或是鄉長、亭長也要改名為「相」，另外太后、皇后和公主的封地也是如此，她們的封地要統一改名為「邑」，相應長官也要叫「相」。

這些「相」並不由諸侯任命，也不歸諸侯管，一切都和他本應該做的一樣，是縣令就是縣令，是鄉長就是鄉長，要聽命於上級的郡守或縣令，品秩也按照他應該得到的算，完全和一般的官員一樣，只不過改個名字而已。當然，諸侯相要負責把諸侯相應戶數賦稅的一半分給諸侯。

諸侯王的制度大體相似，只不過一般諸侯王的地盤會稍微大一點。他們的封地也叫「國」，自己沒有任命官員和參政的權力，一切都得聽中央政府的，當然有的王爺會憑藉自己勢力的強大干預朝政，這也是有可能。在漢初，那些享有幾十個郡的王爺自然不是隨便什麼地方官員可以管的，不過這種情況經過平定七國之亂和推行推恩令之後就沒有了，諸侯王徹底淪為了擺設。

前面提到二十級爵的時候並沒有王這一級別，確實「王」不是爵位，因為功勞再大也不可能封王。劉邦建國的時候立下了白馬盟誓：「非劉氏而王者，天下共擊之。」一般只有皇帝的兒子才可以封王，且一定會封王（沒什麼大錯的話）。

漢朝的王按照世襲追溯到頭一定都是某個皇帝的兒子。（漢初那些特殊的異姓王和劉邦兄弟除外）

第四卷 高帝平亂

第三十三章 車前力士擒韓信

劉邦漢高帝的年號一共有十二年，是從項羽封他為漢王開始算的，所以前四年半基本上都只是漢王而不是皇帝。直到第五年項羽的勢力被全部消滅，劉邦才在各個諸侯王一再上疏之下，晉位為「皇帝」。

所以從這時開始劉邦才能被稱為漢高帝，如此算起，他當皇帝的時間只有短短七年，而這七年裡他一天也沒閒著，忙著四處平亂，項羽的勢力雖然灰飛煙滅了，但還有其他八個異姓王。

太子劉盈仁弱，劉邦不敢讓他日後直接面對這幫虎狼，他怕千辛萬苦建立起來的大漢王朝會像秦朝一樣，傳了兩代就滅亡，所以他必須在活著的時候盡可能替兒子鋪平前路。

劉邦的這種心態後來朱元璋也有，把開國功臣一個個整死，留給後人一個他認為相對溫和的環境。但事實上，越是這樣做的人，最後越達不成目的，劉邦殺光了異姓王，結果後來天下被妻子呂后給控制了，朱元璋更慘，朱允炆甚至直接被燕王朱棣趕下台。

真正的君主絕不是靠前人鋪路鋪出來的，都是自己腥風血雨鬥出來的。後來漢景帝也給漢武帝做了好多準備，但其實都沒有發揮什麼作用，還是靠雄才大略的漢武帝自己拿穩天下。

八大異姓王裡燕王臧荼已經提過了，第一個跳出來，第一個被除掉。之後劉邦忙著晉位皇帝的事情，停歇了一陣，這一陣忙完之後，又開始了他給太子拔刺的步伐。

先拔最大的刺，從楚王韓信開始。

韓信也許不是所有刺中最容易造反的，但他絕對是最強的，他的征戰

能力在楚漢之爭中已經反覆驗證過了。

很快地，韓信就有了把柄被劉邦抓住，那就是項羽手下的大將鍾離眛投靠了韓信。鍾離眛的情況和季布很像，其實劉邦也不是很在乎他，但他逃到了韓信那，就絕對不能放過了，正好可以藉他來整治韓信。

韓信本來當楚王當得挺快樂的，他倒是真的沒什麼非分之想，先是報答了那個當年給他飯吃的河邊洗衣老婦，又找到曾經讓他蒙受胯下之辱的屠夫少年，非但沒有殺他，反而封他做了官。

韓信不屬於田榮兄弟那樣「恩將仇報」型的惡人，也不像范睢一樣恩怨分明，有恩報恩，有仇報仇，他是最和善的「以德報怨」型。

從很多小事中我們不難發現，韓信真的是一個「好人」，可是在鍾離眛這件事上，韓信最終卻失敗了，不但沒有得到一個好結果，更喪失了好名聲。

劉邦開始想動韓信，韓信多少也有些耳聞，有人勸他：「將軍如果殺了鍾離眛，獻給陛下，陛下一高興就沒事了。」韓信在自己的安危和朋友之間抉擇，最後走錯了一步，給自己幾乎完美的一生抹上了汙點。

本來鍾離眛在危難之際來投靠他，可他卻為了自己殺害鍾離眛，韓信這一手實在大毀形象，和前面提的大俠朱家相比，簡直是一天一地。

可關鍵是人殺了，名毀了，韓信自己還沒有得到什麼好處，劉邦根本不會放過他。劉邦怕的是韓信的本事和勢力，和鍾離眛一點關係都沒有，項羽已經死了，他手下的小小將軍又如何有大作為。

面對韓信，劉邦也有難題，他這邊的將領，包括劉邦自己，沒有一個人是韓信的對手，這個時代唯一有可能贏韓信的人已經在烏江自刎了。

韓信現在在楚地，即使楚兵和他離心離德，畢竟這是一群當年項羽帶過的兵，戰鬥力不是劉邦那些屢戰屢敗的嫡系部隊可比的。

所以劉邦想收拾韓信，直接出兵攻打是不可能的，打不了就只能用陰招了，「詭計專家」陳平的六大奇計又出現了。

陳平的做法很簡單，就是著名的「車前力士擒韓信」。

古時楚國地盤上有個著名的大湖泊雲夢澤，劉邦假稱自己要去雲夢澤遊玩，身為楚王的韓信看到皇帝來了自己的地盤當然要覲見，也沒有多想就直接去了，結果被劉邦御車前事先準備好的兩名力士擒住，不能指揮兵將的韓信又不像項王一般有萬夫莫敵的勇武，自然是手到擒來，直接被劉邦抓回長安。

韓信沒有什麼明確的大罪，劉邦不好直接殺他，便隨便找個罪名將他貶為淮陰侯，留在京城隨時看著。

進了京城的韓信還是享受著大功臣的待遇，和劉邦最信任的那些沛豐同鄉周勃、樊噲等一樣的規格，可即便是這樣，他還是感覺到屈辱。一直以來他自視甚高，可以說天下除了劉邦和有知遇之恩的蕭何外，他還沒有把誰放在眼裡過，連項羽在他的眼中都只有「匹夫之勇，婦人之仁」的，更何況周勃、樊噲這一幫人。

樊噲是個直腸子，他敬重韓信的本事，依然稱呼他為「大王」並自稱為「臣」，周勃、灌嬰等人可不管這些，如今的韓信不過和他們平起平坐而已，有什麼好神氣？

韓信對自己居然落到了和這群人一樣的地位，非常不滿，但是他在京城已經無權無勢，想要再有作為只能暗中布局，真正地走向了謀反之路。

韓信的本事很強，但也許是性格的問題，他總是在大方向上把握不好，當初項羽不用他，他就逃跑，劉邦不用他，他也逃跑，並沒有真的很明確自己該做什麼，所謂的能忍胯下之辱也只是盲目的忍耐而已，要是沒有蕭何的力推，恐怕他這輩子也就被埋沒了。

韓信得勢之後，有三分天下的機會他沒有選擇，擁有重兵時可以直接造反的機會他也沒有選擇，反而到了無權無勢的田地時才開始考慮這根本不可能成功的造反，實在太不識大勢。

　　韓信謀反的事發生在幾年之後，後面再說。

　　在韓信被去除楚王的頭銜後，劉邦大封子嗣宗親，不放心把外人放在這些要地，自己家人還是可以放心的，讓家人都在地方上掌權也可以形成庇護中央政權的作用。

　　於是劉邦封自己的長子（因為是庶出，所以不是太子）劉肥為齊王，王齊地七十三城；封四弟劉交為楚王，王楚地三十六城；封堂兄劉賈為荊王，王楚地另外的五十三城；封二哥劉喜為代王，王北方代地五十三城。

　　後來歷史的發展告訴我們，不但外人封王不值得信賴，自己家人封王同樣不值得信任。家人也會造反，是不是異姓王其實沒有劉邦想得那麼重要。這個觀點後來在文帝時期由賈誼提出，景帝時期證明了其正確性。

　　劉邦為了穩定自己的天下已經不遺餘力了。除了諸侯王以外，朝中各將也天天為了功勞紛爭不休，弄得劉邦沒有一日安寧，劉邦經常能看到將領三三兩兩地坐在一起討論事情。於是他問張良：「他們在討論什麼？」張良說：「他們在謀反。」劉邦問：「天下剛剛安定，他們為什麼要謀反呢？」張良說：「陛下由平民起家，依靠這班人奪取了天下，現在陛下做了天子，所封賞的都是自己親愛的老友，所誅殺的都是平生怨恨的人。現在有的人認為把天下所有土地都封賞了也不夠，也有人認為他們不受陛下的喜歡，遲早要被誅殺，所以一起謀反。」

　　劉邦就說：「那該怎麼辦？」張良問：「陛下最憎恨，而群臣又都知道的人是誰？」劉邦說：「雍齒。」

　　雍齒這個人之前提過，豐縣人，最早替劉邦守豐縣的時候投降了魏國，是第一個背叛劉邦的人，害得劉邦起義之初很是狼狽，所以劉邦恨他也在情理之中。

張良說：「那就趕快封賞雍齒，群臣一看你連他都封賞，就不會懷疑自己了。」

於是劉邦設酒宴大封雍齒，穩定了大家的心。

當皇帝其實也沒什麼意思，想報仇報不了，太委屈了，所以好皇帝都是大公無私的，為了天下可以犧牲自己的家人，可以犧牲自己的好惡。

內憂還沒有完全解決，外患又開始威脅到大漢王朝。此時，漢朝未來最大的敵人匈奴已經屹立在劉邦面前。

漢高帝七年　西元前二〇〇年

第三十四章 匈奴民族的崛起

強大的匈奴是劉邦不得不面對的難題，一個可能比項羽還難對付的敵人。

楚漢之爭才打了五年，而大漢朝與匈奴的這一場仗，從這個時候開始，持續了近三百年，直到東漢時期的「竇憲燕然山勒石」才勉強算是將正面衝突劃上句號，而後續的風波其實持續到了五胡亂華時期，那已經是六百多年後的事情了。

先簡單地介紹一下匈奴民族的歷史。

關於匈奴民族的起源有很多種說法，司馬遷在《史記》裡說：「匈奴，其先夏後氏之苗裔，曰淳維。」

夏朝的最後一個君主叫夏桀，他也是歷史上第一個出名的暴君，他的兒子就是夏後氏。傳說中夏桀有個兒子淳維，在夏朝滅亡之後，帶著父親原來的妃子來到北方的草原，開始隨水草遷徙，過起了游牧民族的生活，經歷了戎狄、獫狁、山戎等階段，慢慢地形成了匈奴民族。

如果按這種說法，匈奴應該和漢人同宗，都是炎黃子孫，但是現在學界的說法基本上都認為這是司馬遷的錯誤。現在大家普遍比較認同的是，匈奴應該是一支隨水草遷徙、慢慢從西伯利亞地區轉移過來的外來民族。

夏商周時期，中國北方的游牧民族之間一直在進行各種吞併與反吞併，也是一個民族融合的過程，先後出現過許多游牧民族，比如「獫狁」、「山戎」、「犬戎」、「戎狄」等等，直到戰國後期，匈奴這支部落才慢慢壯大起來，開始給北方的諸侯壓力。

戰國七雄中，北方的燕、趙兩國就長期和匈奴作戰，也湧現出不少名

將，比如趙將武安君李牧、燕將秦開等等。趙武靈王時期為了對抗匈奴，甚至開始了胡服騎射的運動。

到了秦漢之際，匈奴已經很強盛了，但還不是當時北方草原上最厲害的，在他們的東面有東胡，西面有大月氏。

此時，匈奴民族歷史上最大的民族英雄出現了。之前說這個時代最能帶兵的是項羽和韓信，那是因為沒有把這個人算在中華民族的體系裡，其實他一點也不比上面兩個人差，要是純論兵士的戰鬥力，絕對有過之而無不及。

此人就是冒頓單于。

冒頓本是當時匈奴單于頭曼的長子，理應是大單于的繼承人，但是當時頭曼寵信自己的另一個閼氏（就是妾的意思），想讓那個小妾生的兒子來繼承大單于的位子，就派冒頓去做敵人大月氏的人質，然後開始強攻大月氏，想置自己的兒子於死地。

冒頓自然不會如此輕易被除掉，他隻身盜走了大月氏的良馬，連夜回匈奴部落。

畢竟是父子，頭曼單于見到兒子如此英雄了得，倒也有幾分欣喜，就讓冒頓帶領一萬騎自己闖蕩。

頭曼一時不想再找兒子的麻煩了，可冒頓卻已經明白自己在匈奴的處境，如果想要好好地生存下去，就必須另想辦法，於是他開始訓練屬於自己的部隊。

冒頓發明了鳴鏑，就是響箭，鳴鏑射出去的時候會發出很大的聲音。他告訴自己的部下，鳴鏑射到哪，他們就必須也把箭射到哪，違令者斬。

就像當年商君在推行變法的時候徙木立信一樣，冒頓要先打造自己部隊的執行力，他把鳴鏑射向自己的愛馬，然後將所有猶豫的部下都殺了；又把鳴鏑射向自己最喜歡的閼氏，將有猶豫的部下處斬。如是再三之後，

冒頓終於有了自己完全能夠信任的部隊。

冒頓的做法雖然粗暴又極不人道，卻也蘊含許多智慧，這是一個君主打造絕對忠於自己武裝力量的過程，必不可少。當年陳勝起義失敗，就因為他沒有這個過程，沒有像劉邦、項羽一樣，擁有絕對忠誠的嫡系部隊。

在不久之後的一次狩獵中，冒頓將鳴鏑射向了自己的父親，大匈奴的單于頭曼就這樣死在自己兒子手上。

隨後，冒頓又殺了後母和弟弟，剷除所有不服他的人，正式成為大單于，開始了自己在北方的征程。

當時冒頓單于在北方最大的敵人是東胡。

東胡人欺負冒頓新立，向匈奴要寶馬，冒頓故意示弱全部奉送；向匈奴要冒頓心愛的女人，他也繼續示弱送上。其實從各種故事中我們不難發現，對於冒頓來說，寶馬和女人都只是工具，在需要犧牲時他絲毫不會猶豫，之前為了打造嫡系部隊犧牲了一次，這次為了讓敵人放鬆警惕又犧牲了一次。

反覆示弱之下，東胡人真的以為冒頓是個草包，而匈奴人憋在心中的氣也已經達到了極致。

終於，東胡又開始無恥地向匈奴要地，冒頓單于等到了一擊制敵的機會，發起了向敵人的總攻。女人和寶馬可以輕易割捨，但土地卻是一個國家生存的根本，不可能隨便就送給敵人。

毫無防備的東胡人吃了大敗仗，而冒頓單于不像項羽，他沒有絲毫的婦人之仁，一殺到底，竟然徹底將強大的東胡消滅，讓他們從此消失在西漢的歷史上。

東胡的後裔後來散落為鮮卑、烏桓等各個部落，直到匈奴被大漢打得徹底衰落之後才開始重新有作為，那已經是兩三百年以後的事情了。烏桓成為東漢時期北方的霸主，而鮮卑則在五胡亂華時期湧現出無數英雄豪傑。

漢高帝七年　西元前二〇〇年

　　大敗東胡之後，冒頓單于愈戰愈勇，兵鋒又指向西方，把大月氏也趕出了河西走廊，逼得他們不得不西遷。從冒頓單于開始，匈奴人幾代的強盛逐漸把大月氏趕出了華夏文明所籠罩的地區，後來基本上到了中亞地區，有人說大月氏就是後來中亞貴霜王朝的建立者，不過始終沒有確切的證據。

　　統一整個北方草原的匈奴開始向南侵襲，此時中原的劉邦和項羽還在滎陽、成皋一帶激戰，無力顧及北方，冒頓單于順勢占領了河套地區（當時的人民稱為河南，就是黃河以南的意思），把當年秦朝蒙恬打下的地盤又盡數討了回來。

　　匈奴人的習俗和中原差別極大，他們的王族姓「攣提氏」，頭領叫單于，單于之下最大的兩個位置是左賢王和右賢王。

　　當時的大單于部落主要在正中的北方地區，雲中、雁門一帶；左賢王帶領部隊在東方，右北平一帶，就是現在的北京；右賢王在河套地區以及更西的天山一帶。在匈奴逐漸壯大之後，又分別封了許多王，比如白羊王、樓煩王等，他們都各自有自己的區域。

　　武帝時期之後，由於情況特殊，匈奴又多了很多特殊性質的王，比如自次王趙信、丁靈王衛律、右校王李陵等，其中不乏漢人，每個都有個別的故事。

　　匈奴的部落散布在廣大的北方草原，各自隨水草遷徙，在那個通訊不便的時代，為了保持聯繫，他們一年舉行兩次大集會。正月的時候他們小會在單于庭，所謂的單于庭不是一個固定的地方，而是大單于的部落當時在哪裡，單于庭就在哪裡。到了五月的時候，匈奴人要大會於龍城，龍城是固定的地方，是匈奴人埋葬祖先的聖地，對於匈奴民族來說有著非凡的意義。這裡後來在武帝時期還發生過一場意義深遠的大戰。

　　最後再講一下匈奴基本民俗，由於一直在北方草原遷徙，一千年來他們最大的敵人不是別的，正是嚴酷的環境，所以他們的習俗也傾向於讓他

們時刻保持戰鬥力。

比如，匈奴有個習俗：父親死了，兒子要分娶後母；哥哥死了，其他兄弟要分娶嫂嫂。這是一種節約資源、讓匈奴保持最高人口出生率的方式，在那個技術極其落後的時代，人多力量大。

另外，匈奴人還「貴健壯」，所有的優勢資源都給那些健壯能打仗的青年，讓他們發揮最大的作用，沒有「尊老愛幼」的習慣。

這些習慣都是當時漢人鄙視匈奴的原因，甚至給他們音譯為「匈奴」，本身就有看不起的意思。確實，自命為禮儀之邦的中原地區難以接受匈奴那些原始習俗，可對於匈奴而言，這卻是他們不得不做的事情，因為只有這些習俗能夠讓他們生存，讓他們保持強大。

第三十五章 白登之圍

冒頓單于時期，匈奴的人口和戰力達到了巔峰，控弦三十餘萬。

也就是說，當時冒頓手下能打仗的軍士有三十多萬人，雖然無法知道當時匈奴確切入伍比例是多少，但以他們這種全民皆兵的習俗來看，應該比較高，推測匈奴的總人口可能在一百萬左右。

漢朝的人口絕對比匈奴人多更多，兵士也不會少，不過戰鬥力就差得遠了。這裡面有當時漢朝軍隊大戰未復而且內亂未平的原因，但還有另一個更重要的因素，就是當時軍事水準的差距。

中原古代從秦漢時期開始到楚漢之爭，基本都是以車戰為主，主要的戰鬥方式是一輛戰車上站三個人，後面跟一堆步兵這種基本形式的編隊。這樣的戰鬥形式容易推進和防守，但是機動性極差。

匈奴等北方的少數民族一直在一望無際的草原上戰鬥，又沒有打造戰車的技術，所以一直以來都是直接騎馬，這樣的部隊和戰車打正面戰的時候非常吃虧，但如果進行突襲則會產生奇效，就像打游擊戰一樣，邊打邊跑，要是覺得能打贏就打，打不贏就跑，那些戰車根本追不上。

匈奴用這樣的戰術打中原，雖然不可能一舉攻取中原的城池，但總能占中原的便宜，搶完就走，也不留下來守城。長此以往，中原的國家難以忍受，始終活在少數民族突襲的陰影中，從春秋到秦漢，這種局面一直沒有改變。

對於那些想解決問題的中原國家來說，他們也嘗試過徹底打擊游牧民族，但是中原的戰車一旦到了北方草原，就只有被來無影去無蹤的騎兵當標靶的份。

為什麼中原國家沒有想過也使用騎兵這種先進的兵種呢？

　　其實有，在戰國後期，趙國出了一個非常偉大的君主——趙武靈王，他在長期與北方少數民族的鬥爭中明白了一個道理，要想和這些馬背上的民族打，必須要學習他們先進的生活方式，那就是穿褲子。

　　戰國時期的漢人無論男女都是穿裙子，不可能直接騎馬，為了能夠直接騎馬，就必須學習游牧民族穿褲子，這個改革在一開始遭到了很大的阻力，但是在趙武靈王的大力推行之下，最後還是成功施行，這就是歷史上著名的「胡服騎射」。

　　「胡服騎射」使趙國擁有中原第一支騎兵，讓趙國解決了北方游牧民族的問題，同時也讓他們在中原爭鬥中占得先機，當時連強大的秦國也不敢隨便招惹他們，甚至連丞相都是趙國派來的。

　　雖然在那之後，中原也開始有騎兵，但漢人的騎兵更像是「馬上的步兵」，因為他們的騎術實在是太差了。

　　大家不要被小說中和電視上三國時期打仗的樣子給騙了，什麼青龍偃月刀、方天畫戟、丈八蛇矛……都是假的！因為在五胡亂華時期之前，人民在馬上根本不可能騰出雙手拿武器。那個時候還沒有發明雙馬鐙。

　　在戰國後期、秦漢時期以及三國時，所有人騎馬用的都是單馬鐙。雙馬鐙在五胡亂華時期才由游牧民族中傳入中原。不要以為北方游牧民族的技術總是落後，在很多的時候，漢人也在向他們學習。

　　單馬鐙和雙馬鐙的最大區別在於，單馬鐙要求良好的騎術，騎在馬上的人不得不用一隻手來維持自己在馬背上的平衡，所以他們只能用單手兵器。這種情況下，漢人的騎兵根本無法和那些從小在馬背上長大的少數民族騎兵相比。

　　這也是漢朝前八十年一直對匈奴採取守勢而不主動出擊的原因，在漢武帝和衛青劃時代地開發出漢軍騎兵團之前，在漢軍擁有霍去病這樣真正善於指揮騎兵作戰的將領之前，漢軍不具備出塞與匈奴一戰的實力。

在劉邦時代，強大的匈奴對漢朝最大的威脅是占領了河套地區。

漢朝的都城在長安，雖然是四塞之地，在北面也有大山阻隔，但以當時匈奴騎兵的移動能力，一天一夜的時間就可以殺到甘泉（這是後來歷代漢朝皇帝泡溫泉的地方，離長安城非常近）。

當時的劉邦不是沒有布局，在北方他至少安排了三個諸侯國作為屏障，分別是自己的兒時玩伴燕王盧綰、二哥代王劉喜，還有能征善戰的韓王信。

可是這些人根本無法阻止匈奴的鐵騎，第一個投降的竟是最能打的韓王。

韓王信雖然生得人高馬大，但卻是個沒有骨氣的人，經不住匈奴的猛攻，很快就倒戈投降匈奴，幫著匈奴一起打劉邦。

冒頓單于在得了韓王信之後，知道了漢軍的虛實，帶著大兵打到晉陽。

劉邦有些天真，想一戰擊垮匈奴，徹底解決後患。也恰好是冒頓的部隊進軍到了相對中原的地方，劉邦率領漢兵三十二萬北上打擊匈奴，在平城與冒頓單于展開了一場決定雙方後八十年命運的大戰，位置在現在的山西大同附近。

冒頓還是老一套，先示弱，把自己的精兵都藏起來，只給漢軍的探子看一些羸弱的殘兵，讓劉邦疏忽大意。

當時劉邦帶領的騎兵先到了白登山，而後面跟隨的步兵還沒有趕到，匈奴騎兵行動快速的特點發揮到了極致，冒頓單于集中自己所有的精銳騎兵三十萬對劉邦進行突襲，把劉邦團團圍在白登山。

劉邦在山上整整七天沒有收到糧草，而且他發現自己根本就無法突圍。史書上是用這樣的話來描述當時匈奴騎兵的強大：「匈奴騎，其西方盡白，東方盡駹，北方盡驪，南方盡騂馬。」

這段話的意思大概是，當時匈奴的西方騎兵騎的全是白色的馬，東方

騎的是青色的馬，北方騎的是黑色的馬，而南方騎的是紅色的馬。

　　大家可以想像一下當時那個震撼的畫面，三十多萬騎兵在山下，而且連馬的顏色都是統一的、整齊的編隊。這說明匈奴人不但馬匹優良而且還訓練有素、組織嚴格，面對如此強悍的匈奴之師，被團團圍住的漢軍如何還有心再戰。

　　也許有人會覺得劉邦的平城之敗是因為輕敵，中了冒頓單于的埋伏只是出於偶然。但其實以當時漢軍的戰力，就算是和匈奴來一場三十萬人對三十人萬人的正面對抗，也絕對不是對手。更何況，匈奴的軍隊如果發現情況不對，馬上可以跑得無影無蹤，漢軍根本追不上；相反地，漢軍如果想跑，則肯定會遭到匈奴鐵騎無情的追殺。

　　這種對決，除非有類似於赤壁之戰或是淝水之戰之類的大轉機，否則劉邦根本沒有機會，失敗是必然的。

　　那劉邦是如何從冒頓單于手上逃出來的呢？

　　這裡又要提一下那個專門給劉邦出上不了台面計策的陳平了，他一生中的六大奇計也包括這一條，那就是幫助劉邦逃出重圍。

　　陳平派人去賄賂冒頓最喜歡的閼氏，給了她許多寶物，然後對她說：「如果單于再不放我們出去，我們就只能給大單于獻最好的美女來乞求原諒，求一條生路。漢朝的美女各個貌若天仙，來到大單于身邊肯定會分了您的寵，所以懇請您先去勸單于把我們放了。」

　　實話實說，陳平的每條奇計看起來都非常缺乏智商，但居然真的都在當時起了關鍵作用，讓人百思不得其解。

　　閼氏信了陳平的話，瘋狂地勸說冒頓單于，這個一向不把女人放在心上的大單于，居然最後也奇蹟般地被勸服了，放走了劉邦。

　　對於劉邦的成功逃脫，筆者不禁想學一下史書中常用的感嘆奇蹟的句式：難道真的是天命嗎？

不過人雖然跑了出來，但劉邦也吃了大虧，從此之後，漢朝整整八十年不敢再主動向匈奴開戰。

　　而且趁著此戰的大勝，冒頓單于又繼續攻打另一個邊郡的王爺，劉邦的二哥代王劉喜。劉喜見劉邦大敗而歸，也就沒有抵抗，匆匆跑回長安，王爺也不做了，決定安安穩穩地在長安做個侯。

第三十六章 用女人換和平

平城大敗後，匈奴還是繼續在邊郡騷擾，打又打不過，劉邦總得想個辦法。

之前那個勸劉邦定都長安的婁敬，此時又提出了歷史上著名的「和親之策」，就是把漢朝的公主嫁給匈奴大單于，讓兩家結為親家，以此求得和平。

之前由於勸諫定都長安有功，婁敬已經被賜姓為劉，叫劉敬了。

劉敬提出和親政策之後，劉邦一直猶豫不決，直到三年後才下定決心施行。

我們不知道劉邦有多少女兒，其實不給匈奴嫁自己的女兒，嫁一些其他宗室的郡主或者乾脆找個宮女冒充公主，都不是難事。

為什麼和親這條政策被提出來以後，劉邦要經過三年的考慮才決定施行呢？

「捨不得」絕對不是劉邦猶豫三年的理由，對於他而言，為了自己的天下，沒有什麼是捨不得的。

劉邦是在思考和親更深一層的利與弊。

和親那是好聽的說法，說得更直白些，不就是「用女人換和平」嗎？再直接點，不就是大漢朝的男人不行，只能靠獻女人來乞求匈奴手下留情嗎？

無論如何粉飾，和親都是一個舉國的恥辱。

貿然地實行和親，會讓人民如何看待大漢朝的當權者？劉家這種用女

人換和平的方式會不會大失民心？如果和親，匈奴就真的不會再威脅大漢了嗎？

這些才是劉邦關心的問題，因為這些問題影響到江山的穩固。對於他而言，穩定江山是第一要務。

在經過三年的痛苦抉擇後，匈奴不斷的騷擾終於讓劉邦做了決定，在這一年年初時，他找了一個民間的女子冒充公主，遠嫁匈奴。

這也算是折中的辦法，一方面堅持了和親；另一方面又沒有真的嫁了自己女兒，甚至也沒有嫁宗室之女，而是找了個不相干的民女。

劉邦的做法成了後世漢朝皇帝和親的準則，整個漢代有很多皇帝都派遣過和親公主，但沒有一個是那些皇帝的親生女兒，絕大部分都是找宮女或者民間女子。

當然也有例外，漢朝的歷史上有過特例，派過兩次宗室的皇女。這兩個公主就是歷史上著名的細君公主和解憂公主，都是漢武帝時期嫁到烏孫國去的，雖然這兩個公主的爺爺或者父親都因為犯罪被殺了，地位都很低，但畢竟她們是真正有劉氏血脈的人。

由此可見，當時大漢和烏孫國的關係比較好，匈奴就從來沒有過這種待遇。

其中的解憂公主最後更是立功異域，成為一代女中豪傑，為大漢朝在西域的擴張做出了很大貢獻。

歷史上對和親政策的評價一直褒貶不一，主要看出發的角度如何。

從當時的效果來看：

劉邦的擔心確實出現了，殘暴少恩、不講禮法的匈奴人不會因為和漢朝成了親家就不騷擾中原。

騷擾漢朝其實是他們自身的剛性需求。匈奴長期在草原上游牧，特別容易受天氣環境的影響，常常會有吃不飽的情況，在這種情況之下不去搶

大漢朝的東西，就只能讓自己餓死，所以當然也不管什麼親家不親家了。更何況大漢朝還有那麼多他們沒見過的東西，搶來圖個新鮮也不錯。

但和親並不是完全沒有效果，它一方面讓漢朝更加了解匈奴，可以發展更有針對性的防守；另一方面，匈奴人在接受漢文化之後也在潛移默化中受到影響。

不管如何，結盟也好，屈辱也好，委曲求全也罷，在漢朝皇帝一代又一代的和親政策之下，最終堅持到了漢朝國力的徹底復甦、軍隊戰鬥力的徹底上升，在漢武帝的時候達到了可以和匈奴一戰的情況，最終取得了這場拉鋸戰的勝利。

從傳統觀念的角度來看：

不論和親取得了什麼樣的效果，都是不可接受的，無論是在《史記》、《漢書》或是《資治通鑑》中，無論是司馬遷、班固還是司馬光都異口同聲地斥責了這種屈辱的策略，認為其喪權辱國，更認為提出和親的劉敬是賣國賊。

怎麼說呢？筆者想，這就是文學家（或者說史學家）和真正政治家的區別吧！那些漢朝的皇帝即使感到再屈辱，也把和親用得不亦樂乎。最典型的就是漢武帝：一方面深感和親的屈辱，勵精圖治打擊匈奴；另一方面，在必要的時候又毫不猶豫地使用和親的辦法，甚至還破天荒地嫁出了真正的宗室之女。

——這就是帝王。

平城大敗後，劉邦帶著軍隊回長安，路過趙國。

此時的趙王已經不是當年的張耳了，張耳不久前病薨，接替位置的是他兒子張敖。

張敖很有策略眼光，他知道如何明哲保身，想盡辦法，最後娶到了魯元公主。

呂后只有一子一女，子就是後來的惠帝，而女就是這個魯元公主。劉邦有多少女兒歷史沒有記載，但可以肯定的是，魯元公主絕對是女兒中地位最高的，甚至高過了很多庶出的兒子。劉邦那個庶出的長子劉肥就經常為了討好呂后而給這個異母妹妹送錢送地。

要在平時，地位如此高的魯元公主可不是那麼容易娶的。可在這個時候，呂后巴不得魯元公主早點嫁出去，所以就遂了張敖的心意。

為什麼呂后急著嫁魯元公主呢？

原來平城大敗後，劉邦本來馬上決定採用劉敬提出的和親之策，想和匈奴結為親家，讓冒頓單于做自己的女婿。最初的計畫是把魯元公主嫁過去，魯元公主可是自己的親生女兒啊！呂后當然不同意，堅決反對，劉邦只得暫時作罷。

雖然暫時作罷，但和親已經是大趨勢，若魯元公主遲遲未嫁，一定還會有和親風險。而張敖是王爺，地位尊貴，而且公主嫁到趙國後，離長安不遠，呂后隨時都能去看望女兒。所以呂后思來想去，覺得張敖實在是個不錯的選擇，就匆匆地把魯元公主嫁給了他。

可見，即使是呂后這樣心狠手辣的女人，最終還是擺脫不了一個慈母的心，國事再重要也比不上自己的親生女兒！這一點不知道比劉邦可愛多少倍。

張敖見劉邦來到趙國，雖然此時公主尚未正式下嫁，但是基本已經定了，就非常恭敬地以女婿的禮儀接待劉邦。可剛剛兵敗、一肚子氣的劉邦絲毫沒有給張敖面子，畢竟張敖也算是破壞自己和親之策的罪魁禍首。

劉邦對張敖箕踞謾罵，就是岔開兩條腿隨意地斥責張敖。

和人說話的時候坐著岔開雙腿在漢代是一個非常無禮的姿勢，表示根本看不起對方。

張敖恭謹小心，沒有太多的想法，只想安安穩穩地過日子，受到如此

屈辱也就忍了。可他手下的大臣卻看不下去了，以貫高為首的一幫人紛紛勸張敖趁劉邦在趙國時殺了他。

張敖沒有答應，貫高等卻沒有放棄刺殺劉邦的念頭，他們暗自謀劃，決定先下手為強，如果成功了就歸功於趙王，如果失敗了就自己獨攬責任。

一年之後，恰好劉邦出擊韓王信的餘黨，路過趙國柏人這個地方，貫高等人事先藏在茅廁之中，準備刺殺劉邦。誰知劉邦晚上突然心血來潮，問了一句：「這個縣叫什麼名字？」左右回答說這是「柏人」。劉邦就說：「柏人者，迫於人也。」覺得名字不吉利，對於他出征不利，就沒有在這裡留宿，讓貫高等人的陰謀落空。

後來，貫高的一個仇家知道了這件事情，上報給了劉邦。

劉邦大怒，剛好他非常想找異姓王碴，於是大辦此事，他不顧自己女兒魯元公主的面子，逮捕了趙王張敖和貫高等十幾名共謀的大臣。

參與刺殺的人紛紛自殺，只有貫高沒這麼做。相反，他反而大罵那些自殺的人，說：「誰讓你們自殺的？現在還沒有查出誰是主謀，所以連趙王也一起逮捕了。如果我們全死了，誰來維護趙王的清白！」於是他到了長安，接受各種嚴刑拷打，堅持說趙王沒有參與暗殺計畫。

劉邦對貫高用盡了各種酷刑，先拿鞭子打，後又針炙，甚至弄到貫高身上已經沒有一塊好肉可以刺進去了，貫高還是堅持趙王是清白的。

呂后在這期間也跳出來給自己的女婿說話，可劉邦卻大罵她：「如果有一天張敖擁有了天下，還會要你的女兒嗎？」就是不聽呂后的勸。

在劉邦的眼中，任何對他天下有威脅的人，無論多親近，都不可以原諒。

劉邦見硬來對貫高沒有用，就開始用軟招套貫高的話，他找來了一個和貫高關係非常好的同鄉去看望他的傷勢，給他擦藥、送飯很多天，然後在交談中有意無意地問起趙王是否有謀反之意。

漢高帝八年至九年　西元前一九九至前一九八年

可是結果都一樣，貫高始終堅持趙王的清白。

如此幾番之後，多疑的劉邦終於相信張敖確無反意，可是他不可能再讓張敖回去當趙王了。貫高的事情讓劉邦擔心，趙國的大臣如果都對張敖如此忠心，也是大隱患。於是劉邦把張敖貶為宣平侯，留在長安，而讓自己最寵愛的妃子戚夫人所生的兒子劉如意當趙王。

在這場長期的拉鋸式嚴刑拷打中，劉邦算是相信了貫高，破天荒地原諒了他的謀反之罪，將他放了出來。可是貫高沒有給劉邦面子，在確認了張敖沒事的消息之後，立刻揮刀自殺。

貫高的死活劉邦也已經不關心了，經過這次未實行的刺殺事件，他又成功地剷除了一個異姓王，將趙國拿回自己手上，在穩定政權的道路上又前進了一步。

張敖被降職為侯之後，劉邦對於這些元老功臣諸侯進行了一個排行，按照他們的功勞來定格順序。當然，那些已經封王的人不在這次排行裡，而當過楚王、但現在已經是淮陰侯的韓信也不在這次排行裡。但張敖算在了其中，因為劉邦當初封的趙王的是父親張耳，不是兒子張敖，所以把張敖算在其中。

排行榜上誰是第一呢？諸將都說平陽侯曹參應該是第一，因為曹參攻城略地最多，全身受了七十多處傷，可謂居功至偉。可劉邦卻力排眾議，認為第一當屬蕭何。雖然蕭何沒有參與攻城陷地，但一直在保障漢軍的後勤，是頭功。所以劉邦最後定蕭何為第一，而曹參為第二。曹參之後，劉邦又排了兩百個左右的人，筆者將前十列了一下。

酇侯蕭何第一，平陽侯曹參第二，宣平侯張敖第三，絳侯周勃第四，舞陽侯樊噲第五，曲周侯酈商第六，魯侯奚涓第七，汝陰侯夏侯嬰第八，潁陰侯灌嬰第九，陽陵侯傅寬第十。

這十個人先前大部分都提過，當然也有一些生面孔，比如奚涓、傅寬等人，後面我們會說，前十里基本上還是以劉邦沛、豐兩縣的同鄉為主。

有人會奇怪，張良和陳平功勞那麼大，為什麼沒有進前十？

　　是這樣的，劉邦這次的排名基本是算軍功，所以張良和陳平兩人身為謀臣，就難以排到前面了，他們大概在六十到七十之間。

　　排行雖然低，可兩人的封賞絕對不比這些人低，這個排行和他們的戶數沒有直接關係。比如劉邦本來打算封張良三萬戶，讓他隨便在齊國挑一個地方，可是張良不想那麼顯眼，很低調地拒絕了三萬戶，只挑選了三千戶的留縣，那個他和劉邦初遇的地方，成為了留侯。

　　三萬戶是什麼概念？西漢兩百年戶數最多的衛青和霍去病都在兩萬戶左右，而劉邦時期最多的蕭何也就一萬戶，所以張良接受的話，就會成為西漢第一大侯。

　　陳平也不差，雖然只有五千戶，但卻封在北方大縣曲逆，非常富庶繁華，劉邦從平城戰敗歸來，路過曲逆縣，感嘆他當時所見過最好的城區，除了洛陽就是曲逆。那時候咸陽已沒落，長安還沒有建起來，曲逆就是北方最繁華的地方，劉邦為了感謝陳平妙計助他從白登山脫困，便封陳平為曲逆侯五千戶。

漢高帝十年至十一年 西元前一九七至前一九六年

第三十七章 刺要一根一根拔

韓信被廢去楚王之後困在長安好幾年，不安分的他開始謀劃反事，這一年終於動手了，他押賭注的那個人叫陳豨。

陳豨也是當初跟著劉邦打天下的將領，來歷有些詭異，誰都不知道他從哪裡來，司馬遷在《史記》裡很無奈地說他「不知始所以得從」，就是不知道最初是如何跟上劉邦的。

不管來歷吧！從一些史實上可以看出，劉邦相信他打仗的能力。在韓王信不堪匈奴的騷擾投降叛國之後，劉邦派他去當趙國丞相，總領北方趙國和代國的軍隊。

此時的趙王和代王都是劉邦的兒子，年齡尚小，都留在長安，沒有坐鎮北方，所以趙國代國的丞相就和坐鎮一方的諸侯沒有區別，不知陳豨和成安君陳餘有沒有什麼關係，都姓陳而且都曾經監管趙代。

在這種危機的時候，劉邦讓陳豨去總領北方的軍事，足可見對他的信任。

只可惜，陳豨本不是個值得信任的人。

在陳豨離開長安的時候，韓信特地去送行，對他說：「你此次出兵，掌握著天下最精良的士兵，陛下多疑，即使再信任你，在經過旁邊小人再三進讒之後也會懷疑你，三年之內必定要奪你的兵權。為了防止這種情況出現，如果你願意，我給你在長安做內應，到時候一起造反。」

韓信的本事是天下人公認的，本就不是老實人的陳豨就這樣和韓信暗自結成聯盟，奔赴前線。

陳豨和劉邦有一個共同點，那就是他們擁有同一個偶像：當年戰國四

公子之一的信陵君魏無忌。

　　陳豨到了北方之後，開始學魏無忌豢養死士，他路過趙國時賓客從者千餘人，全城都震撼。

　　其實想想陳豨也有點傻，劉邦這麼擔心江山不穩，聰明人如蕭何、張良恨不得把自己的影響力破壞掉以防止劉邦的猜忌，他居然還如此高調行事，生怕不能成為劉邦的眼中釘，簡直是找死。

　　劉邦很快就注意到陳豨的行為，覺得此人已經不可以再放在外面了，就趁著太上皇殯天的時候召他回來。

　　此時陳豨已經明白了自己的處境，如果回長安必定沒有好下場，索性造反，開始劫掠趙、代兩地，自稱代王。

　　劉邦再度御駕親征，打到邯鄲的時候，他大喜：「陳豨這小子不據守邯鄲，卻想靠漳水來防守，我終於知道他的無能了。」

　　劉邦後來又聽說，陳豨手下有好多人是商人出身，便讓部下花大量的黃金去收買他們，果然大有收穫，很多人前來投降。

　　如此幾番打擊之後，陳豨的部隊很快就潰不成軍，但是遠在長安的韓信對此事渾然不知，依然按照當時的約定，在陳豨造反之後，開始有所行動。

　　韓信計劃動用家臣去製作假詔書，然後赦免官方有罪的工匠和奴隸，讓他們襲擊呂后和太子。韓信底下的一個被他囚禁起來的門客暗中把消息透露給自己的弟弟，這個門客的弟弟為了救哥哥就告密到了呂后處。

　　呂后處變不驚，沒有馬上聲張，想把韓信單獨找來抓住，後來又考慮如果自己主動召他，韓信可能會有所警覺而不來，便叫來了蕭何。

　　當年韓信離開項羽來投奔劉邦卻得不到重用，逃亡之際，是蕭何放下一切把他追回來並強力推薦給劉邦的，這才有「蕭何月下追韓信」的美談，所以韓信對於蕭何一直都很敬重。

漢高帝十年至十一年 西元前一九七至前一九六年

蕭何騙韓信高帝已經平反歸來，讓群臣都進宮慶賀，韓信見是蕭何讓他去的，也沒有多疑，逕自去了，誰知這一去就是進了鬼門關。

韓信一進長樂宮，便被呂后事先準備的武士抓住當場斬了。呂后也很狠毒，又趕盡殺絕地誅盡了韓信三族，一代英豪就這樣死在了一個女人手中。此時，他再後悔當初沒有聽蒯徹的話也無力回天了，光會打仗而不懂政治，只能是這種下場。

韓信一生「成也蕭何，敗也蕭何」，當初是蕭何的力薦成就了一代將才韓信，最後也是蕭何親手把自己打造的一代將才送上了斷頭台。

劉邦在平定陳豨的叛亂之後，返回長安，在路上接到好消息，投降匈奴的韓王信被一名漢軍將領殺了，斬下首級。

而在回長安之後，劉邦得知淮陰侯韓信也死了，一時間兩個韓信同時歸天，劉邦悲喜交加，感慨萬千。

雖然說心頭大患終於解決，但這畢竟也是當年隨自己打下江山的難兄難弟，看著他們一個個離去，劉邦心裡也不好受。他總想著，當這幫兄弟都走了的時候，當心頭大患都除去的時候，自己的生命也差不多要走到盡頭了。

經過陳豨的教訓，劉邦再也不敢讓外人去北方帶兵了。剛好此時自己不太喜歡的兒子劉恆主動提出要去做代王鎮守北方，他便很高興地准了。

這個代王劉恆就是後來的漢文帝。

劉恆很聰明，他的母親薄姬也很聰明。一直不受寵的母子與其待在長安忍受呂后的欺凌，天天擔驚受怕，還不如去封國享清福。

代國這種邊郡要地，一是沒人搶，不用擔心遭人記恨暗算；二是事關邊防大事，呂后要是哪天翻臉了，也不敢隨便動他們。

劉恆的決定是否正確，自有後來的歷史作證。

西元前一九六年，劉邦六十歲，日益感覺身體不適的他，加快了整治

異姓王的腳步。

此時八大異姓王已經解決了一半，燕王臧荼、兩個韓信、趙王都已經或死或貶，下一個是誰？

衡山王吳芮實在太小沒工夫理他、燕王盧綰是自己人也不多想，那就只剩梁王彭越和淮南王英布這兩根刺了。

首先從彭越開始。

去年劉邦攻打陳豨的時候，曾經下令讓彭越親自帶兵來參與，這對於彭越來說是個兩難的抉擇。如果彭越親自帶兵參與，很可能就如同韓信當年一樣，被劉邦隨便找個理由抓了，但如果不去，又會給劉邦落下口實，有了正式找他麻煩的理由。

幾經思考之後，彭越最後還是沒有去，聲稱生病，只派了個將軍帶兵去邯鄲。

於是劉邦有了理由，立刻派使者去梁國斥責彭越。彭越害怕了，居然一時犯糊塗，想親自入朝謝罪，最後被一個手下勸住，那個手下說：「您當初不去見陛下，受到責罰之後才去，一定會被抓的，不如順勢發兵反了吧！」彭越還沒有下定決心要反，但是也因此沒有去長安謝罪。

彭越和手下的這段對話恰好被另一個手下聽到，此人馬上跑到長安告密，說彭越要謀反。劉邦知道這個消息之後，沒有任何猶豫，馬上發兵突襲彭越，趁他沒有防備之時解決了戰鬥，將他抓住並囚禁在洛陽。

年事已高的劉邦也算是動了惻隱之心，雖然判定彭越已經有了謀反的跡象，但是也不想殺他，只是把他貶為庶民發配到蜀郡（四川）去。在彭越從洛陽往西押送的途中，正好在鄭地遇見了呂后從長安過來，彭越向呂后哭訴，說自己無罪，希望能夠回故鄉昌邑（位於現在的山東省境內）居住。呂后一口答應，帶著彭越反向往東走。

誰知最毒婦人心，呂后到了洛陽之後，不但沒有向劉邦求情，反而對

漢高帝十年至十一年　西元前一九七至前一九六年

劉邦說：彭越是個英雄，流放到蜀地會留下後患，不如直接殺了。

非但如此，這個狠毒的女人甚至還指示彭越底下的一個門客再次指控彭越謀反。

這次劉邦也沒有再手下留情，直接批准了呂后的做法，誅殺彭越三族，還割下他的首級在洛陽示眾，並且說：「誰敢替彭越收屍，一律逮捕。」

越是這樣說，越是有人來給彭越收屍，這個人是彭越手下梁國的一個大夫，叫欒布。

欒布不但給彭越收屍，還當著劉邦的面大誇彭越當年在楚漢之爭時的功勞，說當年劉邦兵敗彭城，多虧了彭越在楚國後方的活動才讓項羽無法追擊。

欒布說的句句實情，他的膽量也讓劉邦欽佩，所以就沒有追究他的罪，反而給他調回了長安任職。而欒布也沒有辜負劉邦的期望，在後來七國之亂的時候老當益壯，立下了不小戰功。

在解決完彭越後同年的五月，南越國的趙佗正式向劉邦稱藩。

所謂的南越大概就是現在的廣東一帶，秦朝的時候就已經列入了中國的版圖，趙佗是秦二世派去的地方官。由於距離實在太遠，當時南方又比較落後，基本上被認為是蠻荒之地，所以秦朝對其管轄力度非常小。

地處偏遠的南越沒有被秦末的百姓起義大潮還有楚漢爭霸所波及，趙佗見秦朝已滅就順勢稱王，自己做了南越王。

此時天下大定，劉邦覺得沒有必要再興師動眾去攻打這個遙遠偏僻的地方，也可能是自己已經沒有那個能力了，就派書生陸賈去說服趙佗稱藩，避免他鬧事。陸賈這一去，既捧得趙佗不亦樂乎，說他比蕭何、張良、韓信這所謂的「三傑」還要厲害，又不失大漢的威風，說劉邦是三皇五帝一般的千古聖君等，最後居然真的把趙佗給哄住了，向劉邦稱臣。

劉邦非常高興，馬上下令封趙佗為南越王。這種不用自己地盤就可以

做的人情，劉邦再喜歡不過了。

其實劉邦在懷疑各地諸侯王的時候也不是沒有懷疑過身邊的人，他最忌憚的就是蕭何。

後面我們要說，秦漢制度的丞相權力實在太大了，甚至可以在某種程度上形成制衡君主的作用，蕭何雖然從來沒有表現過什麼野心，但他位高權重，又長期治理關中，所以在百姓中的威望很高，比任何人都高，高過韓信，高過張良，甚至高過劉邦。

因為劉邦一直在中原和項羽打仗，統一天下之後也很少在長安，經常出去平亂，只有蕭何從劉邦平定三秦開始就一直治理關中，已經將近十年的時間，自然無人可比。

如此一來，劉邦有些不高興了，自己出生入死在外面打仗，結果卻不如你一直躲在家裡的蕭何威望高，眼看蕭何也要發生和韓信一樣「飛鳥盡，良弓藏」悲劇的時候，蕭何自己敏銳地察覺了這點。聰明的他開始了「自毀」和「自汙」，以此來保全自己。

那麼多年蕭何一直兢兢業業，為官清廉，可這時候卻開始選擇主動貪汙，而且還非常張揚地貪汙，實際上沒有貪多少，可弄得全天下人都知道他貪汙了，很多百姓氣不過，把他告到了劉邦那。

劉邦自然要訓斥蕭何，並且處罰蕭何，但他的心裡卻很高興，因為他明白如此一來，蕭何就不再是他的眼中釘了，於是也只是隨便罰了罰蕭何，沒有撤去他的丞相職務，讓他繼續做著。

有蕭何這樣的人幫劉邦，實在是劉邦幾輩子修來的福分。

隨後，劉邦的身體每況愈下，在解決完趙佗的事情後得了重病，誰都知道他已經來日不多了。

生病之後的劉邦不想見人，每天在宮中躲著，和當年的秦二世一樣，甚至是周勃、灌嬰這些最親近的同鄉都見不到他。這樣的情況持續了十幾

天，樊噲終於忍不住了，闖開宮門衝了進去，看到劉邦以一個太監為枕頭獨自躺在那，就哭道：「陛下帶領我們一起從沛、豐起事，平定天下，是何等的雄壯！現在天下安定了，您又是何等的疲憊！陛下重病，我們都恐慌，陛下不和我們商議國家大事，就只想和一個太監一起等死嗎？難道陛下沒有聽說過趙高篡權的事嗎？」

是啊！趙高當初就是趁著秦始皇重病的時候篡權的啊！年邁的劉邦強撐著身子起來理政，度過了他注定不能安歇的晚年。

樊噲能說出這樣的話，大概是被別人（搞不好還是張良）教的，因為只有他敢對劉邦這麼亂來。

第三十八章 英布，最後一根刺

彭越已除，對劉邦來說最後一根刺是淮南王英布。

英布這個淮南王一直做得很不安心，也很不甘心。

前文說過，英布是小人，見利忘義。他最初看重項家軍的聲勢而投靠楚國，後來又因為天下形勢改變而轉投劉邦，但其實就像蕭何講的那樣，他不管投靠誰，為的都是自己，自己獨立永遠是他的夢想。

劉邦對諸侯王的態度，英布一直在觀望，韓信死的時候他就已經非常害怕了，等到彭越也被殺，他徹底看清了形勢，自己和劉邦之間必有一戰，所以早早地開始了造反前的準備。

造反是遲早的，但真正挑起爭端的導火線卻是一件很小很小的事情。

英布有個很寵愛的妃子生病了去看大夫，這個大夫和英布手下大臣一個叫賁赫的人非常熟，就告訴了他，賁赫想巴結英布，就送了好多東西給這個大夫，還在大夫家裡請妃子喝酒。

英布知道這件事，第一反應竟然是懷疑妃子與賁赫私通，準備去抓賁赫。賁赫一看馬屁拍錯了地方只能逃命，為了自保，將英布準備造反的事情告到了長安。

劉邦接到這個告狀，一開始還不信，蕭何時不時給英布說好話。但是英布一看賁赫跑到了長安，馬上認為自己造反的意圖已經被劉邦知道了，於是開始真的造反。

英布有自己的如意算盤，他早就知道劉邦現在的身體不好，肯定不會御駕親征。除了劉邦以外，他覺得自己打不過的也就是韓信和彭越，這兩個人都已經死了，朝中其他那些將領全都不足為懼。

英布能不能打得過曹參、周勃、灌嬰、酈商這幫人還真不好說，他也沒有自己想像的那麼厲害。不過，最後他的如意算盤全都意外落空了，因為劉邦居然強撐著身子，自己帶兵來了！

英布一開始算得沒錯，劉邦重病，實在不想自己打仗了。他想讓太子劉盈帶兵，歷練歷練這個即將接替自己位置的兒子。可是他這一想法馬上遭到了呂后的阻止，原因很簡單，呂后有基本的判斷力，自己的兒子不可能打得過英布。這樣一個跟著項羽在刀光劍影中拚殺出來的匪盜之徒，劉盈這種柔弱的皇子如何是他的對手！

而對於呂后來說，劉盈如果戰勝，也沒有什麼好處，而劉盈如果戰敗，且不說萬一戰死或被俘，就算是逃回來了，也會大大地影響其太子的地位，關係到她呂氏一族的地位。

劉邦最後沒有辦法，只能罵了一句：「我就知道這小子不足以派遣，還是我自己去吧！」

雖然說劉邦平亂已經到了第七年，七年間大大小小的仗打了不少，但絕對都沒有這一戰至關重要，在生命中的最後一年，劉邦要打完他這輩子最後一場大仗。

劉邦召集眾將問攻打的計策，有一個叫薛公的人分析英布造反可能採取的動作，分成上中下三策。

上策：向東攻取吳國，向西吞併楚國，然後再向北吞併齊國，之後傳令給燕趙兩個國家，讓他們按兵不動，這樣就會造成全天下的大戰，重燃全國戰火，函谷關以東就又會陷入混亂，漢軍一時間難以全部平息叛亂。

中策：向東攻取吳國，向西吞併楚國，然後向中原進發攻占韓魏，掌握敖倉的糧食，阻塞成皋的險要，這樣的話其實就是複製了當年項羽的勢力，和劉邦繼續在滎陽、成皋拖下去，勝負未知。

下策：向東攻取吳國，向西達到下蔡，然後攻占長沙，這樣的話他肯定要敗亡，漢軍就可以高枕無憂了。

劉邦問薛公：「你覺得英布會用哪個計策？」薛公說：「肯定是下策。」

劉邦就問：「為什麼他不會用上、中兩策，而用下策呢？」

薛公說：「英布本來是驪山刑徒出身，自己爬到高位，是典型見利忘義的小人，只能看到眼前的利益，而沒有長遠的打算，所以他一定會用下策。」

後來英布果然選擇了薛公所說的下策。其實筆者覺得英布很像項羽，他有項羽一半的優點（能打，但又不是那麼能打），而缺點和項羽簡直是一個模子裡刻出來的，頭腦極其簡單。

劉邦大軍出關，久病多年、沒有出現的張良突然又強撐著來見劉邦，他說：「英布手下很多都是當年的楚軍，戰力高強，陛下千萬不要和他們起正面衝突，要智取。」又建議劉邦讓太子做將軍，監領關中軍隊。

從張良的態度我們可以看出此戰有多重要，連他這個已經好幾年不問政事的人都出來勸一句劉邦。張良擔憂萬一劉邦此戰敗了，太子在關中沒有兵權的話，很容易被其他人兵變奪權，張良為大漢天下操勞了一輩子，都病成這樣了還念念不忘，生怕出一點問題，讓天下又變成亂世。

劉邦當時可能感動得都要哭了，他讓太子劉盈監領關中禁軍三萬，同時讓叔孫通和張良輔佐，這才出關。

英布大軍造反以後，先滅了劉邦表兄劉賈的荊國，又開始對付劉邦弟弟劉交的楚國。楚王劉交是個讀書人，哪裡會打仗，他分別三路迎戰英布，別人勸他不要分兵，因為兵士都怕英布，分開作戰，士兵很容易逃跑。結果劉交不聽，堅持兵分三路，果然一路被英布擊潰後，另外兩路馬上四散逃跑，被英布追殺。

幸好沒過多久，劉邦的大軍趕到，與英布在蘄西相遇。

劉邦遠觀英布軍隊的排布，和當年的項羽簡直一模一樣，非常厭惡，就質問英布：「你為什麼要造反？」英布也很直接，回答說：「想當皇帝而

已。」

　　大怒之下的劉邦馬上和對方決一死戰，根本忘記張良和他說過什麼……

　　幸好，英布的部隊只是排布像項羽而已，論戰鬥力遠不及當年項羽戰無不克的威風，沒過多久就被劉邦大敗，最後只剩一百多人跑到了江南。

　　英布的岳父衡山王吳芮如今已經是碩果僅存的兩個異姓王之一，吳芮為了自保，居然騙英布前來投靠自己，說自己打算和他一起逃到南越去，英布相信了，前來投靠吳芮，結果被吳芮殺死獻給劉邦。

　　吳芮用自己女婿的命保住了諸侯王的位置。

　　確實，吳芮的封國太弱小了，劉邦也對他興趣缺缺，做個順水人情，就把吳芮這個衡山王給留了下來。

　　英布死後，劉邦派自己的幼子劉長去做淮南王。

　　不知道淮南這個地方是不是有詛咒，連續三個淮南王最後都造反了，英布是第一個，劉長是第二個，劉長的兒子劉安是第三個。

　　另外，因為荊王劉賈被殺，所以劉邦把荊國改為吳國，封自己二哥劉仲的兒子劉濞做吳王，享有吳國的三郡五十三城。

　　劉濞這個時候才二十歲，以騎將的身分參與了這場和英布的大戰，劉邦覺得他有點本事，才把他封在吳國，可是他也怕劉濞的這點本事以後用在不好的地方，所以猶豫再三，但考慮到實在沒有其他合適人選，最終還是讓劉濞去做吳王了。

　　劉邦封完之後，有個看相的人對劉邦說：「劉濞這個人的長相像是要造反。」劉邦馬上後悔了，但是「君無戲言」，已經無法再反悔，他就撫著劉濞的背說：「聽說五十年後大漢的東南會有叛亂，會是你嗎？我們都是姓劉的，天下一家，一定不要造反啊！」劉濞當時聽得莫名其妙，馬上說：「不敢！」

可是，劉邦說得就是這麼準，五十年後劉濞真的造反了，就是著名的景帝時期的「七國之亂」。

　　劉邦腦中這種「天下一家」的觀念真是害苦了他的子孫，他總覺得除掉異姓王就安全了，殊不知姓劉的也不可靠，在巨大的利益面前，就是親人也會翻臉，劉邦現在封的這一個個劉姓的王爺，若干年後都成了漢朝皇帝的大患。

第三十九章 安得猛士守四方

三年反秦，五年抗楚，七年平亂。

連續征戰十五年的劉邦終於勉強看到了天下安定，異姓諸侯王中只剩難成氣候的吳芮和自己的兒時玩伴盧綰了。

征討完英布之後，劉邦在自己生命盡頭前回了一次家鄉沛縣，好好玩了一下，招來許多故人探望，感慨萬千，寫下了那首千古名揚的詩篇〈大風歌〉：「大風起兮雲飛揚，威加海內兮歸故鄉，安得猛士兮守四方。」

對於這首詩歷代都有不同的評價，有人說這表現了劉邦一統天下之後的豪情，也有人說從這裡可以看出劉邦小人得志的感覺。

不管前兩句如何，這首詩的最後一句絕對反映出了劉邦最真實的感受。

平亂的七年，劉邦四處征伐就是為了守住這來之不易的江山，這一切都要他自己來做，早已經筋疲力盡了。

從劉邦的內心來說，他多麼渴望有猛士來替他守四方！

筆者承認劉邦是個小人，但從來都不覺得他得天下是因小人得志。

大家喜歡項羽的英雄氣概，但仔細想想，劉邦才是真的普通老百姓的代表，且不論他在發達之後所謂的階級屬性有變化的問題（從普通百姓變成了封建貴族），畢竟他這一輩子的前四十年都只是個普通農民家庭中一個不招父母喜歡的兒子而已。

這樣一個普通人，不論最初他懷抱著怎樣的私心，最終的結果是：他提三尺劍以一己之力，將萬民從秦朝的暴力統治中拯救出來，讓近八百年沒有享受過和平的中華民族，安安穩穩地發展了兩百多年，而大漢的國祚

甚至持續了四百多年！

劉邦在做皇帝之後的七年裡一直勞苦奔波，沒有學秦始皇作威作福，在他離開人世的時候，他幾乎已經把所有東西都安排妥當了。

劉邦在沛縣待了十幾天，又向北走去了魯縣祭祀孔子，他一生最討厭儒生，漢初採取的也是道家黃老治國的方針，不知道為什麼臨死前突然去祭祀孔子。

劉邦在征伐英布的過程中中了一箭，加上他先前身體已經每況愈下，所以回到長安後，知道自己的生命已走到盡頭，也主動放棄無謂的治療了。

但在臨死前，劉邦又開始思考換太子的問題。

其實劉邦想換太子已經不是第一次了，統一天下以後他好幾次動過這個念頭。

此時的太子是劉邦的嫡長子、呂后所生的劉盈，也就是後來的惠帝。劉盈一直表現得很好，忠厚仁愛，但是劉邦擔心如此柔弱的太子無法面對如此複雜而惡劣的環境。

恰好劉邦最寵愛的妃子戚夫人生的趙王劉如意才華橫溢，劉邦常常說劉如意「類我」（其實說像劉邦也不是什麼好話）。

母親受寵，兒子又被皇帝說「類我」，這完全是要換太子的暗示啊！只可惜他們受到的阻力太大了，朝中幾乎所有的大臣都反對。

劉如意的母親戚夫人雖說是劉邦最寵愛的妃子，但是除了天天在劉邦面前哭泣請求立自己的兒子為太子之外，什麼都不懂。

呂后就不一樣了，這個天生強悍的女人，陪伴劉邦經歷過那麼多大風大浪，在項羽的囚牢中都一路堅持了過來。她對局勢的把握、對政治的敏感，遠超過項羽、韓信這種光會打仗的人，遑論戚夫人這樣的深宮婦人。

呂后先是拉攏朝中有影響力的大臣，當時在時局上有影響力的元老功臣比如蕭何、曹參、陳平、周勃、樊噲幾乎一致支持太子。如此還不夠，

漢高帝十二年 西元前一九五年

呂后甚至說動了早已在劉邦統一天下之後就淡出朝政的大漢第一謀士——張良。

張良給呂后出了個主意：秦朝當年的博士中有四人特別有學問，分別是東園公唐秉、夏黃公崔廣、綺里季吳實、甪里先生周術。他們在秦朝滅亡之後隱居在商山，人稱「商山四皓」。劉邦特別仰慕「商山四皓」，曾經多次去請他們出山，但都沒有成功。如果劉盈能夠請他們出山協助自己，那必定會得到劉邦的青睞。

劉盈還真的請到了「商山四皓」。其實這也不難理解，「商山四皓」都是傳統的文人，不屑於像劉邦這樣的小人。而劉盈是出名的仁義君子，讓他們在仁義的劉盈和「類劉邦」的劉如意之間選一個未來的皇帝，他們當然會選擇劉盈。

就這樣，一次宴會的時候，劉邦看到了站在劉盈身後的「商山四皓」，大為感嘆，認為太子羽翼已成，而且朝中大臣清一色支持太子，如果還是堅持要換成劉如意，勢必會引起時局的混亂，劉邦就此打消了換太子的念頭。

劉邦再寵愛戚夫人，再喜歡劉如意，他還是那個永遠把天下放在第一位的男人。

劉邦就這樣結束了自己的一生，頗為悽慘的是，在他彌留之際，自己最要好的兒時玩伴燕王盧綰居然造反了！

其實盧綰的造反只不過是一場誤會。

在燕國長期和匈奴周旋的盧綰不可避免的和匈奴有一些往來，其實這些往來也不是他自己往來，而是他底下一個叫張勝的人，他和匈奴人特別熟稔。

在劉邦出征陳豨的時候，盧綰鼎力相助，他聽說陳豨派人到匈奴請援兵，也馬上派張勝去匈奴那阻止匈奴人幫助陳豨。

這個張勝在匈奴結識了盧綰前一任的燕王，也是八大異姓王之一臧荼的兒子。

　　臧荼的兒子對張勝說，劉邦現在信任盧綰是因為有陳豨這種造反的人，如果有一天，這些有威脅的人都被剷除了，接下來要倒楣的就是盧綰自己，因此，不妨放陳豨一條生路，慢慢打。

　　張勝把這話帶給了盧綰，盧綰害怕了，他低估了自己和劉邦的友誼，也確實是韓信、彭越等人的死亡給他很大的震撼，現在八大異姓王中只剩他和吳芮了。

　　於是盧綰開始不急著攻打陳豨等餘黨，變得猶豫，甚至還派使者去陳豨的軍隊，告訴陳豨，讓他一直在外逃亡，不要和漢軍決戰。

　　盧綰的做法卻被劉邦知道了，此時劉邦又聽說盧綰的使者張勝長期和匈奴保持來往，在重病之際也沒有多想，馬上就認為盧綰有意造反，立刻派樊噲帶兵攻打他。

　　盧綰蒙受了這種不白之冤，沒有像英布一樣乾脆反了，畢竟他和劉邦的友誼還在，他只帶著數千人在塞下等候，想等劉邦病好一些就親自去長安謝罪，和他當面解釋。

　　盧綰等了很久，可惜他最後等來的不是劉邦病癒的消息，而是駕崩的消息。

　　呂后的為人盧綰最了解，他和劉邦親密的關係一直遭到呂后嫉恨。朝中大臣對於自己這個不勞而獲的燕王的憎惡盧綰也心知肚明，此時回長安與找死無異。失去劉邦，盧綰在漢朝就等於失去一切，他只好帶著悲痛逃亡匈奴。

　　盧綰一逃亡，在劉邦離開人世之際，可以說七個異姓王都被解決了，僅僅留了一個弱小的衡山王吳芮而已。

　　諸侯王都剷除了，但劉邦留下了一票同鄉，這群同鄉在漢朝的發展中

起了很大作用。

其實劉邦一生的成功之路，非常符合現代公司的策略理論。

在一個組織的成長過程中，不但要有叼肉的狼，也要有看門的狗。

如果任人唯親，不接納那些自己本來圈子之外的賢才，那麼這個組織的發展將會受到限制。所以劉邦需要韓信、彭越、英布這些有本事卻不是十分忠心的能人，這些人就是叼肉的狼。

但如果一個組織裡面全是叼肉的狼，那也會出問題，一定要有一群自己的嫡系勢力來做保護。

最典型的例子就是後來苻堅的前秦帝國，苻堅是一個很大度的人，他的帳下聚集了無數個來自各民族的菁英，比如鮮卑族的慕容垂、羌族的姚萇等，但是他為了維護各個民族的平衡，太過打壓自己的族人，導致前秦帝國中居然沒有一個重要位置是他自己的氏族同胞。如此一來，若是他能一直戰勝，那就沒什麼問題，他自己的絕對強勢可以壓制局面，但他一旦失敗一次，就像西元前三八三年的淝水之戰那樣，一個看起來無比強盛的前秦瞬間四分五裂，光輝不再，因為那群餓狼不但紛紛獨立了，還回過頭來咬主人。這樣的苻堅不可能像劉邦一樣屢敗屢戰，每次打敗仗後都可以東山再起。

看門的狗雖然沒有叼肉的狼厲害，但一方面他們也能咬人，另一方面他們死心塌地、絕無二心，所以也是一個組織成功的必要條件。

歷代稱霸之君都會培養出一群絕對忠於自己的嫡系勢力。

有的人本來屬於世家大族，有很多親戚族人可以作為天然的看門狗，比如曹操身後有一大堆姓曹或姓夏侯的將領，司馬懿所在的家族河間司馬氏是三國時期中原地區的望族，隋文帝楊堅的楊氏部族在北周聲名顯赫，唐高祖李淵造反之前是隋朝的唐國公，有一群在隋朝任職的李姓同族，宋太祖趙匡胤的趙家在後周也是一個大家族等等。

成功的開國之君也不全是這些貴族子弟，總有幾個窮小子最後享有了天下，明太祖朱元璋是一個，我們的主角漢高祖劉邦也是一個。

　　對這些寒門出身的人而言，沒有那麼多親戚可以提拔自己，劉邦的兄弟中只有四弟楚王劉交還會讀點書（只會讀書，對打仗一竅不通），二哥和其他的堂兄基本上都是農民，養家餬口尚可，爭霸天下則絲毫無用。

　　在這樣的情況下，劉邦想要打造出自己的嫡系部隊就不能靠親戚了，而是要擴大一點範圍。

　　我們可以發現，劉邦手下有名的大臣，除了幾個特別重要的，比如張良、陳平、韓信、彭越、英布等，其他大部分都是來沛縣和豐縣。

　　沛縣是劉邦的老家，豐縣就在沛縣的隔壁，所謂的沛豐一帶出來的這些人，全都是劉邦的同鄉。

　　這些同鄉裡有誰呢？前面提過很多了，再簡單列舉一下。

　　盧綰：燕王，劉邦最親近的人。他原本是豐縣人，和劉邦同年同月同日出生，兩人從小一起長大。

　　蕭何：三傑之一，劉邦後勤的保障，最初是沛縣縣衙負責文書的小吏。

　　曹參：跟著劉邦的戰將中戰功最多的，原本是沛縣縣衙中負責刑獄的小吏。

　　王陵：漢朝後來的丞相之一，原本是沛縣的黑社會大哥，劉邦曾經是他小弟。

　　樊噲：劉邦手下著名戰將，原本是沛縣殺狗的屠戶。

　　周勃：平定呂氏之亂的最大功臣，最初在沛縣是專門在喪禮上給人吹簫賺錢謀生的人。

　　夏侯嬰：人稱滕公，劉邦的車夫，原本是沛縣縣衙的車夫。

　　除了這些以外，還有包括酈商、灌嬰等不是沛縣和豐縣，但家鄉也都

不遠的人。這些人都是劉邦最初還很弱小的時候就在家鄉附近跟隨他的元老功臣。

這批人中沒有一個造反作亂的（盧綰的背叛是一場誤會），而且都對劉邦表現出了非同一般的忠心，當初項羽以王陵的母親作威脅，逼王陵投降，結果王陵的母親為了不讓王陵離開劉邦，直接自殺；滕公幾次救劉邦於危難；樊噲在鴻門宴上挺身而出替劉邦解圍；周勃平定後來的呂氏之亂；他們各個都是大漢朝真正的股肱之臣。

論心狠手辣，劉邦也許比不上朱元璋，他沒有像朱元璋那樣把徐達、常遇春這樣兄弟般的功臣都除掉，雖然對韓信、彭越這些外頭的諸侯王毫不留情，但對於身邊這些兄弟大致上是信任的，雖然也有過懷疑（他也曾幾乎殺了周勃和樊噲），但最終都沒有下狠手。

這樣做是有好處的，我們可以看到呂后威脅劉氏江山的時候，有王陵、周勃、陳平、灌嬰等人拚死抗爭，而朱棣威脅朱允炆江山的時候，能打的將軍全都被朱元璋殺了，只得任人宰割。

劉邦統一天下之後，排名前十的諸侯之前給大家列過了，分別是：

酇侯蕭何第一，平陽侯曹參第二，宣平侯張敖第三，絳侯周勃第四，舞陽侯樊噲第五，曲周侯酈商第六，魯侯奚涓第七，汝陰侯夏侯嬰第八，潁陰侯灌嬰第九，陽陵侯傅寬第十。

這些人裡，蕭何、曹參、周勃、樊噲、奚涓、夏侯嬰六人是劉邦沛縣的同鄉，而酈商、灌嬰和傅寬三人是沛縣附近縣的同鄉，十人之中只有張敖一人不是劉邦的同鄉，而他能夠入選前十則是因為他本來是趙王，剛剛被貶點為侯，地位較高的緣故。

劉邦的一生無疑是精彩的，不過他卻集中綻放在最後的十三年，在將近五十年的碌碌無為之後，劉邦在最後的日子裡成為了中國歷史上第一流的君主。

劉邦是第一個透過造反從平民躍升貴族階級的人，他才是「王侯將相，

寧有種乎」的真正實踐者。一個沒有什麼厲害才能的地痞流氓，究竟是如何建立這種曠世偉業的？

南北朝時期有一個少數民族君主石勒，他評價自己：「如果我和漢高祖同時期，那麼只能給他做一個臣子；如果我和光武帝同時期，說不定可以和他一爭雌雄；至於曹操、司馬懿這些只會欺負女子幼兒的人，我不屑於和他們做比較。」

石勒也是一個奴隸出身、最後建下基業稱帝的君主。從他的評價中，我們可以看出劉邦在後世君主中的地位之高。劉秀是因本身擅長打仗才打下的江山，曹操、司馬懿不但是用兵能手，還有很多其他方面的才能，但他們卻比劉邦這個什麼都不會的人低了好幾個層級。

韓信對劉邦的評價很到位：「不善將兵，然善將將。」沒錯，劉邦雖然不會打仗，但他會用人，是孔子所說「君子不器」的代表，雖然沒有任何才能，但可以讓其他有才能的人為他所用，這才是真正的大才！

具體的才能可以透過後天學習來獲得，可劉邦這種驚天的大才，也許真的和史書上說的一樣「殆天授」！

孟子說：「五百年必有王者興。」如果要從兩漢蔓延的近五百年裡評出一個最厲害的王者，那必定是劉邦！

漢高帝十二年　西元前一九五年

第五卷 呂后當權

第四十章 呂后的報復

漢惠帝元年 西元前一九四年

劉邦死後，漢惠帝劉盈即位。

惠帝是歷史上出名的仁弱君主，所以朝中大事都是呂后說了算。這樣看來，惠帝八年加上呂后後來又控制別的傀儡八年，她一共掌管天下長達十六年的時間。

這十六年裡天下沒有皇帝，只有呂后。

呂后當權後做的第一件事就是報復，報復所有她痛恨的人。

先從戚夫人開始，戚夫人是劉邦最寵愛的妃子，她的兒子劉如意也是劉邦最喜歡的兒子，劉邦死前多次想換太子，讓呂后后位不保，所以她最恨的就是這對母子。

呂后先把戚夫人貶為囚徒，罰去做苦力，這還不夠，又斬斷戚夫人的手足，挖掉她的眼睛，削掉她的耳朵，給她灌啞藥，最後丟到茅廁裡，為了譏諷她，給她起名為「人彘」。

呂后實施完變態的報復後，又非常變態地讓自己的兒子惠帝親自去參觀這個人間煉獄，她以為自己的兒子會和自己一樣感受到復仇的快感，一解當時被這個女人欺負時的種種不快，誰知仁慈的惠帝看到人彘之後，心臟承受不了，大驚之下生了重病。

報復完戚夫人之後，又開始找她兒子的麻煩，呂后派人召趙王劉如意進京，準備殺了他。

趙國此時的國相是周昌，一個漢初非常有名的直臣，雖然有些口吃，但天不怕地不怕，他從來不考慮過多的事情，只要是他認為應該做的事，就會義無反顧地去做。最初劉邦要廢惠帝太子之位，周昌覺得不妥，冒死

進諫保惠帝，因為他口吃，還留下了「期期艾艾」這個成語的典故（其中期期是他，艾艾是指三國時期的鄧艾，典故的由來是因為他們說話時口吃多重複一個字）。

劉邦明白周昌的脾氣，臨終前放棄了換太子的想法，他也想到了善妒的呂后一定會報復自己最喜歡的兒子劉如意，因此特地派周昌去趙國做丞相，別人會因為害怕呂后而沒有盡好保護劉如意的職責，可是周昌不會，他只要想保護劉如意，就不會畏懼呂后。

果然，呂后三番五次召劉如意入京都被周昌拒絕了，但呂后也不是省油的燈，耍了一個詭計，先召周昌進京將他扣住，再差人去召劉如意，沒有周昌的劉如意分寸全亂，他不敢違背呂后的意思，竟然乖乖來到了長安，從這個舉動上倒沒有看出他像劉邦，劉邦才不會這麼沒主見呢！

惠帝聽說劉如意入宮，知道呂后會殺他，他不想違逆母親，卻也不想眼睜睜看著自己的弟弟被殺，於是親自去霸上迎接劉如意，和他一起入宮。惠帝讓劉如意住在宮裡，和他一起吃飯、一起睡覺，不給母親殺害弟弟的機會。

但百密總有一疏，到了十二月，惠帝清晨早起練箭，因為是冬天，十三、四歲的劉如意因為貪睡沒有跟著哥哥去打獵，就被呂后派人強行給他灌毒藥，等到黎明時分，惠帝回來吃早飯的時候，才發現弟弟已經死了，劉如意從入都到身亡不過一月有餘。

這個故事告訴我們，貪睡害死人。

從惠帝大冬天的一早起來練箭可以看出，剛剛即位的惠帝還有一些雄心壯志，可是心地善良的他看到母親竟然用這麼殘酷的手段折磨庶母戚夫人以及殺害弟弟劉如意，心灰意冷之下，他對呂后說：「這些都不是人做的事情，我是母親的兒子，看來我也治理不了天下了。」於是開始天天飲酒作樂，不問政事，慢慢地身體就垮了。

女人嫉妒丈夫的其他女人很正常，可像呂后這樣極為變態的也確實少

見。

呂后比劉邦小十五歲左右，嫁給劉邦的時候約二十歲，兩人一起生活了三年，生下了惠帝和魯元公主，後來就發生了劉邦押送征夫時造反的事件。

劉邦造反之後開始和呂后聚少離多，再往後劉邦投靠了項梁，開始向西推進，直到攻進咸陽前，呂后一直都在老家照顧兒女，並沒有跟隨劉邦。後來劉邦加封漢王，可是還沒來得及把呂后接過去，就開始了楚漢之爭。好不容易率領諸侯聯軍攻入彭城的劉邦，馬上又遭到彭城大敗，險些被項羽所殺，雖然最後驚險逃生，可是一家老小都被項羽給抓走了，這裡頭當然也包括呂后。

從此呂后開始了囚徒生活，一直被關在項羽的軍中，直到鴻溝劃界才得救。得救之後的呂后發現劉邦身邊已經有無數更年輕漂亮的女人了。對於這個經歷多年奔波、青春不再的結髮妻子，劉邦早就沒有興趣了，他對呂后的寵愛已經轉到了戚夫人身上。

劉邦雖然出於對呂后的尊敬（畢竟為自己受了那麼多苦），一直保有她正室的身分，可是之後四處打仗從來沒有帶過她，他只願意帶戚夫人。

劉邦過世的時候，呂后大約四十五歲，這個中年女子一面感嘆著自己的青春虛度，一面展開了報復行動。呂后和劉邦在一起總是聚少離多，心裡非常不平衡的她殺劉邦的兒子絲毫不手軟。

呂后殺完劉邦最喜歡的兒子劉如意之後，將屠刀對準了劉邦的長子劉肥。劉肥是呂后嫁給劉邦前，劉邦和別的女人生下來的私生子。

劉肥此時位居齊王，是當時漢朝最大的諸侯國，有七十多座城的封地，勢力極大。

過年的時候，齊王劉肥按例來長安入朝，和呂后還有惠帝一起吃飯。惠帝認為劉肥是自己的哥哥，在安排座位的時候讓劉肥坐了上座，這個做法讓呂后憤怒不已。

這件事其實惠帝自己也有問題，不管怎麼說，他是一國之君，怎麼可以讓別人坐上坐呢？沒聽說過劉邦讓他哪個哥哥坐上座而自己坐下座的，也難怪呂后生氣。

於是呂后又拿出對付劉如意的那套，上毒酒讓劉肥喝。

正當劉肥準備飲下毒酒的時候，惠帝也站了起來拿起同樣的酒要和劉肥乾杯，眼看親生兒子也要飲下毒酒了，情急之下，呂后只得打翻惠帝的酒杯。劉肥是個聰明人，見到這樣的情景也沒敢繼續喝，佯裝醉酒後迅速離去。

電視上拍毒酒打翻會有冒泡腐蝕的效果，那都是假的！真正皇家用的毒酒哪有那麼容易看出來，劉肥是之後派心腹調查了呂后身邊的人，才知道自己差點喝下去的是毒酒。

劉肥知道呂后要害自己，想到之前劉如意的下場，惶恐萬分，馬上獻出了自己的大郡城陽郡給呂后的女兒魯元公主作封地。

其實獻出一些封地倒也沒什麼，身在長安的劉肥為了保全自己，最後被呂后逼得認了自己妹妹魯元公主為「母」，呂后還大張旗鼓地為他們舉辦了認母儀式，讓齊王在天下人面前丟盡了臉，也讓她呂家大大風光了一把。

連最大諸侯王齊王都向呂家低頭了，其他人也或多或少被嚇著了。

高興的呂后這才網開一面放劉肥回齊國。

從此以後，劉肥再也不敢進入長安，每次入朝都用各種理由拒絕。

劉肥手下有七十多城，如果他不來長安，呂后也無法隨便動他，所以劉肥也成了少有的在呂后手下保命的劉邦之子，這都多虧了弟弟惠帝的捨命相救。

呂后除了把魔爪伸向劉邦的子嗣，當然也開始干預朝政，而朝中的大臣紛紛面臨了各式各樣的抉擇，該如何維護國家的正常運轉又不得罪呂后以自保，同時還得最大可能地保護劉氏子孫，實在不容易。

最厲害的是陳平，他在這個分寸上拿捏得非常準。

劉邦駕崩的時候陳平不在長安，而是在回長安的路上。

原來劉邦病重的時候有人在他面前誣陷樊噲，說樊噲和呂氏結黨，準備在劉邦過世之後殺光趙王劉如意一家人。樊噲的妻子是呂后的妹妹，等於說樊噲是呂后的妹夫，和呂家親也是正常的事情，但要說他有這麼惡毒，卻也不至於，樊噲還是個很淳樸的人。可當時劉邦有點病糊塗了，大怒之下就令周勃和陳平去把在邊郡討伐盧綰的樊噲給殺了。

周勃和陳平兩人到軍中，奪了樊噲的兵權，但沒有馬上殺樊噲，他倆商量：「樊噲是陛下的好兄弟，勞苦功高，又是呂后的妹夫，身分尊貴，陛下只是一時動怒才想殺他，說不定馬上就會後悔。我們不如先把樊噲抓起來送到陛下那裡，讓他自己處理。」

於是周勃便代替樊噲成為軍中的主將，而陳平則用囚車把樊噲往長安押送。結果陳平才走到半路就聽說劉邦駕崩了，害怕有呂家的人因為樊噲的事進讒言，就馬上獨自騎馬趕回長安，讓押送樊噲的部隊慢慢走。

陳平在路上又接到詔書，讓他和灌嬰一起屯守滎陽、不要回長安，陳平看了之後毫不猶豫地抗旨，繼續往長安走，直接跑到宮中，哭得十分悲哀，又堅決要求親自守衛。於是呂后任命陳平為郎中令，讓他輔佐惠帝，這樣呂家的人就一時沒有辦法說陳平的壞話了。

隨後樊噲的囚車到，呂后當然不會殺自己的妹夫，馬上釋放樊噲，官復原職。

當時有人說陳平倒戈投靠了呂后，其實這只是陳平自保的方式而已，保住了他自己，日後復興劉氏才有希望，如果真的被調到滎陽，朝中就連一個說話的人都沒有了，劉氏的江山只怕就要完全落到呂氏手中。

秦末扶蘇的例子就已經很好地說明，朝局動盪時，死也要留在京城，要留在最核心的區域，這樣一切就還有挽回的希望。

第四十一章 蕭規曹隨，低調對外

　　劉邦駕崩後的第二年，大漢朝的另一個頂梁柱丞相蕭何也去世了。

　　從劉邦受封漢王開始，蕭何一直是劉邦後勤的保障，擔任丞相十幾年的時間，漢朝大事由劉邦把持，但很多具體劉邦管不過來的小事都是蕭何決斷，他這一走呂后慌了。

　　呂后雖然是女強人，但對朝廷政務還是不熟悉，在這之前她沒有聽政過，需要專業人士來幫她的忙，就像武則天需要狄仁傑一樣。

　　劉邦臨終前，呂后詢問朝廷大事以後可以託付給誰，劉邦說「蕭何」；然後呂后又問，蕭何之後是誰；劉邦說「曹參」；呂后又問曹參之後，劉邦說王陵可以，但是性格太莽撞，所以需要陳平幫助他，陳平智謀有餘，但難以獨自承擔重任，周勃為人厚道、不善言辭，但將來安定劉氏天下的一定是他，可任太尉。

　　呂后還問他們之後，劉邦就說，再往後的事就不是你能操心的了。

　　這段對話充分體現了劉邦的大智慧，不但知人，而且可以準確地預測未來的局勢。蕭何和曹參能力強且性格穩重，可以獨當一面；王陵雖然能力不錯，但性格過於耿直，容易得罪人，必須仰賴陳平幫忙；陳平非常聰明，但是不可以獨當一面，因為他性格太圓滑又貪財；周勃雖然默默無聞，但性格堅毅沉著，可以保護國家的安全。

　　呂后沒有想到，這幾個人不只是劉邦留下來處理朝政的，更是劉邦留下來對付她的，最後一如劉邦所言，周勃在呂后死後徹底消滅了呂家，保住了劉家的江山，那呂后當然不用管周勃之後的事情了。

　　劉邦雖然遺言已經交代得很清楚了，可蕭何臨終之前，呂后又非常謹

慎地去問了蕭何的意見，蕭何推薦的繼承人也是曹參。

　　呂后這才放心地讓曹參接任丞相。

　　呂后雖然在報復劉邦的妃子和兒子的時候心狠手辣，完全是一副深宮婦人的嫉妒心態，但對於國家大事，她還是非常重視的，所以歷史上都說她是「亂朝廷而不亂天下」。就是說呂后掌權的這段時間雖然對劉家非常不好，但天下治理得不錯，值得稱讚。

　　她和慈禧太后和趙高等人還是有區別，對於呂后而言，她權力擴張滿足私慾的前提，就是必須先把天下穩住，這點和劉邦很像，雖然心狠手辣，但知道如何克制自己。

　　曹參和蕭何一樣，也是最初在沛縣跟著劉邦出來的老臣，當年蕭何是沛縣的文吏，而曹參是沛縣的獄吏，兩人的關係非常好，後來劉邦大封諸侯的時候，曹參戰功最多，所有人都覺得曹參應該位列第一。可是劉邦最後卻把沒有寸土之功的蕭何排在第一，認為蕭何在後方的功勞更大，曹參反而屈居第二。

　　這件事後，蕭何和曹參有了矛盾，晚年已不太來往了，但其實他們還是知己。蕭何死前推薦了曹參，而曹參也知道蕭何一定會推薦自己，他聽聞蕭何的死訊後，馬上就開始準備去當丞相了。

　　曹參當了丞相之後天天喝酒，對於之前蕭何所設立的一切法度沒任何改變，這就是著名的「蕭規曹隨」。當惠帝有疑問問曹參的時候，曹參說：「陛下您比不上高皇帝，我也比不上蕭丞相，那我們為什麼要擅自更動他們所設立的法度呢？他們當初怎麼做，我們就怎麼做，這樣不好嗎？」

　　曹參延續了蕭何時代設立的與民休養生息的政策，並使之成為漢朝前八十年的基本國策，直到漢武帝時期，國力強盛，開始向匈奴開戰為止。

　　表面上看「蕭規曹隨」好像和變法思想完全對立，其實曹參在那個時候做出這樣的選擇有其時代背景因素。當時天下已經大亂了幾百年，好不容易歸於太平，老百姓需要休息，大漢朝也需要休息，所以最好的做法就

是不大興土木，能簡則簡。

正是這樣的時代背景，造就了「蕭規曹隨」和漢初黃老無為治國的思想，當然如果一直這樣不變的話也不行，這要按照背景來看，到了武帝時期，國力明顯強盛，如果依舊不改革、不思進取的話，就有一些不妥了。

所以說變是永恆，不變只是暫時，而曹參只是剛好趕上了那個「暫時」的時期。

曹參做了三年就病故了，呂后完全遵循劉邦死前關於丞相的遺言，曹參死後，將丞相分為左右丞相，分別讓王陵和陳平擔任，讓周勃擔當太尉。

漢朝的開國功臣一個個死去，可匈奴的冒頓單于卻還活得好好的，時不時地想再占漢朝一點便宜。這時冒頓單于聽說劉邦去世後，漢朝由一個女人掌權，就十分囂張地給呂后寫了一封「情書」。

冒頓的這封信寫得很挑釁，大概意思就是：「呂后你成了寡婦，而我的閼氏也剛好去世不久，既然我倆情況差不多，不如妳來草原陪我吧？」

接到如此屈辱的來信，樊噲當時就氣得火冒三丈，馬上提議：「給我十萬部隊，我去橫掃匈奴，給他們點顏色瞧瞧！」可這個提議馬上就被原來是項羽手下的季布阻止，他對呂后說：「樊噲這個人可以殺了！當年高皇帝三十二萬部隊尚被匈奴困在平城，而樊噲卻妄言要以十萬部隊橫掃匈奴！」

呂后是聰明人，當然知道該聽誰的，以現在的漢軍戰力去和匈奴找麻煩，與尋死無異。

幾經思量之後，呂后最後的應對非常低聲下氣，她回信說自己已經年老色衰、牙齒脫落了，不想去草原獻醜，便送了很多漢朝美女給冒頓，而且還派出了和親公主。

呂后是個厲害的女人，能屈能伸，她不單只會心狠手辣，也會忍氣吞聲。這是非常難能可貴的，古往今來能做到的人沒有幾個。從這點上看，

漢惠帝二年至六年　西元前一九三至前一八九年

她和劉邦倒真的是天生一對。

　　朝局已經安排好可靠的丞相，外敵也暫時停止了，可呂后對於自己手中的江山還是不放心。大概是在項羽營中長時間的牢獄生活影響了她，呂后變得非常多疑和小心，她牢牢地抓住自己手中的權力，生怕出了什麼差錯。

　　呂后之後又做了一件離奇的事情，那就是給自己的兒子漢惠帝找了一個皇后，而這個皇后居然是自己的外孫女、漢惠帝的外甥女，也就是魯元公主和張敖的女兒。

　　呂后居然多疑到只相信自己家裡的人了，如果惠帝娶一個外人為皇后，她內心總覺得不安穩，還是親上加親最牢靠。

　　於是，漢惠帝娶了自己的外甥女。其實在漢代，舅舅娶外甥女的現象並不少見，還是可以被接受的，不像現代人想得那麼聞所未聞。只不過對於惠帝來說，他這個外甥女有點太小了，只有十三歲。

　　更變態的是，呂后為了讓惠帝的長子也是呂家的人，在張皇后懷孕之前不讓惠帝的其他妃子生孩子，但凡有哪個妃子先懷了惠帝的龍種，肯定是母子一起喪命。惠帝的張皇后倒是想生孩子，可她畢竟只有十三歲啊！且不說她到底能不能行房事，就算能，惠帝只怕也興趣不大。於是惠帝在位八年一直沒有正式的子嗣，就算偶爾和其他妃子生下一個，也都被呂后處死了。

　　在如此蠻橫的母親下面當兒子，漢惠帝的苦悶已經到了極致。

　　物極必反，呂后極端的做法終於帶來了惡果，這絕對是她始料未及的——在自己的壓迫之下，惠帝突然駕崩，英年早逝。

　　惠帝一死，呂后慌了，她雖然心狠手辣，雖然殘殺嬪妃、其他庶子甚至是自己的親孫子，但對自己的親生兒女卻非常疼愛，所以她承受了巨大的喪子之痛。

除了喪子之痛以外，呂后也擔心著江山不保，她為了讓呂家的孩子成為長子，一直殘害惠帝和其他嬪妃生的孩子。來日方長，等張皇后再大一點，總能生出孩子，可現在惠帝突然駕崩，情況就完全不一樣了。

　　如果惠帝沒有子嗣，按照規矩，得由劉邦的其他兒子來繼承皇位，這是她絕對不能忍受的，她不能容忍自己的江山拱手送給其他女人的孩子。

　　於是呂后讓張皇后找了一個不知道是誰的小孩來撫養，殺了孩子的母親，然後立這個小孩為皇帝，謊稱是惠帝的遺腹子。

　　這就是大漢朝的第一個少帝：劉恭。

第四十二章 三公九卿制

　　既然提到了「蕭規曹隨」，那麼就順便介紹下漢代創立的這套官員制度吧！對理解後續的故事也有幫助。

　　漢代中央政府採取的是秦始皇創立的三公九卿制，品秩用每年下發的糧食來分級，特點是級別層次數量少而級距大。漢朝最高官員三公是萬石品秩，三公之下到了九卿就變成兩千石，兩千石之下都是千石以下的官員了。這個幾千石也不是全發糧食，發一半糧食，另一半換成等價的錢。

　　三公的順序是丞相、太尉和御史大夫，品秩一樣，地位卻還是有差別。

　　丞相是外朝官員的首領，在大司馬出現之前絕對的官員第一人。理論上來說，漢朝的制度規定皇帝負責內朝事，而丞相負責外朝事，所以丞相應該是可以和皇帝分庭抗禮的人物。

　　一個國家除了皇帝家事、軍事和監察以外，其他所有的事務都在丞相的管理範圍內，比我們現在的行政院還要管得寬，行政院管不到法院，但丞相連司法都可以管。

　　另外，負責監察和協管皇帝家事的御史大夫算副丞相，也就是丞相的副官，這樣看來，丞相如果連這些差事也包辦一下的話，一國大事其實也就剩下軍事管不上了。

　　當然，沒有皇帝會傻到連兵權也分給丞相。如果那樣，我們就會懷疑這到底是皇帝的天下還是丞相的天下了，畢竟兵權是一切權力的根本。

　　太尉名義上是漢代的最高軍事長官，也是唯一可以和丞相相提並論的官員。

　　在漢朝常設的官員中，只有丞相和太尉是金印紫綬，即用金色的印章

和紫色的綬帶，三公中剩下的一個御史大夫只能用銀印青綬。

當然還有一些不常設的職位也可以用金印紫綬，比如太師、太保、太傅，比如前後左右將軍等，但這些位置不一定有，往往在一些特殊時期才會出現，更多是象徵一個地位，沒有什麼實職。

雖然金印紫綬讓太尉顯得地位非常高，但其實這個官有些雞肋。

本來太尉應該是相當於國家的國防部長這樣的角色，但在封建王朝卻顯得很尷尬，因為不論國家制度如何規定，最高軍事長官一定是皇帝。

前文也提了，皇帝可以把其他權力都分給丞相，只有兵權是絕對不會放的，既然不會分給丞相，那當然也沒有理由分給太尉了。聰明的皇帝知道兵權是一切權力的根源，不能輕易放手。就拿我們現在來說，總統也兼任三軍統帥，不會全權交由國防部長。

這些都說明了一個道理：最高領導者一定要掌握兵權。

作為封建王朝的最高領導者，皇帝當然也要牢牢把兵權掌握在自己手中。

這樣一來，如果是在戰爭時期，比如戰國，雖然最高軍事權還是在君主手中，但因為連年打仗，臣子中的軍事領導人手上還可以有兵，有自己的實際權力。可是到了和平時期，沒有什麼仗要打，皇帝就沒有任何理由讓臣子來掌管所有兵了。

在漢代，明文規定只要動兵五十人以上就得請皇帝虎符，故而太尉權限也就在五十人以下。說真的，五十人的權力，在地方上不一定比得上一個縣令，在中央則什麼都不是。

所以，太尉只是個「位高而無權」的虛職。

當然，在漢初能做上太尉的人憑藉自己的人脈，也可以對朝局產生很大影響，但這些都是個人因素，和他是不是太尉沒有關係。比如武帝初年的田蚡，作為皇帝的舅舅，他本來就是太后的娘家人，太尉只不過是給他

漢惠帝二年至六年　西元前一九三至前一八九年

一個名號而已。

　　太尉這個無所謂的官職沒多久就被撤了，先是景帝時期，漢景帝自己做了一陣，武帝剛即位時為了安排自己的舅舅田蚡，恢復了一下，等到這個特殊時期一過，又徹底地廢除，從此這個官職就再也沒有出現於西漢的歷史上了。

　　三公中排名最末的是御史大夫，可以簡單理解為副丞相。

　　大家都知道：同樣是領導人，「一把手」和「二把手」差距非常大；同樣是總統，總統和副總統差距非常大；同樣是名義上的相，正牌的丞相和副職的御史大夫差距自然也不小。

　　丞相管轄的範圍非常廣，幾乎涵蓋了一國政治的所有方面，而御史大夫只正經管官員的監察和考核這一塊，類似於現在監察院的角色。

　　御史大夫如何行使自己的監察權呢？

　　皇帝身邊有十五個侍御史，各個地方有各種刺史，這些人分別負責中央和地方的監察工作，然後統一匯報到御史大夫處。

　　另外，御史大夫還有一些額外的事要做，那就是協管皇帝的家事，內廷那些「中字頭」的官員都由御史大夫的副官御史中丞管理。其實這也算監察的一部分，和監察中央政府及地方政府一樣，只不過不敢明白地說是「監察皇帝」而已。

　　雖然在最初設計制度時，御史大夫的職權遠遠小於丞相，但隨著時代的發展，到了西漢的後期，兩者也差不多一樣了，御史大夫幾乎有不低於丞相的地位。

　　出現這種現象的主要原因是御史大夫下屬官員的逐漸強勢。

　　內廷官員的地位在漢代後期越來越高，那些歸御史大夫管轄的「中字頭」官員最後慢慢變成了國家政策的制定者。另外，同屬於御史大夫管轄的刺史，本只是地方的監察官員，可由於一些原因，實際上成了比郡守更

高一級的行政長官，形成類似現在省級的單位。漢初其實沒有省級編制，中央直接下轄全國一百多個郡。

大體來說，御史大夫下轄的兩塊，內廷的「中字頭」官員和地方刺史的地位越來越高，這讓御史大夫自己也慢慢直追丞相，最後竟到了分庭抗禮的地步。

到了西漢後期，甚至出現一種不成文的規矩：丞相和御史大夫之間到底誰是主誰是副，並不取決於誰是丞相誰是御史大夫，而是取決於誰的能力更強，誰更能得到皇帝的信任。

有一個例子：昭帝初年，時任御史大夫的桑弘羊，十三歲就被武帝破格選中，他在當時是西漢經濟方面的天才，能力天下稱頌，遠遠強於僅僅幫衛太子說了一句話就成為丞相的田千秋。所以當時漢朝的國政基本上都是由御史大夫桑弘羊來辦理，丞相田千秋倒成了擺設。

漢朝三公以下就是九卿，類似於我們現在的部長，品秩兩千石。

兩千石是漢朝人眼中大官的標準，景帝時期的酷吏寧乘就說過：「仕不至二千石，賈不至千萬，安可比人乎？」意思就是做官要做到兩千石，做商人要做到千萬，否則就不要和別人比。九卿是兩千石中地位最高的一批。

九卿到底是哪些官有些爭議，很多人認為九卿其實不止九個，有十個、十二個等說法，這裡筆者採用了十個的說法，按照錢穆先生總結的那九個，又加了一個中尉。

中尉作為京師最強軍隊——北軍的領導人，地位十分重要，且在《漢書．百官公卿表》裡的排名也是把中尉和其他九卿放在一類，所以個人觀點還是應該放在其中。

這樣九卿就是：太常、太僕、大鴻臚、宗正、郎中令、衛尉、中尉、少府、治粟內史、廷尉這十個人，接下來一一介紹。

先講講九卿中分管祭祀、教育、車駕、外交和宗室的官員，相對來說

漢惠帝二年至六年 西元前一九三至前一八九年

他們是九卿中權力較小的一個群體。

太常是秦朝「奉常」改名而來，負責祭祀活動。古時候祭祀祖先和鬼神是頭等大事，孔子說過：「國之大事，在祀與戎」，就是說國家的大事無非兩件：祭祀和打仗。打仗已經由更高一級的太尉負責了，那麼負責祭祀的太常自然該是九卿之首。隨著後來的演變，西漢又慢慢出現了太學，這一塊也是太常的管轄範圍，所以也算同時分管了教育。

太僕負責皇帝的儀仗車馬，西漢的第一個太僕滕公夏侯嬰，是劉邦的御用車夫。後來的太僕猜測不是每個都真的親自去給皇帝駕車，因為有的人當上太僕的時候年紀已經比較大了，而且他們也不是靠駕車技術才升官的。

後來的太僕應該主要負責皇帝整個隨行車隊以及用馬等情況，養馬也歸他管。古時候的馬相當於現在的汽車，品質、等級好壞相當講究，也是較為稀缺的資源，所以管馬是相對較重的職責。弼馬瘟這個官職說不定真的沒有悟空想得那麼低。

大鴻臚最早叫典客，有點類似於現在的外交部和國防部合在一起的性質，負責和周邊民族聯繫以及管理歸降的外族。現今的外交部和國防部都很重要，可在漢代就不同了，那個時候國與國之間往來很少，除了匈奴以外，漢朝周邊的國家又太弱，投降的那些外族更是不受待見，大鴻臚的地位自然也就一般了。這一點可以從《漢書》中的用詞看出，「掌諸蠻夷」，都用「蠻夷」二字了，本身就帶著鄙視，又怎麼可能重視。

宗正是比較特殊的一個官，他必須是皇族，因為他負責管理皇室子弟。

漢代的時候，戰國時期遺留下來的家族氣息還比較濃厚，宗正勉強算是劉氏皇族族長，負責登記皇族戶籍，管理皇族進獻等等。另外，皇族子弟犯法也不走一般的程序，不歸廷尉管，而讓宗正用家法處理。

劉邦的子嗣兩百年下來越傳越多，尤其有中山靖王劉勝這樣愛生的，一個人就有一百二十多個兒孫，所以宗正這個工作相當煩瑣複雜，但又沒

什麼實權，吃力不討好。

郎中令、衛尉、中尉這三個官是九卿之中的三個武官，構建出西漢中央的禁衛軍體系。

郎中令是皇帝的隨行人員，掌管皇帝身邊的侍衛，不妨可以理解為「御前侍衛大總管」，但其實又有一點不同。

武帝之前的侍衛全是郎官，在介紹內廷官的時候介紹過，就是漢代文官的預備役。可這些人畢竟不會武，所以後來漢武帝時期又建立了兩支能武的隨身侍衛隊伍，即「羽林軍」和「期門軍」。這兩個隊伍也有預備役的意思，但他們和郎官不同，他們不是文官的預備役，而是武將的預備役。

羽林軍又叫「羽林孤兒」，成員基本都是漢軍中立有戰功且戰死烈士的遺孤，而「期門軍」是由官員和貴族家庭中想當將軍的少年人組成，武帝時期的大將衛青和霍去病就曾經是期門軍的一員。

郎中令負責郎官和羽林期門兩個軍隊，相當於同時掌管西漢文官和武將的預備役，管的都是未來大漢的治國棟梁和戰場將軍，地位非常高。

所以郎中令（後來改名為光祿勳）絕對是九卿中肥缺中的肥缺。

和郎中令不同，衛尉管的就是真正的士兵而非未來的將軍了，他負責整個長安城各宮殿的安全。衛尉所帶的部隊雖然人數不多，編制只有一萬人，但都是精銳之士，因為長期駐紮在長安城的城南，所以被人民稱為「南軍」。

南軍和後面我們要談的北軍最大的區別是，南軍是常設軍，也就是南軍是一支基本上不會大規模更換士兵的部隊，士兵對於長安城和各個宮殿都非常熟悉，也屬於正統的皇家部隊，不會被派遣到外地打仗。

中尉後來改名為「執金吾」，掌管駐紮在長安城外北面的三萬人部隊，也就是俗稱的「北軍」。

北軍相對於南軍而命名，不同的是南軍在長安城內的南部，而北軍在

長安城外的北部。北軍的編制是三萬人，也會有浮動，而且並不固定，是由長安城周圍的六個郡（左馮翊、右扶風、弘農、河東、河內、河南）的軍隊輪流充當北軍，三年一換。

論精銳程度，北軍也許比不上南軍，但由於人數和外地作戰的經驗等原因，北軍還是當之無愧京師一帶最強的武裝力量。一旦朝局發生動盪，北軍中尉的位置舉足輕重，很大程度上會改變戰局。

雖然中尉是否為九卿一員尚有爭議，但由於北軍的存在，其地位絕對沒有人懷疑，任何人都不敢小覷他。

東漢的建立者光武帝劉秀年輕時是一名太學生，有一次見了當時執金吾的威嚴，就大為感嘆：「仕官當作執金吾。」可見這個官在京城的威風。

再補充個小趣事，其實劉秀的話還有後半句，「娶妻當得陰麗華」，而陰麗華就是後來他的皇后，洛陽著名的美人。

少府和治粟內史是漢朝兩個負責經濟和財政的官員，區別在於少府負責皇家財政收入，而治粟內史負責國家財政收入。

在漢初，財政收入的大頭是田稅，而山林湖澤這些部分的收入是小頭，所以治粟內史掌管的田稅用於國家的用度，而少府管理的山林湖澤這些小頭的收入用於皇家的用度，比較合理。

治粟內史後來先後改名為大農令和大司農，都和一個農字分不開，這和他主要管農業收入有很大的關聯。

後來，隨著漢代經濟逐漸發展，情況慢慢地有了變化，鹽鐵等產業的興起讓山林湖澤的收入逐漸超過了田賦，導致皇家的錢用不完而國家的錢不夠用。漢武帝時期諸多征伐，連年對匈奴開戰，國家實在缺錢，武帝就自掏腰包讓少府把一部分山林湖澤收上來的皇家的錢也用於國家的戰爭。

漢初土地和山林湖泊都是可以自由買賣的，造就一大批靠資源起家的商人，比如司馬相如的妻子卓文君家。後來漢武帝發現這個利潤太大，就

把鹽鐵資源都收歸國有，這就是著名的「鹽鐵專賣」。

　　到最後，少府和大司農的區別已經不是給皇家服務還是給國家服務了，他們收上來的錢由皇帝決定怎麼分，只不過少府負責收鹽鐵等資源的錢，而大司農負責收田賦。

　　最後一個說廷尉，這是九卿中比較重要的一個位置，其職能大致相當於我們現在的最高法院，是最高司法審判機構。

　　漢代「官」和「吏」有區別，廷尉雖然是官，其本質卻是整個漢朝最高級的「吏」。漢初幾任皇帝推崇黃老治國，從漢武帝開始獨尊儒術，但這都只是台面上的方針，歷代皇帝從來都沒有離開過法家的嚴酷吏治，那些精通刑名之學的人雖然地位不高，但總會得到皇帝的重用。在這樣的背景下，廷尉的人選尤其受到皇帝的重視，他可是法家最喜歡的刑獄法令方面的最高官員。

　　西漢從文帝開始就有用酷吏的趨勢，景帝時期出現了幾個有名的酷吏，到了武帝時期更是酷吏成風，甚至後來的昭帝、宣帝兩個中興之主也沒有放棄酷吏。再往後，雖然元帝好儒、不喜酷吏，但到了成帝之後，酷吏又再度興起。

第四十三章 呂后時代

　　惠帝生前是唯一可以稍微阻止呂后瘋狂行為的人，他走後，呂后就真的毫無忌憚了，她開始謀劃著給自己呂氏宗族的人封王的事情。

　　礙於「白馬盟誓」，呂后的此項計畫一直進展緩慢。

　　所謂的「白馬盟誓」之前沒有提過，那是劉邦死之前，當他已經把異姓王都剷除得差不多的時候立下的。劉邦殺了一頭白馬，立下了這個規矩：「非劉氏而王，非有功而侯者，天下共擊之。」

　　「白馬盟誓」其實定下了漢朝的兩大傳統：一、如果不是皇族就不能封王；二、如果沒有戰功就不能封侯。當然這兩個傳統其實或多或少地被打破過，第二條在漢武帝時期被破例之後，大家基本上不太管它了，而對於第一條，劉邦的後代堅持了四百年，所有的破例都是特殊情況，比如建國之初的八大異姓王，比如南越王趙佗，比如東漢末年的魏王曹操。

　　除了這些特例以外，破壞這一條最多的就是呂后。

　　在呂后掌權的十五年裡，她最想做的事情就是封呂氏的人為王，先後也確實封了好幾個，呂祿、呂產、呂台都曾經做過王，只不過這一切最後都隨著呂后的逝世隨風而去了。

　　此時的呂后開始「臨朝稱制」，成為中國歷史上第一個主政的女人。

　　高后元年，呂后提出給諸呂封王的提議，卻被王陵當場拒絕。

　　和陳平、周勃的圓滑保身不同，王陵真如劉邦所說，太過耿直，什麼事都直接和呂后作對，「劉邦原本還是老子的小弟，我怎麼可能怕他太太？」

王陵經常不懼艱險站出來對抗呂后，保護劉家的利益，這次也不例外，他認為給諸呂封王違反了「白馬盟誓」，絕對不可以接受。然後呂后又問了陳平和周勃，他們兩人卻說：「高皇帝統一天下，封劉氏子弟為王；現在太后臨朝管理國家，封幾個呂氏的王，沒有什麼問題。」

　　陳平和周勃的說法惹火了王陵，王陵在朝會結束後指責他們：「當初高皇帝與我們歃血盟誓的時候，你們兩位不在場嗎？現在高皇帝駕崩，太后當政要封呂氏為王，你們為了迎合太后而背棄盟約，以後有何顏面去九泉下見高皇帝呢？」

　　陳平和周勃對王陵說：「在這朝堂之上當面阻止太后，我們確實不如您；但是以後要安定國家，保護高皇帝的子孫，您卻不如我們。」

　　沒錯，對付呂后，既要有王陵這樣的直臣，也要有陳平和周勃這樣能忍辱負重、等待機會的人。

　　果然沒過多久，呂后覺得王陵在朝中實在是太礙眼，就把他升為地位更高的太傅，但實際上卻是剝奪了王陵丞相的權力。

　　王陵一個人對抗呂后顯然是失敗的，但他的耿直絕對在一定程度上遏制住了呂后的野心，讓呂后意識到劉氏江山沒有那麼容易倒。因此，王陵其實是以犧牲自己的政治前途為劉氏江山爭取時間，給陳平、周勃這些忍辱負重的人爭取時間。

　　右丞相王陵被調走之後，呂后升陳平為右丞相，提拔自己的親信審食其為左丞相。

　　掌政多年的呂后逐漸熟悉政務，開始用自己的人來替換劉邦的老臣，進一步達到奪權的目的。

　　審食其不是一般人，與其說他是呂后的親信，不如說他是呂后的男寵。

　　呂后在項王軍中被囚禁的時候，審食其一直陪伴在她身邊，對這個與自己共度青春、共歷苦難的人，呂后非常器重。

漢惠帝七年至漢高后七年　西元前一八八至前一八一年

同時，呂后也將原來保過劉如意的御史大夫趙堯給撤掉，換上曾經在沛縣救過自己的任敖。任敖和當年的曹參一樣，最初是沛縣的獄吏，劉邦造反的時候，沛縣的縣令抓了尚在縣中的呂后關在獄中，獄裡有人欺負呂后，幸好任敖出手相救才讓呂后逃過一劫。

連續的人事變動是呂后為了再次提出給諸呂封王做準備，這次她學聰明了，沒有直接封活著的人為王，而是先追封自己死去的父親呂公為宣王，追封自己死去的哥哥呂澤為悼武王，打算用這種追封死人的方式來作為呂氏封王的開端。

呂后的第一步追封死人成功後，開始了第二步，還不是封諸呂為王，而是將自己親生女兒魯元公主的兒子張偃封為魯王。魯元公主的丈夫張敖原本就是劉邦時期八大異姓王之一，只不過後來被廢黜了而已，呂后封張偃為王是打出繼追封死人後的第二個擦邊球。

呂后的第三步是在封諸呂前安撫劉氏大臣的心，她封了惠帝名義上的幾個兒子為王。惠帝的這些兒子一來有可能是假的；二來年齡尚幼，封不封都只有名分而沒有實權，完全是呂后用來穩住大臣的把戲而已。

連續做了三步準備之後，呂后覺得時機差不多了，就派自己的宦官張釋給幾個可以信任的大臣委婉地表達了讓他們上疏請封諸呂為王的事，果然有幾個人明白其中的關節，上疏請封呂后哥哥呂澤的兒子呂台為呂王。

開始給諸呂封王之後，呂后覺得要加強一些和劉家子弟的聯繫來鞏固自己的勢力，就讓小叔楚王劉交的兒子劉郢客和庶子齊王劉肥的兒子劉章入宮當侍衛，封侯的同時還分別找了呂家的女子嫁給他們為妻，想把這兩人培養成劉家中對呂家忠心的人。

其實呂后的這一步棋走錯了，事實上劉章不但沒有如呂后所願成為對呂家忠心的人，反而成為劉家的核心人物，是後來「平定諸呂」中首功級別的人物。

呂后四年，少帝劉恭已經慢慢懂事了，他知道自己不是張皇后的親生

兒子，於是說出了：「太后怎麼可以殺我生母，然後又讓皇后假冒我的生母，等我長大了，一定要報仇。」呂后聽到這句話，對這個小傀儡毫不客氣，馬上幽禁起來，對外宣稱皇帝生病了，不能和任何人見面。

呂后控制少帝之後，對群臣說：「皇帝長期患病，精神失常，不能夠繼續當皇帝來治理天下，應該另立新帝。」於是殺了少帝劉恭，選了第二個少帝劉弘，繼續稱制。

又操控了一次廢立的呂后，對朝廷的掌握越來越得心應手，幾乎沒有人可以影響她做決定了，於是她開始大規模地封呂氏為王，還大規模地將朝廷中的重要職位轉移到呂氏子弟手中。

劉家的天下已經到了最危急的時刻，陳平和周勃還在忍辱負重，等待時機。

這時候，之前提過的那個出使過南越國的謀士陸賈分析當時局勢，他說：「天下安定的時候，丞相比較重要；天下動亂的時候，將軍比較重要。如果將相和睦，則有識之士都會爭相擁附，如此一來，即使天下有變，也不會出現權力的分裂。」

陸賈認為，呂后時期天下的安危就取決於周勃和陳平兩個人，只要他們團結在一起不互相鬧矛盾，劉氏的江山就不會亂。

陳平和周勃雖然在楚漢時期關係很差，記得陳平最早來投靠劉邦的時候嗎？周勃很看不起貪得無厭的陳平，經常勸劉邦不要重用陳平。但現在在陸賈的建議下，兩人的關係開始改善，聯繫也變得密切。

為了保住劉氏的江山，兩人化敵為友，緊密團結在一起，冷靜地等待最後一擊的機會。

可惜蟄伏的陳平、周勃可以在朝中保住力量，卻無法阻止呂后有預謀地連續殺害劉邦子嗣。

之前趙王劉如意被呂后殺害後，呂后把劉邦的另一個兒子劉友給遷徙

漢惠帝七年至漢高后七年　西元前一八八至前一八一年

過來封為趙王，從此以後，趙國開始變成劉邦兒子的集體刑場，呂后每每打算殺誰的時候，就先把他遷徙過來封為趙王。

劉友的妻子是呂后的姪女，但劉友寵愛的是其他姬妾。這讓呂氏王后非常生氣，一怒之下就離開趙國向呂后誣告：「我丈夫說呂氏怎麼可以封王，待太后百年之後，必定要殲滅呂氏。」這句話戳到呂后最忌諱的地方，於是呂后派兵軟禁了劉友，斷絕其食物供應，舉凡偷偷送吃食者，一律抓起來問罪。最後，身為劉邦的親兒子、堂堂的趙王劉友，竟然被活活餓死了。

除掉劉友之後，呂后彷彿上了癮，馬上把劉邦的另一個兒子梁王劉恢給遷徙到趙國來做趙王，又派了另一個姪女去給劉恢做王后。呂家的女人非常厲害，到了趙國以後就把劉恢身邊所有人都換成呂家的親信，不但擅權干政，還處處監視劉恢的一舉一動，讓他不能自作主張。劉恢有一個很寵愛的妃子被呂家的人給毒死了，劉恢在忍受這麼長時間非人的待遇後，最後選擇了殉情自殺。

劉如意、劉友、劉恢，連續三任趙王都被呂后害死，她又想把代王劉恆遷徙過來做趙王。劉恆就是後來的文帝，他當然不會來，一來擺明就是死路一條。於是劉恆自稱願意給國家鎮守邊郡，不願意離開代國，如果自己一離開代國，只怕匈奴有機可乘。呂后還是有點忌憚匈奴的，聽劉恆這麼說，一時之間就沒有動他。

沒有劉恆那麼幸運，另外一位在邊郡的劉邦之子燕王劉建，還沒有等到呂后來害他就自己先病死了，而呂后害不到他卻也不肯放過他的兒子，派人殺了他所有子嗣，使得劉建絕後。

劉邦一共有八個兒子，分別是：漢惠帝劉盈，漢文帝劉恆，齊悼惠王劉肥，先後三個趙王劉如意、劉友、劉恢，燕靈王劉建，淮南厲王劉長。

其中劉如意、劉友、劉恢、劉建先後被呂后迫害，而惠帝這邊也沒有留下什麼後嗣，所以劉邦真正的後人基本上是從其他三個兒子那保留下來

的，分別是齊王劉肥、文帝劉恆和淮南厲王劉長。

劉肥前面提過，雖然是劉邦的長子，不過只是私生子，又掌握了漢朝最大的諸侯國齊國，加上惠帝的幫助，所以呂后一時沒有動他。

淮南厲王劉長是劉邦的小兒子，因其母早喪，從小由呂后撫養長大，感情較深，因此也沒有為呂后所害，活了下來。

最後說說文帝劉恆，文帝的母親薄姬本是楚漢相爭時魏王豹的妃子，有人觀其面相，說她將來會成為天子之母。魏豹以為自己會一統天下便納薄姬為妾，結果後來慘被劉邦這個流氓滅國，薄姬也被搶了。跟了劉邦之後，生下後來的文帝劉恆。

薄姬不受寵卻非常聰明，為了躲避預料之中的災難，早早就帶著兒子去了條件艱苦、且時刻受匈奴威脅的代國駐防。呂后一來確實沒有把薄姬和代王放在眼裡；二來也是出於大局的考量，不想因為動他們而影響到邊防，所以一直沒有機會下手。

漢高后八年 西元前一八〇年

第四十四章 呂氏家族對抗齊王兄弟

漢惠帝七年至漢高后七年 西元前一八八至前一八一年

高后八年，呂后人生的最後一年。

年初時呂后祭祀完，在回來的路上看到一個類似灰狗的動物，猛地衝進自己的腋下然後不見了。呂后回宮後找人占卜此事，占卜的人說這是劉如意在作祟，於是她悶悶不樂，就此生了重病。

呂后這個得病過程有點神話色彩，筆者覺得其實沒有那麼玄，只是呂后年紀大了，身體本來就不好，加上一直忌憚於戚夫人、劉如意，殘害他們母子之後心有芥蒂，在疲憊的情況下產生幻覺，才會看到灰狗之類的動物。

不論如何，呂后真的生重病了，她知道自己時日不多，可是她侵吞劉家江山的計畫還在緩慢進行，在這個緊要關頭，若是自己撒手人寰，那呂氏一族鐵定要遭殃了。

呂后不得不加快腳步，原本穩健的步伐變得越來越急躁，她封自己的姪子呂祿為趙王並且掌管北軍，讓另一個姪子呂王呂產任丞相的同時掌管南軍，一舉控制了京師附近最強的兩股軍事力量。呂后還派審食其當少帝的太傅，讓呂祿的女兒成為皇后。

鬥爭經驗豐富的呂后知道，只要控制好皇帝和軍隊，不管發生什麼變故，呂家都可以立於不敗之地。

到了秋天，呂后的身體實在不行了，臨終之前她特地告誡了呂產和呂祿一番：「封呂氏為王，一定有很多大臣心生不服，我就要走了，皇帝年幼，恐怕大臣會趁機向呂氏發難，你們務必要掌握好軍隊，嚴守宮廷，千萬不要為了送喪而輕易離開重地，以免為人所制。」

呂后掌權十五年，我們不能抹殺她的功績，在她的統治之下，漢朝結束了劉邦時代的東征西討，開始走上休養生息之路，為文景之治打下堅實的基礎。

　　呂后在用人方面非常有眼光，雖然她自己一直忙著報復和奪權，但是她選出來的官員卻替她很好地治理了天下。

　　呂后的不軌之心也很明顯，她對於劉氏子弟的迫害已經達到了令人髮指的地步，這也是她歷來惡名昭彰的原因。

　　如果讓呂后多活十年，筆者真的懷疑劉邦的江山是否還能繼續姓劉，其實呂后走之前已經做好了一切篡權的準備，只可惜她託付的呂家人不爭氣，還是很快就丟掉了這一切，讓呂家的輝煌瞬間隨風而去。

　　呂后臨終時已經把南軍和北軍都掌握在呂家人手中，對於呂產和呂祿這兩個新一代呂家核心而言，他們隨時可以發兵叛亂，機會應該不小，可是他們卻一直猶豫，猶豫到劉家的人先動手。

　　最先動手的是齊王劉肥的後人。

　　劉肥在呂后時期謹小慎微，總是低聲下氣地討好呂后，最後保住了自己的家業，除此之外沒有什麼特別的事跡，但他卻生了一群英武的兒子，除了頗具奸雄氣質的長子劉襄以外，還有著名的朱虛侯劉章和東牟侯劉興居，以及後來七國之亂時期武功極高的膠西王劉卬。

　　劉肥也許是命不好吧！如果真的給他機會，說不定能有一番大作為，說不定他才是劉邦諸多兒子中最「類劉邦」的那個。

　　劉章和劉興居分別是劉肥的次子和三子，在長安任內侍的官職，兩人英武異常，是屬於劉氏一族第三代中年齡最大也最出色的人。

　　劉章二十歲的時候就霸氣外漏，有一回呂后讓他做酒吏，他好好地挫了一下呂家人的銳氣。

　　所謂酒吏就是酒監，宴會時負責監督大家喝酒，《三國演義》裡周瑜宴

漢惠帝七年至漢高后七年　西元前一八八至前一八一年

請蔣幹時，就曾讓太史慈做過此事。這個差事原本不是什麼嚴肅的事情，無非是活躍氣氛，可劉章卻異常認真，請求以軍法來監酒。

呂后沒有多想，覺得軍法監酒也頗有意思，就這麼答應了劉章。劉章得了雞毛當令箭，馬上就公然在宴席上唱歌跳舞，歌曲中還都是對呂氏的諷刺，可謂膽大包天。

當時呂后權力滔天，人人對之敬畏，連周勃和陳平都只能夾起尾巴做人，劉章卻如此公然地表達對呂氏的不滿，可見其膽量。當然劉章也不是胡鬧一氣，他敢這麼做很大原因是因為自己的妻子是呂家人，為了面子，呂后不會立刻下狠手。

劉章見呂后默許了他歌舞中的不遜，更是得理不饒人，恰好當時有個呂氏族人喝醉了，想逃酒，這本也是再正常不過的事情，可被劉章抓上就不一樣了，他直接追上前去將那個逃酒之人給殺了，然後回來大義凜然地對呂后說，有一人逃酒，我已經按照軍法將他殺了。呂后非常後悔，但最初是自己答應劉章以軍法監酒的，不好再多說什麼，只得作罷。

從此以後，呂氏一族的人都非常害怕劉章，朝中的大臣也紛紛依附這個年僅二十的劉氏宗親，此時周勃和陳平還在韜光養晦，劉章一下子成為了劉氏的核心。

劉章對平定諸呂的貢獻不止這一件。

呂后駕崩之後，呂祿、呂產等一幫人想造反，在進行祕密的謀劃。這個消息也是劉章第一個知道的。

劉章的妻子是呂家人，他先從妻子那裡聽到諸呂準備作亂的消息，出於私心，他第一時間沒有告訴周勃和陳平，而是告訴了遠在齊國的哥哥齊王劉襄。

弟弟如此好漢，哥哥自然也不會差。劉襄馬上與自己的舅舅駟鈞和心腹大臣祝午、魏勃一起密謀發兵之事。

根據漢朝的制，諸侯王不可以直接掌兵，兵符在中央派過去的國相手中，當時的齊國國相召平聽聞齊王要起兵，馬上命人將王宮圍住，意圖阻止劉襄的企圖。

劉襄真的不是省油的燈，他的心腹之一魏勃其實也是中央的任官，且在外人面前都沒表現出和劉襄有特殊關係。劉襄這種在悄無聲息中拉攏人的能力真的很像劉邦，不愧是劉邦的長孫，頗具高帝的風範。

魏勃知道召平不清楚自己和劉襄的關係，就去欺騙召平，說：「齊王想作亂，您發兵圍王宮的舉措非常正確，我來替您圍王宮，減輕您的壓力吧！」

召平輕信了魏勃，將兵權交給了他，而魏勃一拿到兵權之後立刻將國相府給圍了起來，惱羞成怒的召平一氣之下就自殺了。

拿到齊國兵權的劉襄愈發顯出了奸雄的本色，他又派人去找琅琊王劉澤。

劉澤是劉邦開國的老功臣，輩分非常高，本來他無論是論戰功或和劉邦的親疏關係都封不了王，他能夠封王有個有趣的小故事。

呂后時期，劉澤只是營陵侯，天天在長安待著，沒什麼實權，也是呂后防備的人之一。

有一次，劉澤接濟了一個書生田壽，田壽為了報答他，就說要為他謀劃出一個王的位置。劉澤半信半疑，給了田壽一筆錢，讓他自己去規劃。田壽在外遊歷兩年之後回到長安，假裝不認識劉澤，租了一棟大宅子。

田壽先讓自己的兒子去結交呂后寵信的太監張釋，田壽在和張釋混熟之後，給張釋出建議：「太后現在非常想封呂氏宗族的人為王，但是限於高帝當年的『白馬盟誓』不想自己提出來，希望有別人能替她把這些話說出來。」

張釋信了田壽的話，向呂后提議立呂氏子弟為王，呂后非常高興，賞

漢惠帝七年至漢高后七年　西元前一八八至前一八一年

了好多錢給張釋。張釋要將獎錢的一半給田壽，田壽不收，又對張釋說，現在呂產等人封了王，大臣都不服，營陵侯劉澤當過將軍，是劉氏宗族中較為有聲望的一人，如果你建議太后也封他為王，可以平息一下大臣的不滿，那幾個封王的呂氏王位就更加堅固了。

張釋對田壽言聽計從，又把這些話跟呂后說了，呂后也認為有道理，就封劉澤為琅琊王，還把自己的姨甥女嫁給劉澤，妄圖拉攏他。

田壽替劉澤討得王位後，馬上就和劉澤一起逃出了函谷關，前往琅琊國，果然不出他們所料，呂后很快就反悔了，派人去追捕他們未果。等兩人到了琅琊國之後，呂后就不太好再動他們了，聰明一世的呂后在這件事上徹底被田壽戲弄了。

田壽聰明絕頂，和春秋戰國時期遊說諸國的縱橫家非常相似，就像孔子的得意門生子貢一樣，幾句話就可以改變國家的命運，是個奇才。

然而很可惜，田壽後來就消失在歷史舞台上了，他沒有繼續替劉澤辦事，也沒有到漢朝其他地方擔任任何官職。

說完劉澤的逸事，繼續回到劉襄起兵的部分。

劉襄派心腹祝午去對劉澤說：「呂氏馬上要作亂了，我們劉姓的王爺要有所動作，但是我年紀尚小（估算也就二十多歲），不擅長打仗，我願意舉國都委託給大王您，您在高帝時期就是有名的將軍，一定可以帶領我們打好這一仗，但是我現在不敢離開齊國的部隊，怕被其他人所趁，希望您能到臨淄來與我共同商議西擊關中的大計。」

沒有了田壽的劉澤其實也就是一介武夫，這麼簡單的一個陷阱都沒看出來，傻裡傻氣地隻身去了臨淄。人一到臨淄劉襄馬上翻臉不認人扣押了他，然後讓祝午用劉澤的名義發動琅琊國的兵與齊兵合二為一。

劉襄發動兩國兵力之後，覺得氣勢已成，正式發出公告給各個諸侯王，公開譴責呂氏的惡行，號召大家一起抗呂。代王劉恆——也就是後來的文帝就是在此時響應了劉襄的號召，順勢起兵。

此時中央是呂產當權，樊噲死後，呂氏家族中本沒有帶兵的良將，高帝時期剩下的將領也只有周勃和灌嬰了。周勃一直為呂家所防範，所以呂產派了灌嬰去迎戰劉襄。

誰知灌嬰其實也是劉氏的支持者，雖然不敢直接和呂氏對抗，但這種為呂氏賣命的事他是不會做的，和劉襄很有默契地在滎陽、成皋這個當年劉邦和項王僵持的地方耗了起來，誰也不出兵真打。

灌嬰不真打是不想給呂氏賣命，和劉氏長孫兵戎相見，而劉襄不真打是因為他接到了劉章和劉興居發來的消息——長安將要大變。

第四十五章 平定諸呂，絳侯定天下

劉章說的長安大變是陳平和周勃發起的「平定諸呂」行動。

從劉章那裡得知諸呂準備叛亂後，絳侯周勃想先動手殺了呂家的人，可是他絕對鬥不過呂祿手中的北軍，對於周勃來說，唯一的機會就是想辦法讓北軍倒戈。

以當時人民對劉氏江山的認同及對呂氏的痛恨，還有本身多年當將軍的威望，周勃想讓北軍倒戈並不難，關鍵是如何能夠在沒有呂家人的情況下進入北軍，給他一個策反軍隊的機會。

呂祿只要一直不離開北軍，周勃就一點機會也沒有。

陳平又出奇計，他找來呂祿最好的朋友酈寄。

酈寄是劉邦大將酈商的兒子，也算是劉氏的老臣，陳平半勸服半威脅地把酈寄拉到自己這邊。

酈寄按照陳平的指示，約呂祿出城打獵，而周勃就趁這個機會隻身衝進北軍，對所有兵士說：「幫呂氏的人露出右臂，幫劉氏的人露出左臂。」

周勃敢這麼做是因為他深信當時人心還是向著劉家的，呂家畢竟只是一群「妄圖盜取劉家革命果實」的人。

北軍將士不出意料紛紛露出左臂，跟隨周勃一起變成剷除呂氏的勢力，就這樣周勃在沒有兵符的情況下拿到了北軍的指揮權。

掌握了北軍對於陳平、周勃而言等於已經贏一大半了，但為了確保萬無一失，他們還要想辦法解決南軍的問題。

南軍當時尚在呂產的掌握之中，呂產衝進皇宮想要作亂。已故丞相曹

參的兒子曹窋時任御史大夫，他第一時間把消息告訴周勃，周勃火速撥了一千人給之前提過的劉肥之子、英雄無敵的朱虛侯劉章。

劉章帶著這些部隊不但擊退了呂產的人，其弟劉興居甚至還順勢把呂后立的新少帝給除掉了，說他不是真正的劉氏子孫。

劉章兄弟是有私心的，當時他們的大哥——也就是劉邦的長孫齊王劉襄已經起兵討伐呂氏，殺了少帝之後，劉襄就是最有希望繼承皇位的人，而哥哥繼承皇位，身為親弟弟的自己還能不飛黃騰達嗎？

不管這個少帝到底是不是惠帝的骨肉，當時不但劉章兄弟不想認他，連周勃、陳平都不想認，所以他即使是真皇子，也只有當假皇子的命了。

囂張了十五年的呂氏一族瞬間隨著呂后的去世而煙消雲散。

當時無論是比血緣關係還是比平定諸呂的功勞，確實無人比劉襄更適合做皇帝，而且從幾件事情上來看，他確實也很有本事。

但劉襄也疏忽大意了，他認為自己鐵定會成為下一任皇帝，就撤兵回了山東，將選皇帝的權力完全交給周勃和陳平。其實當時他如果再狠一些，想辦法說服灌嬰，在劉章和劉興居的裡應外合之下直接殺進長安，那皇位就真的逃不出他的手掌了。

真實的情況大家都知道，周勃和陳平最後選的皇帝是代王劉恆，而不是齊王劉襄。

周勃和陳平選劉恆的官方理由是：劉襄的母家太強勢，舅舅駟鈞據說有萬人斬的武力，劉襄要是當了皇帝，難保不會出現呂氏當權這種外戚過強的局面。

其實全是胡說八道。

在劉襄整個除掉呂氏一族的過程中，全然沒有見過他母家的人做過什麼大事，駟鈞的萬人斬也只是個傳說而已，劉襄真正厲害的是他自身的奸雄本色，以及一眾以劉章為首的英武弟弟，這樣的家庭明顯是本族強過母

漢惠帝七年至漢高后七年　西元前一八八至前一八一年

家，怎麼可能有外戚干政的問題？

　　周勃和陳平不選劉襄是私心作祟，劉襄要是當了皇帝，之後就不會再重用他倆，平亂的首功也必定落在劉章等人身上。劉肥一共有九個兒子，此時只是最大的三個已成年的兒子就已經讓全天下都刮目相看了，一旦他們得勢，只怕這一家人會霸占整個漢朝，讓朝野巨變，讓原先的老臣都失去當初的地位。

　　相較之下，代王劉恆向來文弱（其實只是看起來文弱），母家薄氏人丁單薄、非常弱小，讓這樣的人做皇帝，周勃和陳平自然放心，也更可以維護他們的權臣地位。

　　於是在周勃和陳平的商議之下，漢朝就此進入了文帝時代，而英武的齊王一家只得繼續做歷史的配角。

　　當周勃的使者給劉恆說要立他為天子的時候，劉恆第一反應不是欣喜，相反，一向謹慎低調、小心翼翼的他非常害怕，呂后時期對劉邦子嗣的迫害始終讓他心有餘悸。

　　各種潛伏的危險讓劉恆沒有第一時間答應進入長安，而是和群臣商議。

　　漢初郡國的官員設置大概模仿中央的三公九卿編制，但是有所縮減，三公縮減為一個國相，總攬郡國大政，而九卿中最關鍵的官員是郎中令和中尉，一個負責諸侯王的內朝事，一個負責郡國的軍隊。

　　當時劉恆代國的郎中令叫張武，中尉叫宋昌，這兩個人的意見正好相反。

　　張武的意思是中央那些大臣都是跟隨高皇帝一起平定天下的人，權謀詐變比較多，不可以親信。但是宋昌卻認為呂后已死，天下必然是劉氏的天下，外有齊國、楚國、琅琊國這些劉姓大國，內有劉章、劉興居這些劉姓強臣，去長安應該沒有太大的危險。

　　劉恆很謹慎地先派宋昌前去長安觀察形勢，自己後來才慢慢趕到。周

勃在接近劉恆的時候提出想單獨說話的要求都被拒絕了，宋昌還給出了非常冠冕堂皇的理由：「如果是公事，不妨公開說；如果是私事，做王的人沒有私情。」

劉恆不卑不亢的態度在一定程度上震懾了周勃，最終走完了一系列的程序（就是再三辭讓，「西向讓者三，南向讓者再」，最終「不得已」接受了皇位），成功成為了大漢朝新一任的皇帝。

剛即位的文帝思路非常清晰，他知道什麼權力都沒有兵權來得實在，他很快做出了第一項人事調整，就是讓自己的心腹張武任郎中令，保護隨行安全，然後又任命另一個親信宋昌為衛將軍，監管南北軍。

南軍和北軍是京師最重要的軍事力量，掌握了他們就等於永遠掌握主權。

安排好了自己人，文帝沒有忘記照顧那些推舉自己為皇帝的老臣，他任陳平和周勃為左右丞相，任命將軍灌嬰為太尉。

除了上述三人，另外兩個平亂功臣就是齊王劉襄的二弟和三弟——朱虛侯劉章和東牟侯劉興居。這兩人顯然應該被大大地封賞，本來文帝和朝臣許給他們的封賞是給劉章趙地，給劉興居梁地，成為兩大諸侯王。

趙地和梁地是漢朝中央的兩塊重鎮，尤其是梁地，那是楚漢時期劉邦和項王僵持不下的滎陽、成皋一線，有中原至關重要的敖倉。

如果諸侯國有動亂，梁國是他們東進長安的必經之路。後來文帝的兒子景帝時期發生的「七國之亂」中，時任梁王的劉武是景帝的親弟弟，多虧他的苦苦堅持，才迎來了景帝對抗諸侯王大軍戰局的轉機。

齊王劉襄對於文帝來說有著很大威脅，如果把趙、梁都分給他的弟弟，難保他們三兄弟不會連成一個可以和長安東西對峙的大政權，這太危險了。

幾經考慮，文帝最後食言了，他僅僅從齊國劃出來兩個郡，然後分別

漢惠帝七年至漢高后七年　西元前一八八至前一八一年

封劉章和劉興居為城陽王和濟北王，讓他倆分了親哥哥原來的地，這和最初的許諾差距甚大。

從文帝甫一即位的這一系列措施就可以看出他的不凡，對時局的判斷和下決策時的果敢都值得稱讚，該掌握在自己手裡的權力絕不猶豫，該封賞的絕不吝惜，該食言的也絕對沒有過多的講究。

大漢朝又迎來一個新的曠世帝王，將開啟一個全然不同的時代。

歷史上對呂后的評價褒貶不一，筆者認為這個女人應該從兩面來看。

如果把她純粹當成一個政治人物，其實她應該還是正面的。在呂后執政的十五年裡，她「亂朝廷而不亂天下」的做法顯然造福了往後數百年的大漢江山，她的許多政策也得到了後人的肯定。比如呂后廢除「妖言令」，就是延續了劉邦反對秦朝苛政的思想，也算是為後來的「文景之治」造成一些啟示作用。

當然，人都是複雜的。歷來對呂后的咒罵如此多，主要集中於她的個人品格上，心狠手辣，剷除異己，工於心計，這樣一個人注定不會有好名聲。呂后會做出那麼多慘絕人寰的事情當然和她的性格有關，但前文提過，也和劉邦以及她前半生的命運有很大關係，算是命數使然。

歷來民間輿論評價一個歷史人物，總喜歡用他們的個人品格作標準，比如項羽是個英雄，劉邦是個小人。其實有時候個人品格和他對歷史的作用正面與否沒有太大關係。有些人人品不錯，但對歷史的作用就是負面的，比如宋徽宗、明崇禎帝、吳佩孚、段祺瑞；有的人人品極差，但對歷史的作用就是正面的，比如秦始皇、劉邦夫婦、朱元璋。

第六卷 文帝承前

第四十六章 剷除異己 穩定朝局

　　歷朝歷代如何「解決」自己的開國功臣都是一個令人頭疼的問題。

　　王朝的建立是一種「馬上打天下」的模式，這些擅長馬上功夫的人，理所當然成為了一個王朝最關鍵的實權團體。但是，顯然這種馬上的模式，並不適用於後續國家的治理。國家的治理應該需要一批從常規選拔制度中脫穎而出的人，來掌握職權，讓他們進行「馬下治天下」的模式。

　　然而，從開國的軍功團體手中，成功地把實權轉移到新的治理團體，是一個艱難的過程，那些戰功赫赫的開國元老不會輕易地放權，殘酷的戰鬥經驗告訴他們，只有時時刻刻把權力把握在自己手中才是最保險的。

　　於是君主為了成功完成這個過程，經常會使出一些特殊的手段，這個手段有時會伴隨著流血，比如朱元璋晚年大肆屠殺功臣，比如劉邦對於異姓諸侯王的征伐；當然有時候這個過程也會比較平和，比如漢光武帝的遣散諸將，比如宋太祖的杯酒釋兵權。

　　劉邦在殯天的時候其實只把這個實權轉移的過程完成了一半，他成功地把那些威脅最大的異姓諸侯王都一一剷除，但為了防呂后，他不得不留下一批朝中的元老功臣，比如陳平、周勃、王陵、張良等人。呂后十幾年的統治相當於又把這個實權轉移的過程完成了一部分，她的努力讓這些當年跟著劉邦打天下的老臣慢慢離開朝局，只不過她選的接替者都是自己呂家的人而已。

　　等到諸呂之亂後，朝中的老臣又一次出頭把持了朝政，立下文帝。經過前人的鋪墊，擺在新皇帝文帝面前的任務就是把老臣徹底逐出核心決策層了。

劉邦和呂后時期的漢朝混亂不堪，由於有戰時軍功的存在，朝中的用人等都是一個較隨意和不合規矩的狀態，文帝如果想讓朝局步入正軌，就必須讓那些建國元老完全退出，拿出一批自己人、一批走正式治理天下途徑脫穎而出的人才。

　　其實由於呂后的迫害和年齡的原因，當時餘下的劉邦舊臣已經不多了，區區三人而已，那就是平亂首功的周勃、陳平，還有將軍灌嬰。

　　雖然只有三個人，但三人都是朝野重臣，又是平亂的最大功臣，分別是左右丞相和太尉，三公之中最大的三個官，對於國家的治理有著舉足輕重的影響。

　　另外，在皇帝和重臣有矛盾的時候，重臣還有個狠招——「廢立」，既然你要和我們作對，廢了你換一個皇帝就是，昭帝、宣帝時期發生的「霍光廢帝」事件就是如此，昌邑王劉賀被立了二十一天，不符合霍光的心意，於是霍光直接廢掉了他，換另一個有資格的人當皇帝。

　　此時誰最有資格和文帝搶皇位，當然是劉邦的長孫齊王劉襄了，而劉襄還有兩個在朝中非常有地位、能力極佳的弟弟城陽王劉章和濟北王劉興居。

　　好，文帝在繼位之初，他的心頭大患有誰應該很清楚了，無非就是這六個人：周勃、陳平、灌嬰、劉襄、劉章、劉興居。

　　接著神奇的事情發生了。

　　短短四年之內，這六個人病死了四個，活下來的劉興居謀反兵敗自殺，周勃也被密告謀反而抓了起來。

　　如果說陳平和灌嬰是因為年紀大了，病死也算正常，那麼劉襄和劉章呢？如果說劉襄這種養尊處優的王爺二十三歲暴斃還勉強可以接受，那麼劉章這個二十歲就震懾諸呂、霸氣外漏的英豪也二十二歲就暴斃是不是太可疑了呢？更何況他們的弟弟劉興居還在這個時候跳出來造了一場不可能成功的反？

也許是筆者以小人之心度君子之腹，查了很多史料，對於這些情況一般說法都是劉襄「鬱鬱而終」，對於劉章的死甚至沒有太多討論，彷彿大家都非常相信這些可疑的死亡和文帝一點關係也沒有。

提出這個疑問和懷疑僅僅是在翻閱史料時的偶然所得，純屬個人觀點。

筆者很喜歡一首詩，那是白居易〈放言〉的後四句：「周公恐懼流言後，王莽謙恭未篡時。向使當初身便死，一生真偽復誰知？」所謂「瓜田李下」，文帝有很大的「大偽似忠」的嫌疑。歷史沒有任何蛛絲馬跡，有可能只是他的手段高明而已，以至於沒給後世的我們留下一絲證據。

一生真偽復誰知？文帝真偽已經永遠湮沒在歷史的長河中了。

真的很為劉襄、劉章、劉興居三兄弟感到遺憾，如此有本事的人最終卻只能在歷史上短暫劃過，沒有綻放出更多的光彩，這也許就是所謂的生不逢時吧！

其實這麼短暫的人生也已經給後人留下足夠耀眼的光芒了，這裡說一個和劉章有關的趣事。

兩百年後，當王莽篡奪了漢室江山之後，有一支著名的百姓起義軍叫「赤眉軍」。赤眉軍的得名是因為最初起義的時候沒有錢統一服裝來區分，他們就很樸素地把自己的眉毛都塗紅來給同伴辨認。

赤眉軍是東漢初年一個非常重要的百姓起義軍，劉秀後來能夠重新統一天下、光復漢室有很大程度上是借了他們的光（另一種說法是：貴族階級的代表劉秀盜取了百姓起義的果實）。

這個部隊在始有規模時，考慮到當時人心思漢，大家都在懷念西漢兩百年的治世，所以打算立個正宗的漢室後人來做名義領袖。西漢先後有過十二位皇帝和數不清的王爺，可赤眉軍偏偏就挑中了城陽景王劉章（「景」是諡號），認為他英武過人，應該選他的後人來做自己的領袖，於是開始全軍找劉章的後人。

劉章雖然二十二歲就死了，卻留下了子嗣，這些後人經過了兩百年的繁衍，居然已經滿天下了，在區區幾萬人的赤眉軍裡竟找出了兩百多個劉章的後人，最後不得不採取抽籤抓鬮的方式來決定領袖，成為一段趣聞。

　　劉襄沒有劉章那麼受後人敬重，不過他的兒子桃侯劉舍在景帝朝的時候成為朝中的丞相，也算很厲害了。

　　文帝忌憚的六個人中，周勃算是結局不錯的一個，畢竟是善終，雖然晚年有些悽慘。

　　周勃在做丞相的時候為文帝百般刁難。

　　確實，丞相這個位置太為難周勃了，他在沛縣的時候本來只是一個靠在喪禮上吹簫賺錢為生的粗人，後來跟劉邦打了不少仗也就鍛鍊了行軍打仗的本事，突然讓他做丞相這種文職，實在是刁難。

　　當時文帝問周勃：「天下一年內判決多少案件？」周勃謝罪說不知道。文帝又問：「一年內全國錢穀收入有多少？」周勃又謝罪說不知道，緊張和慚愧之下，汗流浹背。於是文帝就問了另一個丞相陳平，陳平說：「有專門主管這些事情的官員，不應該問我。」文帝問：「由誰主管？」陳平回答說：「陛下如果要了解刑案，應該去問廷尉；如果想問錢穀收支，應該問治粟內史。」文帝說：「每件事都有自己的主管官員，那您丞相負責什麼事情呢？」陳平回答：「丞相的職責是上輔佐天子，通理陰陽，順應四季變化；下對萬物各得其所；對外安撫四夷和諸侯；對內使百姓擁附，使卿大夫各自發揮所長。」文帝大讚陳平的回答。

　　周勃覺得很羞愧，退朝之後就對陳平說：「您平時怎麼不教我這些東西？」陳平說：「您身為丞相，卻不知丞相的職責是什麼嗎？如果陛下再問長安城中有多少盜賊，您也要勉強回答嗎？」

　　周勃從此以後知道自己的能力不如陳平，所以大事都交給陳平來處理，沒多久乾脆主動請辭丞相的官職。

　　辭官之後的周勃心裡還是不踏實，整天擔心文帝會找他麻煩，每當河

東郡守、郡都尉巡視來到周勃的封邑絳縣，周勃總害怕被誅殺，每次都身披鎧甲，令家人手執兵器，與郡守、郡都尉相見。

殊不知這反而是給別人口實，陷自己於不義。

就這樣，周勃被告謀反，被文帝抓了起來。在獄中，文帝派出的小吏一點都沒有給這個曾經的大將軍面子，各種嚴刑逼問。在戰場上威風八面的周勃被這群刀筆小吏給整得痛苦不堪，幾欲自殺，感嘆道：「以前指揮百萬軍隊的時候從來不知道，原來刀筆小吏這麼厲害！」

在漢代，獄吏的可怕大家是知道的，也經過很多史實的證明。雖然漢初表面上黃老治國，而後來獨尊儒術，但其實暗地裡從來沒有離開過法家的學說。整個漢朝一直執行嚴格的獄吏制度，刀筆小吏在自己的職權範圍內幾乎可以為所欲為，犯人曾經是多大的官都沒有用，一樣要被他們折磨。

景帝和武帝時期有名的大臣韓安國就曾經被獄吏幾乎摧殘致死，而著名的「飛將軍」李廣在自殺前的最後一句話也是：「我已經六十多歲了，不能夠再去面對那些刀筆之吏！」

試想，勇如李廣在晚年的時候都怕見這些獄吏，更何況一般人？

後來周勃實在受不了了，花了好多錢行賄這些獄吏，終於有獄吏被打動了，在案牘的背面寫上「以公主為證」，暗示周勃應該怎麼做。周勃的兒媳婦是文帝的小女兒，獄吏的意思是讓周勃想辦法透過公主來證明自己的清白。

周勃還是幸運的，在公主的幫助之下，幾乎從來不參與朝政的薄太后在關鍵時刻替他說好話了。薄太后性格溫順，完全沒有權力欲，從不干擾兒子的朝政，甚至連唯一的弟弟薄昭犯罪時也沒有站出來替他求情。可她這次居然為周勃開口，份量非常重。

文帝去拜見太后的時候，薄太后直接把護頭的帽絮扔到文帝身上，說：「絳侯周勃在誅殺諸呂的時候，手持皇帝玉璽，統領北軍將士，不利用這個時機謀反，如今在一個小縣裡，反而要謀反嗎？」

文帝一看連母親都說出這種話，知道不能再為難周勃了，最後無罪釋放他，還把絳侯的封地完整地還給他，讓他安心養老，度過了最後的七年，也算仁至義盡了。

　　至於文帝後來起用周勃的兒子周亞夫，那就是後話了。

　　周勃有個好兒子，我們會在景帝時期作詳細介紹。

　　是奸雄的謀算也好，是上天的眷顧也罷，大漢朝只花了四年的時間就完全擺脫了最初的「馬上團體」，步入正軌，比起許多王朝各種鮮血的代價來說，已經是一個非常好的結局了。

　　至少表面上看起來如此美好，這也是文帝的貢獻。

第四十七章 千古一帝

漢文帝前元年　西元前一七九年

漢文帝是中國古代許多皇帝中少有的名聲好到極致的一個，不但個人品格為人稱讚，治理國家也取得了很好的成績。

有的皇帝功業比漢文帝要高，但身上多少有些汙點，比如漢武帝窮奢極欲，比如唐太宗有「玄武門之變」弒兄，比如康熙有晚年「九龍奪嫡」的慘劇，比如乾隆有大貪官和珅等等，只有漢文帝幾乎沒有什麼壞的評價，除了有人偶爾會提提他的男寵鄧通以外（對漢代的皇帝來說，有個男寵不是什麼大事），他幾乎是完美的：孝順、節儉、恭順、對妻子專一、治理國家出色、培養了合格的接班人等等。

漢文帝真的可以稱得上是千古一帝。

首先說孝順，文帝是出了名的孝順，大家應該都聽說過《二十四孝》吧！就是編選了歷代二十四個著名孝子故事的總集，從不同角度、不同環境、不同遭遇全方位地展現孝順的觀念。

《二十四孝》中，〈親嘗湯藥〉一篇講的就是漢文帝。

傳說中漢文帝的母親薄太后有一次生病，一病就是三年，在這三年裡，文帝衣不解帶地每天都照顧母親，在母親榻前睡覺，所有的湯藥必先自己嘗一嘗是否合適才餵給母親，被歷代認為是大孝的典範。

然後說節儉，文帝的儉樸很有名，他在位期間，宮室、園囿、狗馬、衣服、車駕都一再精簡，是漢代皇帝中規模最簡樸的，非常的隨意，在整個中國古代的歷史上頗為少有。文帝身為皇帝，自己經常穿粗厚的衣服，後宮妃子的衣服也要求不能長到拖地，帷帳不能有繡花團，要顯得敦厚簡樸，電視劇上經常看到的那種無敵大長裙在漢文帝時期絕對沒有。

另外，文帝在處理外交關係上很溫和，當時漢朝的南邊有三個國家，分別是南越、閩粵和東甌。

閩粵和東甌都是當年越王勾踐的後人，此時國家比較小，還沒有太多事情，到了武帝時期才開始出問題。

真正讓漢朝頭疼的南方國家是南越。

之前劉邦時代的時候提過，南越君主趙佗原本是秦朝的官員，後來在楚漢之爭時自立，成為一方土霸王。

劉邦不想多費國力征討趙佗，所以和他保持了良好的關係，一直互通使者，這種情況維持到了呂后時期。

呂后掌權後，趙佗不甘心聽命於一個女人，於是單方面廢止了自己和漢朝屬國的關係，也自稱天子，妄圖和漢朝分庭抗禮。

呂后末期有個將軍想去攻打南越國，呂后也同意了，後來軍隊進行到一半，呂后駕崩，朝中大亂，沒有人管這支部隊，就停了下來。

文帝即位後，核心思想是休養生息，恢復國力，他也不想為了這樣一個小國家出兵，所以只是安排了一些防禦措施，希望能靠談判的方式解決問題。文帝的防禦措施主要集中在漢朝南面的長沙國，即中國著名的長沙馬王堆漢墓所在地。

馬王堆的馬王並不是漢代人，而是出土墓葬的地方，曾經被訛傳為五代時期楚王馬殷的墓葬所在地，所以被稱為馬王堆。其實馬王堆是漢墓，是文帝時期長沙國相利蒼和家人的墳墓，它之所以這麼有名，主要是因為那具兩千年還沒有完全腐爛的女屍辛追。

辛追身體各部位和內臟器官的外形仍相當完整，結締組織、肌肉組織和軟骨等細微結構保存較好，這在世界屍體保存紀錄中十分罕見。而且透過現代的醫學技術，大家還推斷出她生前患有冠心病、多發性膽結石，以及全身性動脈粥狀硬化症、血吸蟲病等病變，甚至還知道了辛追是因為食

用香瓜引起多種併發症，最終導致心絞痛而死的（兩千年前吃香瓜死了的糗事，竟在兩千年後讓全天下的人都知道了）。

最終文帝和談的策略成功了，他派人找到趙佗在真定郡的老家，為趙佗父母的墳墓安排了人，每年四季進行祭祀，對趙佗的其他親人也都分別賞賜，最後派陸賈為使者去見趙佗，帶了一封自己的書信。

文帝給趙佗的書信是漢朝黃老治國思想的集中體現，示弱而不示威，用情真意切的言語來感動對方，消弭了一場本來可能要打的仗，是一次非常成功的外交案例。

趙佗在接到文帝的書信之後馬上去掉自己天子的稱號，重新向文帝稱臣，老老實實地待了好多年。

成功的男人背後都有一個偉大的女人，文帝背後就有一個偉大的竇皇后，是漢代繼呂后之後又一個厲害的當權女子，不過歷史對竇皇后的評價顯然比呂后好得多，她歷經了漢朝三代，雖然有時候也專權蠻橫，但大體來說卻是大漢朝的中流砥柱，功勳卓著。

後世對於竇皇后的本名有各種說法，但《史記》、《漢書》均未提及，她就是電視劇《美人心計》裡的女主角竇漪房，她的經歷和電視劇裡表現得大致相同，呂后時期最初以家人子（良家女子，即清白家庭出身而被選入宮的人，類似後世秀女）的身分入宮服侍呂后，後被選入代國王宮。

當時呂后給劉邦的幾個兒子每人都送了五個宮裡的人作妃子，當然是不是像電視劇說的那樣是奸細就不一定了，後人可以展開無盡的猜測和聯想。

最初，竇氏本來是想去趙王那，因為趙國離自己的家鄉比較近，可以經常回家，為此還特地花錢賄賂了管理分配的宦官。

不料這個管事的宦官收了錢卻忘了辦事，最後還是把竇氏分配到遙遠的代國，嫁給代王劉恆。

人的命運有時候就在瞬息之間變化，竇氏本來想去的趙國後來非常悽慘，前後三任趙王都被呂后用各種方法折磨致死，而代王不但僥倖存活，後來還成為執掌天下的皇帝。

竇氏的運氣不錯，她一到代國就受到劉恆的喜愛，幾乎可說是專房之寵，很快就生下了二子一女。過沒多久，原來的代王王后病故，同時這個王后生下的四個兒子也在文帝登基後相繼病逝，如此一來，竇氏順理成章成為新王后、皇后，而她的長子劉啟也成為了太子。

秉持一貫的懷疑態度，筆者認為竇氏成為代國王后這個過程中應該有人為操作的可能性，否則她的運氣實在好的不可思議，也有學者認為原來的代國王后可能是呂氏一族的人，受誅殺諸呂的影響才死亡，不過沒有什麼證據能證明這個論點。

竇氏在成為皇后之後依舊非常受寵，後來她因為意外雙目失明，文帝才漸漸開始喜歡其他妃子，比如慎夫人和尹姬。

文帝有記載的子女一共有六人，四子二女，其中一半是竇皇后生的。

簡單提一下非竇皇后生的孩子：

兩個兒子分別是梁懷王劉揖和代孝王劉參，皆英年早逝，其中劉揖是賈誼的學生，劉揖意外墜馬過世，賈誼內疚不已，終日哭泣，於隔年鬱鬱而終。

文帝另一個女兒是絳侯公主，前面提及的周勃的兒媳婦，嫁給周勃的長子周勝之，因為周勝之繼承周勃絳侯的爵位，所以稱這個公主為絳侯公主。

竇皇后生的兩個兒子分別是漢景帝劉啟和梁孝王劉武。劉武「孝」這個諡號取得真是名不虛傳，他對母親竇皇后的孝順天下皆知，在晚年他爭位不成後，想放棄王爺的位置，入宮好好陪伴母親，可惜景帝一直沒有同意。

竇皇后的女兒叫劉嫖，是劉啟和劉武的姐姐，即館陶長公主，和她母親一樣，也是個不簡單的女子。

館陶長公主的丈夫是堂邑侯陳午，在文景接替的時期任北軍中尉，北軍的重要性先前強調過很多次，文帝在臨終前把陳午安排在這個位置上也大有深意，有保景帝前程的意思。

另外，館陶長公主的女兒陳阿嬌是後來漢武帝的第一任皇后，著名的「金屋藏嬌」典故的女主角。

竇皇后和呂后一樣，在朝廷上很有話語權，也曾經垂簾聽政，但她和呂后本質的區別在於，她一心一意地為了劉氏江山，雖然也很照顧自己的宗族，但從來沒有想過要謀權篡位。

竇皇后在景帝朝護著自己的兒子，在武帝朝護著自己的孫子，很值得尊敬。

對於這樣一個好妻子，文帝在感情上也很專一，我們能夠知道的文帝的妃子除了第一任代王王后，就只有竇皇后、妃妾慎夫人和尹姬了，而且史料還一再強調文帝對竇皇后有專房之寵，幾乎很少找其他妃子，兩人非常恩愛。

第四十八章 基本國策

文帝即位不久，就定下了兩大國策，都很值得稱讚。

第一個是廢除連坐法。

連坐制度的推廣是商鞅變法的一大傑作，是建立在「編戶齊民」制度基礎之上的一種刑罰方式。具體做法是將所有治下的民眾都分成組，具體的單位有「伍」、「里」等等，也就不詳細討論了。在統一編制內的平民一旦有某人犯罪，很有可能會連累全組成員一起受罰。有關具體的法令細節不多說，這個法律最霸道的一點是，你很有可能被你的鄰居連累而招來殺身之禍，這可比後來的「誅九族」還要殘暴。畢竟九族之內都還是親戚，而鄰居就真難說是什麼關係了。

筆者曾經想過一個笑話：在漢文帝之前真的要注意好鄰里關係，萬一鬧翻了，你的鄰居只要隨便殺個人然後逃跑異鄉，就能害得你一家老小都被連坐處分，而那個殺人的鄰居要是運氣好能逃過追捕，等到哪天皇帝高興了來個大赦，反而能夠繼續過正常生活，畢竟殺個不相干的人不在不能赦免的範圍內（其實整個漢代不能赦免的範圍非常小，也就只有謀反或者弒父弒母之類的大罪，比後世「十惡不赦」的範圍還要小）。

文帝不但廢除了鄰里間的連坐制度，連親戚間的連坐也都減緩了不少。電視劇裡有時候會出現「誅九族」這種刑罰方式，這個方式在漢代並不存在，漢代所謂的「族」僅僅是「誅三族」而已，牽連的比九族要小得多。

當然，以現代人的眼光來看，「誅三族」仍然相當殘酷，但在古代來說

已經很不錯了，比許多王朝的「誅九族」要好得多，何況中國歷史上還曾出現永樂大帝朱棣滅絕人性的「誅十族」。

第二個是輕徭薄賦，重農抑商。

在「薄賦」方面，文帝把漢初定下的「十五稅一」的政策改為了「三十稅一」。

這個稅有多輕，筆者給大家舉個例子，著名大儒、主張「仁政」的孟子提過「什一而稅」是王者之政，可見令他不滿的戰國時期，其一般稅率遠遠高於十分之一，漢初劉邦的「十五稅一」本已減輕了民眾的負擔，而要恢復國力的文帝定下「三十稅一」的稅率絕對是曠古未有。

其實文帝做的可能還不止如此，在一些史料中，比如荀悅的《前漢紀》中說，文帝時期曾經有過「百一之稅」，甚至還進行了十一年的田稅全免。拋開這個史料的真實性不去討論，如果這是真的，那麼文帝絕對是中國歷史上正式廢除農業稅之前，絕無僅有的一例。

在「輕徭」方面，文帝主張「偃武興文」，將成年男子的徭役從每年一次減為了三年一次。

「輕徭薄賦」是大家很容易理解的「好詞」，「重農抑商」就有很多爭議了。

文帝初年，國家最缺的就是糧食，連年的戰爭讓田地荒蕪，如何盡快地恢復生產至關重要，重農的必要性顯而易見。但是商業的發達其實無論是古代還是現代都是經濟的保障，為什麼要抑制他們呢？

抑商，用現在的話來說，筆者認為最主要的目的是縮短貧富差距，增加社會公平性。

戰國和秦末的亂世造成一大批發戰爭財的暴發戶，《漢書‧貨殖傳》中記載了很多這樣的人，這些人在商人地位極其低下的時代卻仍然享有不凡的待遇，因為他們真的太有錢了，有能力左右一些事情了。秦始皇是一代

暴君，但他對待當時的大商人也禮遇有加（比如著名的女商人巴寡婦清）。

到了漢代，有的商人靠資源發財，掌握了重要資源，比如蜀中卓氏（司馬相如的妻子卓文君家）就是靠鑄鐵發家；也有靠投機取巧發財的，比如曲宣的任氏，秦國剛剛滅亡的時候，大家都搶金銀，他們唯獨藏糧食，到了楚漢時期，劉邦和項王在敖倉一代僵持，人民因為戰爭不能耕種，當時的米價暴漲，而任氏在這個時候以天價賣糧，一夜暴富。

這些商人給社會帶來了不安，文帝對他們進行打壓其實是一種變相的「劫富濟貧」。

漢代的戶籍制度區分成市籍（商人）和非市籍。要做商人就得把自己變成市籍，擁有市籍的人在漢代的地位非常低，不但賦稅不同，而且經常會遇上各種徵兵，其中「七科謫」（就是突發戰爭時臨時徵兵的七種對象，都是一些有罪或者地位低的人）就包括市籍，甚至連三代以內有市籍的人（就是爸爸或爺爺有市籍）都包含在裡頭。

在漢代，幾乎所有的罪行、賦稅以及入伍的任務都可以用錢來贖，漢代區分市籍之後又對市籍進行更高的稅賦，等於逼迫這些人把錢拿出來給國家，以此買個清靜。

「抑商」就是漢初一個增加社會公平性的措施。

當然，文帝的基本國策裡也有受後世批評的，比如他把鑄幣權下放這件事。

國家的鑄幣權向公眾開放，這在當今社會根本無法想像，他意味著每個人都可以發行貨幣。當然這裡頭有一定的區別，現在的紙幣只是貨幣符號，而漢代的金屬貨幣有自己的實際價值，濫發貨幣造成通貨膨脹的危害沒有現在這麼厲害。

當時的鑄幣以銅和錫混合，比例規定很嚴格，但由於每個人都可以自己鑄幣，所以這品質就無法保障了，很多人在裡頭混雜了便宜的鉛和鐵，以此來獲利。雖然漢朝的法令嚴酷，會嚴懲在鑄幣中做手腳的人，但鑄幣

中間的巨額利潤還是讓投機取巧的人屢禁不絕。

　　後面我們要重點說的大人物賈誼就認為貨幣是國家的「重器」，一定要掌握在中央政府手裡，不能下放，如果不統一管理的話一定會造成市場的混亂。

　　對於現代人來說，統一鑄幣是一條很容易理解的合理建議，只可惜在兩千年前，如文帝一般的賢君也無法理解賈誼的苦心，最後沒有採納統一收回鑄幣權的建議。

　　當然，文帝不接受賈誼的建議可能也有私心，當時除了中央以外的兩大銅幣鑄造地的掌管者，一個是吳王劉濞，另外一個是文帝的男寵鄧通。這兩人一個是文帝不敢動的人，一個是文帝不想動的人。

　　劉濞後面再說，這裡先講講鄧通。

　　漢朝皇帝有喜歡男寵的傳統早就不是什麼祕密了，即使恭儉如文帝也不能戒掉這個毛病。

　　一代明君文帝不給自己喜歡的鄧通很大的權力讓他干擾朝政，但卻毫不吝惜地送他錢。文帝時期宮廷的用度為歷代最節儉，甚至寵妃都不穿帶花的衣服，但文帝卻把當時鑄銅幣的權力給了鄧通，讓他想有多少錢就有多少錢，可謂恩寵有加。

　　《水滸傳》中西門慶想勾搭潘金蓮，向王婆問計，王婆說自古男人只要具備五個條件，勾搭女子就沒有不成功的，這五個條件分別是「潘驢鄧小閒」。

　　「潘驢鄧小閒」中的「鄧」是指「鄧通的富」，就是說要像鄧通一樣有錢。而這個被後世捧為有錢人代表的鄧通即漢文帝的男寵。

　　還有一個有關鄧通的傳說，看相老太太許負曾經給鄧通看過相，說他會窮死。文帝為了不讓這樣的悲劇發生，就把銅山賞給了鄧通，讓他隨便鑄錢。結果天命難違，文帝駕崩之後，非常痛恨鄧通的景帝把他所有錢都

給抄了，最後還是讓他窮死。

天命難為啊！

大家注意這個老太太許負，後面的故事中還會多次出現她，而且她每次相面都準確無比，是漢初著名的看相大師。

漢文帝前三年至前五年　西元前一七七至前一七五年

第四十九章　大哉賈誼

　　漢文帝在接管皇位的時候國家可謂內憂外患，在外面臨強大的匈奴，而在內有各個諸侯國逐漸強大的威脅，已經將漢朝轉換成和平時期的文帝在摒棄了那些精於戰場的大臣之後，需要找到一批精於治國的人才。

　　而此時，湧現出兩位在整個漢朝四百年都名列前茅的政治天才，他們的出現對釐清漢朝體制造成很大的影響，為整個國家、整個民族做出了不凡的貢獻。只可惜除了貢獻不凡外，他倆還有一個頗為悲慘的結局，讓古往今來無數人為之扼腕嘆息。

　　這兩個人就是賈誼和晁錯。

　　先從賈誼開始說。

　　賈誼是張良之後西漢最頂尖的政治天才。

　　整個西漢兩百年，在對國家大政有卓絕貢獻的人中，最年輕的武將是霍去病，最年輕的文官就是賈誼。

　　霍去病十八歲第一次出征匈奴，二十歲就作為主帥指揮漢軍主力取得河西大捷，二十二歲和匈奴決戰漠北，封狼居胥。而賈誼十八歲以文采成為河南郡守吳公的門客，二十出頭就成了漢廷博士，不到一年的時間連續升遷三次，官至太中大夫，成為文帝身邊最耀眼的智囊。

　　和霍去病相比，賈誼並沒有外戚身分，僅僅是一介布衣，完全憑藉自己的才學，年紀輕輕就成為最高級的「中字頭」官員太中大夫，實在不容易，可說是絕無僅有，東方朔到這個位置時已經四五十歲了。整個西漢，年輕文官中大概也就兩個人勉強可以和他一比：一個是武帝後期的桑弘羊，十三歲憑藉自己高超算術才能被武帝看中，召進宮中成為低階「中字頭」

官員，但也由於他的才能過於局限，直到四十多歲才出頭；另一個是哀帝時期的董賢，二十二歲就位列三公，看起來似乎比賈誼還厲害，但其實只是因為他身為哀帝的男寵才帶來這些福利。

所謂的「中字頭」官員就是漢廷內朝那些官名中有「中」字的官員，比如太中大夫、御史中丞、中常侍等等，這些官雖然品秩不高，卻是皇帝身邊最親近的人，可以直接和皇帝商討國家大事，決定天下命運。他們的地位就和唐朝的「同中書門下平章事」、明朝的「內閣大學士」、康熙時期的「上書房行走」，還有清朝後期的「軍機大臣」一樣，不管官職有多低微，只要帶上這個頭銜，就可以被認定是「宰相團」的人，是皇帝的智囊。

然而少年得志不一定是好事，霍去病在二十二歲大戰完匈奴後，第二年就病逝，而賈誼也在他最頂峰的時候遭到朝中老臣的排擠而被疏遠。這些老臣就是以周勃和灌嬰為代表的保守派，他們對賈誼提出的各項改革都難以接受，打了一輩子仗的他們只想好好過幾年舒緩的日子。另外，他們排擠賈誼也是有點私心的，自己辛苦了一輩子才到如今這個位置，而賈誼這樣一個乳臭未乾的黃口小兒，光耍耍嘴皮子就能和他們平起平坐，當然難以接受。

老臣不是沒有良心，他們也想讓漢朝變得更好，但確實是眼光看不到那步，反而成為阻礙進步的反面力量，這是歷來改革都會出現的問題。既然是改革就會有利有弊，保守的勢力往往過分強調了弊端，這是所有改革者都會遇到的問題。改革者能不能挺過這些困難，影響的因素有很多，其中君主的決心是很重要的一條。沒有秦孝公放下一切的信任，商鞅變法沒有那麼容易成功；如果宋神宗可以更相信王安石一些，王安石變法也許就不會那麼輕易地被推倒又全面改回來。

「時代造就英雄」，賈誼也許是生錯了年代。

文帝是一個明君，但不是一個能夠徹底改革的君主，他更喜歡穩定，更喜歡溫和，這一點和他的孫子武帝差別很大。漢朝很多改革和大政，在文景時期曾經都有人提過，但雖然有一些預備措施，真正實行還是等到武

漢文帝前三年至前五年　西元前一七七至前一七五年

帝時期，這和國力的積累有關，也和君主個人性格有很大關係。

在面對頑固的保守勢力時，文帝總是偏好先穩住大局然後一步步慢慢來，為人謹慎小心，這從他當時即位的過程中就可以看出。所以在朝廷老臣和年輕的賈誼之間，文帝最終選擇了老臣而放棄賈誼，把賈誼外放為諸侯王的太傅（就是老師），去了潮溼的長沙。

長沙現在是個不錯的地方，但在漢代卻幾乎是除了北方面臨匈奴的邊郡以外全國最差的去處。

首先，長沙是邊郡，他面對的是南方南越國的趙佗。雖然在文帝的努力下，趙佗已經向漢朝稱臣，但他手下的相國呂嘉是個強硬的「主戰派」，對漢朝始終是隱患，只是沒有匈奴那麼棘手而已。

另外，古時候中國的文明都集中在北方，南方的經濟發展落後，西漢初年，無論是現在的江浙一帶，還是中部的湖廣地區都處於半蠻荒狀態，而且當時的北方人都難以承受南方的潮溼。

賈誼在南方很不習慣，本來身體就不好的他落下一身的病，當然最打擊他的還是滿腹才華與滿腔熱情無處施展，感嘆自己懷才不遇。也就是在這期間，賈誼寫下了著名的〈弔屈原賦〉，文章中對屈原不為國家所用憤然自殺的感慨，其實全是對自己境遇的不滿。

〈弔屈原賦〉對於兩千年後的我們也許有些艱深晦澀，但細細讀來，其字裡行間的辛酸血淚還是能讓我們有一些感慨，那是一種對天才隕落的嘆息。

其實文帝外放賈誼為諸侯太傅也不一定就是對他不好。功利一點說，諸侯王的太傅是兩千石的大員，從太中大夫調任諸侯王太傅，其實是一種升遷。賈誼年紀輕輕，才二十出頭就位列兩千石，在漢代絕對非同一般，而且文帝把自己的親生兒子交給賈誼教導，也算是一種對他的信任。

只可惜，這種升遷和信任都不是賈誼想要的，文弱書生型的賈誼適合在皇帝旁邊當智囊，諸侯國不是賈誼施展的舞台。賈誼就像劉邦評價的陳

平一樣，才智有餘，但不可以獨當一面。

有時候筆者也想，或許文帝當時把賈誼外調到諸侯國只是想讓他暫時遠離朝廷中的紛爭，讓他不要成為老臣的眼中釘。等到賈誼年齡大一些，威望再高一些，等到頑固的老臣勢力減弱了，時機成熟時，再把賈誼調回來委以重任。

只可惜賈誼過世得早，這種假設無法驗證真偽，但從後來文帝重用政見和賈誼非常相似的晁錯來看，不無可能。

賈誼最早被河南郡守吳公發現時，是因為善於「誦詩書」，就是說他比較擅長詩詞歌賦。但如果賈誼只是文學家的話，那他充其量也只是一個相當於司馬相如那樣的文人，得不到後世那麼高的評價。

賈誼真正強悍的地方是在於對時局的把握，在所有人都沒有意識到問題存在的時候，他就見微知著，從一些小苗頭上看出了大隱患，並且提出了正確的解決方案。賈誼看法的高度前瞻性和準確性在他在世的時候沒有體現出來，但是在他死後，不但事態的發展完全在他當初的預料之中，甚至是後來最終的解決方案也都逃不出他提出的幾條建議的範圍。

接著要討論一些他評論漢朝的文章。

賈誼幾次上疏中提過的事情很多，涉獵的範圍也很廣，比如強調對於太子的教育，比如建議以更強硬的方式對付匈奴，比如認為文帝過於簡樸，許多用度還不如一個平民等等。

第五十章 天才的悲劇

　　賈誼是漢朝第一個提出要削藩的人，主要是當時出現了淮南王叛亂的事情。

　　這個淮南王不是之前的英布，而是劉邦的小兒子劉長。

　　劉長的母親本來是劉邦女婿張敖的妃子，劉邦有一次路過趙國看上了她，張敖就乖乖把她獻給劉邦。劉邦不厚道到處留情，完事了也沒有帶她走，還是把她留在趙王身邊。可是沒想到，劉邦一走，張敖發現這個女人居然懷孕了，懷上了劉邦的骨肉，他不敢再把她放在自己的內宮，於是就又建了一個地方給她住，還安排人照顧。

　　後來貫高等人刺殺劉邦未遂的事情暴露，劉邦大怒，嚴治趙國許多人，其中牽連到了趙姬，也被抓了起來。當時劉邦光想著如何懲罰趙王，根本忘了這個女人的存在，更不知道她還懷著自己的孩子。

　　於是，趙姬的弟弟趙兼找來了呂后的男寵審食其，希望能透過呂后提醒一下劉邦：趙國的這群囚徒裡還有他的女人，而且這個女人懷了龍種。

　　呂后是個妒忌心極強的人，對於劉邦的其他女人和子女恨之入骨，當然不可能對劉邦說這件事，而審食其一看呂后不願意，就沒再費勁懇求她，就此作罷，他知道呂后也不是個會聽人勸的人。

　　趙姬性子剛烈，見劉邦如此無情，在獄中生下劉長後就自殺了，等官吏把剛出生的劉長獻給劉邦的時候，劉邦非常後悔，就把趙姬葬到了她的老家真定，然後讓呂后當劉長的母親。

　　趙姬的自殺可以說是間接幫了兒子，在呂后幾乎殺光了劉邦子嗣的時候，劉長卻因為受呂后撫養長大，和呂后有些情感在而逃過一劫。

英布叛亂被平息後，劉邦封劉長為淮南王。

　　長大以後的劉長飛揚跋扈，誰都不放在眼裡。也難怪，他從小跟著呂后，有誰敢招惹他，而且他又不像哥哥惠帝那樣經歷過多年漂泊，難免囂張一些。劉長知道自己的身世後，對審食其恨之入骨，他認為審食其當初能在呂后面前力爭的話，自己的生母也不會自殺。

　　等到文帝即位，劉長更加張狂，他是文帝唯一還在世的兄弟，自以為身分最高貴，從來不把法度放在眼裡，想做什麼就做什麼，甚至不稱呼文帝「陛下」而直接叫他「大哥」。文帝雖然覺得他這樣做不妥，但出於仁慈心，就一忍再忍。畢竟自己的兄弟都被呂后殺光了，能活一個下來也不容易。

　　劉長武藝高強，和項羽一樣力能扛鼎，先前審食其有呂后護著，他不敢怎麼樣，到了現在，劉長終於忍不住要去和審食其算總帳了。劉長找到審食其，直接從袖子裡拿出藏好的鐵錐，把審食其打倒，然後讓手下取下審食其的首級。

　　審食其雖然失去呂后這個大靠山，可到底是朝中諸侯，還曾經當過丞相，就這樣被劉長當街殺死也不算件小事，劉長脫光上身向文帝請罪：「我的生母不應死在當年趙國的事情上，審食其沒有為她力爭，這是他的第一條罪；趙王如意母子無罪，呂后殺了他們，審食其也不去爭取挽救，這是他第二條罪；諸呂威脅劉氏，審食其還是不力爭，這是他第三條罪；我誅殺了這個天下的罪人，報了母親的仇，特來請罪。」

　　審食其本來就只是呂后的男寵，根本不可能影響呂后的判斷，劉長的這三條罪名都有些牽強，他就是吃定了文帝不會處罰他。果然文帝崇尚孝順，以他因為生母的事才犯罪為理由赦免了劉長。

　　當時的漢朝，不但群臣，連文帝的母親薄太后和兒子太子劉啟都很害怕劉長，因此劉長越來越目中無人，他回到淮南國之後居然開始自制法令，不管大漢的律法，還妄自稱帝，幾次上疏給文帝的時候也出言不遜。

漢文帝前六年至前八年　西元前一七四至前一七二年

　　此時剛好城陽景王劉章的三弟濟北王劉興居造反被殺，文帝就讓舅舅薄昭拿劉興居的例子給劉長寫一封信，希望他收斂一點，不要走劉興居的老路。

　　沒想到文帝的這一手造成了反效果，劉長看了薄昭的書信之後很不高興，乾脆真的準備謀反。劉長派人聯繫了南邊的閩越和北方的匈奴，卻沒有想到如此大的動作馬上就敗露，還沒來得及到動手，就被抓回了長安。

　　長安的各大臣開始集體對淮南王的事情調查，最後得出的結論是劉長應該被處死。雖然造反的證據確鑿，可文帝還是不想殺這個僅存的兄弟，就說：「赦免劉長的死罪，廢掉他淮南王的稱號，把他發配到蜀郡。」

　　有人對文帝說：「陛下一直寵著淮南王，他性格也剛烈，用發配這種方式折磨他，他可能會身體受不了而死在路上，這樣陛下就有了弒弟的惡名。」

　　文帝說：「我的本意就是要讓劉長受點苦，以後不要那麼張狂，不是真的要發配他去蜀郡，我現在就把他召回來。」

　　結果，劉長果然在半路受不了屈辱，絕食而亡。劉長的死訊傳回長安，文帝後悔萬分，馬上厚葬劉長，又把原來淮南王的地盤重新封給他的兒子。

　　賈誼上疏要削藩，正是在這種背景之下提出的，當時他的最大目的就是要阻止文帝把淮南國的地盤重新封給劉長的兒子，因為他覺得劉長的兒子肯定會認為自己的父親是被逼死的，長大之後定會報仇，把他們封在淮南，只會再帶來一場混亂。

　　賈誼在上疏中詳細分析當時漢朝的形勢，他認為這相當於是一個人躺在了柴火上，雖然看起來還很安穩，但危機一觸即發。

　　諸侯國要是過於強大，遲早有一天會和中央相抗衡，當時還沒出現這種問題的主因是幾個諸侯王此時年齡尚小，國中大權還在中央派去的國相手中，再過幾年，等這些諸侯王慢慢長大了，剛好現在這些掌權的國相也

都告老辭任，此時諸侯王再在這關鍵的位置上安排自己的人，那麻煩就來了。

賈誼說，高皇帝時期的異姓諸侯王，大致的規律就是最強大的最先造反，最弱小的比如長沙王吳芮就能一直安分到現在。造反不造反其實和他們個人的品性沒有什麼直接關係，都是客觀形勢使然，當他們有一定實力了，自然想法就多了。

賈誼甚至做出了一個大膽的假設，如果當時劉邦把韓信、彭越這些異姓王和朝中那些功臣周勃、樊噲等人調個位置，結局還是一樣的。即使忠心如周勃和樊噲，如果外任為諸侯王也會有造反的心；而即使不安分如韓信、黥布，如果只在朝中沒有兵權也不會有太多想法。

按照這個邏輯，同姓諸侯王自然也是不可信任的，只要強大就一定會造反，造成骨肉相殘的悲劇。賈誼建議把那些大諸侯國都劃分為小國家，增加諸侯國的數量而削弱它們的勢力，尤其是幾個大國如齊國、楚國和吳國一定要盡快處理。

賈誼還說，諸侯國的問題越拖就越嚴重，因為現在諸侯王和文帝的親屬關係還比較近，但如果再傳幾代，那必然會造成諸侯王和中央皇帝的親屬關係越來越遠，最後就沒有什麼血緣親情可以說了。

賈誼的這些建議其實就是後來武帝時期主父偃「推恩令」的前身，「眾建諸侯而少其力」，把諸侯國一步一步地分割成極小的封國，讓它們的力量不足以對抗朝廷。

只可惜文帝當時沒能夠立刻接受賈誼的建議，畢竟這種對親人下手的事情不是那麼好下決心的，這也是他一直不敢用賈誼的重要原因之一。

當然，賈誼的話不是沒有對文帝造成觸動，對諸侯國的威脅他還是進行了一些防備，雖然沒有採納賈誼長期治本的方法，但還是聽取了一些近期治標的策略，其中最重要的兩條對後來景帝時期「七國之亂」的戰局有很大的影響，如果沒有文帝的這些準備，景帝只怕沒那麼容易平定七國。

漢文帝前六年至前八年　西元前一七四至前一七二年

第一條是分掉當時最大的諸侯國齊國。

齊國有七十多座城，勢力強大，而且齊王兄弟各個英豪，老大劉襄、老二劉章、老三劉興居各個驍勇善戰。雖然此時劉襄、劉章、劉興居三兄弟都已經先後故去，但尚有他們的四個弟弟輔佐劉襄的兒子，不容小覷。

文帝把齊國七十幾座城分成了五塊，拿出了其中四塊分別封劉襄這四個弟弟為王，名義上是對齊國的兄弟好，人人都封王，實際上卻是削弱了他們總體的勢力。後來「七國之亂」的時候，這五個國家果然意見不合，發生了衝突，被欒布一一擊破。

賈誼防備諸侯國措施的第二條就更加重要了，影響了「七國之亂」時的主要戰場局面。文帝一共有四個兒子，兩個早死，真正可以依靠的就只有竇皇后生下的兩兄弟劉啟和劉武。劉啟是後來的景帝，當時作為太子的他只能留在長安，這樣劉武就是文帝唯一可以信任外放的諸侯王了。

賈誼認為，如果諸侯國集體造反，光靠中央的力量難以解決，必須有大諸侯國的支持，而那些高帝時期封下的諸侯國和中央的親屬關係已經越來越遠，不能夠信任，文帝只能培養自己的兒子來作為京師的屏障。

在賈誼的建議之下，文帝把原本是淮陽王的劉武遷為梁王，然後土地進行了大範圍的擴張，最後形成了一個北到泰山西到高陽、擁有四十多座城的大國。如此一來，無論是北方的趙國，還是東方的齊地諸國，還有南邊的吳楚，都處在了梁國的震懾之下，任何國家想要從函谷關打進長安，都得先過了梁國這關。

梁國這關絕對不是那麼好過的，都城睢陽是出了名的堅城，另外又有中原最大的糧倉敖倉，可謂是城堅糧足，適合堅守，當年劉邦和項羽在這裡僵持了那麼久不是沒有原因的。

事實上，後來「七國之亂」的進程也完全符合了賈誼的設想，梁王劉武不負眾望，拖住了吳楚主力。

只可惜所有被賈誼成功預測到的這些事情，他都沒有福氣親眼看到，

因為體弱多病的賈誼此時已經來日無多了。

過沒多久，賈誼被調到梁國做太傅，梁國是中原重鎮，可不料這裡竟成了賈誼的喪命之所。

梁王劉揖的落馬失足而死是賈誼過世的導火線，雖然賈誼根本不可能事前預料這種意外，但劉揖畢竟是自己教導的學生，又是漢朝的諸侯王、文帝最疼愛的小兒子。

對於這次意外，賈誼痛心疾首，內疚不已。很快便一病不起，終至於死，結束他短暫的一生，享年三十三歲。

賈誼的悲劇究竟是如何造成的？比起一般人，他的壯志未酬顯得更加令人惋惜，歷來英雄志士功業未竟、抱憾而終的一般有兩種情況：一是像諸葛亮那樣為大勢所敗，縱然是天縱英才，為了一個不可能實現的目標嘔心瀝血也只是徒勞；二是像岳飛一樣，沒有明主可以信任自己，讓自己去發揮才能。

而賈誼不在上述二者之中。

首先，後來的事實證明賈誼當時的見解和看法是正確的，而且極具前瞻性，是符合大勢的。在所有人都還沒有意識到問題的時候，年輕的賈誼就已經看透了來龍去脈，甚至已經想好了解決辦法。賈誼死後數十年，景帝和武帝時代所採取的解決辦法也都建立在賈誼當初的建議之上。

其次，賈誼其實不是沒有遇到明主，文帝是歷史上有名的有為之主，也對賈誼的看法相當贊同，初唐時期的另一位天才王勃在著名的〈滕王閣序〉裡寫道：「屈賈誼於長沙，非無聖主。」是啊！賈誼在長沙浪費才能的時候，天下不是沒有聖主啊！

符合大勢，又遇明主，一代天才賈誼最終卻功業未竟，也許就是命吧！

另外還有一首很有名的詩，也是講賈誼的悲劇人生，那就是李商隱的

七絕〈賈生〉。這首詩裡其實也有一定的對於詩人本身命運的感慨，被意外捲入「牛李黨爭」的李商隱整個政治生涯都不受重用，他詠賈生和當年賈誼詠屈原一樣，都是藉古人來感慨自己。

李商隱的這首詩，非常形象地表現出當時文帝雖然很認可賈誼的才能，但就是不能重用他的一個令人感嘆的情況：

「宣室求賢訪逐臣，賈生才調更無倫。

可憐夜半虛前席，不問蒼生問鬼神。」

文帝津津有味地聽賈誼所說的，居然不是天下大事而是鬼神靈異，何其悲哀。

漢文帝前九年至前十二年　西元前一七一至前一六八年

第五十一章 晁錯，另一個賈誼

賈誼病逝之後，西漢另一個天才晁錯也開始嶄露頭角。

一般來說，晁錯被認為是一個儒家出身的官員，這和他後來的各種主張有關。但從其行事風格上來看，他也同樣具有很深的法家特色，這是受其教育背景所影響，晁錯最初在洛陽求學的時候是學申不害和韓非的刑名之學。

晁錯這個融合儒家和法家兩派特色的人，非常難得地在當時道家學說處於主流地位的時代脫穎而出。

儒家的經典《尚書》在秦始皇焚書坑儒的時候基本上都被燒燬了，漢初已經失傳，只有齊國的一個九十多歲的姓伏的老書生留下了一部分內容。

《尚書》分今文和古文兩版，今文就是伏生藏著留下來的這一部分。伏生藏的《尚書》是用秦朝人的小篆所書寫，當時漢代已經開始用隸書了，大家都看不懂，所以必須先經由伏生口述翻譯，旁人才能知曉具體內容。

漢廷想把這部珍貴《尚書》的內容保存下來，可是伏生年紀太大，不方便來長安，他們就派晁錯去向伏生學習，同時記錄和翻譯，用了幾個月的時間把這部分《尚書》以隸書整理出來帶回長安。因為晁錯用的是當時人看得懂的隸書，所以這部《尚書》被稱為今文《尚書》，也就是現在普及的那一版。

古文《尚書》是漢武帝時期魯恭王蓋房子的時候，弄壞了孔子舊居的牆壁，發現出來的用古文小篆書寫的《尚書》，俗稱「孔壁中經」，和今文《尚書》有一些內容上的出入。不過後來古文《尚書》再度失傳，直到東晉的時候才被找出來，流傳至今。

現在學界一般認為晁錯學的這部今文《尚書》是真的，而東晉時期被找出來的那個古文《尚書》是假的，真正的「孔壁中經」古文《尚書》已經失傳了。

朝廷當時能派晁錯去做這麼重要的事情，可見晁錯在儒家裡有一定學術地位，歸來之後他向文帝匯報了自己的成果，得到賞識，升官為太子家令，逐漸步入大漢朝政治的核心。

漢朝太子的「老師團」，團長太子太傅是兩千石的大員，在他之下還有太子少傅和太子洗馬等各種官職，而太子家令也是其中一個，不過地位比較低，甚至還不一定算得上老師，說是伴讀、門客或者家臣更為合適。

雖然地位不高，但畢竟接近了漢朝政治的核心，以晁錯的才能，很快就顯示出他的與眾不同，幾次進言讓文帝對他刮目相看，而太子劉啟對他甚至已經到了言聽計從的地步，太子府的人都稱呼晁錯為「智囊」。

文帝十五年，漢朝舉行了一場賢良對策，大概有一百多位大臣和文帝親自進行國家大事的對策商量。賢良對策是一種公開提拔官員的考核方式，當時只限於在官員之中，到武帝的時候才開放到一般民眾的階層。

賈誼已經去世，晁錯以其對朝政深刻的認識得了第一名，又一次遷為中大夫，成為一名內廷官員，可以更直接的和文帝討論國家大事。

文帝時期，晁錯主要提過的政治主張有三條：

第一條：強軍

晁錯建議加強軍隊的建設，在裝備和軍隊的編制上進行改革，提高漢朝軍隊的戰鬥力。晁錯非常強調裝備的重要性，指出匈奴軍隊強在騎兵和馬匹，而漢軍強在弓弩，所以要建立起一套以弓弩為主、搭配地形的防守體系對抗匈奴。

晁錯建立的這套體系成為文景時期漢軍對抗匈奴的主要方法，李廣和程不識正是依靠這套體系成為一時的名將，尤其是李廣的「飛將軍」之名，

只有這種以弓弩為主的體系才能夠最大限度地發揮李廣神箭的威力。

第二條：改變邊塞的兵役制度

漢初施行的兵役制度基本沿用秦朝，就是由全國的成年男子輪流到邊郡進行服役。這種方式在商鞅變法時設立，那個時候秦國的國土較小，由成年男子自行去服役的措施實施起來比較順暢。但隨著秦朝統一六國後國土的擴大，這種服役制度逐漸顯現出弊端，押送服役的成年男子到邊郡變成一個很大的負擔，因為路途實在太遠。

不但服役的路途較遠，秦法中「失期當斬」的規定也很嚴格，造成人心不安。陳勝、吳廣的起義以及劉邦一開始的造反都是因為押送服役之人誤了期限而被逼反。本來這些人到邊郡不用服役多少時間，可他們花在路上的時間卻很多，而且還容易造成混亂，這樣的政策無論如何已經不適用於當時了。

另外，這種輪流在邊郡服役的制度還有個問題，因為輪流服役，所以士兵沒有長期和匈奴對戰的經驗，打起仗來總是吃虧，戰鬥力不夠。

在晁錯的建議下，文帝遷徙了許多民眾直接住在邊郡，提供很高的福利，不但賞賜爵位，還免徭役和賦稅，讓他們長期負責戍守和建設邊郡的任務。另外，漢朝還官方出錢，在邊郡建設各種醫療和畜牧設施來保障人民的生活。

最後，漢朝在邊郡建立了培養戰鬥力的教育體系，從小教育這些邊郡之民騎馬和射箭的本領，並且讓他們從小就結成隊伍，小時候一起玩耍，長大後一起打仗。

晁錯的這一系列措施大大地提升了漢朝邊郡守兵的戰鬥力，是漢朝長期和匈奴拉鋸的基礎。

第三條：貴粟和貴馬

晁錯認為，糧食和戰馬是當時主要的兩項策略資源，缺糧和缺馬是影

漢文帝前九年至前十二年　西元前一七一至前一六八年

響漢軍戰鬥力的兩大原因，要解決這兩個問題就要貴粟和貴馬。

晁錯像個經濟學家一樣分析，當時一個五口之家最多可以耕種一百畝的田地，一年的收入不過就是一百石，也就相當於漢朝最低級官員一年的俸祿，如果糧食的價格不夠高的話，人民很難生活得好。

有一些富人每年糧食會多出很多，而他們往往不把這些糧食拿出來賣給國家，而是囤積起來等待時機高價售出。

晁錯建議，一方面由官方出面收糧來抬高糧食的價格，破壞富人的囤糧弊端；另一方面設立一個「入粟拜爵」的制度，如果能把多餘的糧食捐給國家，便可換取相應的爵位，也就是所謂賣官鬻爵中的「鬻爵」。

「賣官鬻爵」是一個貶義詞，但漢朝卻一直在採用，它也有一定的好處，文帝時期只是鬻爵，武帝時期才開始真正的官方賣官。

爵位在漢代是個很有用的東西，不但可以用來免除徭役、抵罪，還可以提高自己的社會地位，所以人人都想要。「入粟拜爵」的制度讓那些富人不再囤積糧食，而能把多餘的糧食都用來換取爵位，也變相抬高了糧食的價格，一舉兩得。

漢朝用晁錯的辦法解決了缺糧的問題，全國人民都意識到糧食的好處，紛紛願意種植更多的糧食，幾年的時間，邊郡不再缺糧。

另外，戰馬在漢初也極為匱乏，是重要的策略資源。前面寫到「白登之圍」的時候說了匈奴當時馬匹四個方向顏色都各自一樣，「西方盡白，東方盡駹，北方盡驪，南方盡騂」，極為雄壯，而漢朝則要窮酸得多。

劉邦時代，他自己的車駕都很難找到四匹差不多的馬，而大臣和公主甚至連馬車都坐不了，只能坐牛車，僅有的馬匹全都拿去打仗了。

養一匹戰馬是非常昂貴的，當時漢朝的國力不足以用官方的錢飼養很多的馬，所以晁錯提出了鼓勵民間養馬的政策，被稱為《馬復令》。

《馬復令》的具體內容是，養一匹戰馬的家庭可以免除三個人的兵役，

這樣大大地刺激了人民養馬的積極性，也很快解決了馬匹的問題。

晁錯在文帝時期只是一個提供意見的角色，景帝即位以後馬上位列三公，正式開始施展自己的政治抱負，當然他法家尖刻的風格也讓他不容於朝廷，在到達人生巔峰的同時，也迅速地跌落，成為漢朝繼賈誼之後，另一個悲劇的天才。

晁錯最關心的恰好也是諸侯王的問題，他究竟是如何繼承賈誼之志並解決這個問題的呢？到了景帝的部分我們再詳談。

晁錯在這幾年嶄露頭角，而另一個對文帝很重要的人卻在這段時間闖禍，那就是文帝的舅舅薄昭。

文帝雖說對母親非常孝順，對母家也非常照顧，但他公私分明，當薄家有可能危害到大漢朝的時候，會鐵面無私地處置。

薄家人丁單薄，薄昭是薄太后唯一的弟弟，也是文帝的舅舅，最初在周勃迎立自己為帝的時候，文帝只隨身帶了六個隨從，其中有一個就是薄昭。

可是不知道為什麼，薄昭有一次突然殺害了漢朝派去的使者，對皇親國戚而言，這應該是一條可以被饒恕的罪。但文帝沒有為了私情而廢除公家的大義，他一定要按照法律來辦。

可薄昭畢竟是母親的弟弟，文帝無論是出於感情還是出於漢朝以孝治天下的口號，都不能簡單地下令處死他。將殘忍的刑罰加諸於自己的親舅舅，不被當時普遍接受的孝道所允許。

為此事文帝非常苦惱，派了很多大臣去薄昭家和他喝酒，試圖勸說薄昭自殺。

古時候有「禮不下庶人，刑不上大夫」的說法，有身分的人被處以刑罰是非常丟臉的，甚至比死還嚴重。「商鞅變法」之後，法家刑名之學的興起逐漸把刑罰的範圍擴大到士大夫階級，但是局限於千百年來不變的觀

念，西漢的官員還是以被刑罰處死為恥辱，所以就有了一個不成文的傳統，那就是如果皇帝想給被處死的人一點面子，就會多給他一些時間，給他一個自我了斷的機會。

在漢朝人看來，自殺比被刑罰處死要體面多了，不但自己心理上更好受，對於自己的家人和子女來說，也可以留一個更好的形象。一個自殺官員的兒子和一個被刑罰處死官員的兒子，在漢代會被分別看待，認為他們身分有差距。

薄昭顯然沒有自殺的勇氣和覺悟，浪費了文帝的百般提示，如果是一般官員早就直接緝拿歸案了，但文帝對自己的舅舅始終還是不忍，只得用了一個奇招：讓大臣直接穿上喪服去薄昭家奔喪。

這下薄昭終於明白了外甥的意思，沒有再為難他，選擇了自殺。

第五十二章 文帝中葉

　　漢文帝十三年，他頒布了《廢肉刑令》，宣布要廢除肉刑，而「靈感」來源於一個叫淳于緹縈的女孩。

　　肉刑廣義上是指對於人的肉體處罰，源於夏商周三代，最常見的五種為：黥（在臉上刺字）、劓（割鼻子）、臏（砍腳）、腐（即宮刑，令受刑人喪失生育能力）、大辟（即死刑）。這五種刑罰相當不人道，一直為人詬病，然而商鞅變法卻讓這幾種刑罰用得更加廣泛，有一定負面影響。

　　緹縈的父親叫淳于意，本是個懸壺濟世的醫生，因犯罪要被押到長安處以肉刑，他沒有兒子，膝下只有五個女兒，在臨行前就感嘆：「我雖然沒有兒子，好歹還有許多女兒，到了危難的時候，卻連半個救我的人都沒有。」

　　緹縈雖是女子，卻有不遜於男子的勇氣，主動要求和父親一起去長安，然後直接給文帝寫了一封請命信，懇求文帝能夠饒恕自己的父親。

　　緹縈請命信中的主要觀點是，肉刑所造成的傷害是不可逆的，無論是刺字、割鼻、割腳、宮刑或死刑，都會給犯人帶來無可挽回的損失，讓他們失去了改過自新（值得一提的是，緹縈此話正是我們常用的成語「改過自新」的典故）的機會。

　　重視孝道的文帝在看了緹縈的上疏之後大為感動，不但免除了淳于意之罪，還決心要廢除肉刑，做出了這個影響深遠的決定。

　　當然，廢除肉刑不是靠一道詔書就能夠做到的，事實上，後來歷朝歷代多有反覆，但大趨勢還是沒有改變，割鼻和砍腳的刑罰最早消失，宮刑和刺字也慢慢地被淘汰，死刑最難廢除，直到今日還有。歐洲已經有不少

漢文帝前十三年至後二年 西元前一六七至前一六二年

國家廢除死刑，而東亞地區尚在執行死刑的國家仍占多數。

其實漢文帝廢除肉刑的措施一開始有問題，被很多人詬病。因為文帝的做法是把各種肉刑都轉換成杖責，也就是俗稱的打板子，但可能經驗不足，一開始轉換的時候板子數量制定得有一點多，讓很多原本沒有被判死刑的人被活活打死、打殘，刑罰不見減輕反而加重。

幸好這個情況沒過多久就被文帝的兒子——繼任者景帝發現，又重新修改了法令。

漢文帝十四年，匈奴對漢朝發起了一次大進攻，十四萬部隊殺入蕭關，先頭的偵察部隊甚至已來到甘泉宮。

甘泉宮是一座位於長安北面的宮殿，是漢朝皇帝泡溫泉的地方，其地位就相當於承德避暑山莊之於北京。讓匈奴殺到這樣的地方，可以想像文帝心裡是什麼感受，鐵定非常害怕，因為這意味著匈奴隨時會威脅到自己的生命安全。

從秦末丟失河套地區開始，漢朝的皇帝就一直面對匈奴騷擾的威脅，但被突破蕭關還是第一次。

當時文帝整天煩惱這件事，有一回和一個叫馮唐的趙地人聊天，不知不覺聊起戰國時期趙國抗擊北方游牧民族的名將廉頗和李牧。文帝曾經擔任代王多年，所以某種程度上把趙、代那片地方當成自己的故鄉，因為代國的國土就是戰國時趙國的一部分。

文帝感嘆如果大漢朝也能有廉頗、李牧這樣出色的將領，就不用怕什麼匈奴了。

馮唐很直接，當面諷刺文帝：「陛下即使得到了廉頗、李牧這樣的將軍也不能用。」馮唐這種絲毫不給皇帝面子的做法當時就惹怒了文帝，文帝直接起身回宮。

如果是漢武帝的話，很有可能就直接把馮唐斬了，像文帝這樣能夠忍

住怒火回宮自己生氣的皇帝已經很罕見了，但不止如此，文帝在氣消了之後又再一次傳喚馮唐，詳細地討論之前的事情。

最後馮唐透過一番說辭，向文帝舉薦了一個邊關的將領魏尚，讓這個本來已經要被殺頭的將軍又有了和匈奴一戰的機會，重新擔當雲中太守，而馮唐成了那個拿著使令去雲中郡宣旨救他的人。

從此以後「馮唐」變成了一個類似「伯樂」的文學意象，而「持節雲中」也成為了召回不被重用的人才的代稱。

北宋大文豪蘇東坡的〈江城子·密州出獵〉中有一個名句「持節雲中，何日遣馮唐？」就是用這個典故。

密州時期的蘇東坡正處於王安石變法時期，他們這些保守派都被派去地方任閒職，壯志難酬的蘇東坡非常渴望見到來重新召回自己的「馮唐」，於是寫下了此句。

無獨有偶，初唐四傑之首、著名的天才文學家王勃在他十五歲的時候寫下的千古名篇〈滕王閣序〉中也有相關的引用：「馮唐易老，李廣難封。」這句話的意思就是：像馮唐這樣的人才，等到被發現時已經年老了；而像李廣這樣的人才，很可能一輩子也得不到應有的封賞。

長生不老是每一個皇帝都想追求的東西，文帝也不能免俗。皇帝的這種心態造成漢代方士的興起，這些方士大都是打著道家的幌子，弄一些鬼神或者煉丹的事情，也就是後來道教和道士的前身。

方士在漢代非常多，也是個比較吃香的職業，只要你能哄住別人，就可以在這個領域裡立有一席之地。長生不老的願望會讓皇帝在一次又一次被騙之後還是會選擇相信新的方士，這個情況在武帝時期表現得尤其明顯。

漢文帝十五年，一個叫新垣平的方士騙子出現在文帝面前。

其實新垣平和他後世的追隨者相比手段仍是差了很多，但可貴在於他是先行者，是第一個敢去騙皇帝而且還騙成功的人，所以自然也在歷史上

狠狠地寫下一筆。

　　新垣平讓人在一個玉杯上刻了「人主延壽」四個字，然後獻給文帝，並且騙文帝說是這是仙人託他送過來的，同時還勸文帝改元和進行封禪大禮。

　　文帝非常高興，封新垣平為大夫，後來還屢屢相信新垣平說的話。但是聰明的丞相張蒼和廷尉張釋之沒有那麼容易被騙，他們暗中查訪，居然真的查到了在玉杯上刻字的工匠，人贓俱獲之下文帝也相信新垣平是個騙子，將他處死，結束了這場鬧劇。

　　文帝後二年，張蒼罷相，新任丞相申屠嘉上位，這兩人值得好好一談。

　　漢初丞相權力極大，所以每個能爬上這個位置的人都不是省油的燈。漢文帝時期，等到最初的陳平、周勃和灌嬰這些人退下來之後，整個文帝時期二十年就只有兩位丞相。

　　張蒼的履歷有些神奇，他本是秦朝的一名小官，在秦朝滅亡的時候被劉邦的同鄉王陵所俘虜。王陵本來已經打算直接將張蒼斬首了事，結果在行刑的時候，看到脫了上衣的張蒼身材非常好，王陵大為欣賞，就沒有殺他，還特地報告給劉邦，給張蒼封了個小官。

　　這一段看起來好像有點奇怪，確實「身材好」這個理由可以救命也實在太牽強。漢代皇帝雖說都有喜歡男寵的傳統，而且幾乎每一任皇帝都有一些說不清關係的男寵，比如盧綰之於劉邦、鄧通之於文帝、淳于衍之於景帝、韓嫣之於武帝、張放之於成帝、董賢之於哀帝，但是好像也沒有聽說張蒼後來有這一類的事跡。要說王陵和張蒼有什麼曖昧就更不可能了，後來張蒼為了報答救命之恩，幾乎像照顧父親一樣照顧王陵。

　　或許是因為，漢代人一般覺得外貌佳、身材好的人也會有出色的才能，比如陳平年輕時就是著名的美男子，最初也是因為這點才被人選為女婿，張蒼大概也有這類因素在裡頭吧！

　　張蒼靠好身材救了一命，但後面的發展就和身材沒什麼關係了，還是

因為他個人才能出眾，才讓自己慢慢脫穎而出。

楚漢之爭時，張蒼跟隨韓信一早上大破趙軍二十萬的時候，曾經抓住過鼎鼎大名的成安君陳餘，後來就在各個諸侯國任國相，在平定燕王臧荼一役中還立下戰功封了侯。

戰爭結束後，蕭何賞識張蒼處理政務的能力，調張蒼到丞相府負責計算和整理各個郡國每年的上報情況，後來累遷為御史大夫。

漢初，朝廷的官員基本都是打仗的武夫，像張蒼這種擅長計算的人才相對少見，所以他升遷的速度也較快。

當陳平、周勃、灌嬰這一批老臣紛紛離去後，張蒼順理成章地成為了文帝眼中最適合接任丞相的人。

張蒼的政務能力非常出眾，也善於處理朝廷中的人際關係，加上文帝一向喜歡穩定，所以張蒼這個丞相一做就是十幾年，直到最後實在是老得不適合再擔當丞相了才卸任。

張蒼活了一百多歲，妻妾也上百，傳說只要是懷孕過的妻妾他就不會再寵幸，到了晚年，張蒼由於牙齒脫落，吃不了其他東西，便開始喝起人奶，相當養生。

張蒼退位後，文帝曾經考慮過讓小舅子竇廣國來做丞相。竇廣國小時候曾經被人口販子拐賣，和竇皇后失散，在竇皇后當了皇后之後才出來相認。當時朝中的大臣生怕呂后時期的悲劇重演，非常重視這些外戚子弟的教育，所以請了一批優良教師來教竇廣國，避免他學壞。

竇廣國還真是不負眾望，確實成長為一個有才能的人，所以此時文帝也開始考慮重用他，不過文帝還是擔心天下人以為他任用外戚是出於私心，考慮再三之後選了申屠嘉。

申屠嘉不是個簡單人物，他曾是劉邦時期的武官，打過仗封過侯，在張蒼做丞相的時候他擔任御史大夫為助理，此時轉正。

漢文帝前十三年至後二年　西元前一六七至前一六二年

　　先前提過，漢代無論是文景時期的「黃老治國」，還是武帝時期的「獨尊儒術」，本質上都沒有擺脫法家的嚴酷手段，從文帝開始就有任用酷吏的習俗，以後每任有點作為的皇帝手下都要備幾個酷吏來用。前文介紹的晁錯就有一點酷吏的意思，但他的主要作為在景帝時期，文帝時期最早的、可以被稱為酷吏的是申屠嘉。

　　鄧通是文帝的男寵，文帝甚至連鑄幣權都給了他，可是申屠嘉從來不買鄧通的帳。有一回申屠嘉看鄧通在大殿之上非常沒有規矩，很生氣，回到丞相府之後就傳令讓鄧通來。鄧通不敢去，向文帝求救，文帝回應：「你安心去，我等等就派人召你回來，保你平安。」

　　有了文帝這句話，鄧通便乖乖去了丞相府，果不其然申屠嘉立刻就要斬了鄧通，任憑鄧通磕頭磕得頭破血流也沒用，最後還多虧文帝沒有食言，派使者召回鄧通，這才挽回一命。

　　這個下馬威可真的嚇壞鄧通了，從此以後在大殿上都非常守規矩，不敢惹事。

　　申屠嘉的丞相一直當到了景帝時期，當時景帝非常重用自己的老師晁錯，雖然晁錯很有才能，但是在申屠嘉看來，他只是個和鄧通一樣的寵臣，看他很不順眼。

　　後來申屠嘉和晁錯發生了衝突，這是後話。

　　申屠嘉之後，漢朝的丞相就再也沒這麼威風過了，權力逐漸被皇帝給收了回來，到了武帝時期甚至幾乎成了擺設。

　　這也是君權和相權制衡的結果，國家建立之初自然會給君權很大的制約，希望國家能夠長治久安，漢初丞相權力大的原因便是如此，但隨著時代更迭，皇帝一定會越來越集權，這是大趨勢。

第五十三章 千古制衡

　　這章好好介紹一下前面提到的君權與相權的千古制衡，這要從古時候官制的來源開始討論。

　　在秦朝統一之前，古時候諸侯國的政治和家族的治理差別不大，諸侯的家事基本上就是國事。

　　夏商周三代時期的分封制度將原本就不大的天下劃分為一塊一塊，即使是周天子，真正直接管轄的地盤也不大，那些國家官員在設計之初都用來管理家族。儒家的「齊家，治國，平天下」正是在這樣的背景之下提出。

　　古時候很多官的名字都帶有非常濃厚的家族色彩。

　　比如「宰相」這個詞，「宰」和「相」都是輔佐的意思，也有「副」的意思，而且「宰」字裡還有和祭祀相關的涵義，祭祀最早都是指祭祀家族祖先，有非常濃厚的貴族家族特色。

　　最早有個官職叫「太宰」，很明顯是管理王家事務的。

　　另外，很多朝代都有的官職，「尚書」的來源也很有家族統治的味道。

　　「尚書」最早的涵義其實用一個現代職位來表示非常的貼切——「祕書」，當然發展到唐宋時期早就變調了，已經不是原來的意思。

　　漢代時期，皇帝有「六尚」，分別是：尚衣、尚食、尚冠、尚席、尚浴和尚書。六尚均與國家大事無關，無非是負責皇帝及其家人的衣食起居而已，尚書負責皇帝的文書，類似私人祕書。

　　秦漢時期，當中國大地上第一次擁有一個龐大的帝國並採取郡縣制後，君主家事和國家政事才比較明確地分開。

漢文帝前十三年至後二年　西元前一六七至前一六二年

分開之後，原來的家族式管理不能夠適用新的情況了，於是有了內朝官和外朝官的區別，內朝管理皇帝家事，而外朝管理國家朝政，各有分工。

只可惜「君權」和「相權」永遠會有矛盾，兩者的衝突幾千年從未停歇過。

中國兩千年的封建政治演變，就是一個體制在不停地限制「君權」、擴大「相權」，而皇帝在不停超越權限去代理「相權」的過程。

大致的軌跡就是：賢明的開國之君建立了一套外朝官員制度來加強「相權」，去對「皇權」進行制衡，但後世之君不停地透過增強內朝官員的權力來鞏固「皇權」，侵占原本屬於外朝官員的權力，從而削弱「相權」。

春秋戰國時期國家的治理是諸侯家族的治理，皇帝對於家臣而言是絕對權威。秦始皇設立的制度區分了內外官，由丞相率領外朝事務，理論上來說，皇帝能直接掌管的只有自己的家務，要參與國事必須透過丞相等外部機構。

不得不說這個制度很好，非常類似現代的「君主立憲制」，大大限制了皇帝為所欲為的可能。

但無奈，好的制度需要出現在合適的時代背景下才能夠發揮作用，在兩千年前那個人治為主、極為不民主的時期，人民過於弱勢，皇帝過於強勢，這個制度注定不會長久。

於是，整個漢代演變的過程就是丞相的權力越來越小，以漢武帝為代表的強勢君主，不斷地加強內廷官員（也就是自己家臣）的權力，很多命令直接透過身邊的中書令、尚書這樣的內官來下達，完全跳過丞相，後期更是直接設立了大司馬這樣的內朝官員來全面替代丞相。

大司馬不但可以管理皇帝家事，還位於丞相之上，可以直接干預政事。

後來的魏晉南北朝時期大致延續了這種情況。並不是說皇帝的權力特別大，而是政事不分內外，原來的內官逐漸變成內外都管，權力很容易集

中於一人之手（有可能是皇帝，也有可能是大權臣）。這也是這段時期權臣頻出的原因之一，因為本來設計好的權力制衡被皇帝自己打破了。

隋唐時期慢慢開始三省六部制，其中的三省「中書省、門下省、尚書省」這些官職或部門，在漢代都是內朝的官員，只負責皇帝的家事，但由於幾百年來內朝官員不斷擴大權力、干預政事，逐漸變成了正規的外朝官。

唐代要重新建立內外朝的劃分和勢力的制衡，於是把這些官員全都正式變成外朝官，變成另一種意義上的「丞相」，而內朝只有宦官來管理自己的家事，透過閹割這種生理手段清晰地劃分出內朝官員和外朝官員的界限。

其實在漢代的時候並不像大家想的那樣，只要是宮裡的男人就都是宦官，當時還有一半是宦官、一半是普通官員，到了唐代以後才開始慢慢把宮中官員都變成宦官。

制度雖然設立好了，但時代的背景注定這只是曇花一現，只是又一個新的輪迴開始而已。

只要歷代的皇帝還想不斷地擴張皇權，就會逐漸地加強自己身邊人的地位，這和身邊的人是不是宦官沒有關係。

在這樣的背景下，太監隊伍越來越壯大。

歷史總是驚人得相似，軌跡幾乎一模一樣，唐朝的皇帝頒布詔令原本須透過外朝的中書省和門下省，但後來為了強權，開始繞過他們直接從太監處出詔令，慢慢地外朝官員又一次成為擺設，而太監卻不斷壯大了起來。

再往後，明清時期的大學士制度其實也是一種內朝官員的逐漸權力放大化的制度，不在話下。

西漢的內朝官員不完全是宦官，一般是一半宦官一半普通官員，而且普通官員從事比較高級、比較有前途的差事，真正的宦官地位都很低，很難有出頭之日。

整個西漢歷史有留下名號的宦官沒有幾個人，也沒做出什麼特別驚人

的事情，如果真要算也就是元帝時期有個石顯做了中書令，為所欲為了幾年的時間。但這是個案，甚至也有人說石顯是普通官員出身，也有妻子，只不過和司馬遷一樣受過腐刑而已，並不是一般意義上的宦官。

漢代官員中一般帶「中」字的都是內朝官員，負責一些皇帝的飲食起居，真正辦公事務的機構很少，而且這些「中字頭」的官員還都不歸皇帝直管，是下轄於御史中丞。

後面在講外朝的時候我們會說，御史中丞是御史大夫的副官，御史大夫又是丞相的副官，所以漢代內廷官員在設計的時候其實要歸外朝管轄，只不過隨著時代的演變，慢慢就不是這麼回事而已。

在漢武帝大力加強內朝官員權力的措施下，內朝這些「中字頭」的官員最後演變成一批「位卑而權重」的人，他們大都只有六百石左右的品秩，不說和丞相比了，就是和九卿甚至是地方郡守的二千石比，都有很大差距，但他們卻負責起草和修改制定國家大事的文書，是真正替引導大方向的人，地位絕對不低。

武帝時期就有這麼一批職位不高，但卻非常有名、而且確實對國家影響深遠的人存在。

《漢書》在記載歷史的時候，有很多丞相限於篇幅無緣立傳，但卻有不少這樣的內官，比如嚴助、朱買臣等人，能夠憑自己的作為在《漢書》中占有一席之地，閃耀出自己的光輝。

除了這些「中字頭」的官員外，漢朝還存在另外一種官員「郎官」，類似於後世的「御前侍衛」，即皇帝身邊隨行的護衛。郎官和侍衛的區別在於，郎官大多數都不是習武的真正侍衛，而是讀書人。

漢代辦有太學，就是一個把各地和各個大家族選過來的年輕子弟集合起來學習治國的地方，在他們學習結束後會有一次「策問」，大概是一個有問答形式的考試。這些太學生策問之後會得到一個成績，成績好的就成為郎官，成績不好的則派到地方上任吏。

在漢代「官」和「吏」的區別很大，我們可以理解為是現代意義上的「政務官」和「事務官」。官負責治國大事，而吏做一些具體事務，比如審案刑獄之類的就是吏的範圍。

漢代十分重視「吏」的培養，所以有很多人因為刑獄做得好而得以飛黃騰達，最典型的比如武帝時期的張湯。但整個社會的風氣還是看不起「吏」的，認為他們和「官」差距很大，常用語「刀筆吏」也是一種略帶鄙視的稱呼。

吏也可以透過自己的努力變成官，但這個過程就比較複雜了，且往往要耗費好幾年的時間。

郎官是「官」的預備，也就是說，這些人已經擺脫了成為「吏」的可能，進入了官員團體，地位比較高，與其說他們是侍衛，不如說他們是「預備官」。漢代官員團體的中堅力量都來自於這裡，其他途徑比如花錢買或者私相授受都還在少數，不是主流。

郎官一般有兩千人左右，人數較多，這些郎官在給皇帝當侍衛的同時學習一些政務，表現好或者有機會就外任正式為官。

在《漢書》裡，很多人的傳記裡都會有「……為郎」這樣的履歷，這就是說他做過郎官，是正式途徑走上來的、地位比較高的官員。沒有為郎的經歷而直接做官的人不是有奇遇，就是走後門的，為當時人不齒。

所有的郎官都歸「郎中令」管，郎中令是九卿中的一員，後來改名為「光祿勳」，是一個典型的外朝官，也是漢朝人人都搶的肥缺之一。

郎中令既然是九卿之一，就意味著它也是丞相的下屬，所以像郎官這種皇帝侍衛的考核其實是由丞相負責，而不歸皇帝掌管。

大家知道秦漢這個制度，最初在設計的時候賦予丞相多大權力了吧！內朝官員無論是「中字頭」還是郎官都要聽命於丞相，只可惜執行起來就一天一地了，漢代後期別說郎中令，有時就是一個較受皇帝喜愛的郎官都可以無視丞相的存在。

第五十四章 匈奴人的威脅

在文帝剛剛即位的時候，匈奴的大單于冒頓還在世，不停地派右賢王在河套地區騷擾，還給文帝寫了封信，說自己已經平定了西域二十六國，那些小國都已經向匈奴稱臣。

匈奴這封帶有示威性質的信給當時的漢朝帶來了很大的震撼，因為當時的漢朝根本不知道河西走廊的西面還有一個叫西域的地方，更不知道那裡還有那麼多國家，至於匈奴提的樓蘭、烏孫這些國名都是完全陌生的，即使匈奴是騙他們的，他們也完全沒有判斷能力。

匈奴倒還真的沒有騙漢朝，在偉大的冒頓單于的帶領之下，他們真的平定了西域，現在準備從漢朝那得點好處。匈奴畢竟生產能力低下，很多東西需要從漢朝地盤搶奪或討要，這封信其實就是在逼漢朝再派一位和親公主，同時帶來相應的物資。

文帝這邊進行了一些要和還是要戰的討論，最後大家一致認為，匈奴現在氣勢正旺，盲目開戰必然慘敗，還是照傳統來和親加上防守的策略比較好。

文帝雖然沒有派出和親公主，但給匈奴贈送了一大堆禮品，最後總算是止住了匈奴南征的腳步。當然大匈奴沒有南征還有個很重要的原因，那就是長壽的冒頓單于終於駕鶴西歸了，掙扎了三年之後故去。

匈奴史上最大的民族英雄冒頓總算結束了他英雄的一生，從弒父篡位開始，他先是打敗了東面的東胡，又擊潰了西面的大月氏，統一了北方草原。之後，他在白登之圍大敗劉邦的漢軍，奠定匈奴和漢軍之間八十年的攻守關係，隨後又進一步西進，蕩平西域，建立起一個無比強大的匈奴帝國，其戰鬥力直追一千五百年後的成吉思汗。

當時，論經濟實力冒頓的匈奴還很落後，但是其武力絕對沒有哪個國家敢招惹，全盛時期的匈奴帶甲四十萬，而且都是騎兵，這是漢朝遠遠不及的。

　　冒頓死後，其子老上單于繼位，老上單于也不是個善類，又來向漢朝索討和親公主，文帝不得已，只能再一次派出。

　　這次的和親有一個小插曲，不料這個插曲竟然大大影響了後來幾十年裡大漢和匈奴之間的戰局。

　　插曲的主角是一個太監，名字叫中行說。在和親的時候，漢朝派他作為公主的陪嫁一起去匈奴，而他十分不願意去。

　　蠻夷之地各方面的條件都差，任何一個漢朝人都不願意去，這很正常。

　　可是區區一個太監人微言輕，他表達出這樣的不滿根本不會有人理他，他還是被強行派去匈奴。於是中行說在離開大漢之前立下了一個憤恨的詛咒：「必我也，患漢者矣。」從此他和大漢朝的梁子就算是結下了，立志要找大漢的麻煩。

　　不要看中行說只是一個太監，其實他本人非常有才學，對於漢朝和匈奴之間的局勢把握得非常好，他到了匈奴之後努力表現，很快就得到大單于的信任，成為接下來幾十年裡連續三代大單于的最佳智囊。

　　匈奴騎兵的戰鬥力很強，但軍事指揮稍嫌落後，應對國家之間的政治對抗更是落後，遠遠落後於經歷春秋戰國和楚漢之爭鍛鍊後的中原地區。

　　中行說的出現對於匈奴而言，非常關鍵，他大大提升了匈奴決策層的文化和計謀水準。

　　文帝給匈奴大單于下了一個一尺一寸長的木牘，上頭寫著：「皇帝敬問匈奴大單于無恙」，而老上單于在回信的時候特地準備了一個一尺二寸長的木牘，上面寫：「天地所生、日月所置匈奴大單于，敬問漢皇帝無恙」，相應的東西都要大一號，處處壓漢朝一頭。

漢文帝後三年至後七年　西元前一六一至前一五七年

這種事情在中行說去匈奴之前不曾發生過。

漢朝使者諷刺匈奴人兒子娶後母的習俗，中行說就反唇相譏說漢朝雖然表面上很講禮法，但是其實最容易出現骨肉相殘的事情，為了爭奪皇位什麼事情都做得出來。

從歷史記載的一些中行說的言語中，我們可以看到這個太監確實很有才能，可是這樣的人如果留在漢朝，礙於諸多限制，他也沒有發揮的舞台。無法發揮才能的他，輸誠匈奴後雖然背負了賣國之名，但卻更好地實現了自己的人生價值，得失參半。

匈奴在中行說的獻策下，對漢朝步步緊逼，入侵步調比之前更有計畫。中行說知道匈奴雖然強勢，但也不可能真的對漢朝怎麼樣，只是想最大程度地占便宜，威嚇漢朝老老實實地給他們進貢、和親。

之前提過文帝十四年，匈奴人攻破蕭關，到甘泉宮耀武揚威了一圈，著實嚇著了漢文帝，因為那已經直接威脅到京城長安的安全，中行說的目的達成了，在這之後文帝更是不敢對匈奴開戰，只能被動地防守。

文帝在長安附近加設除了北軍之外的其他駐軍，他分別在霸上、棘門和細柳這三個地方放了一支一萬人的部隊，霸上的將軍叫劉禮，棘門的將軍叫徐厲，這兩個人名或許有點陌生，但第三個人肯定有所耳聞，那就是細柳營的將軍、周勃的兒子周亞夫。

軍隊設立了一陣之後，文帝分別去視察，先去霸上和棘門，倒也沒有什麼意外，無非就是驅車而入，看完部隊就走人，可到了細柳營卻發生了一些事情。

文帝的車駕到細柳營之後被士兵攔了下來，說兵營之內不能驅車。文帝的隨從不高興了，他們沒想到居然有人敢阻攔天子的車駕，就趾高氣昂地報出了文帝的名號。不料文帝的名號在這裡毫無用武之地，細柳營的士兵說：「在軍營裡頭只聽說要聽將軍的命令，沒聽說還要聽皇帝命令的！」

如果這是一般時期，或者文帝像秦始皇、朱元璋那樣是個非常專制的

君主，只怕會勃然大怒，這位將軍和他手下的士兵也會遭殃，畢竟兵權是一切權力的根源，皇帝要隨時把他掌握在自己手裡。

可是此時的文帝正在尋求良將，他受到這種待遇不怒反喜，平靜地讓士兵按照正常程序匯報。士兵匯報的結果是天子車駕可以進入軍營，但是得按轡緩行，其餘隨行的百官都得下車步行。

文帝一行人就這樣進了細柳營，細柳營的將軍是「平定諸呂」時的名將絳侯周勃的小兒子周亞夫。周亞夫一身戎裝來見文帝，並且很威風地以「甲冑在身，不便行禮」的理由沒有向文帝行跪拜禮，僅僅作了個揖。

文帝看出了周亞夫帶兵的才能，不久之後就升他為北軍中尉，執掌京師附近的北軍。文帝觀察了周亞夫幾年之後，在駕崩之前，對繼任的景帝說：「若將來事有緊急，可以把大事託付給周亞夫。」

什麼是事有緊急呢？無非就是匈奴打到長安或者諸侯國一起造反吧！這個將軍是文帝留給景帝最大的財富。

漢文帝最後幾年沒其他特別之處，他和景帝的交替也是西漢最平穩的一次權力交接，不得不說這和文帝提前做詳細安排有很大的關係。

春秋戰國紛爭五百年，統一之後的秦帝國又是出名的暴政，隨後的三年反秦起義和五年楚漢紛爭，其間大戰四十、小戰數百，中華大地可謂民生凋敝，人口損失大半。高皇帝以三尺劍平定天下固然是立下不世之功，但他即位後的數年裡又不停地征戰平亂，平城大敗後更使得日益強大的匈奴不斷騷擾中原。

這樣一個破敗的漢朝當時危機四伏，呂后慧眼獨具，在她開始掌權之後採取與民休息的國策，一定程度上緩解了當時的局面。只可惜由於她個人的原因和晚年的私心，大肆迫害劉氏子孫和開國功臣的做法又一次激起朝野的矛盾，讓大漢朝經歷了一次「諸呂之亂」。

暴風雨中搖搖欲墜的漢朝亟需一個明君的出現，而且這個明君還不能是漢武帝那樣急於建立功業的英主，要是一個甘於低調、真心愛民的仁主。

漢文帝後三年至後七年　西元前一六一至前一五七年

文帝正是這樣的人，他的降生可以說是上天對中華民族最大的庇佑。

第七卷 景帝啟後

第五十五章 晁錯削藩

漢景帝前元年至前二年　西元前一五六至前一五五年

漢景帝即位不久，太皇太后薄氏就駕崩了，漢初遺留下來的殘存實力徹底消失，景帝開始扶植自己的勢力。

對於古代的皇帝而言，也許治理好天下只是第二位的目標，首要目標是先保住天下。所以「一朝天子一朝臣」，每個皇帝上位的時候多少都要換掉一些不聽自己話的能人，再提拔一些能力還可以的自己人，這是非常必要的。

那誰對景帝來說是自己人呢？一方面是母家竇氏一族的人；另一方面就是自己在當太子時的家臣了。

景帝即位之後先扶植了一批竇家的人進入朝廷，接著又提拔了自己當年家臣團裡的「智囊」晁錯。

景帝在按部就班地打理朝政時面臨了一個難題，那就是以竇太后為首的竇家的利益團體和晁錯不和，這是景帝即位之初最難處理的情況。

兩方面的不和有很多方面的原因，景帝太過信任晁錯引起竇家嫉妒是一方面，還有更重要的原因是理念不合。

竇氏一族——尤其竇太后是典型「黃老治國」的信徒和實踐者，他們喜歡道家的無為與權謀，喜歡溫和的處理方式，不喜歡朝廷中有過多的變革。

而晁錯恰恰相反，他是一個操持著儒家積極進取的觀念，卻採用法家雷厲風行方式做事的人。

兩者的衝突尤其表現在對日益凸顯的諸侯國問題的看法上。

晁錯是賈誼理論的實踐者，他恨不得馬上以最直接的方式解決諸侯國問題，認為這個問題不能遲一步，否則將招來大禍。在晁錯的建議之下，景帝開始了一場轟轟烈烈的削藩運動，打響了旗號明目張膽地找諸侯國的麻煩。

而竇太后極其反對如此激烈的方式，她最怕的就是逼反諸侯國，所以在諸侯國問題上，竇家的人都認為應該以穩為主慢慢削弱他們，包括竇家中少有的儒家分子竇嬰，在這個問題上也反對晁錯。

晁錯以一人之力對抗整個朝廷，除了景帝支持他，他幾乎沒有什麼盟友。朝廷中以丞相申屠嘉為代表的原有老臣勢力也站到了晁錯的對立面，他們可以容忍景帝對外戚的偏愛，卻接受不了景帝對於一個家臣的過度信任和過分尊寵。

當時景帝面臨的局面非常複雜，各個諸侯國的威脅已經越來越嚴重，尤其是吳王劉濞，基本上已經囂張到完全不理會朝廷的地步了，中央拿他一點辦法也沒有，景帝要解決諸侯國的威脅必須得依靠晁錯來進行削藩，化解最大的危機。

可是，中央朝廷中以丞相申屠嘉為首的老臣和竇家聯合在一起反對晁錯，使得削藩推行得十分困難。

在這個節骨眼上，申屠嘉首先堅持不住了。

晁錯任內史之後，內史府門朝東開，出入不便，晁錯就在南面開了一個門，從南面出入。但開南門得鑿開太上皇廟的外牆，從廟外牆與內牆之間的空地穿過。這樣做，按照法律來說應當斬首，申屠嘉沒有放過這個機會，準備奏請誅殺晁錯。結果這個消息卻不慎走漏了風聲，被晁錯提前得知，晁錯當夜就進宮向景帝說明情況，讓景帝在前一天晚上就想好了救晁錯的辦法，第二天申屠嘉正式上奏時，景帝說晁錯鑿穿的是外牆，不犯法，可以原諒。

申屠嘉非常後悔，他後悔不先殺了晁錯再請奏，反而給了晁錯機會，

回到家後一病不起，很快就吐血而亡。

申屠嘉一死，外朝官員中對於晁錯的阻力頓時少了很多，景帝趁機把晁錯升為御史大夫，位列三公。為了平衡局勢，景帝新任的丞相是一個在老臣之中信奉黃老學說的陶青，這個人既可以算是竇太后的人，也可以算是一名老臣，一下子安撫了兩方面的勢力。

可是，陶青這個丞相基本也只是空銜。在景帝的支持之下，晁錯的御史大夫可以說已經把陶青架空了，朝廷中的大事都取決於晁錯。

當上御史大夫的晁錯加快了削藩的步伐，之前還只是找一些小諸侯開刀的他，現在已經把目標轉向了吳、楚兩個大國，透過各種罪名來削奪他們的郡縣。

此時削藩的大趨勢其實已經比較明顯了，不再像文帝時期那樣離他們那麼遙遠，景帝和吳王劉濞的交惡是朝野皆知的事情。

兩人交惡的表面原因很簡單：劉濞最初的太子曾經入朝覲見，那時景帝還是太子，兩個年輕人在一起下棋，也許是吳王太子棋藝不精，輸急了以後就耍賴。想想吳王坐鎮東南那麼多年，也算是個土皇帝了，他的兒子自然也是作威作福慣了，誰平時敢真的贏他？吳王太子雖然面對的是皇帝的太子，但這年輕人的脾氣一上來還真是什麼都不管，直接和景帝爭執起來。

景帝當太子的時候也是年輕氣盛，比起他後來做皇帝時期的沉穩差遠了，見吳王太子耍賴，氣憤之下就拿起棋盤砸了過去。也是吳王太子命中該絕，棋盤的一個角正好砸到他的太陽穴，就此一命嗚呼。

雖然禍是皇帝太子闖的，但畢竟是自己的親生兒子被殺，吳王此後就再也沒有來長安入朝過，總是一再稱病，而且還暗中策動造反的事情。對於吳王的種種行為，文帝一是覺得自己兒子理虧在先；二是不敢輕易招惹吳王，於是就賜了吳王幾杖，准許他以後可以不用入朝，給雙方一個台階下。

從那時起，吳王的所作所為就越來越囂張，他自己煮東海海水賣鹽，用自己豫章郡的銅山鑄錢。有了漢代的重要經濟資源鹽，還可以自己掌握鑄幣權，吳國一下子變得富庶，吳王為了籠絡人心，為造反做準備，就免了大部分吳國的賦稅。

幾年下來，吳國成為人人嚮往的地方，吳王的名聲也越來越好，卻成為朝廷的眼中釘。

任何皇帝都無法忍受一個幾乎獨立的小國家存在於自己的天下之內，剷除吳國只是時間長短的問題，這點有些見識的人都看得明白。

吳王知道自己和中央之間必有一戰，也一直在積極備戰，糧草、器械、軍隊幾年來一直在籌備，對他來說，唯一還要等的就是一個合適的開戰時機。

按道理說，在這種形勢之下，晁錯的削藩政策應該會得到一些有識之士的支持，當時的朝廷中像竇嬰、衛綰、袁盎這些人都很有見識，他們不可能不知道削藩的必要性。

可是，晁錯削藩削得最奇怪的是，削著削著就把自己削成了孤家寡人，當時朝廷上下除了景帝以外，沒有一個人支持他。

可能是晁錯法家嚴酷的行事風格難以融合於大環境，也有可能是晁錯太急於表現自己、為達目的不擇手段、不懂得照顧大家的利益。晁錯以為只要有君主的信任就可以毫無顧忌地做自己想做的事，他沒有意識到這會讓他被別人看作是一個恃寵而驕的小人，從而引來殺身之禍。

也許以晁錯的才智早就看透了自己的命運，歷來變法的權臣都沒有好下場，就算是為秦國打下強盛基礎的商鞅，最終也被車裂而死。變法者悲慘的命運往往不是因為他的主張不被人認同，而是因為在變法的過程中，他注定會得罪無數不該得罪的人。

商鞅變法在秦國一直被延續下來，秦國的新君惠文王非常認可商鞅變法的內容。可秦惠文王最終還是殺了商鞅，這是因為那些在變法中受到侵

害的利益團體需要得到一個補償，而變法者的鮮血對於君主來說是給那些人最廉價的補償。

好，你們說變法損害了你們的利益，我已經把變法的人殺了給你們報仇，你們還想怎樣？再變回去？那可不行……

晁錯的悲哀就在這裡，從景帝全力支持他削藩開始，他就走上一條不歸路，他沒有回頭的餘地了。如果晁錯在這條削藩的路上動搖或者放棄的話，不但那些原來反對他的大臣不會因此而接納他，就連景帝也會徹底放棄他，至於那些諸侯王就更不用說了，一個失敗的對手不值得得到憐憫。

晁錯的父親看透了兒子的結局，他知道晁錯的這種做法是在玩火，可是晁錯告訴他這是「安劉氏」必須要做的事情。智者的父親絕對不愚蠢，晁錯父親明白無法阻止兒子的行為，也清楚兒子這樣做會給晁家帶來什麼後果，於是留下一句「劉氏安，則晁氏危矣」就自殺身亡。

我們可以理解這個老父親的苦心，他不願意看到兒子的悲慘結局，不願意看到兒子費盡全力所爭的結局卻害得全家死無葬身之地，這樣一走了之也許更好。

但父親的這種做法也讓晁錯陷入了更尷尬的處境，如今朝中已經沒有人支持自己了，現在連父親也棄自己而去，這偌大的世界，他只能獨自前行。

削藩，晁錯必須堅持下去。

晁錯的境遇讓筆者想起了《孟子》裡的那句名言：「故天將降大任於斯人也，必先苦其心志，勞其筋骨，餓其體膚，空乏其身，行拂亂其所為，所以動心忍性，增益其所不能。」要完成削藩的大計，晁錯注定要經歷這個眾叛親離的考驗。

幸好此時的晁錯還有最後一個依靠——景帝，這個既是自己學生又是自己君主的人。

漢景帝前三年 西元前一五四年

第五十六章 兩個關鍵人物

晁錯和景帝意識到削藩可能會導致的開戰結果，在軍事上他們沒有放鬆。

其實文帝末年就已經開始為和諸侯開戰做準備了，在賈誼的建議之下，文帝給景帝和晁錯打好了非常扎實的基礎。

對抗諸侯王的軍事準備的關鍵在兩個人：劉武和周亞夫。

劉武是景帝的親弟弟，現任梁王。

梁國的安排在文帝部分我們詳細說過，在賈誼和文帝的布置下，梁國成為一個四十多座城的大國，而且位置非常講究，無論是北面的趙國、東面的齊國或南面的吳楚兩國，想東進函谷關都得先過梁國這關。

梁國的都城睢陽是著名的堅城，據有中原最大的糧倉敖倉。如果有哪個軍隊想繞過梁國直接攻打那個以難打出名的函谷關，後果就更嚴重了，且不說函谷關不一定能打下來，光有梁國在後面騷擾後勤供給就夠對方受的了，幾乎沒有不敗之理。

景帝即位之後的第一個冬至大節（漢代最大的節日，當時過春節的習俗尚未興起），恰逢梁王劉武入朝給竇太后請安，景帝和晁錯在這上面大做文章。

梁王的勢力雖然已經夠震懾其他諸侯國了，但畢竟他也是諸侯國之一，首先得保證他和中央同心同德。雖然景帝和梁王的兄弟關係一向良好，但這個時候還得再加一重保險，景帝在此次梁王的入朝中表現出對他的極大尊寵，不但用天子車駕接他，而且還給梁國配備了一大批戰鬥物資。

確實景帝此時最需要信任的就是他這個同母弟弟了。

梁王也是個爭氣的皇子，文武雙全，英武不凡，在這次入朝中他徹底向景帝表明了心跡，表示堅決支持景帝的削藩，成為景帝和晁錯之外，第三個「削藩派」。

可是就在景帝和梁王「手足情深」到極致的時候，一件危害兄弟感情的事情發生了，最諷刺的是，這件事的始作俑者居然是他倆的母親竇太后。

梁王入朝之後，竇太后辦了一場家宴，顧名思義，就是自己家裡的人一起吃飯，只有竇太后、景帝、梁王和館陶長公主等人參加，連一旁陪著的都是竇氏一族，時任太后宮詹事（相當於太后宮中的大總管，兩千石的大員，非宦官）、竇太后的姪子竇嬰。

竇嬰是竇氏外戚中最有能耐的一個，也是竇家這個道家大族中少有的儒家出身的人，是景帝和武帝兩朝間的名臣。

這種家宴原本只是一家人之間隨便聚聚的晚宴，和朝廷大政無關，像晁錯這樣的外臣都不能參加。

可就在這個輕鬆的環境下，每天繃著臉和朝臣處理政事的景帝也放鬆了警惕，喝了一點酒之後有些醉意，正和梁王「手足情深」的景帝一時失言，說了一句：「千秋之後傳梁王。」

這下糟了，君無戲言，恰好景帝此時剛剛即位，雖然有好多兒子，但是還沒有冊立太子，如果此時冊立一個皇太弟，雖然在漢朝沒有先例，但是兄終弟及在春秋戰國以及更早的夏商周三代都有過，也不是不可能。

竇太后雖然失明，但是心可不盲，她一向偏疼梁王劉武這個孝順的小兒子，景帝身體一直不好，如果他駕崩之後能由劉武來繼承皇位自然是最好的，而且劉武一直住在遙遠的梁國，一年最多只能回來一次，如果當了皇太弟，就可以順理成章地留在長安陪自己。

聰明的竇太后不會放過這個一舉兩得的機會，她馬上要旁邊的人把景帝這句話記下來，並且想趁機催景帝把這件事情定下，以君無戲言來脅迫景帝。

漢景帝前三年　西元前一五四年

這下輪到景帝後悔了，本來只是酒後一句失言卻被母親逮了個正著。出於私心，景帝一定還是希望能傳位給自己的親生兒子，雖然現在還沒有找好人選，但傳給弟弟絕對不是他想要的。

可是：一來君無戲言，面對母親的追問自己也不好直接否認；二來此時諸侯國形勢危急，正是要靠梁王的時候，如果因為此事開罪了梁王，梁王日後再對抗諸侯國的時候不肯出力那就不好了。

按理說當時在場的人裡頭幾乎都是竇氏一族的人，不會忤逆竇太后的意思，館陶長公主和梁王的姐弟關係也很好，沒有必要出頭，梁王自己更不會有什麼動作了。晁錯不在，景帝根本沒有幫手來替他解圍。

可就在這個時候，非常意外，竇嬰居然主動站出來給景帝解圍了，他忙說：「陛下一定是喝多了，怎麼可以如此戲言。」景帝一聽有台階下，馬上就踩了上去，說自己是喝多了，亂說話，這件事情以後再說。

竇嬰雖然在削藩的事情上，和竇家一起反對景帝和晁錯的做法，但是在立儲君的問題上大公無私，他沒有盲目地幫自己的姑姑竇太后，而是看到了立皇太弟的諸多弊端，極力反對竇太后這個主張。

景帝好不容易解了圍，可是竇太后和梁王因此對竇嬰深以為恨，直接除去了竇嬰的門籍，讓他不能再隨便出入宮廷，變相地剝奪了他的官職和外戚特權。

雖然經歷了此番波折，景帝和梁王之間的感情還是不錯，畢竟景帝也沒有當面拒絕立梁王為儲君，現在要以大局為重，還是先處理好諸侯國的事情，立儲君的事情可以慢慢再說。

梁國在景帝的支持下，具備了更加強大的軍事力量。劉武回到梁國之後也著手準備隨時開戰。

除了梁王以外，文帝臨終前的第二個對抗諸侯國的軍事準備是周亞夫。

周亞夫細柳營的故事之前我們已經詳細講過了，他就是文帝留給景帝

用來解決危機的將軍，文帝臨終的遺言是：「若將來事有緊急，可以把大事託付給周亞夫。」

文帝連打仗的將軍都給景帝準備好了，景帝和晁錯就更加不懼與吳國一戰。

說到這個周亞夫，還有些趣事。周亞夫本是周勃的小兒子，並沒有承繼周勃絳侯的爵位，他的哥哥周勝之不但成了絳侯，還是文帝的駙馬爺。

那個時候周亞夫在河內郡當太守，前文提過給鄧通看相的著名看相大師許負也給周亞夫看了相，她說周亞夫三年以後可以封侯，封侯八年之後可以成為將相，持國秉，在人臣中無人能和他匹敵，但是再過九年會餓死。

周亞夫不相信許負的說法，他認為哥哥已經繼承了絳侯，就算哥哥意外身亡也還有他的兒子繼任，根本輪不上自己；要是真的封了侯，都已經那麼富貴了，又怎麼可能餓死？這個道理怎麼也說不通。

誰知世事無常，周亞夫的後半生完全在許負的預言之中，三年以後，周勝之因犯罪丟了侯爵的身分，而此時文帝又見識到了周亞夫帶兵的才能，想留著以後重用他，就以給周勃其他有才能的兒子封侯為由封周亞夫為條侯。

周亞夫成為條侯後的八年，即景帝三年，他完成平定「七國之亂」的大業，建下超越他父親的功業，做到「人臣無二」，至於再過九年會餓死的事情，那就是「飛鳥盡，良弓藏」的後話了。

第五十七章 十面埋伏的謀劃

說完文帝給景帝做的兩個和諸侯國開戰的準備，我們再把目光轉回景帝和晁錯的削藩之路。

雖然有了開戰的準備，但對於景帝來說，還是能不開戰更好，他在這一點上和後世的康熙皇帝不一樣，他沒有康熙看得那麼清楚。在他內心，景帝誓與諸侯一戰的決心還不夠，這一點也是他後來放棄晁錯的原因。

景帝還在猶豫，可吳王劉濞不會猶豫，他等待多年就是為了一個正當開打的理由。現在好了，晁錯的步步相逼把理由送到了吳王面前。

晁錯早已鬧得天下人怨聲載道，諸侯國間的不滿更是達到了巔峰，吳王很聰明的在這個時候提出了「誅晁錯，清君側」的口號，正式發兵。

吳王聰明的地方在於他沒有說自己要造反，而是把造反化名為勤王：「我不是要造反，我只是要匡扶漢室，剷除皇帝身邊的奸臣晁錯。」

此時的晁錯盡失天下人心，吳王以反對晁錯起兵可謂順應時局，不但不用背負「造反」的惡名，還可以讓漢廷的中央產生猶豫，不進行全力抵抗。

另外，當時吳王知道憑藉自己一國的實力還不足以對抗中央，以全國而敵一隅，漢廷的勝算還是很大，所以他又祕密聯合了其他諸侯國一起謀事，想讓漢廷左右掣肘，無力對抗諸國的叛亂。

這就是歷史上有名的「七國之亂」。

其實吳王一開始聯合的諸侯不止七國，他的檄文一共傳給了十幾個國家，讓我們來分析一下這些國家。

劉濞的盟友中最強大而重要的是楚國，自從文帝在賈誼的建議下把齊國分成五國之後，吳、楚、梁三國就成為當時最大的三個諸侯國，大概都有五十座城左右。梁王是景帝的親弟弟，沒有什麼動搖的可能，楚王就成了吳王第一個聯合的對象。

　　楚王劉戊是楚元王劉交的孫子，劉交是劉邦的弟弟，所以劉戊在輩分上應該和景帝是同輩的，而小吳王劉濞一輩。劉交是當年劉邦家裡唯一的讀書人，楚王這一脈也出了很多文人，大名鼎鼎的《戰國策》編纂者劉向就是楚王一脈的傳人。

　　只可惜此時的劉戊卻好像是楚王家的另類，荒淫無度，文帝時期就曾經犯過重罪。一向對中央朝廷不滿的劉戊，順理成章地和吳王勾結起來，意圖不軌。

　　趙國和燕國是漢朝大諸侯國中僅有的兩個北方國家。趙王劉遂是劉邦的孫子，他的父親劉友被呂后所害，文帝即位以後繼續讓他做趙王；燕王劉嘉是前文提過的、從呂后那裡騙來王位的琅琊王劉澤的兒子。

　　趙國和燕國重要的地方在於他們在北方，和匈奴比鄰，可以得到匈奴人的幫助，吳王當時喪心病狂到要依靠匈奴人來完成他的反叛大業。

　　俗話說：「兄弟鬩於牆，外禦其侮。」諸侯國再怎麼鬧也只是劉家自己的事情，如果因此便宜了匈奴，那就有些卑鄙了。

　　說完了楚國、趙國和燕國，其他的都是小國家，首先是齊地七國，它們分別是齊國、濟南國、膠東國、膠西國、濟北國、淄川國和城陽國。這七個國家都是從漢初第一大諸侯國齊國分出來的，它們的王爺也都是劉邦長子劉肥的兒子或孫子。

　　劉肥有記載的兒子一共有九人，「諸呂之亂」的時候只有最大的三個成年，就是老大齊王劉襄、老二城陽景王劉章和老三濟北王劉興居。這三兄弟為平定呂氏之亂做出了很大的貢獻，只可惜後來劉襄和劉章英年早逝，劉興居造反兵敗身亡。

後來，劉襄的兒子劉澤繼承了齊國，因為齊國實在太強大了，所以一直是中央朝廷的眼中釘，文帝十六年，恰好劉澤病逝且無後嗣，文帝就聽取了賈誼生前的建議，趁機將齊國分成六個國家，分別讓劉肥另外六個兒子來當王爺。這六個王分別是：齊王劉將閭、濟北王劉志、淄川王劉賢、膠東王劉雄渠、膠西王劉卬和濟南王劉辟光。

　　這六個新國家和原來就存在的劉章兒子劉喜的城陽國構成了「齊地七國」，這些國家無論是土地還是其掌權者都出自於最初的齊王劉肥一脈，這一家人經營齊地已經超過五十年，早已深深紮下了根基。

　　除了齊地七國之外，還要說的有淮南三國，具體來說是淮南國、衡山國和盧江國。

　　淮南王劉安、衡山王劉勃和盧江王劉賜都是淮南屬王劉長的兒子。

　　劉長死後文帝非常後悔，就把淮南國分成了三塊，分別讓劉長的三個兒子當王，這就是淮南三國的來歷。

　　楚趙燕三國加上齊地七國和淮南三國，吳王劉濞召集一起謀反的足足有十三個國家之多，除此之外，他透過燕、趙聯合匈奴，自己又和南面的南越、閩粵和東甌三個藩國談判，獲得他們兵力上的支援，聲勢極其浩大。

　　劉濞的如意算盤是自己率領準備多年的吳國軍隊聯合南方藩國、楚國以及淮南三國的部隊一起成為主力，先滅了梁王劉武，成為西叩函谷、殺入長安的核心力量。齊地諸國的部隊平定中原北部的河東、河內等郡後與吳楚主力在洛陽會合，而趙國和燕國攻打雲中、雁門等邊郡後放匈奴的部隊進來，從北面的蕭關直接殺向長安。

　　然而，這畢竟只是劉濞的如意算盤而已，這場叛亂之所以叫「七國之亂」而不叫「十四國之亂」，就是因為並不是所有的諸侯國都願意跟著劉濞造反，畢竟還有道德、親情、利益取捨、不願意冒險等諸多因素的制約，甚至想造反的諸侯國裡還有因為一些因素臨時起不了兵的。

　　楚趙燕三個大國中，楚國是吳國的死黨，起兵沒有什麼問題，趙王剛

剛被晁錯削了常山郡，非常不滿，也出兵響應，但是燕王劉嘉卻沒有理會劉濞的檄文。燕王這一系本是劉邦的遠親，按理說肯定封不了王，加上劉嘉的父親劉澤當年是藉著田壽的幫助，好不容易才從呂后手上騙來了這個王位，所以這家人一直都小心謹慎，不願丟了這得來不易的王位。

另外，淮南三國最後都沒有動手，不是他們不想，淮南王劉安是劉長的長子，年齡最大，對於自己父親因不堪羞辱憤而自殺印象最深，心裡也一直有怨恨，巴不得立刻造反。可當時劉安的相國騙他說要幫他帶兵，實際上拿到兵以後就按兵不動，不理吳國的使者了，劉安也因此算躲過一劫。不過該造反的遲早要造反，劉安後來在武帝時期還是死在了「反」字上。除了淮南國的意外之外，衡山國和廬江國也都沒有出兵響應，劉濞在淮南的算盤全部落空。

接到吳王檄文後，齊地七國發生了分裂，城陽國堅決拒絕了吳王的請求，堅守不出，而其他六國卻都同意了一起造反。不過到了真正發兵的那天卻又出了意外，齊王和濟北王臨時變卦不願出兵，於是另外四國膠東、膠西、濟南和淄川先一起發兵圍攻齊國，要逼反他。其中膠西王劉卬向來驍勇善戰，是聯軍的首領。

除了諸侯國，外族方面也各有各的問題：匈奴因不明原因發兵遲緩，沒有在第一時間出手，等到匈奴真正想動手的時候，戰爭已經結束了；南方的三個藩國中，南越國從趙佗開始，和漢廷一直保持著不錯的關係，因此沒有出手幫劉濞，同時閩粵國也沒有出手，只有東甌國最後派兵支持劉濞，但是力度和劉濞之前設想的顯然有很大的差距。

所以，最後劉濞造反的實際情況和計畫還是有很大差距：北面只有趙國發兵，燕國不肯出手，匈奴人姍姍來遲，從北面打蕭關進長安變得非常困難了；齊地諸國的部隊在平定河東、河內到洛陽之前，得先解決自己人之間的矛盾，膠西王率領的四國聯軍還在圍攻齊國的首都臨淄；與計畫相比，唯一戰力沒有削弱太多的就是南面的主力部隊，雖然沒有南越外族部隊和淮南三國的支持，吳國準備多年的精銳加上楚國，戰力依舊極強。

漢景帝前三年　西元前一五四年

劉濞說：「寡人今年六十二歲，親自當三軍主帥。我的小兒子十四歲，也要身先士卒。所以年紀大沒有大過寡人、小沒有小過我小兒子的男子，都要一起來打仗！」就這樣，吳王湊齊了二十萬的大軍。

　　最後實際參與叛亂的國家只有七個，分別是：吳國（劉濞）、楚國（劉戊）、趙國（劉遂）、膠西國（劉卬）、膠東國（劉雄渠）、濟南國（劉辟光）和淄川國（劉賢），所以這次叛亂在歷史上被稱為「七國之亂」。

　　對劉濞來說，如果要擊敗景帝的中央朝廷，其實最主要就是要突破三關：第一個梁王劉武的首都睢陽，第二個長安最大的屏障函谷關，第三個就是長安城了。這三關裡頭其實長安的威脅並不大，函谷關才是最大的挑戰，這座關卡依山傍水，絕對的堅城，中國幾千年的歷史，從戰國到楚漢戰爭，能從東面打進函谷關的人寥寥無幾。

　　如果劉濞的部隊敗在了函谷關下，一點都不意外，因為如果不是實力相差太懸殊或是長安這邊的指揮太無能，一個部隊想要單單從東面攻破函谷關非常難，這也正是劉濞希望匈奴能從北面的蕭關攻打長安的原因，因為只有北面受到匈奴的牽制，長安方面對於函谷關的防守才可能鬆懈而有機可乘。

　　可「七國之亂」最意外的結果就是：聲勢浩大的劉濞部隊還沒有攻到函谷關，就敗在了梁王劉武的睢陽城下，具體的戰局我們後面會提到。

第五十八章 為天下者，不顧身家

漢廷中央和七國的對決正式開始，和劉濞動用一切可動用的力量來贏得戰爭截然不同的是，對於這場戰爭，景帝居然動搖了。

削藩，景帝有絕對的信念要將之進行到底，可是對於戰爭，他卻沒有。於是景帝和晁錯密不可分的聯盟第一次出現了裂縫，而這個裂縫對於晁錯而言無疑是致命的。

裂縫從竇嬰開始。

漢廷平定七國過程中的首功，除了梁王劉武和周亞夫以外，就得算竇嬰了。

竇嬰我們前文在景帝和梁王那場「驚心動魄」的家宴時提過，因為他的攪局，讓竇太后逼景帝立梁王為儲君的美夢落空。之後竇太后就把他除了門籍，不再錄用。可是此時大戰爆發，除了重用周亞夫以外，景帝還需要一個可靠的自己人，當他在竇家人中反覆尋找後，發現沒有人比竇嬰更適合在此時出來擔當大任了。

竇嬰雖然聰明，但也經常恃才傲物，這是他這輩子命途坎坷的重要原因。此時，面對景帝危難時的徵召，竇嬰居然稱病在家，最後非得竇太后親自出面請他，他才肯站出來。

竇太后雖然很在意自己心愛的小兒子劉武是否能當上儲君，但她畢竟是一個深明大義的女人，眼盲的她心裡對於國家大事如明鏡一般。漢廷有危難需要用竇嬰，她會不計前嫌讓景帝用，在景帝碰壁的時候甚至會親自出馬，放下身段和竇嬰言和。

作為竇家的人，誰的面子都可以不給，但竇太后的面子絕對不能不

給，在竇太后的勸說下，竇嬰立刻出任大將軍。

竇嬰才能橫溢，在「七國之亂」中立下赫赫功勞，可是他出山以後做的第一件事情卻頗具爭議，那就是鬥倒晁錯。

晁錯的做法沒有錯，筆者相信以竇嬰的才智也看得出來，而他之前做過吳國的相國，對於吳國的情況可以說是瞭若指掌，吳王造反是為了奪取天下，不是真的要殺晁錯，這些他都明白。

可是竇嬰還是得鬥倒晁錯，出於私心是剷除不和的政敵；出於大義是要讓天下人都看清吳王劉濞謀反的本質。劉濞你說你要「誅晁錯，清君側」是吧？那我們先殺了晁錯，看你還有沒有臉繼續打下去，不打，你幾十年的經營全部付諸東流；打，你堂而皇之的理由已經不再，再這樣打下去你注定只能以「逆賊」的身分展現在世人面前。

竇嬰出山後向景帝推薦了袁盎（《漢書》中為爰盎），袁盎也不是什麼新人了，論資歷比竇嬰還老，在文帝時期就顯露出頭角，很受文帝的賞識。袁盎和竇嬰一樣，也做過吳國的國相，只不過他在做吳國國相的時候，和劉濞的關係很好，還經常收受劉濞的賄賂。後來他收劉濞賄賂的事情被晁錯給告發治罪，直接把他這個二千石的大員貶為庶民，從此賦閒在家。

袁盎和晁錯之間的仇恨歷時已久，史書上沒有記載原因，但確實近乎不共戴天。袁盎因為在做吳國國相的時候和劉濞關係很好，可能也受到了劉濞的蒙蔽，於是說了「劉濞不會造反」這麼一句話。

「七國之亂」爆發之後，晁錯一方面努力安排平亂和削藩的事宜；另一方面也沒有忘記繼續找袁盎的麻煩，他抓住袁盎曾經說過的這句話，想發揮酷吏的本色，對袁盎問罪到底，告他謀反，要置他於死地。

袁盎當然不是省油的燈，沒有這麼容易被晁錯擺布，他馬上連夜去找竇嬰商量對策。前兩年竇嬰和袁盎都賦閒在家，私交甚密，彼此知根知底。竇嬰知道袁盎不會真的有反意，而且才能也出眾，所以他在這個時候

投桃報李的把袁盎推薦給景帝，說他有解決「七國之亂」的方法。

袁盎一輩子有無數的進言，史書上記載了許多相當有道理的觀點，這也是袁盎這個官位不高的人能夠名留青史，甚至在《史記》和《漢書》中都單獨有傳的原因。

可是，這一次覲見景帝袁盎提的建議，卻是他這輩子想出的最愚蠢的主意。

筆者不知道這是袁盎和竇嬰為了瓦解劉濞謀反正當理由的計畫，還是袁盎在這一瞬間真的那麼天真，他給景帝出的解決辦法居然是「誅晁錯」。

景帝見袁盎的時候剛剛和晁錯商量完調運兵糧的事情，所以晁錯也在一旁。

一開始景帝只是和袁盎討論一些瑣碎的事情，景帝知道袁盎曾經做過吳國國相，就順便問了他吳國的大將田祿伯以及吳、楚造反厲不厲害，袁盎自然回答吳、楚的造反不足為慮。

袁盎自信的態度引起了景帝的興趣。

景帝說：「吳王經營東南這麼多年，鑄銅山為錢，煮海水為鹽，非常有錢，而且他還以此來招募天下豪傑，準備戰事這麼多年，到了白頭之年才一舉起兵，怎麼可能沒有什麼作為呢？」

袁盎說：「吳國確實是有銅和鹽的巨利，但是這些錢財又怎麼可能吸引真正的豪傑呢？如果吳王召集的真是一群豪傑的話，他們肯定會勸吳王好生為王以求無憂。可現在他們卻盲目地跟著吳王造反，充其量是一群無賴子弟而已，不足為慮。」

袁盎的話給了景帝很大的信心，也可以說是馬屁拍得正好正舒服，此時的景帝天天為前方的戰事擔憂，自己當初削藩的政策遭到朝廷中絕大多數人的反對，如今戰事一起，不知道有多少人心裡會嘲笑自己當初的行為，前方戰事一旦不利，自己皇帝的威嚴必將掃地，對後續局面的影響非

常不好。

景帝現在最需要的就是對戰局的信心，所以袁盎的這個說法非常受用，甚至旁邊與袁盎有深仇大恨的晁錯對於這個說法都表示贊同。

袁盎見開頭表明心跡的效果不錯，就準備切入正題了，當景帝問他有什麼計策可以平定「七國之亂」的時候，他說「願屏左右」。景帝讓左右的人都退去，唯獨晁錯留了下來。景帝和晁錯的師生關係非常親密，削藩和與諸侯國的戰事也一向由晁錯負責，故而讓晁錯留下來。

可是袁盎真正在意的就是晁錯，故而又說：「我要講的東西，人臣不應該知道。」景帝這才讓晁錯也退下。晁錯是聰明人，他當然明白以他和袁盎之間的深仇大恨，還有朝臣對於自己的一致反對，袁盎堅持屏退自己肯定不懷好意，所以退到東廂之後憤憤不平。

但景帝畢竟是皇帝，袁盎要說什麼，景帝要做什麼，這些晁錯都無法左右，他現在唯一的辦法也就是不計代價地繼續相信景帝能給他一如既往的信任。

晁錯沒有猜錯，袁盎屏退晁錯的用意就是要勸景帝殺了晁錯，他說：「當初高皇帝給諸位諸侯王各有封地，後來晁錯侵削他們的土地，如今一起造反無非只是想要回原來的封地罷了，只要殺了晁錯，同時饒恕七國造反的罪，恢復他們的封地，就可以兵不血刃的解決這場爭端了。」

袁盎的進言絕對是愚蠢無比的大昏招，不知道一向聰明的他當時怎麼想到的，也不知道一向聰明的景帝當時是怎麼猶豫的。景帝與晁錯這對親密無間的師生和君臣之情居然就在這個時候動搖了。

景帝沒有馬上和晁錯翻臉，他暗中封袁盎為太常，封了劉濞弟弟的一個兒子為宗正，讓這兩個九卿要員為使者出使吳國，答應他們恢復封地和誅殺晁錯，請他們罷兵。這個密令下達之後，景帝一時還沒有下定決心要殺自己的老師，只是讓他們先開始準備。

晁錯其實已經快成為砧板上的肉，要走向死亡了，可他還是固執地相

信景帝對自己的信任，又給出了最後一個致自己於死地的主意。

晁錯說，現在漢軍幾十萬的部隊出擊，如果都給群臣帶，多少有些不放心，景帝應該御駕親征，而讓自己獨自在長安整頓後方。

景帝和晁錯之間的信任已經出現了危機，而晁錯居然還讓景帝離開京城親赴前線冒險。更不能容忍的是，景帝去前線冒險的同時，晁錯自己卻要躲在後方獨攬大權。

這絕對是找死的計策。

果然又過了十幾天，丞相、中尉和廷尉三個代表漢廷政務、駐軍、司法三方面的要員一起向景帝進言，以這條理由要求誅殺晁錯。

景帝的最後一絲猶豫已經快被耗盡了，竇太后又推了他最後一把，強逼他下達誅殺晁錯的密令。

景帝屈服了，他屈服於輿論，屈服於群臣，屈服於母親，屈服於自己的猶豫不決，他要親手殺了自己曾經最尊敬的老師。

景帝讓中尉召晁錯進宮朝見，半途把他騙到東市，對穿著朝服的晁錯處以了腰斬之刑。

一代政治天才晁錯就這樣為大漢朝付出了自己的生命，他做事不顧後果，不求退路，不管人情，一心一意為了大漢的安定，甚至臨終前都在幫助景帝繼續和諸侯國的抗爭，他的悲劇兩千年來一直令人扼腕。

千古獨錯，唯有晁大夫。

筆者相信景帝在處死晁錯的那天心裡一定非常難過，歷史的真相應該是他沒有勇氣去見晁錯最後一面。不過，胡玫導演《漢武大帝》中對這一段的演繹筆者卻覺得更加令人感動，那就是在晁錯被腰斬前，景帝微服和晁錯有最後一番訣別，這番訣別中的對話非常有深意，是筆者最喜歡的對白之一，很好地反映了當時的局面與兩人心中的想法。筆者相信，就算是在真實的歷史中，他們心中默默對對方的囑咐也就是這些吧！

這裡筆者全文列出這段對白，供大家品評。

晁錯：「臣記得第一次到太子學舍，奉陪陛下讀書的時候，那天也是在下雨。」

景帝：「是啊，一轉眼二十年過去了。」

晁錯：「下一下雨，無妨。」

景帝：「老師，朕從師二十年，還沒有給老師斟過一杯酒，請。」

晁錯：「臣愧領了。（喝完酒）敬謝陛下。」

景帝：「老師，您過去曾說過，世上對的事情就是對的，錯的事情就是錯的。可朕當了皇帝，慢慢覺得這世上的事情，也不完全是這樣。有的時候，錯的也是對的，對的事情有時倒是錯的。明明是錯的，有時偏得去做，明明是對的，有時偏又無法去做。」

晁錯：「但，臣還認為，對的，到頭來還是對的，錯的，到頭來還是錯的。」

景帝：「老師，朕身為皇帝，貴極天子，可也有許多不得已的時候。您說過，若毒蛇嚙指，壯士斷腕，為天下者，不顧身家。」

晁錯：「陛下不必多言，臣都已明白，就以這杯酒敬謝陛下。臣不敏，戴罪侍奉陛下二十年，蒙受陛下知遇之恩，晁錯再世難忘。」

景帝：「老師……」

晁錯：「雨過天晴，臣該上路了。」

此時的景帝正處於對削藩政策最猶豫的時刻，他不知道削藩到底是否合適，他在懷疑自己一直堅持著的東西是否根本就不可行。可是晁錯直到最後一刻還在堅定景帝的信念，正如他所說，他蒙受景帝的知遇之恩如此，已經沒有什麼好遺憾的，唯一還要再叮囑兩句的就是，削藩一定要進行到底，這樣自己的死才有意義。

　　晁錯的名字取得很有意思，他偏偏叫這個「錯」字，彷彿他悲劇而壯烈的一生，明明做著對的事情，卻被全天下的人認為是錯的；就算天下人都意識到他做的事情是對的，可還是得堅持他這個人是錯的；他的學生景帝明明知道他是對的，卻不得不把他像錯的一樣放棄。

　　幸好，正如這段台詞寫的一樣，對的到頭來還是對的，錯的到頭來還是錯的。晁錯的死換來了大漢朝的和平與強盛，他的功績永垂史冊。

漢景帝前三年　西元前一五四年

第五十九章 決戰的方式

晁錯死後，太常袁盎和宗正劉德如約出使，到了吳王劉濞的帳前，勸說劉濞罷兵。

劉濞甚至根本沒有對景帝殺了晁錯的行為而有一絲猶豫，在他眼裡，景帝這個時候殺了晁錯，只能說明景帝的愚蠢。景帝居然會天真地以為自己起兵是為了晁錯。

當劉德拿著天子詔書進入吳王大帳的時候，讓劉濞跪下接詔。劉濞當然不會接詔，當他聽說袁盎也一起來的時候，他就已經知道這幫人的來意了，他笑著說：「我已經是東帝了（東面的皇帝，意思就是已經和景帝平起平坐了），還要拜誰？」

劉濞對劉德這個親戚沒有太大的興趣，但對袁盎還是有些想法，他故意不見袁盎，而是把他囚禁在軍中。劉濞的用意非常明顯，以前袁盎給他做過相國，他知道袁盎的才能，想讓袁盎替自己做事，可是袁盎作為景帝前來勸降的使者，又不是那麼容易就範的人。所以劉濞打算拖住袁盎，只要拖一段時間，景帝那邊就會以為袁盎背叛，殺光他的家人，這樣一來，袁盎除了投靠劉濞，就沒有其他選擇了。

劉濞的用意袁盎當然知道，骨子裡還是忠於朝廷的他心急如焚，只想逃回長安以證明自己的清白。其實像袁盎這樣的傳統書生，死，對他來說可能不一定有多害怕，他最怕的是為此背負了叛臣之名，連累了長安的親朋好友，讓自己在歷史上留下惡名。

劉濞讓一個都尉帶了五百人看守袁盎，本來袁盎一介書生沒有逃出去的可能，誰知這五百人裡頭有個司馬和袁盎相識。當年袁盎做吳國國相的時候，這個司馬是袁盎手下的一個小官，有人告發這個司馬和袁盎的一個

丫鬟私通，司馬聽到消息後嚇得逃跑了，袁盎親自帶人把他追回來，然後把那個丫鬟賜給了他。

知恩圖報是從戰國到漢代都非常看重的一件事，很多知恩圖報的例子都被當成正面典故收錄進史書，《史記》、《漢書》中就有很多。

這個司馬又是個知恩圖報的人，他自掏腰包買了兩石酒請這五百個人喝。當時是農曆正月，剛剛過完年，天氣非常寒冷，這些士兵都需要飲酒來禦寒，所以喝得酩酊大醉。

司馬和袁盎趁著士兵喝醉時一起逃了出來，袁盎把使節藏在自己的懷裡，穿著木屐一晚上走了七十里路，最終在天亮的時候見到了梁國的騎兵，成功把劉濞這裡的消息傳回長安。

景帝自從殺了自己的老師晁錯之後就非常後悔，他問了一個從前線回來的、名為鄧公的將軍，說：「你一路上來，知道晁錯死了，吳、楚他們願意罷兵嗎？」鄧公說：「吳王準備謀反已經幾十年了，假意因為被削地而發，要殺晁錯，那些都是假象。如今陛下殺了為漢室長治久安著想的晁錯，以後還有誰敢繼續如此捨生取義為陛下盡忠？」

鄧公的話很有道理，景帝心裡也明白，他從來就沒有覺得晁錯的做法是錯的，他只不過是在殺晁錯帶來的短期利益（讓吳王失去造反的正當理由）和長期弊端（鄧公說的對其他人的影響）中做了一個抉擇而已。

其實在袁盎去勸降的時候景帝就沒對他抱有多大期望，一切的軍事部署都在按部就班地進行，而接到袁盎出使失敗的消息之後，他終於打消了最後一絲顧慮，下定決心與吳、楚一戰。

吳王劉濞的大將軍叫田祿伯，也是個經久沙場的老將，他對劉濞說，我們的大軍聚在一起向西打，這中間以平原為主，也沒有什麼奇道，難以立下大功，我願意帶領五萬軍隊順長江而上，收取淮南和長沙一帶的地盤，攻打長安南面的武關，與大王相會，對於漢軍來說也算是出其不意。

田祿伯的建議其實很有建設性，前面也提過，如果按照吳王劉濞原有

的計畫，從睢陽洛陽函谷關這一線攻入長安的話，函谷關是一個很大的挑戰，非常難以攻破。既然劉濞原先計畫讓匈奴人從北面蕭關攻打長安的計畫落空了，再出一個奇兵從南面騷擾長安也是很好的替代方案，雖然吳、楚軍隊不如匈奴剽悍，但武關其實遠不及蕭關堅固，效果也不差。

長安作為許多朝代的都城，其易守難攻的特點是十分重要的原因之一。長安被稱為是「四塞之地」，東西南北都有山川河流之險可以守，也都有雄關坐鎮。長安的東面是函谷關，西面是大散關，北面是蕭關，南面是武關。

這四個關裡面最難攻破的是函谷關，所以關中之地也一直都被認為是稱霸天下的好根據地，因為爭奪天下的主要對手一般都在東面，而只要占領關中平原同時守好函谷關，就處於一個進可攻退可守的絕佳局面。

長安的四個關裡最好攻打的是西面的大散關，也是因為地形比較開闊，沒有太多的險要可以守，三國後期諸葛亮六出祁山，要攻打長安的正是這條路線，一生謹慎的諸葛亮選擇的就是最保險、最穩妥的一個方式。

雖然長安最容易被打破的方向是西面的大散關，但由於長安的西面無非就是河西走廊和青藏高原，沒有什麼很強的政權，所以其實在世人的印象中，長安有許多重大的攻破都是從南面的武關而來。最有名的一次發生於景帝前五十年前左右，漢朝的老祖宗高帝劉邦從漢中出兵，攻破武關殺進長安，殲滅了項羽立下的章邯等三個關中的王爺，正式開始楚漢之爭的歲月。

所以，長安南面的武關和函谷關相比絕對是一個軟肋，田祿伯這條計策的策略意義非常重大。

只可惜劉濞最終沒有採納田祿伯的建議，劉濞的太子兒子劉駒（前太子劉賢已故）提醒他，我們這是在造反，如果把兵士隨便分給別人，那別人也可以隨便就稱王，在打下地盤之後反而形成和我們對抗的勢力，所以田祿伯的這項建議對於吳、楚軍而言是一種自損。

漢景帝前三年 西元前一五四年

劉駒的話其實也沒有問題，血淋淋的教訓就在五十年前，陳勝、吳廣大澤鄉起義之後分了好多部隊去攻打各地，結果這些部隊後來紛紛自立，漸漸形成了項羽時期十八路諸侯割據的情況，秦朝還沒有消滅，諸侯之間卻已經開始內戰了。

不過筆者認為劉駒的這番見解有些偏頗，劉邦在和項羽僵持的時候，也一樣分出了一部分部隊給韓信，所以能否管得住這些將領和部隊才是最重要的事情。

劉濞經營吳國這麼多年，他手下的吳國部隊應該是非常忠於自己的，就算將領要造反，士兵不願意也是徒勞，他有些杞人憂天了。

另外，分兵或許有可能會削弱劉濞自己，但是從擾亂漢朝天下的角度來說，卻絕對沒有錯。陳勝、吳廣之所以能弄得秦朝滅亡，其實和他們自己的部隊關係不大，關鍵是他們生出了一堆造反的人，大家看到造反有利可圖的時候紛紛而起，這時候中央朝廷就忙不過來收拾了。

相反，如果陳勝、吳廣只是一味地讓自己的部隊打，他遲早會被秦朝的部隊殲滅，根本不會有後面的反秦浪潮，也不會有劉邦、項羽的楚漢之爭。

對於此時的劉濞來說，以他招呼的那點勢力要想直接擊敗漢朝還太困難了，從他檄文的效果就可以看出，很多諸侯國還在觀望之中，如果他勇於分兵讓勢力四起，說不定就能爭取到這些觀望的勢力一同來對抗景帝，那樣的話就算劉濞失敗，景帝的天下只怕也岌岌可危了。

當然，這些「如果」都是杞人憂天，這種情況永遠都不可能存在，畢竟此時漢朝穩定發展了五十年，這種天下「人心思定」的大勢和秦末那種水深火熱的情況大大不同，劉濞再怎麼樣也鬧不出群雄割據的局面。

劉濞拒絕田祿伯分兵的策略是為了求穩，所以他又拒絕了另一個桓將軍的冒險計畫。

劉濞一門心思想攻城略地，先定睢陽再攻進函谷關，可是桓將軍卻建

議吳王過城不打,直接繞道攻打中原地區的核心洛陽,占領中原最大的武器庫洛陽武庫,同時搶占中原最大的糧倉敖倉,然後再和漢軍的部隊慢慢爭勝。

桓將軍的計策有一定道理,首先洛陽是中原的核心,交通方便,四通八達,和長安之間還有水運可以用來運糧,後來真實的戰況是竇嬰牢牢地守住這個地方,保全了長安往梁國、齊地還有北面的趙國三個主要戰場的糧草供給。

劉濞如果趁當時景帝還沒有及時派大軍守住這個地方就早早占領的話,就可以切斷漢軍對於幾個主要戰場的正常供給,這無論是對梁王劉武的部隊還是對周亞夫的部隊,都是一個極為重大的打擊。

更何況,洛陽附近的武庫和敖倉還存有武器和糧草這兩大戰爭重要資源。

洛陽的重要性不言而喻。

另外,及早占領洛陽還有一個重要意義。

吳楚部隊都是南方的兵,南方的地形多變,所以以步兵為主,漢朝的部隊多是北方的軍隊,北方平原較多,所以以戰車為主。在漢武帝之前,中原的騎兵比較少,打仗時戰車和步兵是基本的構成,而且當時戰馬稀缺,一人一馬的部隊太過奢侈,不能配備太多,騎兵部隊一般都是極為精銳的特種兵,並不是主力。衛青出現之前,漢朝的將領大都沒有指揮騎兵作戰的能力,就算是李廣、程不識這樣的名將駕馭騎兵也以防守為主。

不談騎兵,戰車利於在平原作戰,而步兵利於在地勢險要的地方作戰,吳國的部隊如果慢慢地打,等到漢軍的戰車從長安開到洛陽平原的時候,就很難正面對抗了。而且劉濞立志攻克的梁王劉武的都城睢陽一帶也是以平原為主,很不利於吳楚部隊作戰。

當然,桓將軍的這個直攻洛陽的策略也有很大風險,那就是跳過了梁王劉武這支極具戰鬥力的部隊,很容易演變成劉濞被長安和劉武的部隊兩

面夾擊的地步。洛陽平原易攻難守，劉濞也不一定有像一千年後王世充的本事，能堅守那麼長時間。

　　總之，不論劉濞這邊有多少討論和多少計畫，最後落實的還是劉濞最初的「睢陽，洛陽，函谷關，長安」正面硬碰硬的路線。

漢景帝前三年　西元前一五四年

第六十章 戰事全面爆發

　　面對劉濞的打法，景帝這邊做好了相應的應對和部署。

　　景帝派酈寄攻打北面的趙國，派欒布和曹襄攻打齊地四國，營救被圍的齊國。

　　酈寄這個名字我們之前提過一次，他是劉邦時期著名將領酈商（劉邦封侯也是排名前十的大將）的兒子，曾經和呂后姪子呂祿的關係非常好，呂后過世的時候由呂祿掌管北軍，周勃拿不到部隊，就是這個酈寄約呂祿一起打獵把他騙走，這才有周勃隻身衝進北軍、控制北軍，進而消滅呂氏。

　　酈寄雖然也算在「平定諸呂」中立下大功，但他出賣好友呂祿的事跡卻不怎麼受人待見，一時間名聲極差，也算是為了國家而犧牲了個人的名聲。二十多年過去了，這個時候酈寄又被委以重任，成為平定七國之亂的主要將領之一。酈寄雖然名氣不大，但還真是參與平定了兩次漢廷的重大危機，貢獻不小。

　　欒布是竇嬰推薦給景帝的武將，雖然竇嬰推薦給景帝的袁盎為景帝做了件愚蠢的事情（白白殺了自己的老師），但欒布這回卻立下了大功。欒布是個老將，遠比竇嬰、晁錯、酈寄甚至周亞夫這些人成名早，他和周亞夫的父親周勃是同時代的人，遠在五十年前楚漢之爭時期就已經顯露頭角了。

　　欒布最早是劉邦時期八大異姓王之一梁王彭越的門客，後來在另一個異姓王燕王臧荼手下為將，臧荼謀反被滅後，彭越救了欒布，讓他繼續做梁國的大夫。再往後彭越也被劉邦鬥倒了，死在了呂后的欺騙之下。當時劉邦滅了彭越三族，又把彭越的頭顱掛在洛陽城展示，下令如果有看很長時間的人就當作同黨抓起來。

漢景帝前三年　西元前一五四年

　　劉邦的命令讓彭越之前的故交都不敢去看他，可是欒布不顧生命危險跪在彭越的頭顱之下敘舊，還給彭越祭祀，痛哭流涕。當劉邦生氣的要把欒布抓起來烹煮的時候，欒布在劉邦面前慷慨陳詞，說如果沒有彭越，項羽一定不會死，一個功臣被誣陷至死，只怕會讓其他功臣人人自危。劉邦很佩服欒布的膽量和見識，不怒反喜，反而封欒布為都尉。

　　文帝時期欒布曾經做到燕國相，也是二千石的大員，在燕、齊之間的名聲很好，許多人都給他立下社，稱為「欒公社」。此時景帝派欒布去平定齊地，也是希望能夠利用他的威望，因為漢軍的主力部隊都要去對付吳楚主力，能給欒布的部隊非常少，只能將希望寄託在將領個人的能力上。

　　曹襄是典型的太子黨，和周亞夫有些相似，他的爺爺是平陽侯曹參，也就是那個劉邦封侯時僅次於蕭何排名第二的戰功最多的人，和周亞夫的爸爸周勃一樣都是典型的「出將入相」的漢室重臣。其實如果真的比背景，作為蕭何之後漢朝第二丞相，曹參的地位只怕比周勃還要高，畢竟功臣排位的時候周勃只排到第四，只不過後來因為平定「諸呂之亂」所以地位有所提高。

　　被景帝寄予厚望的周亞夫毫無疑問擔負起指揮漢軍主力對抗劉濞部隊的重任，他從中尉升官為太尉，成為漢軍主帥。周亞夫是個出色的將軍，他知道吳楚主力的戰鬥力極強，如果直接硬碰硬的話，勝負難料。

　　周亞夫向景帝建議漢軍不要一上來就和吳楚正面對抗，既然劉濞想要先打下梁王劉武的睢陽，那麼就先讓他盡情地打，用梁國拖住他們，而漢軍主力則找機會斷其糧道。劉濞的部隊由吳、楚、東甌三國組成，而且千里行軍，一旦被斷絕了糧食，必然一潰千里。

　　周亞夫的計策很巧妙，只是委屈了梁王劉武，讓劉武去承受敵人最猛烈的火力，而自己卻趁機獲利。筆者敢說，如果當時是由竇太后決定這個策略的話，肯定會恨不得直接殺了周亞夫，可是景帝在權衡天下和弟弟之後，最後還是同意了周亞夫的作戰計畫。

漢軍的最後一個部署是竇嬰，作為平定七國之亂三大功臣之一（另外兩個是周亞夫和劉武），他其實並沒有直接參與前線的作戰，而是鎮守住滎陽到洛陽這一線，保證各個戰場的供給，作用非常大。

竇嬰的部隊有限，當時漢軍沒有很多人可以供他調遣，多虧他一直喜好養賓客，仰慕戰國四公子的行為，認識很多游俠，他充分調動了這些「武林中人」來幫助他，順利完成任務。

景帝拜竇嬰為大將軍，賜黃金千斤，竇嬰直接把這些黃金放在走廊裡，讓跟隨他的游俠隨意取用。一直到最後，這些錢都沒有進過竇嬰的家門。竇嬰雖然是一介文臣，但其實可以看得出其骨子裡具有很濃厚的游俠底蘊，這個大將軍也當得非常成功，為平定七國打下堅實的基礎。

大戰開打，周亞夫在長安整頓大軍完畢，第一步要進軍洛陽。從長安到洛陽最近的一條路就是直接走崤山，出函谷關，再經過澠池這條路。但是當時有人勸周亞夫，吳王準備謀反這麼多年，花了不少錢豢養死士，崤山到澠池一帶地形險要，這些死士若知道將軍要出關，肯定會埋伏在其中意圖不軌，如果將軍有不測，那麼漢室危矣。

周亞夫覺得這個人說的很有道理，於是臨時改變了行軍路線，改從長安的南面走藍田，出武關這條路，輾轉到了洛陽，大概晚了兩三天，不過吳王並沒有採取桓將軍的計謀直襲洛陽，倒也沒有太大影響。

周亞夫大軍到洛陽之後，沒有急著見別人，最先見的是一個名叫劇孟的游俠。

劇孟是當時天下第一游俠，擁有極高的聲望，我們甚至可以稱他為當時的「武林盟主」。

戰國後期開始出現的游俠文化在漢初發展到巔峰，當時天下的游俠眾多而且很團結，所以他們也是一個頗具影響力的勢力，套用司馬遷的話，這些人可以「權橫州域，力折公侯」，非常厲害。

漢初時，天下的游俠一直都有個名義上的首領，類似小說中的「武林

盟主」，這個人對於全天下的游俠來說都很有影響力。劉邦時代最大的游俠是那位救過季布的朱家，朱家遠遁關外、退出江湖之後，游俠的首領變成其義子楚田仲，而到了景帝時期，劇孟已經成為游俠的第三代領袖。

周亞夫在洛陽見到劇孟，非常高興，他感嘆道：「劉濞想要造反收集天下死士，可是居然沒有收服劇孟，由此可見，劉濞也沒什麼能作為的了。」

本來竇嬰就頗得當時游俠的支持，周亞夫得到劇孟的幫助後，更是把大部分游俠群體都拉到景帝這邊，當時的世人甚至認為周亞夫得到了劇孟，其實就相當於得到了一個大諸侯國的支持，對於戰局有決定性的作用。

劇孟派人協助周亞夫搜查崤山到澠池一帶，果然發現了吳國的死士，這些人見到劇孟給周亞夫出頭，就再也沒有動刺殺周亞夫的念頭。

周亞夫掌握了洛陽武庫之後，繼續將大軍開到滎陽前線，此時距離梁王劉武守地睢陽已經很近了，而吳、楚的大軍正在全力攻打睢陽。

劉濞的部隊此時攻破了梁國的第一道防線棘壁，殺了梁王幾萬人的部隊，劉武死守睢陽，劉濞也不敢貿然地往西進攻。經過一段時間的廝殺，劉濞知道了梁國部隊的戰鬥力，下定決心要先把梁王拔掉再西進。

梁王劉武是個能人，手下也有不少人才，除了養了很多像枚乘、司馬相如這樣吟詩作賦的文學之士外，也有一些將才。在抵抗吳楚大軍的戰鬥中，張羽和韓安國兩個人脫穎而出。

張羽是楚國國相張尚的弟弟，楚王要跟隨劉濞造反的時候，因為惱怒張尚的阻止將他殺了，所以張羽和吳楚大軍之間有深仇大恨，立誓要全力阻擊他們。

和張羽相比，韓安國的名氣更大一些，《史記》中甚至有他單獨的一篇傳記〈韓長孺列傳〉。此人文武雙全，出將入相，懂政治，能打仗，當過使者，也會很多旁門之術，是典型的全才，他的主要事跡發生在後來的武帝時期。

第六十一章 戰局的轉機

　　雖然有良將護佑，可是以梁國一國的兵力來抵擋吳楚大軍還是非常吃力，劉武聽說周亞夫的大軍已到睢陽，馬上發出了救援的請求。

　　誰知道周亞夫觀察了一下形勢之後，覺得梁國還有餘力可以抵擋吳楚大軍，自己的大軍沒必要過早地和吳楚陷入苦戰，於是便按照當初和景帝定好的計策不救梁國，而是帶領大軍北走昌邑，伺機斷吳楚糧道。

　　周亞夫這一著棋走得很險，從地形上看昌邑已經屬於齊地的邊緣，位於現在中國的山東省境內，位置在睢陽的東面。萬一梁王沒有頂住吳楚的火力，那麼吳楚的大軍將一路無阻馳入洛陽到滎陽一線，鎮守在那裡的竇嬰只有很少的部隊，根本無法對抗劉濞，這樣一來洛陽武庫、敖倉都將落在劉濞的手裡。

　　如果這種情況發生的話，那麼漢軍在外的周亞夫主力部隊，和齊地四國奮戰的欒布部隊，還有在北面圍攻趙國的酈寄部隊就都要被切斷供給，孤懸在外。到那時，除了集中所有力量和劉濞生死一戰以外別無他法，甚至如果劉濞聰明一點守著敖倉堅守不戰，不用多久漢軍就會崩潰。

　　梁都睢陽確實也有幾次遇險，劉武見周亞夫見死不救，無計可施，只好直接向長安的景帝求救，景帝看了弟弟的求救信後也知道情勢的危急，改變當初的部署命令周亞夫去救。

　　可是周亞夫又發揮了他的軍人本性，他沒有岳飛那麼忠君守命，十二道金牌就可以把他召回，在他眼中只有對戰爭的執著而沒有皇帝的命令，所以仍然堅守不戰。

　　周亞夫這點「將在外，君命有所不受」的脾氣在文帝巡察細柳營的時

候就可以看出了，一個在長安附近的時候都敢對士兵說「軍中只聞將軍令，不聞有皇帝詔」的鐵腕將領，如今帶著大軍到了天高皇帝遠的前線戰場，又怎麼可能聽景帝的指揮？

周亞夫的這種帶兵方式是正確的，戰場上瞬息萬變，如果事事都要聽遠在後方的皇帝指揮的話，很難不打敗仗，將軍就要有作主和抗旨的膽量。

梁王見周亞夫連景帝的命令也不管了，危急之下只得拿出殺手鐧——直接向母親竇太后稟告。

劉武可是竇太后最寵愛的小兒子，竇太后當然不希望他有任何閃失，於是以太后的名義命令周亞夫出兵救援。

之前在殺晁錯的時候，景帝猶豫了很長時間，最後是在竇太后的壓力之下才做出決定。漢廷的人都知道竇太后行事比景帝還要陰狠果決，竇太后本身也很懂得朝堂之上的鬥爭，無論如何都不可以得罪。可偏偏周亞夫這牛脾氣上來就連太后的命令也拋到一邊。

在平定吳楚這件事情上，其實周亞夫走了一條和晁錯一樣必死的路，他們一心都只想把事情辦成而沒有考慮往後的安危，周亞夫這種領兵不聽皇命的做法注定日後成為景帝的眼中釘，而他現在為了勝利又得罪了最不能得罪的竇太后和梁王。雖然平定「七國之亂」會讓周亞夫一時位極人臣並且青史留名，但也決定了他日後會死於非命。許負給他看相時說他會位極人臣然後餓死，不是虛言。

梁王見周亞夫軟硬不吃，怎麼也不肯來救自己，這梁子就算結下了，只得靠自己最後一點家底苦苦堅守。有時候人就要沒有退路才能發揮出最大的潛能，當年項羽破釜沉舟，破章邯，贏了鉅鹿之戰；韓信背水一戰，大勝趙國成安君，皆是這個道理。梁王劉武放棄讓周亞夫來救自己的念頭之後，居然真的死守了三個月之久。

一場聲勢浩大的「七國之亂」從景帝三年正月開始打，本來劉濞的部隊聲勢浩大、戰鬥力極強，但經過睢陽城下的這三個月僵持之後也慢慢懈

漢景帝前三年 西元前一五四年

怠下來，所謂「一鼓作氣，再而衰，三而竭」就是這個情況，局勢開始逐漸倒向漢軍這一邊。

皇天不負苦心人，非常沉得住氣的周亞夫在等待了三個月之後，終於發現了一舉逆轉局面的機會，他發現了可以斷絕吳楚大軍糧草的地方——淮泗口。

淮泗口是吳、楚千里運糧的必經之地，也是劉濞用來儲備糧草的地方，是非常重要的策略要地，其地位大概和官渡之戰時袁紹的烏巢類似。古時候打仗講究「兵馬未動，糧草先行」，尤其是幾十萬的大軍在外，一旦缺少了糧食供給，人再多也沒有用，馬上就會有兵變，從而釀成大敗，歷代有名的以少勝多的戰役或多或少都和糧草有關。

劉濞不是傻子，他知道淮泗口的重要性，也非常重視淮泗口的防守。當時從周亞夫駐軍的昌邑到淮泗口之間地形險要，漢軍的主力戰車難以運轉，去偷襲淮泗口很不方便，如果派步兵，速度慢不說，戰力也難以保障。

大家這個時候可能會想到騎兵，騎兵的機動性高而且戰力強。

在衛青出現之前，漢軍的將領中無人真的會指揮騎兵運動作戰，漢軍的部隊中也沒有騎術夠好的騎兵，這和那個時代戰馬稀缺，騎兵不是主要兵種有很大的關係。和後世的戰爭有很大區別。

漢軍在和匈奴的對抗中一直處於下風也是這個原因，在茫茫的大草原上，漢軍的戰車和步兵遠不是匈奴騎兵的對手，但如果拼騎兵的話，漢軍無論是戰馬還是騎術都遠遠不及馬背上的民族匈奴。在西晉「八王之亂」時期發明雙馬蹬之前，只用單馬蹬騎馬打仗的話，對於騎術的要求非常高。

這樣看來周亞夫完全沒有機會偷襲淮泗口，但在他的努力之下，最後居然在漢軍這些不會帶騎兵的將領中找到了一個勉強可以勝任的人——弓高侯韓頹當。

韓頹當也算是名門之後，他的父親是劉邦時期八大異姓王之一的韓王信，就是兩個韓信中比較弱的那個戰國時韓國王室的後人。

韓王信當年被劉邦封在北方抵抗匈奴，不堪壓力之後投降了匈奴，在匈奴的頹當城生了個兒子，於是取名為韓頹當。後來韓王信在與漢軍的作戰中被柴武所殺，他的這個兒子也一直在匈奴人中長大。

韓頹當長大之後思念家鄉，又帶著自己的一些部從歸降了漢朝，被漢朝封為弓高侯。

韓頹當雖然是漢人，但因為從小和匈奴一起在馬背上長大，故精於騎術和騎兵的指揮，他帶回來的那些人也能夠組成一個小型的騎兵隊。

漢初缺馬，一人一馬的騎兵極為奢侈，一般都用來當特種部隊使，此時周亞夫就是讓韓頹當訓練了這樣一支特種輕騎兵部隊，在這場戰爭最焦灼的時期發揮至關重要的作用。

吳王劉濞沒想到周亞夫手下會有這樣一支騎兵，對於淮泗口的防守一直只針對行動緩慢的戰車和步兵。

這點疏忽是致命的。

有時候爭奪天下的人就是這麼悲哀，苦心經營了幾十年，自以為萬事俱備，可最終卻因為一點點沒有注意到的疏忽而前功盡棄，功虧一簣。

所以這個世界上最難當上的人，就是開國的君主。

韓頹當沒有辜負周亞夫的厚望，成功攻破了淮泗口，斷絕了吳楚大軍的糧道，隨後周亞夫大軍趕到，與梁王一起對劉濞的部隊形成了夾擊。

劉濞的部隊本來已經在睢陽城下耗盡了銳氣，此時糧草又絕，幾十萬的大軍每拖一日，就會離死亡更進一步，對於他們來說只有最後的一條出路，那就是趁最後一點糧食還沒有吃光之前，和漢軍決一死戰，突圍而出。

劉濞大軍想往南方退去，他們放棄繼續攻打睢陽，準備從周亞夫這邊尋求突破口，想辦法挑釁周亞夫出戰，可是周亞夫就是高臥軍中。

有一天夜裡，周亞夫大軍中有騷動，一些漢軍的軍士自己打了起來，侵擾到周亞夫的大帳之下，可是周亞夫還是安安穩穩地睡覺，絲毫不為所

動。主帥安穩則軍心安定，慢慢地騷動也平息了下來。

　　從這些事情中我們可以看出周亞夫有一顆極為堅強的心，誰都別想干擾他，最初在細柳營面對文帝時從容不迫，後來面對景帝、竇太后救梁王的命令也不為所動，一直在等候劉濞出現漏洞，再到此時一擊成功之後毫不得意忘形，穩穩拖住劉濞。周亞夫無時無刻表現出一流將軍的冷靜與從容，如此膽識與見地讓人欽佩，這一點連他的父親周勃都遠遠不及。

第六十二章 追亡逐北

漢景帝前三年　西元前一五四年

　　此時的劉濞已經快淪為亡命之徒了，也算是將才的他，還保持了使用最後一次詭計的冷靜。劉濞派大軍開始向東南方做逃跑準備，暗地裡卻讓精兵從西北方向做最後一搏，誰知他的一舉一動都在周亞夫的計畫中，周亞夫見劉濞的大軍開始向東南轉移，就準備了西北方向的埋伏，果然逮了個正著，大敗吳軍。

　　此次敗仗後，劉濞徹底崩潰，龐大的吳楚大軍也跟著瓦解，開始了無組織、無計畫的兵變式大逃亡。周亞夫全力追擊，殺得劉濞幾十萬大軍最後只剩幾千人退到江南，一直到丹徒縣。

　　從容的周亞夫沒有對劉濞趕盡殺絕，他覺得沒有那個必要，整頓軍隊才是第一要緊事，於是開始班師回朝，然後用千金懸賞劉濞的項上人頭。果然，又過了一個多月，原本協助劉濞出兵的東甌國因為怕漢廷興師問罪，直接殺了劉濞，將其頭顱獻到長安。

　　一代梟雄劉濞的生命也就此結束。

　　周亞夫主要戰場取得勝利的同時，另外兩座戰場上，漢軍也相繼告捷。

　　齊地本來是膠西國、膠東國、濟南國和淄川國四國在圍攻本來也要一起造反但後來又臨陣脫逃的齊國。齊國的防禦能力當然遠遠比不過梁國，但這四國聯軍的戰鬥力卻也比不上吳楚大軍，形勢也是久圍不下。

　　在「七國之亂」剛剛爆發的時候，齊王受到四國的圍攻，於是派了路中大夫去長安求援，等到路中大夫從長安回來的時候，吳楚大軍已經被周亞夫擊破，景帝讓路中大夫告訴齊王讓他堅守，漢軍的援軍馬上就到。

　　路中大夫到了齊國以後，四國的大軍把齊都臨淄圍了三圈，他無法進

入城中報告消息。而此時被圍的齊王不知道吳楚已破，受不了壓力的他已經開始暗中和四國大軍互通使者，商量投降的事情。

路中大夫知道齊王此時正在猶豫之中，他不希望自己的王爺因為不知道主戰場的局勢而做出錯誤決定，到時候弄得齊國兵敗身亡不說，還背下叛亂的惡名，他決定犧牲自己來救齊國。

路中大夫找了圍攻齊國的四國大軍，對他們說：「我願意在城下對齊王說漢軍已經被吳楚擊破，請齊王趕快開城投降。」四國大軍的指揮膠西王劉卬空有一身蠻力，心思卻非常單純，輕易相信了路中大夫，讓他去城下喊話。

路中大夫到了城下之後，大喊：「漢軍發兵百萬，太尉周亞夫已經擊破吳楚，馬上就引兵來救，齊王您一定要堅守不降。」

怒火中燒的劉卬當場就殺了路中大夫，可他的死卻換來了齊王重新堅守的信心，沒過多久欒布和曹襄的漢軍趕到，擊破了四國聯軍。

四國聯軍的統帥膠西王劉卬徹底放棄了，他親自到弓高侯韓頹當的帳前認罪，然後自殺，其他的諸侯王也紛紛被殺。

叛軍沒有好下場，一直苦苦堅守漢軍到來的齊王也沒有好下場，他害怕景帝知道自己最初打算投降而畏罪自殺。

其實他錯想景帝了，景帝說齊王堅守有功可以抵消一開始想反叛的罪，所以在削掉膠西、膠東、濟南、淄川四國的同時，繼續保留了齊國。

濟北國也得到了保留，雖然濟北王當初也同意一起反叛，但最後也沒有出兵，在吳楚大敗之後，濟北王又非常有先見之明的及時和梁王劉武打好關係，讓劉武給濟北國求情，說他們最初答應劉濞是因為要自保，免得被劉濞攻擊，實際上一直堅守沒有出兵過。

濟北國本是微不足道的一枚小棋子，既然剛剛立下大功的弟弟開口求情了，景帝也就沒有多問。

漢景帝前三年　西元前一五四年

自此，當初的「齊地七國」除了齊國和濟北國，也就還剩沒有參與叛亂的城陽國了。

齊地諸國平定之後，叛亂諸侯國裡就只剩下最後的趙國。趙王一開始是劉濞重要的棋子，要靠他把匈奴人引入關來協助作戰，所以氣勢也非常囂張。怎料匈奴方面不知道出了什麼事情，遲遲不出兵，最後弄得趙國進退兩難，後來酈寄的部隊到達，兩邊開始在邯鄲僵持，匈奴人也真是非常勢利，雖然之前和趙國約好要出兵，但是一聽說吳、楚大敗，馬上就覺得無利可圖而撤兵，放著趙國被漢軍攻打。

趙王和酈寄僵持了七個月，誰也拿誰沒辦法，所以欒布平定齊地諸國之後又率軍趕到邯鄲，引河水灌邯鄲城，邯鄲城被水灌破，趙王也就兵敗自殺了。

其實吳、楚也不是所有的戰場都大敗，劉濞手下有一支部隊取得了相當不凡的戰績，這支部隊的統領名叫周丘。

周丘，本是下邳人，因為被仇人追殺而逃亡到吳國避難，因他酗酒成性，所以吳王並不是很看重他。劉濞起兵封官的時候，給很多人封了將軍、校尉、候、司馬，可周丘偏偏什麼官職都沒有。

漢代的軍隊編制沒有後世那麼複雜，大概也就將軍、校尉、候和司馬四級，校尉一般統領不超過千人，候和司馬就已經算是芝麻綠豆的小官了，記得捨命救袁盎的那個人嗎？他就是一個吳國的司馬。

周丘一看自己連個統領幾十人的司馬也做不了，直接對劉濞說：「我無能，不奢求當什麼將軍，願陛下能給我一個使節，我一定會拿他報答大王的恩情。」吳王見這個人不要官只要使節，沒怎麼多想便給了他。

周丘得到使節之後連夜趕回了自己的家鄉下邳，然後召集了家族兄弟，說：「吳國大軍馬上就到了，到時候對下邳屠城不過是一頓飯的時間，不如我們先幫吳王把下邳拿下，這樣我們家族的人必定無恙，有功勞的人還可以封侯。」

周丘家族的人在他的慫恿下，一起在城裡策反，一個晚上的時間居然募集到了三萬人，一舉拿下了下邳。

　　拿下下邳之後的周丘展現出他的軍事才能，開始繼續向北攻打，因為當時漢軍也無暇顧他，所以他一路攻城略地打到了陽城，湊集十幾萬的部隊。

　　此時吳王主力也不過三十萬人不到，周丘一人迅速發展到十幾萬的部隊絕對是吳王的意外之喜，只可惜正當周丘想有進一步發展的時候，劉濞的大軍潰敗，自度憑藉一己之力再難成功的周丘，沒過多久就鬱鬱而死，這支部隊也被擊潰。

　　從這件小事上我們至少可以看出兩點：一是劉濞的不識人才，周丘擁有如此非凡的軍事才能，卻因為他有酗酒的小毛病而忽略了；二是當初田祿伯的分兵策略真的很有可能成功，周丘一個無名小卒憑藉一個使節就可以發展成十萬人的部隊，田祿伯一個名震天下的大將拿著五萬人自然也有很大的希望可以成事。

　　一場轟轟烈烈的「七國之亂」徹底被撲滅，如果不把趙國這段苟延殘喘的時間算上，先後大概歷時三個月，這三個月對於漢朝來說就是生與死的路口，景帝和他手下的大臣經過了這次考驗，不但度過了危機，還以此為機會解決了大諸侯國「尾大不掉」的威脅。

　　在之後的許多年，景帝和武帝兩代皇帝還經常以「七國之亂」為名找剩下諸侯國的碴，從而一點一點地解決了諸侯國的問題，讓漢朝變成一個更加統一、集權的超級大帝國。

　　而那些封為諸侯王的劉氏宗親從此遠離了漢朝政治的核心，再也沒能在歷史的舞台上展現出自己的身影。後面的史實告訴我們，如果一個想做事的人當了諸侯王，絕對不是幸運，而是悲哀。因為大漢朝再也不會允許諸侯王有什麼作為了。

　　回顧這個事件的全過程，有很多名字值得我們記住，取得勝利的漢廷

漢景帝前四年至前五年　西元前一五三至前一五二年

方面至少有這些：

最初為削藩作鋪墊的文帝和賈誼、真正開始削藩的晁錯、削藩和平亂的總指揮景帝、景帝最強的後援支持竇太后、讓劉濞造反無名的袁盎、抵擋住吳楚火力的劉武、保障後勤供給的竇嬰、大敗吳楚主力的周亞夫、運用輕騎兵斷吳楚糧道的韓頹當、平定齊趙的欒布、平齊的曹襄與平趙的酈寄。

漢廷的勝利絕不是周亞夫或者景帝個人的勝利，這是一場醞釀多年、由一大批人共同完成的偉大事業，也是讓漢朝走向輝煌的必要準備。解決了諸侯王問題之後的漢朝，經過這麼多年隱忍發展，終於可以把全部精力都用來對付北方最大的敵人——匈奴。

不得不說漢朝喘息的這個機會也是匈奴人給的，不知道「七國之亂」的時候軍臣單于（老上單于之子）和中行說是怎麼想的，他們為什麼沒有同吳王約定的一樣準時入關協助作戰？如果在漢軍全力對付吳楚的時候他們能夠適時加入的話，以匈奴的戰鬥力來說絕對會對景帝造成毀滅性的打擊。

歷史沒有留下太多記載，我們不知道匈奴人當時為什麼按兵不動，是因一時猶豫錯失良機，還是想再觀察一陣，等漢朝和劉濞這兩隻鷸蚌鬥得狠一點的時候再作為漁翁出手？或是有其他原因。

這永遠是個謎。

第六十三章 出將入相

　　《孫子兵法》的第一句是：「兵者，國之大事也，死生之地，存亡之道，不可不察也。」這句話是整部《孫子兵法》的前提：要想打仗打得好，首先你得重視它，這是國之大事。

　　孔子也曾經說過：「國之大事，在祀與戎。」

　　歷朝歷代，戰場上的功勞都是最大的，因為這是決定國家生死存亡的事情，很多武將憑藉戰場上的軍功而位極人臣，甚至功高震主，他們可以憑藉軍功一舉超過那些兢兢業業、在一般政務上操勞幾十年的文臣，這是一個普遍的規律。

　　「七國之亂」之後，因為軍功，景帝漢廷內的格局發生了很大變化，那些在「七國之亂」中有功的將領都飛黃騰達，取得比以前高出許多的朝堂地位，而其中最明顯的三個人就是周亞夫、竇嬰和劉武。

　　先說周亞夫，他已經達到了人生的巔峰，擊破劉濞吳楚主力的主要計策和實行都是由他完成的，平亂首功自然非他莫屬。周亞夫如看相大師許負所言，到了「於人臣無二」的地步，整個漢廷，除了景帝和竇太后，已經沒有人能夠和他相爭了，他也理所當然地成為了漢廷第一人，三年以後升遷為丞相，正式完成了「出將入相」的成就。

　　「出將入相」是古時候臣子追求的一個極高的成就，它代表這個人文武雙全，在外能帶兵打仗當將軍，在內可以做宰相總攬朝政，是國家一等一的能人，也是地位崇高的體現。

　　另一個可以相比較的成就是「封侯拜相」，那就是既做丞相，同時又封侯。漢初的規矩是必須先封侯才有資格做丞相，而到了武帝丞相公孫弘之

後，又變成只要當上丞相就可以立刻封侯，所以在漢代「封侯拜相」的成就完全包含於「出將入相」之內，難度要小得多。

漢初能夠完成「出將入相」成就的人並不多，我們一一來數：

劉邦時期只有一個丞相蕭何，而蕭何沒有當過將軍，所以劉邦時代沒有完成此成就的人。

惠帝時期蕭何病逝，漢廷的第二個丞相是曹參，他是劉邦嫡系將領中戰功最多的戰將，所以也成為了漢代第一個完成「出將入相」成就的人。

呂后時期丞相是王陵和陳平，陳平是謀臣，但王陵是劉邦時代的將軍，所以他是第二個完成該成就的人。呂后後來用的呂家的丞相呂產和男寵審食其沒有帶過兵，不是將領。

文帝時期，「平定諸呂」之後，周亞夫的父親周勃做了丞相，成為第三個「出將入相」之人。周勃去職之後，和周勃同樣是劉邦時代的戰將灌嬰成為丞相，算是第四個。

灌嬰之後，文帝時期的兩個丞相是張蒼和申屠嘉，張蒼是純文臣，申屠嘉在劉邦時代立過戰功，是個武人，但考慮到申屠嘉做將軍的時候地位不高，雖然立功封侯，也只是個偏將級別的將軍，所以就不把他算作「出將入相」的級別裡了。

周亞夫成為漢朝第五個「出將入相」成就的獲得者（準確的時間應該是「七國之亂」的三年後，剛平亂完，他還做了一陣子太尉），而且他是第一個非劉邦時代的戰將能獲得如此成就的人，沒有「元從功臣」（就是和開國君主一起打天下的那些人）這個特殊身分，周亞夫成就的價值其實更高。

另外再提一句，漢朝第六個完成「出將入相」的人同樣也是平定「七國之亂」中的功臣竇嬰，他在武帝初期當了丞相。竇嬰之後，西漢再討論這個成就意義就不大了，因為隨著漢武帝的改制，丞相的地位越來越低，以至於到後來當上丞相已經不是什麼了不得的大事，權力都被皇帝授給了內廷的「中字頭」官員。

三公中的御史大夫素來被當作「副丞相」，所以既當過御史大夫又當過將軍，也可以算是完成了簡化版的「出將入相」，比如「七國之亂」時梁國的將軍韓安國，他在武帝時期又帶過兵，還做到了御史大夫。

　　完成「出將入相」的周亞夫達到了人生的頂峰，但他的輝煌也就此結束了，走上了和他父親周勃當年一樣的悲慘結局。

　　周勃和周亞夫父子都是武人出生，在丞相這個處理政務的位置上顯得比較笨拙，無法發揮所長，雖然其他大臣表面上都不敢和周氏父子爭，但心裡都對他們的辦事能力深感懷疑。

　　周亞夫甚至比他的父親周勃還不適合丞相的位置，周勃雖然是粗人，但性格沉穩低調，脾氣也好；周亞夫打仗的時候沉穩異常，平時卻是一個情商極低的人，時常生氣，認為自己給漢廷立下汗馬功勞，怎麼鬧脾氣也不為過。

　　周亞夫不明白，正是因為他的功勞太大，所以才要更加低調，日子久了，他飛揚跋扈的行事方式不但招來群臣的怨聲載道，連景帝都有些受不了他。

　　而且，周亞夫我行我素的打仗風格，也給他日後的悲慘結局埋下了深深的伏筆，得罪了竇太后和梁王劉武不說，景帝也怕這樣的權臣會威脅到自己，升周亞夫為丞相的同時，其實也是變相剝奪他的兵權。

　　除了周亞夫，竇嬰在平亂之後地位也一下子提高，本來就是外戚的他，經過實戰的考驗之後一舉成為漢廷中僅次於周亞夫的權臣，封為魏其侯。從親疏角度來看，景帝信任他還比信任周亞夫更多，畢竟是自己的表兄弟（景帝堂舅的兒子），是自己家的人。

　　竇嬰沒有周亞夫那麼飛揚跋扈，他是學儒家出身的，又處於尊奉道家的竇家之中，比較懂得韜光養晦，雖然有時候一些書生的稜角也會讓他做出衝動的事情。

　　竇嬰還有一點和周亞夫不同，竇嬰仰慕戰國四公子，喜歡養門客，平

亂之前他的門客就不少，平亂之後他的聲名遠播，門客更是數不勝數，長安城中的人爭相追隨。在這一點上，竇嬰倒有點不識時務了。景帝時期畢竟不是戰國那樣的亂世，養門客可以壯大自己的勢力以自保。在這種和平年代，皇帝才是最大的，皇帝要是不喜歡，有多少門客也是白費工夫。而皇帝最反感的正是那些養門客的人，臣子的勢力越大，只會讓皇帝備受威脅，視其為眼中釘。

從周亞夫和竇嬰身上順便談一談「君子不器」。這是孔子提出的理論，他認為真正的人才不應該讓自己成為一樣器物、只能做一件事情，而要成為通才。

周亞夫和竇嬰都是「器」，他們的問題很多，但正是因為某一方面的才能在特定的歷史環境下發揮了很大的作用，所以給自己帶來了無上的榮耀，周亞夫用兵如神，為了戰局誰都敢得罪，而竇嬰憑藉外戚的身分加上「江湖」的威望，讓他在黑白兩道都吃得開，成為漢廷的中流砥柱。

「器」最大的問題是，如果運氣好剛好趕上事態被國家需要，那很多功勞非你莫屬，韓信之於楚漢相爭，晁錯之於削藩，周亞夫、竇嬰之於「七國之亂」，董仲舒之於獨尊儒術等皆如此；但「器」的特定作用一旦消失，一旦你可以被取代之後，所有的東西將會迅速離你而去，「狡兔死，走狗烹；飛鳥盡，良弓藏」說的就是這個道理。

有的「器」很聰明，比如張良，在自己作用消失之後急流勇退；有的「器」會轉型，比如陳平，讓自己適時成為新的有作用的「器」；可這些「器」都有大智慧，如此大智慧的「器」太少了，大部分的「器」都是在自己的作用消失之後，不但捨不得急流勇退，而且還不知道轉變，死守著自己曾經的功勞和主子呼喊，最終成為一個個悲劇。

還有很多更悲慘的「器」，可能一輩子都沒有趕上可以發揮所長的時機，就泯沒於眾人。

所以「君子不器」真的是個非常重要的真理，能做到的人卻不多。從

漢代來說，劉邦當然算是其中傑出代表，陳平、周勃這些都能算，景帝時期韓安國、衛綰也可以算，他們都是「不器」的正面典型，識時務而動。

　　周亞夫則是「器」的最大反面教材了，「七國之亂」的時候讓他趕上機會建立了不世之功，而「七國之亂」後他的悲慘命運在後面會提到。

第六十四章 選定儲君

漢景帝前四年至前五年 西元前一五三至前一五二年

周亞夫和竇嬰地位的興起對於景帝來說還不是什麼大問題，真正頭疼的是梁王劉武。

劉武本來就是景帝唯一的同母弟弟，又是竇太后最寵愛的小兒子，經過「七國之亂」之後，立下大功的劉武威望進一步提高，作為現在唯一的大諸侯國的諸侯王，幾乎已經沒有什麼好奢望的了。

除了皇位。

劉武不會造反，這個景帝心裡清楚。但劉武想成為儲君皇太弟，這是人人皆知的事情。

此時景帝雖然剛剛即位三年，但身體一直不好，不知道還能做多久皇帝。劉武不但比景帝年齡小，而且從小習武，身子強健。

最重要的是，竇太后想讓劉武做儲君，對於這個母親來說，劉武當不當皇帝倒不是她最關心的事，她只是希望劉武能夠陪伴在自己身邊。

景帝在儲君這件事情上很有壓力，他心裡面不太想讓弟弟做自己的儲君，還是希望能夠傳位給自己的兒子，可是輿論、母親甚至還有姐姐館陶長公主等方面的壓力太大，他只想拖著這件事情，想先不立儲君，不主動去觸發這個矛盾。

可是對於景帝的「拖字訣」，眾大臣拒絕買單。以周亞夫和竇嬰為首的朝中大臣一致認為應該早立太子，他們無時無刻不在想辦法勸景帝早做決定。

支持立太子的大臣雖然以周亞夫為首，但是核心是竇嬰，而他們見解的核心則來自袁盎。大家還記得這個把晁錯推向火坑的人吧！景帝因為這

件事非常記恨他，所以他基本上已經退出了漢廷核心的政治圈，大多時候都以竇嬰幕僚的身分在背後策劃。

袁盎認為景帝傳位給梁王會產生很大的問題，那就是到梁王年老的時候傳位給誰。如果梁王傳位給自己的兒子，那麼景帝的兒子心中會怨恨；如果梁王傳位給景帝的兒子，那麼梁王自己的兒子心中也會怨恨。這些怨恨將成為國家最大的不安定因素，沒有得權的那一派有極大機率會造反，危及漢朝的安危。

對於古代國家來說，穩定絕對是國家的第一要務，只有先穩定才可以談發展，才可以談強國，杜絕禍亂的隱患是君主的要務，英明的景帝不會讓這種事情發生。

另外，袁盎也指出景帝「拖字訣」的弊病，那就是儲君的位置一天不定，或者說即使立了儲君，但很明顯皇帝對儲君的信心不夠強烈，沒有讓那些有可能成為儲君或者想成為儲君的人徹底死心的話，這些人之間就永遠不會停止明爭暗鬥，很多骨肉相殘的悲劇就在這種情況下釀就。

而皇室之間的骨肉相殘也會波及朝堂，影響天下。

最明顯的例子就是「九子奪嫡」。其實「九子奪嫡」慘劇的根本原因，就是英明神武的康熙大帝在立儲這件事上的猶豫不決，先是立了太子，但又對其不放心，二廢太子後遲遲不立新任太子，讓自己的兒子苦苦爭鬥了近二十年，成為康熙一生最大的汙點。

景帝一共有十四個兒子，年齡尚幼，最大的一個劉榮也不滿二十歲，還沒有什麼問題。可是如果儲君之位一直不定，隨著這些兒子的年齡增長，慢慢地會有爭奪儲位之心，不但他們之間有爭鬥，他們和梁王之間也會有爭鬥，皇子一動往往都會牽扯出一票朝廷大臣，再加上梁王這個最大的諸侯王和他背後的竇太后、館陶長公主，這一鬥起來只怕比「九子奪嫡」更加精彩。

到時候漢廷光內鬥就飽了，還有什麼精力可以拿來對抗匈奴呢？

漢景帝前四年至前五年 西元前一五三至前一五二年

在袁盎的勸說和朝廷大臣反覆的敦促之下，景帝最終明白了拖之不可為，下定決心要立下太子。

一生孝順的景帝頂著母親的壓力強行要立太子。作為補償，他對梁王劉武可以說是恩寵之至，給劉武加封地，四十幾座城幾乎都是大城，而且也是天下膏腴之地，十分富庶。另外，景帝和竇太后又給劉武無數封賞，讓他把睢陽城擴大七十里，建了一座方圓三百多里的東苑，並賜給劉武天子旌旗，讓他所有規格和天子無異。

好，劉武的事情暫時解決了，話題拉回太子，該立誰為太子呢？

古時候立太子，有立長和立賢兩種。乍看之下大家都會覺得立賢更加合理，皇帝總攬一國國政，其賢愚自然是非常重要，挑選出色的人擔當繼任者是國家的大事。

可是事實上，近三千年來，中國人普遍接受的傳位方式還是立長。

立賢最大問題是，「賢」不是一個客觀的標準，而是一個主觀的判斷。這樣就會造成評判標準不一而帶來的意見不一，只要大家沒有明確地指出誰是那個「賢」，那麼就誰都有機會。巨大的利益會帶來無止盡的明爭暗鬥，而這一鬥起來，國家就亂了。

還是前面說的那個道理，在古代的統治者眼中，穩定才是最重要的，寧肯選一個不那麼英明的繼承人，也不願意因為要選一個最英明的繼承人而導致爭鬥不止、天下大亂。

更何況在位皇帝選出來的賢人還不一定是真的賢人，有可能只是一時的假象而已。

立長就不會有那麼多問題了，長幼順序是固定的，不因為人的意志而轉移，皇位的繼承人從他們一出生就定好了，省去很多人的非分之想，讓國家更穩定。

立長的「長」是指嫡長子，也就是嫡子中的長子。所謂的嫡子就是正

宮妻子的孩子，對於皇帝而言即皇后的兒子。妾室的兒子則稱為庶子，無論是皇帝還是其他諸侯國，庶子想要當繼承人都得排在嫡子之後，不論他年齡多大。

兩個例子：劉邦的長子是劉肥，但劉肥非正宮呂后所生，只能算庶長子，排行老二的惠帝是呂后的長子，所以惠帝才是嫡長子。同理，「九子奪嫡」的時候，康熙一開始封的太子是老二胤礽，因為老大胤禔是惠妃的孩子，非皇后所出。

景帝的皇后薄皇后，是文帝的母親薄太皇太后的族人，景帝還是太子的時候就被祖母安排了這樁婚事。

由於是「內定婚姻」，景帝不喜歡薄皇后，但一是顧慮到祖母的面子；二是薄皇后為人恭謹，不曾犯過什麼大錯，所以她這個皇后的位置也一直沒有動搖。

景帝不喜歡薄皇后沒關係，但薄皇后一直沒有懷孕，所以景帝一個嫡子都沒有。

沒有嫡子，太子就只能在庶子中找了。景帝雖然沒有嫡子，卻有不少庶子，有十四個之多，是西漢皇帝之最。

於是景帝挑選了庶長子劉榮立為太子，一方面符合立長的規矩不太會有太多異議；另一方面，劉榮的生母栗姬也剛好是自己的寵妃，一舉兩得。

既然立了太子，景帝就要好好的教育他，好好培訓這個未來的皇帝。景帝派當時朝廷中如日中天的竇嬰擔任太子太傅，名義上是給太子當老師，實際上也變相把太子和竇氏一族以及竇嬰的追隨者綁在一塊，是一步扶植太子的好棋。

竇嬰也達到了他人生的第一個高峰，平亂之後風頭正勁的他又當了太子的老師，正是春風得意。大家都從晁錯的事情上看出了太子老師對於未來國君的影響力，只要穩穩地把太子扶上位，竇嬰必然更加發達，到時候只怕連周亞夫也難以與之抗衡了。

漢景帝前六年至前七年 西元前一五一至前一五〇年

漢代傳統極為尊師重道，即便貴為皇帝，在很多事情上也要聽自己老師的意見，尤其是在即位之初、對於政事還不太有主見的時候。西漢有不少曾經的太子太傅都在自己的學生當上皇帝之後位進三公，並且主持了一段時間的朝政，比如景帝的老師晁錯、武帝的老師衛綰、元帝的老師蕭望之，這些都是漢代的名臣。

第六十五章 宮心計

　　景帝五年，為了和匈奴維持還算融洽的關係（至少他們「七國之亂」的時候沒有真正出兵），漢廷又派出了一位和親公主。此時匈奴大單于也已經傳到了第三代，冒頓單于的孫子、老上單于的兒子軍臣單于。

　　內亂已除，太子已立，外敵休兵，多災多難的景帝朝，在景帝三年到景帝六年之間度過了難得安定的三年，然而就在景帝六年末到七年初之間，一場更大的政治風暴又向漢廷席捲而來。

　　發起這場政治風暴的人正是景帝自己，他做了一件出乎所有人意料的事情——廢太子。

　　漢廷這三年的平靜其實只是表面現象，其實依舊內鬥得非常厲害，而這段時間爭鬥的焦點是宮鬥。

　　如今有關宮鬥的連續劇非常流行，大家都覺得宮鬥很有意思，其實宮鬥的目的無非就是為了爭一個皇后的名分或者給兒子爭個太子的位置，而宮鬥的過程中講究的是皇帝的寵愛、智商、兒子以及身邊的幫手。

　　景帝後宮的宮鬥主要在三人之間展開，分別是薄皇后、栗姬和王美人。

　　薄皇后雖然貴為皇后，但其實是這場宮鬥中最弱小的一方，四方面中沒有半點優勢：不受景帝的喜愛，沒有權謀鬥爭的頭腦，多年無子（甚至連女兒也沒有），薄家本就人丁單薄，薄太皇太后死後，薄家的人在朝中毫無勢力。

　　所以薄皇后是第一個倒下的，把她鬥倒的是栗姬。

　　栗姬的優勢很多，她是景帝最喜歡的妃子，生有三個兒子：劉榮、劉德、劉閼於。劉德是景帝諸子中最聰明的，深受景帝喜愛；劉榮是景帝長

子，甚至已經被封為太子。

另外，栗姬還有竇嬰這個太子老師，間接和竇氏一族的勢力綁在一起，可謂如日中天。

只可惜具備這麼多優勢的栗姬卻是個愚蠢的女人，兒子當了太子之後，就覺得自己已經成為最終大贏家，飛揚跋扈，目中無人，最後不但自己鬱鬱而終，連帶兒子也丟了太子之位，自殺身亡。

栗姬做的第一件蠢事就是慫恿景帝廢后。

薄皇后無寵無子，根本就沒有威脅性，劉榮已經當了太子，只要把他穩穩地扶上皇位，栗姬的地位就穩如泰山了。而栗姬卻認為自己的兒子已經是太子了，自己怎麼樣也該當皇后，執著於皇后的虛名，千方百計要景帝廢了薄皇后。

殊不知「傷敵一萬，自損八千」，栗姬在全力慫恿景帝廢后的過程中，讓景帝看出了她的心狠手辣及愚昧無知，所以在廢了薄皇后之後也沒有封她為皇后。

由於有呂后的前車之鑑，西漢皇帝最怕出現的就是「子弱母壯」，認為這種情況會危害國家，劉榮本身也是個懦弱的人，他即位之後如果有栗姬這樣跋扈的母親，難免不會再出現呂后當年亂國的情況，景帝十分擔心。

當然，論起權謀，栗姬這個笨女人遠遠不能和呂后相比，但她的表現確實讓景帝起了廢太子之心。

栗姬做的第二件蠢事是得罪館陶長公主劉嫖。劉嫖在漢廷是什麼地位？她可是景帝和梁王的姐姐、竇太后的女兒，朝廷中最重要的幾個人都和她有關係，她說話的份量非常重。

長公主欲穩固家族勢力，所以想讓自己的女兒陳阿嬌嫁給栗姬的太子兒子劉榮。古時候表親之間結婚是很常見的，被認為是親上加親的大好事。

對於栗姬來說，這本是天上掉下來的大禮。因為竇嬰的關係，她已經

有了竇家這個靠山，可是竇嬰雖然在朝中地位極高，在竇家的地位卻遠遠不及長公主。如果栗姬能和長公主結親，就可以徹底地和竇家融為一體，到時說不定連竇太后都會幫她了，這些都足以鞏固劉榮的太子地位。

可是，愚蠢的栗姬拒絕了長公主的提親。她的理由也很牽強，就是長公主為了巴結弟弟，給景帝進獻了各式各樣的美人，有好多得寵的嬪妃都是長公主送來的。

滿懷嫉妒的栗姬因此拒絕和長公主結為親家。

尚自沉醉在皇后美夢中的栗姬沒有想到，她的這一舉動卻把長公主推到了自己最大的敵人——王夫人手中。

王夫人是武帝的母親，本名王　。

王　的母親是當年劉邦時代八大異姓王之一燕王臧荼的孫女臧兒，臧兒最初是嫁給王　的父親王仲，生下一男兩女之後，丈夫王仲去世，臧兒又改嫁給長陵附近一個姓田的人，生了田蚡和田勝。

王　長大以後，先是嫁給了鄰居金王孫，生下一個女兒金俗，有一回臧兒給女兒算命，算出自己的女兒將要大富大貴，於是又安排女兒進太子宮，成為當時還是太子的景帝的妃子。

在漢代，禮教還不是非常嚴格，男女之間的風氣較為開放，私通的情況很普遍，私生子到處都是，女子改嫁也是很正常的現象，不會受到任何的歧視。

那並不是一個崇尚烈女的社會。

從臧兒和王　母女的故事可以看出，女子改嫁頻繁，甚至連太子都不會介意娶一個再嫁且有孩子的女子，這個女子後來甚至還成了皇后、太后。

王　的這些親戚中，需要注意的就是她同母異父的弟弟田蚡，這個漢武帝的舅舅在整個景帝後期和武帝前期都有很大的影響力。

王　剛開始給景帝當妃子的時候還算受寵，雖然沒有辦法和栗姬相

漢景帝前六年至前七年　西元前一五一至前一五〇年

比，一直在美人的位分。

漢代妃子的官位在漢武帝之前比較單純，一個皇后，其他有身分的妾室都叫夫人，夫人之後才是美人、良人等。直到漢武帝之後，才出現了昭儀、婕妤等更加複雜的稱號。

所以，王　本來是美人，地位還不是很高，也不算是正式的妃，直到她生下孩子之後才升為夫人。

王　雖在受寵程度比不上栗姬，可她很有城府，開始考慮在其他方面彌補不足。

首先是兒子劉徹，劉徹出生的時候，王　對景帝說自己在懷劉徹的那天晚上夢見太陽衝進肚子裡。

夢見太陽而有身孕，有皇帝的隱喻在其中，但又不是非常明顯，不惹景帝生氣的同時還能給兒子添加一點神話色彩，王　的心思非常細膩。

恰好景帝在這段時間也做了一個夢，夢見他的爺爺高皇帝劉邦對他說：「王夫人生子，可名為彘。」

於是，劉徹出生之後的第一個名字便是「劉彘」。

彘是豬的意思，豬在現在不是什麼好聽的詞，在漢代的時候可不得了，在解夢和算命的說法裡都說豬就是龍。《三國演義》裡張飛夢到被豬咬腳，就被解為是龍嚙足。

雖然景帝有十四個兒子，但唯獨劉徹小時候有如此待遇，說不定景帝給他取這個名字時就有此心。

王　不但注重兒子在景帝的形象，也注意給兒子尋覓幫手。

這次栗姬拒絕長公主的提親，對於王　來說是個絕佳的機會，既然栗姬不要長公主這個大靠山，她就不客氣地收下了。

王　知道長公主急於給自己的女兒找一個可靠的丈夫，遂開始主動接

近長公主，最後成功讓兒子劉徹和長公主的女兒陳阿嬌定下了親事。

劉徹和陳阿嬌定親的故事就是那個人盡皆知的成語「金屋藏嬌」的典故。

有一回長公主抱著劉徹開玩笑地說：「孩子，你想要娶老婆嗎？」劉徹很乾脆的回答：「想。」長公主開始指著一旁的宮女問劉徹想不想要，結果都被劉徹拒絕了，直到長公主指到陳阿嬌的時候，劉徹興奮地喊道：「好，如果我以後能娶阿嬌為妻，我要用黃金蓋一間屋子把她藏起來。」長公主非常高興，便請求景帝賜婚了。

有人說這是王　故意教導兒子誇下這「金屋藏嬌」的海口來作為自己的政治資本，筆者卻更願意相信這不過是個普通五六歲小孩的天真之語，一個小男孩喜歡和自己年齡相仿的小女生玩是很正常的事情。

有了長公主的幫助後，王　開始全力和栗姬鬥爭，此時栗姬的勢力還是很大，有個做太子的兒子，還有竇嬰這樣的重臣做參謀，朝中的其他大臣比如丞相陶青、太尉周亞夫這些人本質上也是支持太子的，對於王　而言，她需要主動扳倒栗姬。

王　最了解的是景帝的心。

有些皇帝希望讓有勢力的皇子做太子，這樣可以穩定朝局，比如劉邦、朱元璋；有些皇帝卻認為那些老和大臣混在一起的皇子是圖謀不軌，妄圖透過勾結權臣來脅持自己、替自己作主。再提大家熟悉的「九子奪嫡」故事中的康熙，他其實就是後一種皇帝，英明的康熙不希望自己為別人所左右，所以他很討厭在大臣中口碑極佳的八皇子胤禩。

所以栗姬和太子劉榮得到了這麼多大臣的支持不一定是好事，因為景帝不巧和康熙一樣是後一種皇帝。

當所有朝臣一致支持太子，栗姬的聲勢達到巔峰的時候，景帝也開始動了忌憚之心，他怕栗姬以後會像呂后一樣弄權，又一次故意試探她，說：「等我百歲之後，你要好好照顧我的其他兒子。」愚蠢的栗姬一下子就跳進

了圈套裡，居然沒有馬上表面附和，而是一副「他們死活和我有什麼關係」的態度，讓景帝對她的感情徹底消失，只不過忌於朝臣支持的景帝一時還沒有表現出來。

如果景帝很滿意劉榮這個兒子也就罷了，關鍵是幾年下來劉榮當太子的表現並不是很好，景帝早已有了廢儲的念頭。此時劉徹雖然只有七歲，但已經表現出許多超乎哥哥劉榮的智慧，更受景帝喜愛。

在看到景帝的忌憚之後，王　和長公主開始暗中使壞，她們知道景帝現在最怕的就是栗姬這一夥人勢力太大，於是故意在這件事上激怒景帝，暗中派人聯絡朝中大臣一起正式給景帝上疏，勸景帝立栗姬為皇后，說是：「子以母貴，母以子貴」，太子的母親應當是皇后。

朝臣的這一舉動可徹底觸怒了景帝，景帝認為太子、栗姬還有一群朝廷大臣已經緊緊地綁在一起，要形成一股可以威脅自己的勢力，自己到時候想換太子都換不了。

對太子不滿意的景帝本來還有猶豫，但群臣請立皇后的事情催促他下定了決心，他決定先下手為強。

接下來，景帝開始了一系列的動作，先是力排眾議，不顧周亞夫和竇嬰等人的反對，廢了太子劉榮，然後把栗姬打入冷宮，派人暗中毒殺。而後景帝又馬上以年老為理由，將丞相陶青免職，同時升任周亞夫為丞相。

景帝升周亞夫最主要的目的，是讓這個人臣無二的大將軍脫離軍事指揮，然後又廢掉太尉這個職位，將兵權完全掌握在自己手裡。

整治周亞夫的同時，景帝也沒有忘記竇嬰，備感威脅的景帝最忌憚的就是這兩個人。景帝廢了太子之後，理論上來說竇嬰這個太子太傅也就沒什麼事情可以做了，應該要換個新的職位，但是景帝卻彷彿有意忘了這件事，繼續把竇嬰擱置在一旁。

前文提過，竇嬰雖然有城府，懂得韜光養晦，但本質還是個有稜角的人，這個時候他脾氣又犯了，以養病為由辭官回家。景帝見竇嬰此舉正中

下懷，十分高興，巴不得竇嬰快點隱退。

　　於是竇嬰開始了人生第二次閒居生活，上一次是「七國之亂」之前，因為得罪竇太后而被除去門籍。

　　竇嬰的一生極其坎坷，差不多也算三起三落了，後面還有波瀾呢！我們到時候慢慢再說。

第六十六章 「蒼鷹」郅都

漢景帝中元年至中二年 西元前一四九至前一四八年

動完了周亞夫和竇嬰，景帝要扶上自己人，他需要一個只忠於自己而不畏懼其他勢力的人，這個人得連太后、皇后、長公主，還有諸多朝廷重臣都不放在眼裡，只聽命於景帝一人才行。

酷吏即誕生於此種需求之下，他們像晁錯一樣不顧家族安危，只要皇帝有需求，他們可以為皇帝做任何事情，和一般的大臣相比，他們沒有那麼多的顧慮，沒有那麼多的權衡取捨，下手絕不留情。

武帝時期酷吏橫行，但是漢朝歷史上第一個有名的酷吏為景帝所起用，那個人就是在這個時候被景帝提拔上來做北軍中尉的郅都。

郅都的名氣很大，幾乎所有人都知道他做事雷厲風行，他最大的特點就是對任何人都不留情面。郅都之前是濟南郡的太守，濟南有戶權貴人家非常厲害，前幾任官員都拿他沒有辦法，可是郅都一到就把這個權貴家族中主事的幾個人抓出來殺了，一下就達到了敲山震虎的目的。

郅都在濟南做了幾年之後，郡中路不拾遺，就連周邊十幾個郡縣的人也都害怕濟南郡。

郅都的人生格言是：「既然我已經離開了親人出來做官，那就該盡忠職守，死在任上。妻子兒女不是我該考慮的事情。」

有一回，景帝的妃子賈妃去上廁所，有一頭野豬也衝進了茅房。賈妃是景帝十分寵愛的妃子，給景帝生下趙敬肅王劉彭祖和中山靖王劉勝（劉備的祖先）兩個兒子。野豬異常兇猛，景帝擔心賈妃的安危，也想跟著進去救她，卻被郅都阻攔，怎麼也不肯讓景帝進去。在他眼裡，皇帝的安危最要緊，其他人——哪怕是陛下的寵妃——都不在他的責任範圍內，不必

理會。為了皇帝，他什麼人都可以得罪。

郅都的狠勁是景帝現在最需要的，由他執掌京師最重要的北軍，景帝就再也不用擔心其他人結黨營私挾持自己，一旦有變卦，郅都一定會直接下令北軍護己勤王。

郅都當了北軍中尉之後，還是一如既往地不避權貴，當時朝中地位最高的是丞相周亞夫，沒了兵權的周亞夫仍然十分飛揚跋扈，朝廷中人人敬畏，唯有郅都不怕，見了周亞夫也就拱手作揖而已。

對周亞夫都如此，其他朝中大臣當然更不放在眼裡了，不久郅都就獲得了一個「蒼鷹」外號，那些列侯宗親甚至不敢正眼看郅都，只敢用側眼偷偷地瞟他，彷彿被他看一眼就能看出自己犯過的罪一樣。

擁有郅都這個大暗器，景帝第一個要對付的是前太子劉榮。

劉榮本身其實不構成威脅，如果不是因為他當過太子，景帝根本不會對他有想法。

當年支持劉榮的人太多了，這些人還或多或少潛伏在朝中，周亞夫、竇嬰等一票大臣，誰能保證這幫人現在已經沒有異心了呢？萬一自己殯天之後，這些人不滿劉徹，又齊聚在一起簇擁劉榮造反怎麼辦？

沒錯，劉榮是懦弱，可是懦弱不正好更容易成為這些權臣的傀儡嗎？

景帝左思右想，總對這件事情不太安心，但不可能將那些曾經支持劉榮的人全部除掉，一來數量太多，二來難以分辨，唯一的辦法就只有除掉劉榮了。

雖然是自己的兒子，且貴為長子，但景帝身為仁君，他要保證天下的安定，就只能對自己的兒子下手了。

過沒多久，景帝就抓到了劉榮的把柄。

劉榮的太子之位被廢後，封為臨江王，在臨江國獨居。有一回劉榮擴建宮殿的時候，不慎推翻了周邊文帝廟前空地的圍牆。

漢景帝中元年至中二年　西元前一四九至前一四八年

這件事情本也可大可小，往大處說這是對老祖宗大不敬，必須嚴懲不貸，往小處說這不過是個影響不大、馬上可以補救的無心之失，口頭譴責兩句就行了。

當然，景帝選擇了前者。於是劉榮被抓回了長安。按理說一般案件交由廷尉審理，考量到劉榮是皇子，可能還需要宗正的參與。但景帝卻直接把劉榮交給了中尉郅都。

郅都可是連皇親國戚都不放在眼裡、人人畏懼的「蒼鷹」，是當朝最狠毒的大酷吏，是景帝的瘋狗，落在他手裡，活命的希望就不大了。

景帝的意思很明顯也很歹毒，按照一般的辦案程序很難治兒子死罪，但他了解劉榮懦弱的性格，就是要讓郅都用酷吏的手段逼得劉榮承受不了而自殺。

一個父親對親兒子已經到了用這種手段的地步，論仁慈，景帝真的比不上康熙。諷刺的是景帝這種不合人道的處理方式卻取得了很好的成果，而仁慈的康熙卻因為對兒子的百般不忍造就「九子奪嫡」的慘劇，讓天下跟著大亂。

這就是封建制度的劣性吧！父子相殘反而對天下更好，這是多麼悲哀的事！

郅都整治劉榮的方法很簡單，毋須對他用刑，光是嚇唬他，然後把他牢牢地看管起來，不准和外界有任何聯繫，就足以讓不見天日的劉榮身陷於未知的惶恐中。

劉榮想給景帝寫信認罪，乞求景帝的原諒，可是郅都堅絕不給劉榮紙筆。後來竇嬰聽說了這件事，雖然他此時也被景帝監視著，可出於對過去學生的感情，他還是冒著被治罪的風險給劉榮送去了紙筆。

誰料本意想救劉榮的竇嬰，這一舉動反而害了劉榮。劉榮在寫完給景帝的謝罪信之後長舒了一口氣，覺得自己一直以來堅持終於有了回報，放下最後執念的他，不知是看破時事還是真的累了，最終還是選擇了自殺。

劉榮一死,景帝難過的同時也算是辦成了一件大事,可是竇太后勃然大怒。

雖然竇太后當初反對立劉榮為太子,要立自己心愛的小兒子劉武,可劉榮畢竟是她的長孫,如今被一個臣子逼得自殺,做祖母的怎麼可能好受。

竇太后可能也知道這其中有景帝的授意,但她還是把所有的怒火都撒在郅都身上,她馬上逼景帝賜死郅都。

景帝百般斡旋之下,最後還是沒有殺郅都,而是讓他免官歸家。

郅都是景帝用得正順手的一枚棋子、一條瘋狗,景帝讓他咬誰他就咬誰,而且還一定咬得深可見骨,這樣的人景帝怎麼捨得殺他或不用他?但母親竇太后如此大怒,景帝想把郅都留在長安是不太可能了,讓郅都免官歸家只是為了躲避竇太后的耳目而已。

郅都在回家的路上就接到了景帝的密旨,調他去邊郡雁門做太守,且毋須回長安謝恩,直接前往雁門赴任。

郅都是瘋狗也是忠狗,他為了辦好差事不顧家族安危,當初離家的時候就打定了要死在任上的主意,根本沒想過要回去,所以一接到密令後馬上改道,直接奔往雁門。

景帝的想法很簡單,郅都是個狠決的人,既然現在無法留在長安,最好的去處就是讓他把自己的狠決發洩在匈奴人身上,因此派他去鎮守邊郡。

景帝時期邊關的名將有李廣和程不識二人,因為漢武帝之前,漢朝對於匈奴基本上採取防守政策,幾乎不曾主動出擊,所以當時做得最好的將軍也就是防守防得最好的。

不求你出關殺匈奴,能夠不讓匈奴人殺進來就是你的本事。李廣和程不識都是防守名將,我們現在要說的新科雁門太守郅都也是。

李廣是人盡皆知的「飛將軍」,箭術神通。

匈奴人很敬重英雄,他們見識過幾次李廣的本事後都相當敬重他,很

漢景帝中元年至中二年　西元前一四九至前一四八年

少會主動襲擊李廣的部隊。因此李廣帶兵雖然很鬆散，經常犯下許多帶兵的大忌，但通常不會出什麼問題。

和李廣相反，程不識是典型的「學院派」帶兵，御下十分嚴格，按照兵書一板一眼地執行，所以儘管匈奴人經常來攻打他，但也討不到什麼便宜。

和兩大名將相比，論武藝本領郅都比不上李廣，論帶兵遣將郅都比不上程不識，可是就是這樣一個獄吏出身的半調子將軍，往雁門一鎮就是近十年，匈奴人直到郅都離世都不敢輕易靠近雁門。

如果說李廣是武藝方面讓匈奴敬重的話，那郅都就是憑藉那股狠勁讓匈奴害怕。

郅都不愧是景帝朝的第一大酷吏，他的狠把馬背上的民族匈奴都給震懾住了。當時匈奴人因為痛恨郅都，對他用了類似巫蠱之術的方式來洩恨，就是做一個郅都樣子的稻草人，然後大家拿它當靶子練習射箭。可是由於這些匈奴都太怕郅都了，沒人敢正眼看這個像郅都的稻草人，所以也沒有人能夠射中。

能讓精於射箭的匈奴人連個定靶都射不中，可見他們有多怕郅都。

這個郅都大概長得非常嚇人吧！才會連匈奴和皇室宗親都不敢正眼瞧他。

最後，忍無可忍的匈奴人眼見無法正面攻打郅都，便在中行說的建議下要了陰招——他們知道竇太后痛恨郅都，有一次郅都不小心犯法，被匈奴人安插的間諜鬧到竇太后的耳朵裡，竇太后一聽這個郅都居然還如此囂張地活著，憤怒不已，立刻下旨殺了郅都。

諷刺的是，十年不敢靠近雁門的匈奴人，在郅都死後一個月就攻破了雁門，進行一番屠城，給竇太后一記響亮的耳光。

我願做大漢朝永遠的蒼鷹，怎奈皇天不給我這個機會……

郅都的悲劇下場沒有讓酷吏從此消失，相反，很多人從郅都受皇帝器重這點看出了酷吏的前途。

　　所以一個郅都倒下了，千千萬萬個郅都又前仆後繼地站了起來。

　　郅都被調到雁門之後，景帝還得繼續為劉徹掃除障礙，他馬上又任用了郅都在濟南做太守時和他共事的都尉寧為北軍中尉。

　　真是「人以類聚，物以群分」，和郅都共事愉快的寧成也是個大酷吏，他繼承了郅都的事業，在整個景帝後期繼續當景帝的瘋狗。

　　這個寧成也確實有能力，後來武帝朝的時候他由於得罪太多人而被罷免。寧成罷免之後開始從商，沒過多久就成為了富翁，還很高傲地說了一句：「仕不至二千石，賈不至千萬，安可比人乎？」意思就是：做官不做到兩千石，做生意不做到千萬，怎麼可以和人比呢？

　　作為一個仕途和商途都很成功的人，寧成也算是漢朝的奇蹟了，也是少有的酷吏能夠善終的例子。

第六十七章 血雨腥風

　　景帝廢太子是為了換太子，可是他的這一番動作卻讓另一個人起了心思，那就是梁王劉武。

　　梁王劉武這幾年來一直沒有少做事，「七國之亂」後劉武得到了無數賞賜，財寶無數，也開始學竇嬰養門客。劉武擁有和天子一樣的儀仗，威望極高，幾年下來門客無數。這些門客做了不少違法亂紀之事，但因為人人都畏懼梁王，所以從來沒有人敢動他的門客。

　　慢慢地劉武的勢力越來越大，也變得越來越囂張，如今聽說太子被廢，他馬上以探望母親為由又一次回到長安，開始慫恿母親竇太后給景帝建議冊立他為儲君的事情。

　　景帝自然不會立劉武，他費了那麼大的工夫廢太子、換重臣就是為了讓朝堂更好地掌握在自己手中，他要自己來挑繼任者，而不是被任何人或群體挾持，栗姬不可以，朝中大臣不可以，梁王和竇太后更不可以。

　　當然，景帝並不需要每件事都自己強出頭，他會借刀殺人，他明白勸阻竇太后欲立梁王為太子的想法不用自己出面，交給朝中的那些大臣就可以了，於是他把這項任務輕輕推給了周亞夫、竇嬰等人。

　　群臣在立不立梁王為儲君的這件事上意見比較統一，基本上是一致反對，他們之中的核心就是袁盎。

　　於是以袁盎為首的說客團去見了竇太后，進行了一番遊說，遊說的內容如今已不知曉，史書上只用了「事祕，世莫知」這幾個字。

　　不知道袁盎到底用了什麼手段來勸說竇太后，但最後連一向偏寵劉武的竇太后都放棄求景帝立劉武為儲君，梁王也不敢再在母親面前提起此

事，夾著尾巴跑回梁國。

擺平梁王和竇太后之後，景帝終於覺得一切都沒有問題了，這才顯露出他這一系列行為的真正目的：封王　為皇后，封劉徹為太子，去掉了劉徹原本「彘」的名字，給他改名為「徹」。

劉武回到梁國以後聽說景帝立了新太子，非常生氣，他知道是袁盎這些大臣在竇太后面前的說辭讓他的儲君夢破碎了，所以他恨透了袁盎一夥人。

劉武在「七國之亂」後養了很多門客，許多新人來到梁國後受到梁王的重用，反觀張羽、韓安國這些平亂時期的老臣受到了冷落。

當時最受劉武重用的兩個人是羊勝和公孫詭。

這兩人其實也沒有什麼特殊才能，就是一味地迎合劉武的脾氣，他們知道劉武痛恨袁盎等朝中重臣，便勸說梁王派刺客去殺他們，一時失去理智的劉武竟然同意了。

劉武派來的刺殺袁盎的刺客一路入關，聽到的都是袁盎的好話，說他為人正直、盡忠職守等等，於是臨時改變主意，決定不殺袁盎，反而到了袁盎家，親自提醒袁盎：「我是梁王花錢雇來殺您的殺手，您是長者，我不忍刺殺，可後面還有十幾位刺客要來，您得小心提防。」說罷刺客就走了。

聽說梁王要刺殺自己，袁盎心裡非常不高興，剛好家裡發生了許多怪事，袁盎覺得不祥，便去自己一個擅長占卜的好友處算了一卦，結果在回來的路上被梁王後續派來的刺客暗殺。

不止袁盎，同時被刺殺的朝中大臣還有十幾個，像周亞夫這樣的勇武之士，還有竇嬰這樣養了一大堆門客的人自然沒有什麼危險，其他反對梁王的朝臣有許多都遭了殃，一時震驚朝野。

梁王的刺客基本上沒有留下證據，但就當時的情況來說，因為被刺殺的都是反對立梁王為儲君的人，嫌疑最大的自然就是梁王，所以景帝馬上

漢景帝中三年至中六年　西元前一四七至前一四四年

就懷疑到梁王頭上。

到了這個地步，景帝已經快和劉武這個親弟弟撕破臉，二話不說就直接派得力將領田叔去梁國查梁王，最後果真查出問題。

景帝不會直接派人抓梁王，他知道這個主意是羊勝和公孫詭出的，就讓人去梁王宮抓這兩人，劉武顧及此二人忠心耿耿，不想讓他們替自己頂罪，就把他們藏在後宮，拒絕交出。

梁國的老臣韓安國急了，韓安國一直是梁國的棟梁，是老謀深算的類型，但在羊勝和公孫詭得寵之後被冷落了，甚至一度因為小罪入獄。

韓安國在獄中被獄卒百般欺負，就對那個獄卒說：「你現在這麼對我，就不怕我有朝一日出獄報復嗎？死灰就不會復燃嗎？」這個獄卒非常囂張地說：「你就算復燃我也一泡尿給你澆滅了。」

後來韓安國真的重新被梁王重用，他出獄之後這個獄卒就逃亡了，可是不久又被抓了回來，韓安國並沒有殺他，反而對他很好，說：「你們這種人怎麼值得我和你記仇呢？」

漢代是一個睚眥必報的時代，韓安國對獄卒的這種做法可謂相當罕見了，與他截然相反的同時代的人是李廣。

李廣失勢的時候去打獵，歸來晚了入不了關，他想用以前將軍的身分讓守衛通融一下放他進去，可是那個守衛說就是現在的將軍也不能通融，更何況以前的將軍。守衛只是秉公辦事，他對李廣的羞辱遠遠不及獄卒對韓安國，可是和韓安國的大度相反，李廣重新當上將軍之後，特地將那個守衛調到自己手下殺了。

韓安國入獄之前一直負責梁國和中央的關係，在他出色的斡旋之下，無論梁王曾經做過多過分多張揚的事都沒有讓景帝不高興，和竇太后和長公主也保持了良好的關係。

竇太后不認梁國其他人，就認韓安國。

劉武為了袒護他的兩個心腹，不惜和景帝作對，硬是不交人。這個做法讓竇太后非常擔心，日不能食夜不能寐，她怕劉武遲遲不交人，景帝最終會狠下心殺了這個弟弟，上演兄弟相殘的一幕。

　　竇太后為了不讓自己的兩個兒子成為仇人，就把勸說劉武的大任交給了韓安國。

　　韓安國見了劉武之後就是大哭一場，劉武問他為什麼要哭，韓安國開始自己的說辭：「大王覺得自己和陛下（景帝），有沒有太上皇（劉邦的父親）和高皇帝（劉邦）、當今聖上和臨江王（廢太子劉榮）親？」劉武說他們都是父子，當然比兄弟親。

　　韓安國又說：「高皇帝當初沒有讓太上皇參與政事，而當今聖上因為臨江王一點小過失就廢了他。這是為什麼？是因為天下大治不能因私廢公，常言說得好：『雖有親父，安知不為虎？雖有親兄，安知不為狼？』現在大王受奸人蠱惑犯下大罪，陛下是因為太后的關係才不忍直接向您問罪，太后天天哭泣，希望大王能夠改過自新，但是大王卻一直不悔悟，如果有一日太后有什麼不測，大王還能仰賴誰？」

　　韓安國的勸說入情（梁王至孝，故用太后來勸）入理（拿剛剛發生過的廢太子事件對比），劉武當場就哭了，放棄了繼續窩藏羊勝和公孫詭的想法。這兩人對劉武也是忠心一片，為了報答劉武的知遇之恩，不想他左右為難，當天就自殺了。

　　劉武把羊勝和公孫詭的首級上交長安之後，又派了另外一個使者鄒陽去見新立王皇后的哥哥王信，說如果梁王被處罰得太厲害，太后必然會把帳都算在新皇后和新太子身上，這對於王家很不利，現在梁王已經失勢，無力爭儲，雙方不如化干戈為玉帛，這樣既可以使梁王自保，太后要是高興了，王家的地位也會更加穩固。

　　景帝派去梁國查梁王的田叔非常聰明，他拿著羊勝和公孫詭的首級回長安，到了霸陵的時候聽說王皇后也開始幫梁王說話，就馬上燒了所有關

漢景帝中三年至中六年　西元前一四七至前一四四年

於梁王的罪證，然後空手來見景帝。

景帝問田叔：「梁王有罪嗎？」

田叔說：「有犯死罪的事情。」

景帝又問：「他的罪證在哪裡？」

田叔說：「陛下不要過問梁王的罪證了。」

景帝問：「為什麼？」

田叔說：「有了罪證，如果不殺梁王就是壞了漢法；如果處死梁王，太后傷心肯定會讓陛下憂慮。」

景帝非常贊同田叔的見識，就此作罷，沒有繼續找梁王麻煩，還讓田叔等人去見了太后。

田叔對竇太后說，這次刺殺事件梁王並不知情，都是羊勝和公孫詭這些人做的，已經按國法處死了，梁王沒有被牽連。

竇太后這才把懸了好久的心給放下。

劉武逃過一劫之後還是不放心，他上疏請求入朝謝罪，到了函谷關的時候，旁邊有個叫茅蘭的謀士對他說，為了防止景帝下狠手，半路暗殺梁王不讓他見太后，梁王應該隱蔽入關。

於是劉武拋開了車駕，坐小破車帶了兩個隨身的侍衛先行逃進長安，藏到姐姐館陶長公主的園子裡。

當漢使者去迎接梁王的時候發現車駕是空的，不知道梁王在何處，這可把竇太后急壞了，她以為景帝派人暗中殺了劉武，大哭不止。景帝也著急不已，生怕劉武真的出了什麼意外。

就在這個時候，劉武背著斧鑕到宮門前謝罪，太后和景帝大喜，母子三人一起哭了好一陣，這場風波才算徹底過去。

可是經歷過這次事件，景帝和梁王之間的兄弟情也徹底消磨乾淨了，

從此再也沒有乘過同一輛車，劉武的爭儲之路也就此結束，之後的梁王不但再也沒有當初的榮寵，還處處受到景帝的猜忌，劉武好多次想入朝看望竇太后都被景帝拒絕了，甚至晚年劉武提出要放棄王位、在竇太后身邊侍奉的請求景帝也不予理睬。

為了天下，「七國之亂」時曾經生死與共的兄弟變成了仇人。

景帝自己的身體太差了，不知道什麼時候會撒手而去，而他選中的太子劉徹年齡又還太小，有太多不安定的因素。所以，景帝開始和當初劉邦一樣，為鋪平太子的道路做準備。

「既然有些人會威脅到太子，而我不確定太子是否能夠應付，那麼我就先動手解決他們吧！」

第六十八章 下一個，周亞夫

漢景帝後元年　西元前一四三年

　　梁王劉武被擊倒，前太子劉榮也死了，下一個，周亞夫。

　　「七國之亂」後周亞夫一直是景帝朝第一人，人臣無二，這個飛揚跋扈的將軍把誰都不放在眼裡，竇太后、梁王甚至是景帝，他都不在乎。

　　景帝知道周亞夫的蠻橫只是脾氣問題，不會有反心，所以他可以忍受。

　　但是，這樣的人連自己都壓不住，萬一哪一天自己突然走了，十幾歲的太子劉徹怎麼可能對付得了他呢？

　　景帝除掉周亞夫只是早晚的事情。

　　第一步是把周亞夫從丞相的位置上逼下來。這個好辦，周亞夫這個脾氣，只要在一些事情上和他唱反調，受不了屈辱的他就會自己辭官回家的。景帝於是按照這個方法，過沒多久周亞夫就真的以生病為由辭官回家。

　　有些人的威望是靠官職的權力得來，可是周亞夫不是這樣的人，周亞夫的氣度和過去的輝煌決定了他就算只是一介布衣，威望依然不減。

　　閒居之後的條侯周亞夫依然沒有人敢惹，依然沒有人敢對他有什麼不滿，甚至軍隊的軍人出於對周亞夫過去帶兵的敬重，也還是認他的名字。

　　所以，景帝還要繼續整治周亞夫。

　　有一回景帝召集許多老臣一起吃飯，單單給周亞夫放了一塊很大的肉，既沒有切也沒有給他準備筷子。周亞夫毫不客氣，大聲喊旁邊的宮女給自己拿筷子，景帝忍不住說：「沒有筷子就滿足不了你了嗎？」周亞夫這才跪下來說不敢，景帝讓他起身之後，周亞夫馬上大步而走，逕自回家，鬧脾氣空留下景帝等一桌人，毫無規矩。

經過這件事後景帝更加相信自己的判斷，他看著周亞夫離去的背影說：「這種憤憤不平的人，不能做幼年君主的臣子。」沒過多久，他就抓到了周亞夫的把柄。

　　周亞夫的兒子給父親買了五百件戰甲，想以後用來給周亞夫陪葬，周亞夫一身最光輝的時候是在戰場，自然要用戰場上的東西來陪他去陰間。周亞夫的兒子可能也有點遺傳了父親的霸道性格，買完戰甲之後，虐待那些搬運戰甲的搬運工，還不付工錢。這些人知道戰甲這種兵器是皇家專用的東西，就上疏密告周亞夫。

　　這件事情就和當初劉榮犯的罪一樣，說大可大說小可小，說大了這是準備兵器意圖謀反，說小了……誰會真拿五百件鎧甲造反？

　　但機不可失，景帝又採取前者的處理方式，自己也不去，讓那些獄吏一條條地拷問周亞夫。

　　景帝知道周亞夫是個霸道、好面子的人。曾經在戰場上威風八面的將軍怎麼可能忍受這些小吏的羞辱，周亞夫和他的父親周勃不一樣，周勃可以忍耐到皇帝寬恕自己，但周亞夫不行，自殺是遲早的事。

　　果然，當獄吏去拷問周亞夫的時候，周亞夫一言不發，拒絕回答所有問題。這件事報告到景帝那裡，景帝非常生氣，換成讓廷尉去審理周亞夫，廷尉對周亞夫說：「君侯你是想造反嗎？」好歹曾經同朝為官，周亞夫這才開口說了一句話：「我買這些鎧甲是想將來用來陪葬，怎麼可能造反？」此時一旁的獄吏又非常小人得志地在旁邊加了一句：「你即使不是想在地上造反，也是想去地下造反吧？」

　　現在的情況是，既然上頭有意要整死這位大將軍，不論兩人中間的地位差距有多大，是強詞奪理也好，是亂說一氣也罷，反正只要把你逼得無可奈何就行。

　　在景帝的授意下，周亞夫被抓進了廷尉府。本來「刑不上大夫」，知道自己被帶進廷尉府的周亞夫不想受辱，早早就想自殺，但被他的妻子給勸

說下來，希望能夠迎來當年周勃那樣的轉機。

可是，周亞夫就是周亞夫，他和他的父親周勃不一樣，進了廷尉府以後就開始絕食，一連五日，大概是飢餓和憤怒交織在一起到達極限，最後吐血而死。

周亞夫這個景帝朝最厲害的大將軍，就這樣活活餓死，剛好應了十幾年前許負給他看相時說的話：先是「封侯」，後是「於人臣無二」，最後「餓死」。

「飛鳥盡，良弓藏」這是從劉邦時代到景帝時代都沒有變的道理，周亞夫雖然飛揚跋扈，但畢竟是曾經解決漢廷最大危機「七國之亂」的大功臣，落到如此下場，確實也有些悲哀。

在周亞夫餓死之前，身體已經快到極限的景帝又接到了一個天大的好消息：梁王劉武病故。

曾經與自己並肩擔起大漢朝的弟弟走了；曾經妄圖做自己儲君，搞得朝野不安近十年的梁王走了；曾經幾乎要和自己撕破臉一戰的劉武走了。

梁王劉武是景帝晚年的心腹大患。

當時看身體的情況，景帝知道母親竇太后肯定會活得比自己久，自己走後，如果沒有梁王，竇太后這個厲害的老太太就會幫助自己的兒子劉徹穩定朝局，大漢朝就不會有什麼大的問題，可是如果梁王還在世，難保竇太后不會為了梁王反過來對付劉徹。

這中間的變數太大了。

周亞夫難駕馭，除掉；廢太子劉榮有隱患，除掉；可是梁王劉武怎麼都除不了，無論是出於兄弟的名分或是出於母親竇太后，景帝都不能主動賜死梁王，他唯一能夠做的就是和梁王比，看誰比較長壽。

本來在這場壽命大戰中景帝幾乎不可能取勝，本來年齡就比梁王大的他向來多病纏身，而劉武年輕時是當將軍的坯子，身體十分健壯。

可是後來發生了轉機，梁王的後半生過得不愉快。本來文武全才、意氣風發，「七國之亂」時立下不世之功的劉武，自從捲入這場儲君之爭後就再也沒有得意過。

幾經失意的劉武空有滿腔熱血、一身才能卻無處施展，一直處在一個精神壓抑的狀態。刺殺袁盎事件後，劉武基本上放棄了那些雄心壯志，他幾次乞求景帝讓他好好在長安陪伴自己的母親，事母至孝的劉武晚年只想好好照顧母親竇太后，可就連這個願望都被哥哥景帝阻撓了。

其實這也不能怪景帝，放這麼一個受母親喜愛的弟弟在長安，弄不好哪天起兵造反，實在太冒險了。

梁王就這樣在多重打擊之下走在了景帝前面，他的悲哀就在於出生在帝王之家。如果他不是皇子，說不定就可以更好地施展抱負；如果他不是皇子，說不定就能有更多時間陪伴母親。

劉榮走了，周亞夫走了，現在連最不可能走的劉武也走了，下一個會是誰？

終於舒了一口氣的景帝意識到，下一個是自己。

景帝後元二年，當心腹大患一個個走了以後，景帝的身體也徹底不行了。

來年開春是景帝後元三年，此時劉徹才十六歲。

是時候把天下交給這個十六歲的孩子了嗎？景帝點點頭，又作出了一個驚人的決定——提前給劉徹行冠禮。

冠禮是古時候男子的成人禮，顧名思義就是從這天開始「束髮戴冠」，把長長的頭髮紮起來戴上帽子。可冠禮一般是二十歲才會舉行的，也就是現在的實歲十九。

如今景帝要提前四年，給一個十六歲的孩子舉行冠禮（實歲也才十五，大約現在國中三年級或高中一年級的年齡）。景帝心裡明白，自己一定活不

到劉徹二十歲了，事實上確實如此，他甚至沒有活過這個月。

景帝後元三年正月十七日，劉徹舉行冠禮，正式成人。

二十七日（西元前一四一年三月九日），景帝駕崩。

大漢朝新的時代要開始了，因為他們迎來了漢武大帝。

景帝晚年都在給武帝鋪路，就像當年劉邦給惠帝鋪路一樣。也許有人會問，既然武帝把當初支持前太子的重臣周亞夫都給剷除了，為什麼會留下另一個著名的太子黨、同樣是「七國之亂」中的大功臣竇嬰呢說？來他還是前太子劉榮的老師呢！

竇嬰是景帝故意留下來的，他是景帝非常重要的一枚棋子。

竇嬰無疑是忠臣，而且他忠於劉氏，這一點至關重要。

從當初竇嬰敢當面忤逆竇太后，阻止立梁王為儲君就可以看出，竇嬰的骨子裡是忠君，而不是忠於自己的竇氏一族。當年力挺前太子劉榮也是他忠君的表現，現在劉榮已經死了，景帝相信他還是會忠於自己另一個兒子劉徹，忠於自己選出來的大漢朝正統的儲君。

和周亞夫不同，竇嬰雖然也有些脾氣，但絕對是能管得住的人，他可以成為新太子、皇帝手下的棟梁，以他的資歷和才能，作為託孤大臣來輔佐劉徹最好不過了。

第六十九章 後文景之治，盛世可期

　　雖然景帝已經做好了各種準備，可對於漢武帝劉徹來說，前途並不順暢，有祖母竇太皇太后率領的竇家勢力，母親王太后和舅舅田蚡率領的母家勢力，甚至還有淮南王劉安暗中囤積的勢力，可以說非常複雜。

　　年輕的劉徹需要老臣來幫他穩固江山。

　　景帝本身和竇家其他人一樣，信奉的是黃老學說，也是延續的呂后和文帝時代的「黃老治國」之路。但其實在景帝後期，漢朝的財富已經積累得很多了，劉邦時代四匹同色馬都找不到的情況，已經變成了騎母馬就會被人看不起的地步。

　　國庫漸漸充實，人民慢慢富裕，腐敗也開始滋生，如果再這樣無為而治下去，只會讓腐敗越來越厲害，讓無為的政府變成無能。

　　積累的社會財富需要被消費，富庶起來的大漢朝需要改革，需要進取，需要大有作為一番。

　　漢朝的下一代需要的是大有為的君主。

　　英明的景帝在給兩個太子挑老師的時候，都無一例外地選擇了儒家出身的人，無論是竇嬰之於劉榮，還是衛綰之於劉徹。

　　景帝駕崩後，新一代的君主必定要起用一批儒家之士，如此會引起朝廷固有的黃老學說崇拜者的反抗，而這些人又有信奉黃老的竇太皇太后撐腰。太皇太后雖然不會直接除掉自己的孫子，但一定會被這些人利用來反對劉徹的政策，從而間接威脅到劉徹的皇位。

　　這是劉徹的第一批敵人。這批敵人數量太多，甚至真正的核心不是某個人，而是一種延續了五十多年的文化，所以景帝不可能幫劉徹掃平，只

有靠他自己以後慢慢來。

劉徹的母親王太后非善類，這一點雖然她一直在景帝和竇太皇太后面前隱藏，裝作非常低調、不願意干預政事的樣子，但其實從她和栗姬爭鬥的時候開始景帝就看出來了，太皇太后也看出來了。

有了呂后的前車之鑑，漢代皇帝最怕的就是「子弱母壯」，景帝怎麼可能對她掉以輕心。

景帝知道自己和竇太皇太后死後，王太后和背後的外戚王氏一族與田氏一族，比如田蚡，一定會有很高的參政訴求，王太后一定會以母親的名義指揮劉徹。如果外戚的勢力過大，有可能會威脅到劉氏江山。

誰能保證王太后像竇太皇太后一樣只要權卻忠於劉氏呢？萬一她就是下一個呂后呢？

這是劉徹的第二批敵人。這批敵人和劉徹的關係太親密，如果剷除他們一是對劉徹太殘忍，二是這批人畢竟也算是劉徹的羽翼，需要給劉徹留著對付其他敵人，所以景帝也不能除。

劉徹的第三批敵人是諸侯國。「七國之亂」後，天下大的諸侯國被拆分殆盡，梁王劉武死後，景帝又趁機把梁國也一分為五，此時天下已經沒大的諸侯國了，諸侯的威脅相對來說比較小。可是武帝要面對的畢竟是諸侯國拆分後的第一代，親屬關係還比較近，還是有一些隱患，尤其這其中還有淮南王劉安這樣的「名人」。

劉安是劉邦么子劉長的長子，當初看著劉長被文帝問罪拉到大街上去遊行最後絕食而死，心裡一直有怨恨。「七國之亂」的時候劉安本來也想湊個熱鬧，最後被手下的官員使詐給制止。

如今又過了十五年，劉安的氣候慢慢形成，淮南國的官員已經管不住他了，他有了更多想法，他派自己的女兒劉陵在長安色誘大臣獲取情報（傳說中中國歷史上第一個有記載的女間諜），自己又找人著書立說收取名望，著名的道家著作《淮南子》就是他組織人編纂的。

這是武帝的第三批敵人，這些人景帝也沒有來得及處理。

　　在中行說的指導下，匈奴的軍臣單于在景帝後期開始慢慢加大了對漢朝的騷擾力度，似乎和親這個老辦法已經不太管用了，就算有李廣、程不識這些名將在邊郡防守，邊關也一直不太和平。匈奴和漢朝之間的遊戲似乎已經到達高潮，大規模的對抗一觸即發，這是一場匈奴的第三代領導人（軍臣單于和伊稚斜單于）和大漢的第四代領導人（漢武帝）之間的對決。

　　這是武帝的第四批敵人，也是最大的、最難的、景帝沒有能力處理的。

　　面對這些敵人，景帝沒有給武帝準備太多幫手，如果真要算也就是竇嬰和衛綰兩個人。

　　竇嬰前面提過多次，整個景帝朝都少不了他的身影，雖然後期他一直沒有任過很重要的官，景帝對他的信任卻絲毫未減，和衛綰相比，他最大的優勢是他是外戚，是竇太皇太后的堂姪，景帝的表兄弟，某種程度上來說和皇帝是一家人。

　　竇嬰這個人很複雜，他的文采和武略都不錯，也有一些政治頭腦，再加上外戚的身分，理論上而言應該大紅大紫才對，可最終他的一生卻落得三起三落，死得很悽慘，不得不說是其性格極大地制約了仕途。

　　竇嬰是個尚儒的人，但也學過很多黃老學說，書本上的知識告訴他要懂得韜光養晦來保全自己，從他的經歷上看很多時候他也確實這麼做，可是他骨子裡那些稜角就是磨不平，導致他老在關鍵時刻發脾氣。當初「七國之亂」的時候景帝想起用他，他發脾氣不出山，最後由竇太皇太后親自找他才肯出任將軍；景帝廢太子的時候，作為太子太傅的他又一怒之下開始隱居，經人苦勸才再度任職；後來的武帝時期，竇嬰又忍受不了田蚡的欺辱憤而和當時氣焰熏天的王家、田家作對，最後弄得家破人亡。

　　《史記》中司馬遷對竇嬰的評價很簡練——「任俠自喜」，非常到位。竇嬰雖然才華橫溢，但自視甚高，性格也較隨意，其實不是一個適合當官的人，可他偏偏是竇家最有才能的人，時代賦予了他很多重任，算是一步

步逼得他走到了如此田地，在這一過程中他也極力克制自己游俠般的性格，怎奈效果欠佳。

衛綰是武帝的老師，也是個文武雙全的人，「七國之亂」的時候當過將軍打過仗，後來也做過北軍中尉這樣的武職。雖然一直是武官，可衛綰卻是個正經學儒家出身的儒門中人，頗有學問，所以後來景帝選他為太子太傅擔當劉徹的老師，之後進一步升遷為丞相。

學生總是信任自己的老師，皇帝也不例外，尤其是那些還沒有成年的年輕皇帝，縱然雄才大略如漢武帝，在他即位之初也非常依賴衛綰，而衛綰也在盡他所能地保護自己的學生走得更遠。

其實提到衛綰這個人，他的才能也許還不是景帝選擇他的最大原因，衛綰最為出色的是政治智慧，甚至可以說在他政治智慧的對比之下，其才能反而顯得不那麼突出了。

衛綰的年齡也不小了，在文帝時期就被重用，那時候漢景帝還是太子。身為太子的漢景帝邀請很多文帝身邊的官員去他府上做客，所有人都去了，就只有衛綰沒有去。衛綰的考量是，如今皇帝還沒有駕崩就忙不迭地巴結太子，可能會因此得罪皇帝。

漢景帝恰好也是一個政治智慧極高的君主，所以那些來自己府上做客的人他都沒有留意，反而單單留意了這個沒有來巴結自己的衛綰。漢景帝即位之後，一開始沒怎麼用衛綰，衛綰也沒有絲毫怨言，有一回漢景帝外出打獵，突然心血來潮讓衛綰和自己一同乘車，兩人就聊起天來。

景帝問起衛綰當年為什麼不來赴宴，衛綰卻以生病為由搪塞，其實兩人心裡明鏡似的。待到下車的時候，漢景帝說要賜給衛綰一把劍，衛綰卻說劍太貴重，不能收受，還說先帝文皇帝曾經賜給他六把劍，都被他藏在家中，不敢動。

這下景帝起了好奇心，直接去衛綰家查看一番，果然有六把嶄新的寶劍。一般人拿到劍或者自己佩帶，或者贈予他人，可衛綰卻把文帝的劍保

存得十分良好，這讓漢景帝非常高興，覺得這是一個可以信任的人，所以後來就選了他做太子的老師。

區區幾件小事中可以看出衛綰很多政治智慧，既懂得韜光養晦，又善於向皇帝表明心跡。他不像竇嬰是假韜光養晦，實際稜角分明，也不像很多人急於向皇帝諂媚失去氣節，而是該低調的時候低調，該獻媚的時候點到為止，分寸把握得非常完美。

漢景帝自己很懂政治鬥爭，從「七國之亂」和立儲風波中都可以看出，筆者相信他也能夠看透衛綰的心思，他讓這樣的人給武帝當老師，只怕也是希望武帝能和他學兩手，這樣以後才可以更加熟練地和手下的大臣周旋，還有和自己的母親王太后和祖母竇太皇太后周旋。

果然，後來武帝也非常善於把握政治鬥爭，把竇嬰、田蚡甚至自己的母親這些政壇高手都耍得團團轉，這裡面一定有衛綰的功勞。

景帝對整個漢朝影響深遠，雖然他最後沒有入宗（文帝是太宗，武帝是世宗），可是他在位十七年承前啟後的作用卻不可小覷，他引領漢朝走向文景之治的巔峰，讓漢朝的國力空前鼎盛，為後來武帝的藍圖偉業打下了堅實的基礎。

從年份上來說，景帝先在晁錯的指導下堅定不移地實行了削藩，在「七國之亂」中任用周亞夫等人平定叛亂，一舉解決了漢朝最大的隱患諸侯王問題，之後又精挑細選了帶領漢朝走向輝煌的接班人劉徹，並努力為他打造一個最好的環境。

為了達到這個目的，景帝逼死了自己的寵妃栗姬、兒子劉榮、親弟弟梁王劉武，還有平亂的幾個最大功臣，這一切都是為了天下，可謂用心良苦之至。

景帝死後諡號「景」，景在古時候是一個非常好的詞，通常不會輕易使用，俗語中「高山景行」，能得到這個字，景帝大概也無憾了。

漢景帝後二年至後三年　西元前一四二至前一四一年

第八卷 武帝出征

漢武帝建元元年至建元二年　西元前一四〇至前一三九年

第七十章 武帝的兄弟姐妹

　　劉邦之後，漢武帝除了是漢朝功業最盛的君主、開疆拓土最廣的君主、在位時間最長的君主以外，也是兄弟最多的君主，當然這都要歸功於漢景帝的繁衍能力。

　　景帝一共有十四個兒子，這裡簡單介紹一下。

　　栗姬所生：長子廢太子劉榮、次子河間獻王劉德、四子臨江哀王劉閼於。

　　程姬所生：三子魯恭王劉餘，五子江都易王劉非，六子膠西於王劉端。

　　唐姬所生：七子長沙定王劉發。

　　賈夫人所生：八子趙王劉彭祖，九子中山靖王劉勝。

　　王夫人（王　）所生：十一子漢武帝劉徹。

　　王夫人（王兒姁）所生：十子廣川惠王劉越，十二子膠東康王劉寄，十三子清河哀王劉乘，么子常山憲王劉舜。

　　從這個漢景帝的十四個兒子分布表我們可以發現，每個妃子生兒子的時間都很集中，這很可能和她們各自受寵的時間有關。

　　這裡面栗姬、程姬和賈夫人都是漢景帝早期專寵的妃子，而王夫人姐妹倆是後期較得寵。

　　先說栗姬的三個兒子，景帝的長子劉榮前面提及多次，身為長子，他原本是太子，但世事多變，景帝後來對他不滿意，也對他的母親不滿意，最後廢黜了劉榮。

　　既然曾經當過太子，那麼劉榮就別想再做個普通的皇子了，注定會永

遠受人忌諱，果不其然，景帝最後親手剷除了這個兒子，讓大酷吏「蒼鷹」郅都把他逼到自殺。

栗姬的第二個兒子河間獻王劉德很有才學，史書對他的評價是：「修學好古，實事求是。」修學好古就是說他喜歡學習，擅長古時候的經典，而實事求是和現在的意思一樣。

這句話就是我們現在常用的成語「實事求是」的來源，所以劉德算是世界上第一個被別人稱為「實事求是」的人。劉德很喜歡讀書，如果從民間得到了好書，一定會拿黃金酬謝並且懇求獻書的人留下為自己做事，所以當時很多有學問的人都喜歡投奔劉德。

栗姬的第三個兒子臨江哀王劉閼於英年早逝，封王之後不久就過世了，不在話下。

再說程姬的三個兒子，魯恭王劉餘本身沒有什麼特別的，但是有一次他在擴建宅邸時，不小心弄塌了春秋時期孔子舊居的牆壁，然後在牆壁中發現了古文小篆書寫的《尚書》，後人稱之為古文《尚書》，和伏生的今文《尚書》對應，也叫「孔壁中經」。當然我們現在能看到的古文《尚書》，不是劉餘發現的這個版本，而是這個版本遺失之後晉朝人自稱發現的版本，普遍被認為是偽書。

江都王劉非從小就很有膽識，「七國之亂」的時候他才十五歲，卻主動要求去戰場上殺敵，頗有北朝燕國慕容垂的風範，景帝也賜他將軍印讓其參與平亂。

平亂之後，景帝讓劉非鎮守原來吳王的地盤，為了獎勵他的軍功還特地賜給他天子大旗。後來漢武帝和匈奴開戰，劉非又忍不住主動請戰抗擊匈奴，只可惜最終被自己的弟弟漢武帝給拒絕了。

劉非是個英雄，可江都國的國祚卻不長久，因為劉非有個孽子劉建，這個劉建在當王太子的時候就與父親的姬妾通姦，還和自己的妹妹劉徵臣亂倫，他繼承江都國後倒行逆施，做了許多傷天害理的事情，最後因為參

與武帝時期的淮南王之亂而被殺。

有時候歹竹出好筍，劉非雖然是個十惡不赦的壞蛋，但他有個好女兒劉細君。細君公主是漢朝第一個有留名出嫁外族的正牌宗室之女，漢武帝讓她遠嫁烏孫國也算是對她父親造反的一個懲罰，但是細君公主實在為漢朝在西域的格局以及漢朝和烏孫國兩國之間的關係做出了很大的貢獻，為後人銘記。

程姬的第三個兒子是八皇子膠西於王劉端，這個人天生陽痿，一近女人就要病好幾個月，所以後來變成了同性戀，喜歡上一個年輕男子，並招這名男子做郎官待在宮中。誰料這名男子卻背叛了劉端，和劉端的宮女通姦了，劉端嫉妒心作祟，一怒之下殺光了男子全家。

此後劉端開始恣意妄為，最後把王爺的家底都揮霍一空，活不下去的劉端倒是瀟灑了，遣散僕人，封閉宮門，一個人開始流浪，做起了平民，之後漢朝的官員再也沒有找到他。

唐姬的兒子六皇子長沙定王劉發的出現絕對是個意外，因為在有他之前，他的母親唐姬根本不是嬪妃，只是程姬的一個侍女而已。

有一回景帝醉酒去找程姬，結果剛好趕上程姬來月事，程姬便讓自己的丫鬟去照顧景帝，景帝醉酒後也認不清誰是誰，就糊里糊塗地寵幸了這個侍女。

結果這個侍女「一夜而有身」，懷上了景帝的兒子。

等到劉發出生，因有誕下龍種的功勞，唐姬正式被封為妃子。

由於是酒後亂性所為，景帝對唐姬並沒有感情，對這個偶得的兒子也相當冷淡，就按照慣例封劉發為王，讓他們母子倆早早地去了封地。

景帝把劉發母子封到長沙，在漢代，長沙基本是環境最惡劣的地方了，氣候潮溼，生活不易，經濟發展又不好，還接近南粵，也不是十分安全。

但歷史是美妙的，人家說「三十年河東，三十年河西」，對於劉發來說卻是「兩百年河東，兩百年河西」，這個地位低微因為父親酒後亂性而來到人世的劉發，卻在一百五十年後成為漢代皇室的正統，因為他有一個七世孫劉秀，史稱「漢光武帝」。

在一百多年後，王莽亂政，大漢國祚斷絕，正是劉發的後人劉秀，一個當時已經淪落為農民的沒落皇族，帶領著「雲台二十八將」復興大漢，建立了「東漢」。

在西漢兩百年中地位低下的劉發家族，在東漢的兩百年卻成為真正的皇室正統。

賈夫人的兩個兒子，趙敬肅王劉彭祖和中山靖王劉勝，都值得好好說說，筆者感覺這有可能是基因問題，程姬的幾個兒子都有一些奇怪的毛病，而賈妃的兩個兒子卻是景帝諸子中頗有才學的。

「七國之亂」後，漢朝的諸侯王勢力都被削弱，國中大事基本上由中央派過來的國相打理，諸侯王難以參與其中，如果諸侯王過於積極地參政就會受到皇帝猜忌，所以很多諸侯王整日吃喝玩樂，並不想干預太多事情。

趙王劉彭祖是個異類，他從小師從法家，為人尖酸刻薄，是個奸詐狡猾之人。朝廷每次派二千石的國相來趙國赴任的時候，劉彭祖先是裝得非常老實，穿著簡陋的衣服親自到行舍迎接，顯得相當客氣，但是之後就會故意設下很多局，讓國相產生懷疑。等到這些二千石的官員中計說錯了話，劉彭祖就抓住不放，當作是這些官員的把柄，往後如果這些官員再想干涉自己的行為，劉彭祖就拿這些把柄威脅他們，讓他們不敢上報。

劉彭祖當了六十多年的趙王，就靠著這套方法，朝廷派去的那些國相還有其他二千石的官員都沒有人能待滿兩年，全部因為犯罪被抓走，大的被處死，小的也受刑。

就這樣，中央派去趙國的官員成了傀儡，劉彭祖完全掌握了大權，他控制了趙國所有的商人，每年收到的錢比交給國家的還要多。

和親生哥哥相反，中山靖王劉勝完全是另外一個樣子。

劉勝本來挺有才能，還曾經代表諸侯王向武帝獻詩，給諸侯王爭取到不小的利益，被世人稱為「漢之英藩」。

可是劉勝卻不願意過分參政，反而樂酒好色，喜歡喝酒，喜歡女人，兒子加孫子一共有一百二十多人，蔚為壯觀。

劉勝就是《三國演義》裡劉備經常掛在嘴邊的祖先，劉備是劉勝的十世孫。

「我乃中山靖王劉勝之後，宗室血統，漢皇之後。」小時候讀到這段總覺得劉備很厲害，畢竟是劉皇叔啊！但也感到奇怪，為什麼一個皇室的後人淪落為織席販履之徒呢？直到後來看了《漢書》裡劉勝的傳記才明白。

劉勝的一百二十多個子孫傳了三百多年，早就不知道有多少後人了，數也數不清，真假難辨，劉備就算是冒充的也沒有人查得出來。

劉備會是冒充的劉皇叔嗎？這就不得而知了。

王　就只生了漢武帝一個兒子，而她的妹妹王兒姁生了四個兒子，是景帝妃子中最多的，不過都沒有什麼特殊記載，感覺只是四個平庸的諸侯王，王兒姁也在景帝之前就過世了。

介紹完了漢武帝的兄弟，我們再來說說漢武帝的姐妹。

漢代公主通常不會一一記錄，景帝確切有多少女兒我們不知道，歷史上有記載的就是王　的三個女兒，都是漢武帝的親姐姐。

這三個女兒分別是平陽公主、南宮公主和隆慮公主。

其中平陽公主在後來的歷史上發揮了很大的作用，幾乎等同於館陶長公主在景帝朝發揮的作用，後面會提到。

第七十一章 失敗的嘗試

　　漢武帝注定了是個大有為之主，雖然即位的時候只有十六歲，可已經迫不及待地要做出一系列曠古未有的大改革了。讓全天下人都看到他的氣魄和胸襟。

　　在位的第一年，漢武帝就令大臣舉薦各地賢良方正、勇於直言勸諫之士，然後由他親自出題，圍繞古往今來治理天下的「道」進行考試。

　　漢朝之前的舉薦賢良方正只針對於朝廷現有官員，而漢武帝這次放開了限制，將舉薦的範圍擴大到所有普通百姓身上。

　　這次賢良對策除了具有劃時代的意義以外，也確實給武帝選拔出不少人才。

　　第一就要數董仲舒，那個大名鼎鼎「罷黜百家，獨尊儒術」的董仲舒，他正是在這次對策中拔得頭籌才引起漢武帝注意，只是這時候他還沒有提出「罷黜百家，獨尊儒術」的口號，他如果在這時候就提出這個，肯定會招來殺身之禍。因為當時雖然漢武帝已經繼位，但真正作主的還是竇太皇太后，而她是黃老道家學說的狂熱分子。

　　不過董仲舒雖然沒有提出那麼極端的口號，他也因為儒家積極的觀點而受到漢武帝青睞。漢武帝的老師衛綰是個大儒，在衛綰的教育下，漢武帝基本上也是儒家思想者，對當時整個漢朝黃老無為治國的風氣不是很滿意，他希望透過這次選拔找出一些可以幫他治理國家的儒生。

　　當時策問的形式由皇帝提問，考生回答，漢武帝一連三次提問，而董仲舒也一連三次回答，所以最後董仲舒回答的文章被歷史上稱為〈天人三策〉。

漢武帝建元元年至建元二年 西元前一四〇至前一三九年

〈天人三策〉的內容有很多，其中有一些代表性的思想，那就是改制、更化鼎新、大一統、興太學、舉賢良、尊儒等等，都是漢武帝喜歡的東西。

既然漢武帝的觀點這麼鮮明，此次對策中持有其他學派觀點的自然都遭殃，已經被提拔為丞相的衛綰就直接說：「這次選舉來的賢良，有研究申不害、韓非、蘇秦、張儀學說的，這些會擾亂國家政治，全遣返了吧！」

漢代名義上是反法家的，所以申韓之學向來不受重視；現在是太平時代，沒有那麼多諸侯紛爭，蘇秦、張儀縱橫學說自然也沒什麼用，故被遣返也實屬正常。

那些黃老學說的人，雖然沒有被漢武帝直接遣返，但也都得不到重用，被晾在一邊。

漢武帝和衛綰做得這麼明顯，當然逃不過竇太皇太后的眼睛，這個老太太雖然雙目失明，但心裡和明鏡一樣，什麼事情都瞞不過她。她絕對不允許儒家分子在朝中如此囂張，馬上就逼漢武帝免去衛綰丞相的職位，不想讓這個武帝的老師肆無忌憚地打壓黃老學說。

衛綰從此退居幕後，竇嬰接替丞相，而漢武帝的舅舅武安侯田蚡任太尉。其實竇嬰和田蚡雖然什麼都學，也是偏儒家的人士，可他們不敢像衛綰做得那麼明顯，穩住太皇太后才是最主要的事情。

衛綰免職後，年輕的漢武帝好像還沒有意識到祖母的厲害，非要強行去推行儒家的學說，他在竇嬰和田蚡的默許之下又找來了別的幫手，先後讓自己信任的兩個儒家弟子趙綰和王臧擔任御史大夫和郎中令的重要職務。

趙綰和王臧也是書呆子，完全忽略太皇太后，大張旗鼓地做起了儒家治理，還請來自己的老師、當時儒家的翹楚申公。

漢武帝派出使者拿著禮聘的帛和玉璧，駕著高級別的馬車去接申公入朝。

申公已經八十多歲了，到長安以後，漢武帝親自去見他，和他討論關

於儒家治理天下的事，申公卻冷冰冰地回答：「治理天下的人，不用說得多偽善，只看實際努力的結果如何。」

武帝是出名的喜歡華麗的文辭修飾，司馬相如、枚乘這些舞文弄墨之士正是在武帝朝得到重用，可申公居然這樣回答，武帝有些不高興，沉默了好久。雖然不喜歡申公的對答，但既然已經把他招來了，武帝還是任命申公為太中大夫，讓他參與討論建名堂和換曆法等事情。

說到換曆法，順便講一下，漢初一直採用秦朝的顓頊曆，即每年從十月開始算。到了漢武帝時期才換成由落下閎和鄧平制定的太初曆，每年從正月開始算，不過那是漢武帝後期的事情，現在還是用顓頊曆。

其實申公說得對，做事情最重要的是有實際效果，空口說白話的意義不大，此時的漢武帝還沒有實際成績就弄得人盡皆知，其實一點好處也沒有。太皇太后一直暗中冷冷地盯著他，只要武帝做出什麼她接受不了的事情，她就可能隨時出手粉碎武帝的全部努力。

從武帝這次賢良方正舉薦中脫穎而出的不止董仲舒一人，再提兩個：嚴助和東方朔。

武帝後來備有一批智囊團，都是才智高深之士，專門負責給他出謀劃策，而嚴助正是這幫人裡最耀眼的一個。嚴助非常聰明，一生的功績也不小，就是年輕的時候成功得太快了，沒有管住自己，所以隕落得也很快，最終釀成悲劇，後面我們會提到。

東方朔的名氣挺大，小時候在讀魯迅《從百草園到三味書屋》的時候，就知道漢武帝時期有這麼一個奇人。他確實很離奇，在這次賢良方正的舉薦中，別人都在寫國家的治理之道，他卻一個勁地誇自己：「我從十三歲開始讀書，三年的時間覺得文史方面的知識夠用了；十五歲開始學擊劍，十六歲讀《詩經》、《尚書》，讀了二十二萬字；十九歲學習孫子和吳子的兵法，也讀了二十二萬字，現在我已經讀了四十四萬字的書了。我今年二十二歲，身長有九尺二寸，目若懸珠，齒若編貝，勇若孟賁，捷若慶

忌，廉若鮑叔，信若尾生。所以，我可以做天子的大臣！」

現在讀四十四萬字的書不算什麼，可在漢初尚未發明造紙術的情況下，文字都是用竹簡記載的，讀書是一件很麻煩而且昂貴的事情，普通人家根本讀不起，從這點看，東方朔的家境應該還不錯。

當然，雖然在當時讀四十四萬字的書已經很多了，可在皇帝親自主持的對策上這麼胡來，東方朔的膽子也是不小，要是一般的君主搞不好真的要治他一個大不敬之罪，可漢武帝偏偏是一個不拘一格的人，他雖然沒有被東方朔的這些話唬弄，但也佩服他的膽識，於是隨便指給他一個小官。

有關東方朔的趣事不少，這裡先不說了。

說回漢武帝的儒家之路，他在趙綰、王臧的幫助下越做越過，終於引起了竇太皇太后的不滿。

導火線是趙綰這個傻子居然心急到想一步登天，直接上奏希望以後的政事可以由皇帝自行處理，毋須再透過東宮。景帝駕崩前，覺得漢武帝的年齡尚小，不太放心，所以要求所有政務大事在做決定之前要先送到東宮給太皇太后過目，太皇太后同意之後才可以實行。

竇太皇太后輔佐漢朝三代，經驗豐富，老成持重，有她替漢武帝把關也不錯，畢竟她的心還是向著劉家的天下。

可年輕的漢武帝不理解父親和祖母的苦心，太皇太后也難以接受孫子如此激進的改革，所以東宮奏事的程序就成了漢廷話語權爭奪的焦點。

漢武帝若想擺脫太皇太后的控制而親政，就必須廢除這道程序，而太皇太后如果想繼續控制漢武帝，就必須保住這個程序。

話語權的爭奪本來應該是個長期博弈的過程，可趙綰居然這麼早就把它搬到台面上，太皇太后火冒三丈，這是對她的公然挑釁。

其實漢武帝和趙綰、王臧如果能夠再多等一陣子，等到太皇太后的身體變差了，等到他們的改革有所效果再讓太皇太后看看，說不定能改變這

位老太太的心意，之後再做這件事會容易得多。「欲速則不達」，他們的心急反而壞了事。

太皇太后觀望了這麼久才採取行動，一出手就是雷霆萬鈞，帶來了一場朝野巨變，不但直接殺了趙綰、王臧，還廢除了這一年來漢武帝所有的儒家化改革。她甚至還遷怒於默許這一切發生的丞相竇嬰和太尉田蚡，連自己的堂姪都不放過，全都免去職務。

漢武帝特地請來的儒學專家申公一看苗頭不對，馬上以養病為藉口辭官回家。

整個大漢朝瞬間被打回原型，漢武帝的各種改革成了笑話。

趕走了漢武帝的儒家派後，太皇太后推上了一群黃老學說的支持者上位，許昌、莊青翟、石慶等很多沒什麼才能、但絕對謹慎小心的保守派掌握了大權。

不得不說太皇太后雖然控制了朝局，但也造成了弊端，本來一片欣欣向榮的局面瞬間又變得死氣沉沉，雖然不會有什麼大錯，但也絕對難有作為。

太皇太后的強勢讓漢武帝很難受，不但朝中大事被祖母左右，回到家中還要繼續受祖母的氣。

漢武帝的皇后陳阿嬌是竇太皇太后的外孫女，算起來也是他的表妹。當初漢武帝能夠當上太子，很大程度上是仰賴他和陳阿嬌的聯姻。漢武帝的姑姑兼岳母館陶長公主在扶持漢武帝這件事上出了不少力，所以她的女兒陳阿嬌絕對不是一般的皇后，到底是站在母親和外祖母的竇家這邊還是站在丈夫劉家這邊不好說。

陳阿嬌也是不夠聰明，如今太皇太后這麼強勢，若她能利用自己特殊身分的優勢幫漢武帝說說話，漢武帝一定會十分感謝她，和她的感情也會好起來，雪中送炭永遠讓人銘記。可偏偏陳阿嬌在這時鬧起了脾氣，仗著自己母親和外祖母的庇蔭處處欺負漢武帝，夫妻倆感情非常不好。

漢武帝建元三年至建元六年 西元前一三八至前一三五年

　　漢武帝是什麼人，怎麼可能一直忍受妻子的欺負，心裡自然是滿腔怨恨，小時候誇下的海口「金屋藏嬌」早就拋到腦後了，現在他和陳阿嬌之間只有仇視可言。

　　陳阿嬌怎麼就沒有想到，太皇太后遲早有去世的一天，竇家遲早有失勢的一天，娘家不會是她永遠的靠山，丈夫漢武帝才是。她應該和丈夫打好關係，而不是一味偏袒母親和外祖母！

　　所以說陳阿嬌以後的苦日子，什麼打入冷宮，什麼〈長門賦〉寂寞，什麼巫蠱，什麼酷吏張湯整治她，其實也不乏是自己找來的。

　　也就是這一年，漢武帝從平陽公主家把歌女衛子夫接進宮。衛子夫是一個和陳阿嬌完全不同的女子，地位低微的她從來沒有太多想法，她安分守己，默默地支持漢武帝，因而得到漢武帝的寵愛，連續生下三個女兒一個兒子，還間接帶起衛氏一族的興盛。

　　而陳阿嬌，當了那麼多年皇后，卻連一個孩子都沒有，真是可憐。

第七十二章 初生牛犢不怕虎

　　被太皇太后狠狠教訓一頓的漢武帝從此收斂了許多，再也沒有那麼勞師動眾地鬧改革。他知道，太皇太后一天不去世，他就一天不能真正地掌握朝政大權，所以這幾年乾脆真的玩起來了，帶著衛青這幫人天天遊山玩水，又是遊歷又是打獵，倒也很逍遙，把朝廷的煩心事全都甩給了竇太皇太后。

　　漢武帝打獵也能打出花樣，一開始他還微服冒充平陽侯在野外打獵，向北到池陽縣，向西到黃山宮，向南到長揚宮，向東到宜春宮，經常是夜裡出行，白天回到終南山射殺野鹿、野豬、狐狸等等，還策馬踐踏農田，引起百姓的不滿。好幾回附近縣上的人都要抓漢武帝，他不得已拿出了天子專用物證才得以脫身，甚至有一回漢武帝夜裡投宿人家還遇上了黑店，差點讓人謀害。

　　後來，漢武帝覺得這樣出去打獵路途太遠太累，而且給百姓帶來了禍患，就讓吾丘壽王把阿城以南以東、宜春以西這一片地都給買了下來，然後修成上林苑，直接連到終南山。

　　上林苑修好之後，漢武帝打獵就比原來方便多了，上林苑有各種野獸，漢武帝幾乎天天去射獵，而且還專門喜歡挑戰厲害的野豬和熊羆，傳說中他曾經一個人殺了一頭熊，十分勇猛。

　　除了打獵以外，武帝也喜好文辭，尤其是那些能夠寫出漂亮文章和想出精彩點子的人，繼嚴助和東方朔之後，他又陸續招了朱買臣、吾丘壽王、司馬相如、枚皋、終軍等人，組成了自己的智囊團，專門給他出謀劃策，為以後親政做人才儲備。

　　當然，這段時間漢武帝也並非什麼事都不管，朝中的瑣碎雜務還有那

漢武帝建元三年至建元六年 西元前一三八至前一三五年

些儒道之爭雖然不干涉了，可關係到國家外交的大事，他還是會適時地發表自己的意見。

漢武帝的性格剛烈，尤其愛面子，他可以忍受自己受祖母欺負，但絕對不能忍受自己的國家受外人欺負，對於匈奴，現在漢朝還不夠格對付，但對南面的三個小國家他卻一定要表現出大國的威嚴。

「七國之亂」失敗後，吳王劉濞跑到東甌國，而他的兒子劉駒逃到了閩越國。周亞夫重金買下劉濞的人頭，東甌國的人就把劉濞給殺了，因此劉駒對東甌國恨之入骨，常常慫恿閩越王出兵攻打東甌。

後來閩越王真的出兵，東甌的人打不過，就向漢朝求援。

武帝徵求大臣的意見，他舅舅田蚡說：「越人互相攻擊，本來就是常有的事情；況且他們多次背叛，從秦朝時就被中原放棄了，不屬於中國，不值得我們去救援。」可是嚴助卻說：「秦朝最後連咸陽城都放棄了，何止是放棄了越人！現在東甌這樣的小國因走投無路而向朝廷告急，如果陛下不去救援，他們還能夠去找誰呢？連這點事都辦不到，陛下如何做一個讓天下萬國都臣服的君主呢？」

嚴助的話句句針對漢武帝，他知道漢武帝向來愛面子，立誓要做第一流的君主，代價的問題不是關鍵。

果然漢武帝決定出兵，但漢朝的規定是，正規軍隊動兵五十人以上就要出示陛下的虎符，可現在虎符還掌握在太皇太后手上。漢武帝生怕太皇太后會干涉他出兵，就沒有請示，直接讓嚴助拿著他的皇帝符節徵發會稽郡的郡兵平亂。

嚴助拿著符節到了會稽郡，會稽郡的太守是個死腦筋，沒見到虎符都不肯出兵，於是嚴助生氣了，直接殺了一個軍中的司馬示威，並告訴太守武帝是不想驚動太皇太后，所以才只讓他帶符節來。太守被嚴助給震懾住了，發兵渡海去援救東甌，結果閩越一聽大漢出兵，知道自己不是對手，便主動撤兵了。

之後，東甌人覺得自己在這裡太危險，就向漢廷請求讓全國人民遷到中原，於是武帝把他們安排在長江和淮河之間。

這場仗雖然沒有真的打起來，但也算是漢武帝第一次出兵了，結果也可以算勝利，至少是揚了一回國威，而嚴助也憑藉這次任務發達了，成為朝中炙手可熱的人物。

發達之後的嚴助開始被各方勢力看上，定為拉攏目標。

淮南王劉安是那個作亂的劉邦么子淮南王劉長的兒子，文帝讓他繼承淮南王，他也果真如賈誼所料一直懷恨在心，意圖謀反以報父仇。

劉安雖然是劉長的兒子，但性格卻和劉長截然相反，劉長是個跋扈的武夫，而劉安卻是文人，養了很多文學之士研究各種理論，著名的雜家著作《淮南子》就是他組織編纂的。

劉安為謀反謀劃了一輩子，此時他派自己的女兒潛入長安做間諜，結交和賄賂朝中大臣，為他的謀反做準備。劉安的女兒叫劉陵，傳說中是中國歷史上第一個有記載的女間諜，靠金錢和美色誘惑了漢廷一幫大臣。這些人上至武帝的舅舅田蚡，下至後來衛青手下的一個小將軍張次公，無不拜倒在她的石榴裙下。而嚴助，也是劉陵的入幕之賓，所以後來在淮南王謀反事發倒台之後，他也受了牽連一起被斬首。

其實武帝非常喜歡嚴助，嚴助是他最早提拔的人才，人也聰明能幹，多次出色地完成任務，可他偏偏這麼不知道潔身自好，最終弄得自己身敗名裂。

嚴助果真應了自己的名字，他很聰明，卻不懂得「從嚴助之」，從嚴，說著容易，可當在人生巔峰、春風得意的時候，又哪能如此輕易地做到？我們也是站著說話不腰疼了，能在春風得意的時候還不放鬆警惕，嚴以律己，古往今來，又有幾人能做到？

正當武帝的外交事業風生水起的時候，太皇太后終於走了，替武帝管了六年天下的她終於撒手人寰了。

漢武帝元光元年至元光二年　西元前一三四至前一三三年

竇太皇太后雖然對武帝的做法多有不滿，但經過幾年的觀察，她也發現了武帝的能力，知道劉家的江山交給他沒有問題。

竇氏當年以家人子的身分進宮服侍呂后，陰錯陽差嫁予當時還是代王的文帝為妾，後來代王王后去世，竇氏被扶持為新王后，後來又機緣巧合地成了文帝皇后、景帝太后、武帝太皇太后，前後大概有五十年的時間，先後輔佐了三任漢朝皇帝，在漢初的女人中影響力甚至大過呂后。

竇太皇太后雖然也偏袒竇氏一族的人，但和呂后不同，她在國事和家事發生衝突的時候，還是一力以天下為重，成為保住漢朝天下的中流砥柱。

雖然太皇太后一直希望梁王可以接替景帝的天下成為皇帝，但當大勢所趨的時候，她還是忍痛割愛，以大局為重，對漢朝的貢獻功不可沒。

說起太皇太后對漢武帝的限制，筆者一直覺得這對漢武帝的成長而言反而是樁好事。漢武帝向來心比天高，景帝駕崩後，天下間除了太皇太后，只怕也沒有誰能駕馭得了他，能夠有這麼一個挫折來磨練他的品性，未嘗不是一件好事。

同樣是才能無雙且心比天高的君主，商紂王和隋煬帝都因為無人能夠駕馭他們而導致亡國之禍。

漢武帝剛剛即位的時候太急著改革了，這樣很可能會讓他犯下不可挽回的錯誤。

就拿和匈奴開戰這件事來說吧！漢朝的國力經過呂后、文帝、景帝三朝的恢復，已經比較強盛了，但和匈奴開戰的時機還沒有完全到來。

戰爭這種事情往往是不可逆的，即便再過幾年可以打過，但如果現在先輸了幾場，很有可能幾年以後就打不過了，戰爭造成的傷害實在太大了。

經過竇太皇太后的壓制，漢武帝默默地鍛鍊自己，養成了能屈能伸的心智，所以親政之後也沒有馬上對匈奴用兵，又過了六年才正式發動龍城之戰。

第七十三章 馬邑之謀

太皇太后去世，漢武帝終於長吁一口氣，以後的天下就是他的天下了，他又把六年前都做過的改革拿出來重新實施，並且正式改年號為元光，史稱「元光決策」。

太皇太后一倒台，竇家的勢力樹倒猢猻散，連竇嬰都難有一席之地，其他竇氏宗族已經迅速遠離了大漢的政治中心。而武帝的岳母館陶長公主、皇后陳阿嬌，以及竇太皇太后起用的那一批穩重的黃老人士都開始被漢武帝疏遠。

在後宮，衛子夫越來越得寵，還生下了漢武帝的第一個兒子劉據；在朝堂，漢武帝讓自己年輕的智囊團成員逐漸進入諸多核心職位，同時繼續擴大人才的選拔；在軍事上，漢武帝逐漸弱化李廣、程不時這些老將的地位，而著重培養一些年輕的將軍，公孫賀、公孫敖、衛青等一批適合新時代騎兵作戰的將領逐漸脫穎而出。

漢軍之前的騎兵更像是馬上的步兵，騎術太差，李廣這一類將軍也只會防守，主動出擊的話機動性太差。漢武帝如果想主動打出長城和匈奴決戰的話，訓練騎兵騎術和培養騎兵將領非常關鍵。

此時漢廷又迅速崛起了兩個不算年輕也不算老的中年骨幹：韓安國和王恢。這兩個人年紀都不算小，但之前也不是太皇太后喜歡的人，屬於武帝掌權之後才提拔起來的權臣。

韓安國在景帝朝已經介紹過，最早是梁王手下，在「七國之亂」時為防守睢陽城做出了很大的貢獻，後來梁王刺殺袁盎的事情也多虧他在太后和景帝之間斡旋，最終才得了不錯的結果。

漢武帝元光元年至元光二年　西元前一三四至前一三三年

　　梁王死後，梁國勢力迅速瓦解，韓安國覺得再留在梁國也沒什麼前途了，索性跑到長安謀差事，便結交了武帝的舅舅田蚡，希望能透過他謀一個晉升之道。

　　韓安國是全才，不但精通儒學、道學、法家申韓之術，還懂很多旁門左道的東西，比如房中術（古時候講夫妻房事技巧的學問）。

　　在衛子夫還沒受寵之前，漢武帝即位多年都沒有孩子，朝中大臣和武帝家人都很著急。國家的穩定是建立在儲君的穩定之上，後宮妃子地位更是建立在兒子身上，所以館陶長公主和陳阿嬌瘋狂地尋醫求藥，希望能盡快生子，而武帝的母親王太后和舅舅田蚡也急著想各種辦法。

　　田蚡聽說韓安國懂得房中之術，就把他推薦給漢武帝，讓他們交流溝通一下。結果這一交流漢武帝發現韓安國是個人才，不但懂政事、會打仗，甚至還通房中之術，就重重地提拔了他。

　　在韓安國的幫助下，武帝成功有了自己的第一個女兒，不過不是陳阿嬌生的，而是衛子夫生的。武帝之後又連續和衛子夫生了兩個女兒，直到第四胎終於有了兒子。

　　王恢的身世沒韓安國那麼傳奇，他是燕地人，從小生在北方邊郡，天天受匈奴的欺負，對匈奴有著深仇大恨。做官之後，王恢曾任漢朝使者出使匈奴，對匈奴的情況非常了解，一生都以向匈奴報仇為己任。王恢這種對匈奴的仇恨很對武帝的脾氣，武帝親政之後提拔王恢為大行令，專門負責漢朝的對外事務，相當於現在的外交部長。

　　韓安國和王恢有一個共同點，都文武雙全，不但能在朝堂上處理政務，也可以獨自帶兵打仗。

　　此時剛好南方的閩越國又不安分了，東甌遷走之後，閩越開始打南越的主意。南越和大漢的關係可比東甌和大漢還要親，趙佗在位的時候先後和高帝、文帝保持了密切聯繫，現任的南越王是趙佗的孫子趙　，馬上向大漢求救。

親政之後的漢武帝有了兵符，動作比之前還要堅決，派大行令王恢和大農令韓安國合力出兵進攻閩越。

　　漢軍出發還沒有過陽山嶺的時候，閩越王發兵據守險要做抵抗，閩越王的弟弟餘善和貴族商量：「國王擅自發兵攻打南越，沒有向天子請示，所以天子派大軍來問罪。漢軍人多且實力強大，即使我們可以一時僥倖取勝，他們後面來的軍隊只會更多，直到我們國家滅亡了才會罷休。不如我們現在殺了國王向天子請罪，如果天子同意我們的要求，撤回漢軍，閩越全境就得以保全；如果天子拒絕我們，我們再拚死一戰，不行就逃到海上去。」

　　貴族們都同意了餘善的建議，一起殺了閩越王，將頭顱獻給王恢。王恢說：「我們來的目的就是要殺閩越王，現在你們獻上閩越王人頭，又主動請罪，那是最好不過了。」他馬上停止進軍，同時也告知韓安國所部，把人頭快馬送到長安給武帝看。

　　漢武帝一看又不戰而勝，非常高興，赦免了閩越國其他人，立一個叫丑的人為閩越王。然而餘善在國民中威望高，不服丑，就自立為王。武帝得知餘善自立，為感念他殺閩越王的功勞，且不想再生事端，就沒有繼續攻打，反而封餘善為東越王，和閩越王並列。

　　漢武帝斬草不除根的做法給幾十年後南方的混亂留下了隱患，那是後話。

　　韓安國和王恢討伐歸來後，匈奴又派使者要求漢朝派和親公主。王恢不用說了，是主戰派的代表，他一力主張與匈奴一戰；而韓安國恰好是主和派的代表，認為匈奴機動性太強，難以制服，還是和親比較穩妥。

　　武帝親政後的第一任丞相是舅舅田蚡，田蚡是沒主見的人，主要跟著武帝走，而另一個在朝中有話語權的竇嬰在竇家敗落後又隱居了，所以朝堂之上主要就是韓安國和王恢兩人的爭論。

　　《史記》裡記載了大篇幅的韓王二人的辯論，基本上代表了漢朝建立

漢武帝元光元年至元光二年　西元前一三四至前一三三年

八十年來雙方觀點的總和，和親和戰爭都各自有充分的理由。一開始武帝接納了韓安國的和親建議，可和親公主嫁過去沒多久，王恢又給武帝說了一項秘密計畫，武帝聽了之後覺得非常好，於是馬上決定與匈奴一戰。

這項秘密計畫就是元光二年著名的「馬邑之謀」。

漢朝的邊郡馬邑有一個富翁叫聶一，長期和匈奴人做生意，也很痛恨匈奴，他對王恢說：「匈奴剛剛和親，對我們邊郡比較信任，可以利誘他們進來，然後伏兵襲擊大破之。」

武帝和王恢都覺得這個計畫不錯，把匈奴騙進事前埋伏的地方就可以揚長避短，讓匈奴人機動性強的優勢發揮不出來。於是聶一假裝投奔匈奴，對大單于說：「我已經安排手下殺死馬邑城的守將，然後把馬邑城所有財物都獻給您，不過您得派大軍自己去搶。」

匈奴人向來覬覦漢朝的財貨，馬邑是邊境上一個很大的貿易場地，貨物非常豐富，大單于就答應了聶一。聶一回到馬邑之後，殺了一個死囚，然後把死囚的頭懸在馬邑城下給匈奴的使者看，騙他說馬邑長官已死，讓大單于快來搶貨物。

於是，匈奴的軍臣單于帶著十萬人浩浩蕩蕩到馬邑搶東西，而此時漢武帝早已準備好大軍三十萬埋伏。

當時的作戰分工是御史大夫韓安國為主帥，帶領李廣、公孫賀等人統領大軍迎戰匈奴主力，而王恢指揮另一支部隊，等匈奴人深入之後再搶掠他們部隊後方的糧草物資。

漢軍雖然正面打不過匈奴，但這種準備好的埋伏戰，人數還是匈奴的三倍，肯定是必勝的一場仗。眼看漢軍八十年來對匈奴的第一場勝仗就要來臨，卻又出了變故。

匈奴大軍進入武州塞之後，已經到了距離馬邑還有一百多里的地方，軍臣單于看到草地上遍野都是牛羊，卻沒有一個放牧的人，感到非常奇怪。匈奴人從小游牧長大，對這種情況非常敏感，就派了一支小部隊攻下

附近的漢軍崗哨亭，俘虜雁門郡的一個尉史。

這尉史是個貪生怕死之徒，為保自己一命，就把漢軍埋伏的事情全都告訴了匈奴。軍臣單于大吃一驚，說：「我一直懷疑這其中有詐，原來是真的！」於是他殺了聶一，稱這個尉史為「天王」，感謝他的救命之恩，馬上帶著大軍撤退。

韓安國大軍一看匈奴人撤退，知道計畫已經洩漏，馬上率軍追殺，一直追到邊塞還是沒有追上，兩軍的機動性仍然有一定差距，而漢軍也不敢追出塞，畢竟已經八十年沒有打出去過了。

韓安國主力沒有和匈奴交鋒，而王恢那支埋伏匈奴糧草物資的小部隊卻因為地點比較靠外而有機會一戰。王恢的任務本來是偷襲物資，可如今他面對的是匈奴大軍，他考量自己的小部隊根本不可能有取勝的希望，三思後覺得還是保存漢軍的實力為上策，沒必要盲目犧牲，最終就沒有出兵攻打。

聲勢浩大的「馬邑之謀」最終卻沒打起來，漢武帝浩浩蕩蕩出動三十萬大軍，卻連匈奴人的樣子都沒看清。

連續在南方不戰而勝之後，愛面子的漢武帝不能忍受這樣的結果。打了敗仗他都能接受，可沒打起來著實鬱悶，就遷怒於王恢。

王恢說：「原定計畫是引匈奴人進馬邑城，主力軍隊和單于作戰，而我偷襲後方物資。可現在大單于沒進馬邑就撤退，我區區三萬人絕對不是匈奴十萬大軍的對手，出擊只能是自取其辱。我知道撤兵回來肯定要殺頭，但這樣卻保全了陛下的三萬將士。」

王恢把漢武帝的心思猜得很透。沒錯，他要是奮力一擊，哪怕是全軍覆沒一個人跑回來，最多就是判個死罪，卻可以依照漢法用錢贖回一條性命。漢武帝會佩服他的英勇而不執意殺他。可他如今這樣不戰而逃，卻會讓漢武帝面子上過不去而非置他於死地不可。

雖然一切的結局都看到了，可王恢最終還是沒有出兵，一是不想讓自

己三萬將士白白喪生，二也是不想讓漢軍第一次出擊匈奴就打敗仗。

王恢謀劃匈奴一輩子，他知道漢朝蟄伏八十年已經快到和匈奴一戰的時候。第一戰太關鍵了，寧可沒打起來，也不能隨便輸，否則會影響漢軍士氣而再多等待許多年。

不出王恢所料，漢武帝一定要處死他，即使他兒子散盡家財賄賂田蚡找來王太后給他說好話也沒用。漢武帝的決心無人能隨便改變。

於是最後王恢在獄中自殺，保全了自己的氣節。

漢武帝對匈奴的第一次出擊以失敗告終，可此次事件的意義十分重大，這意味著漢朝正式向匈奴宣戰，結束了八十年被動挨打的歷史。同時，匈奴人也不會因為和親公主而停止對漢朝的騷擾和襲擊了。

雖然「馬邑之謀」是一個失敗的計畫，但王恢和聶一兩人在整個事件中表現出的勇氣和智慧卻給人留下了深刻的印象。漢朝被匈奴欺負了那麼多年，正因為有他倆這樣始終不肯認輸的人，才保全大漢翻身的機會，比南宋還有東晉的偏安政權更令人欽佩。

王恢謀劃匈奴一輩子，就連最後的死也是自己預料中的「以身許國」，他沒有為了保全自己而盲目葬送三萬軍隊和往後的士氣。為了大漢對抗匈奴事業的大局，他一肩承擔所有責任。

而聶一作為一個商人，本來這些軍事上的事情和他完全沒有關係，漢匈和親他甚至可以繼續在邊郡賺錢，可他居然主動想出如此冒險的計策來為國家出力，這是何等的英雄氣魄！最後雖然功虧一簣命喪胡虜，可他的膽識注定流芳千古。

值得一提的是，三國時期曹操手下的大將張遼正是聶一的後人。張遼在合肥大破吳軍，威震逍遙津，所仰賴的正是無與倫比的膽略，和他的祖先倒也一脈相承，不負先人的威名。

第七十四章 田竇之爭

　　「馬邑之謀」後，漢武帝沒有馬上發起對匈奴的第二波攻勢，而開始處理朝中事務。「攘外必先安內」，要想一致對外，首先要解決長安城內兩大外戚勢力竇家和王、田二家的矛盾，祖母的家人和母家的人此時已經勢如水火了。

　　其實竇太皇太后去世，最高興的不是漢武帝，而是他的母親王太后。

　　王太后從做美人開始就小心謹慎，暗中謀劃兒子的太子之位。後來漢武帝即位，由於有太皇太后的存在，她還是一忍再忍。忍了竇家這麼多年，現在終於輪到她當家作主了。竇家囂張的時代已經過去，現在該換她們王家上台了。

　　太皇太后去世後，武帝本想讓竇嬰做丞相，無論是能力還是威望，竇嬰都是不二人選，可他的這個提議遭到了母親的強烈反對。

　　王太后的境界比起竇太皇太后還是差遠了，她腦中沒有太多的國家大事而只有自己家族的利益，她不明白竇家張狂了這麼多年，為什麼太皇太后那個老太婆都去世了還要讓竇嬰做丞相，她強烈要求武帝立田蚡為丞相。

　　田蚡之前介紹過了，是王太后同母異父的弟弟，也是漢武帝的舅舅，有些才能，但為人狡猾且毫無道德觀，雖然當初在幫武帝奪太子的事情上貢獻頗多，但真正要讓他處理國事，還是難以信任。

　　那時漢武帝剛剛親政，拗不過自己的母親，只得封田蚡為丞相，而竇嬰則開始賦閒隱居。

　　竇嬰在朝中已經沒有地位，等於竇家的勢力也沒有任何保障了，於是迅速敗落。

「屋漏偏逢連夜雨」，此時竇家另一個勉強可以算是靠山的皇后陳阿嬌也出了事。

漢武帝專寵衛子夫，之前還看在祖母的面子上偶爾寵幸一下陳阿嬌，現在祖母走了，他就對陳阿嬌一點興趣都沒有了。如此時間一長，以陳阿嬌的脾氣自是受不了，可她沒有外祖母替自己作主了，母親館陶長公主也被漢武帝小整了兩下不敢出頭，覺得自己實在委屈的陳阿嬌居然玩起了巫蠱。

所謂的巫蠱是古時候封建迷信的產物，弄一個稻草人在上面寫著某某某的名字，然後透過一些法術對這個人進行詛咒。

漢武帝很迷信這些怪力亂神的東西，從他那麼喜歡找各式各樣的方士就可以看出來。後來漢武帝甚至把自己的大女兒——就是和衛子夫生的第一個孩子——嫁給了一個叫欒大的方士。

既然這麼相信這些，漢武帝當然對巫蠱恨之入骨，四十年後漢朝的大動盪「巫蠱之禍」也正是由他的多疑而引起。當漢武帝聽說陳阿嬌用巫蠱詛咒衛子夫的時候，非常生氣，對結髮妻子毫不留情，讓手下最厲害的酷吏張湯去審查陳阿嬌。

漢朝的皇帝都喜歡用酷吏，景帝時期有郅都、寧成，但這都還是小規模的，武帝將這種傳統發揚光大，培養了一大批酷吏，而張湯就是其中有名的一個代表。傳說中張湯對皇親國戚從不手下留情，而且治罪的時候只要武帝想讓他判什麼罪，他就能透過各種變態的手段判成那個罪。雖然張湯後來因為討好武帝而當了御史大夫，代管丞相的事務，但也因此得罪了朝中一幫人，最後落個自殺的下場。不過張湯的後人卻享盡他的福，皆受到皇帝的照顧，張湯兒子張安世後來和霍去病的弟弟霍光一起立宣帝，位極人臣，張家也一直興盛到西漢末年。

漢武帝讓張湯這種大酷吏去查陳阿嬌，就好像當年景帝讓郅都去查劉榮一樣，意思很明顯：不要留面子，往死裡查。

張湯心領神會，當然他沒有像當年郅都查死劉榮那麼狠，郅都的下場他也是知道的，他只有殺光陳阿嬌身邊三百多個人、唯獨留下陳阿嬌而已。武帝廢黜陳阿嬌的皇后寶座，把她貶到長門宮。到了長門宮以後，陳阿嬌基本上就真的沒見過武帝了，實在無聊的她後來還找大文人司馬相如，寫了一篇很有名的〈長門賦〉，希望武帝能夠回心轉意，但顯然這一切都是徒勞。

　　當初漢武帝需要她的時候，她毅然決然地站在母親和外祖母這邊，甚至處處打壓自己的丈夫，失去了能和武帝和睦共處的機會；如今武帝強勢了，又怎麼可能再回頭可憐她？

　　和竇家的寥落完全不同的是，王家和田家興盛到了極致。

　　田蚡當了丞相後卻不做正事，專職貪汙，他修建的住宅比所有官員的都好，園林也都是膏腴之地。田蚡從各縣買來的物品、美女、金玉、狗馬更是無可勝數。

　　田蚡每次進宮奏報政務，坐在那對武帝一說就是大半天，所有的意見都被武帝採納；田蚡推薦的人，有的從平民百姓直接做到二千石的大官，他完全代替了皇帝行使官員的任免權，武帝甚至已經不滿地說：「您的官吏任命完了嗎？我也想任命官吏。」還有一次，田蚡請求把考工官府的土地撥給他一點，讓他擴建住宅，武帝憤怒地說：「您為什麼不直接要武庫！」這之後，田蚡才稍微收斂一些。

　　「馬邑之謀」後，迅速躍升的田蚡和已經衰落的竇嬰起了衝突。當初竇嬰做大將軍的時候，田蚡不過是個郎官，像子姪一樣侍奉竇嬰，如今他顯貴了，就開始不把竇嬰放在眼裡。

　　田蚡喜歡養賓客，當年竇嬰興盛的時候也喜歡養賓客，此時竇嬰失勢，門下很多賓客都去投奔田蚡了，只有灌夫還一直不肯離開，像對待父親一樣對待竇嬰。

　　灌夫的父親原本姓張，叫張孟，後來拜了灌嬰為義父，所以改姓為

漢武帝元光三年至元光四年　西元前一三二至前一三一年

灌。灌嬰是劉邦時期排名前十的將軍，文帝時期任過丞相和太尉。「七國之亂」的時候，灌孟和灌夫一起出征，灌孟當時已經年老，戰死沙場。漢代的法律規定，如果父子一起出征，有一個死了，另一個可以申請返鄉辦喪禮。但是灌夫性子急，嚥不下這口氣，堅持不肯回鄉，反而說：「我要取吳王手下若干將軍的頭來報父仇！」後來，他帶了十幾個人衝到吳軍中間殺傷數十人，他自己身上受了十幾處重傷，幸好有價值萬金的良藥才挽回一命。等到灌夫傷剛剛好了一點，他又要求主動出戰，周亞夫欣賞他的英武，沒有讓他去，但灌夫也因此名揚天下。

後來灌夫歷任代國國相、燕國國相，現在也罷官回到了長安。

有一回灌夫遇到田蚡，田蚡隨口對他說：「我明天打算去魏其侯家一趟，你去通知一下。」魏其侯就是竇嬰，灌夫一聽，馬上和竇嬰說。竇嬰一聽丞相要來，從夜裡就開始打掃屋子，早早買好酒肉等田蚡來，可到了中午，田蚡還是沒有來。灌夫直接去田蚡府上問，田蚡之前對灌夫只是戲言，根本沒放在心上，等到灌夫去找他的時候，他還在睡覺，便推說昨天喝醉了，忘了之前說的話。後來田蚡起身去竇嬰家，卻又故意走得很慢，灌夫心裡對田蚡的不滿越發厲害。

到了竇嬰家，喝酒的時候灌夫起身給田蚡敬酒，田蚡卻不起身，灌夫很不滿，覺得他看不起自己，當時就破口大罵，幸好馬上被竇嬰拉開，但田蚡心裡已經不高興了。

後來田蚡看上竇嬰城南的一塊地，向他討要。竇嬰的性格就是表面上很喜歡韜光養晦，但其實骨子裡的傲氣仍存，他受不了田蚡這樣欺負自己、公然索賄，就說：「我雖然沒落，將軍雖然尊貴，但也不能這樣仗勢欺人！」於是拒絕了田蚡。

田蚡大怒：「魏其侯的兒子曾經殺人，還是我救了他的命，沒想到連這點田地都不肯給我？那他為什麼給灌夫那麼多田地？」

田蚡開始找灌夫的麻煩，以灌夫家在潁川橫行霸道為由，把他抓了起

來。可是這灌夫也是神通廣大，居然抓住了田蚡一個致命的把柄，使得田蚡不敢輕舉妄動，最後還是放了他。

　　原來當年竇太皇太后還在的時候，武帝不受喜愛，曾經有被廢掉的風險，而那時素有反心的淮南王劉安恰好來長安結交眾臣，田蚡為了給自己留一條後路，就收了劉安好多錢，還和劉安女兒劉陵有了肉體關係，他甚至對劉安說：「如果有一天陛下不測，那麼天下肯定是大王您的。」

　　這種大逆不道的話不知道怎麼傳到了灌夫耳中，如果讓武帝知道這些話，即便田蚡是武帝的親舅舅也必死無疑。

　　這件事可說是田蚡的死穴，現在被灌夫抓住，他只能先忍下來。

第七十五章 遺詔事件

　　就這樣，田蚡和灌夫表面上和解了，誰也不知道這其中到底發生了什麼，連竇嬰也不清楚其中曲折。

　　到了夏天，田蚡娶燕王劉定國的女兒為夫人，大宴賓客，竇嬰要出席，想叫灌夫一起。灌夫本來說他和田蚡有些恩怨就不去了，可竇嬰不知道其中的利害，說冤家宜解不宜結，強行帶灌夫去，想和田蚡打好關係。

　　誰知灌夫這一去就出了禍事。喝酒的過程中，到了田蚡敬酒的時候，在座的所有人都起身表示尊敬，到了竇嬰敬酒的時候，卻只有幾個故人起身，其餘的人都只是點頭示意一下，灌夫的怒火就慢慢上來了。

　　後來，灌夫給田蚡敬酒，田蚡說自己喝多了不能喝滿杯，就只舉了一個半杯，灌夫生氣道：「將軍是貴人，喝滿杯！」田蚡怎麼也不肯喝，灌夫的怒火越來越旺。

　　這時，灌夫的一個姪子輩的親戚灌賢正在和大將程不識竊竊私語，灌夫憋了一肚子氣無處發，就直接罵灌賢：「你平時說程不識這個破將軍一文不值，現在你的長輩在敬酒，你卻和他像小女孩似的竊竊私語！」

　　灌夫此時確實喝多了，拆自己姪子的台也就算了，那畢竟是晚輩，可居然連程不識的面子都不給了，確實有點不應該。

　　田蚡看到灌夫搗亂，就說：「程不識和李廣兩位將軍是東西宮衛尉，乃是我朝大將，你今天當眾侮辱程將軍，是也不給李廣將軍面子嗎？」

　　所謂的東西宮衛尉，就是負責陛下未央宮和太后長樂宮的侍衛總管，未央宮在西面為西宮，由李廣負責；而長樂宮在東面為東宮，由程不識負責。本來灌夫只是罵灌賢時不小心帶上了程不識，可田蚡這句話不但把李

廣也扯了進來，甚至直接上升到皇帝和太后的層面。

從這短短的一句話就可以看出田蚡心思狠毒，趁著灌夫醉酒要置他於死地。

灌夫酒勁確實是上來了，大喝：「你今天就算砍了我的頭，我也不知道什麼程不識、李廣！」

田蚡又說：「今天這個宴會是太后下令召集的，灌夫如此大鬧是對太后大不敬。」於是馬上傳令讓手下把灌夫抓了起來，將之祕密關押，不讓他與外人相見，準備過兩天就處死。

眼看灌夫要死，竇嬰決定捨命相救，竇嬰妻子勸他：「灌將軍得罪丞相，是與太后家作對，我們一定要救嗎？」竇嬰說：「魏其侯的爵位是我自己打仗得來，不是祖上所傳，我自己丟了爵位也無所謂！」

此時的竇嬰把這場鬥爭想得太簡單了，他哪裡料到，為了救灌夫，他最後搭進去的不止一個爵位，而是竇家一百多人的性命。

竇嬰直接面見漢武帝，說灌夫只是喝醉酒，罪不至死，武帝也覺得有理，但並不想隨便推翻舅舅的案，便說：「我們一起去東廷辯論一下吧！」

於是竇嬰和田蚡在漢武帝面前開始了一場關於灌夫是否要殺的辯論，辯論這種東西控制不好很容易演變成吵架，所以兩人的辯論過沒多久就開始互相揭短，和灌夫反而沒什麼關係了。

竇嬰說田蚡貪汙受賄，公開賣官，擾亂朝綱；而田蚡說竇嬰天天和灌夫一起召集天下豪傑討論謀反，期盼天下有變讓他們立大功。

竇嬰當然不會有這種野心，他受了景帝囑託要保護武帝，最多也就是每天盯著太后、田蚡而已，但當時那種情況，誰也不能完全解釋清楚。

漢武帝問聽辯論的群臣覺得兩人孰是孰非。這兩人都是漢廷重臣，一個是武帝的親舅舅，位居丞相；而另一個雖然已經失勢，但威望極高，武帝也很喜歡他，隨時可能東山再起，所以群臣兩邊都不敢得罪。

漢
武
帝
元
光
三
年
至
元
光
四
年
　
西
元
前
一
三
二
至
前
一
三
一
年

韓安國先說了一堆話，最後把兩人各打五十大板，說兩個人都是對的，還請陛下自行決定；鄭當時起初說竇嬰是對的，後來又不堅定，收回說過的話；只有西漢著名的直臣汲黯還是一貫的耿直，說竇嬰是對的；除了這幾個人以外，其他大臣甚至不敢開口，於是這場辯論的結果最後也不了了之。

順便帶一句汲黯，他名氣還不小，相當於明朝的海瑞和唐朝的魏徵。漢武帝面見大臣，包括丞相、後來的大將軍衛青等等，一般都很隨意，但是見到汲黯一定要穿得整整齊齊。有一次漢武帝穿得不整齊，見到汲黯，馬上躲起來不敢讓他看到。因為漢武帝知道，以汲黯的脾氣，見到他有什麼毛病肯定會嘮叨個沒完，絲毫不留情面。

竇嬰和田蚡的這場辯論最終沒有定勝負，可事後王太后卻開始找碴，她被竇家的人欺負了那麼久，現在怎麼能允許一個姓竇的欺負自己弟弟呢？於是她沒完沒了地要武帝治竇嬰的罪，甚至以絕食要挾。

漢武帝百般無奈之下，只能先把竇嬰抓起來。

這下竇嬰有點急了，只能讓家裡人拿出景帝的遺詔。漢景帝在駕崩之前曾經給竇嬰一道遺詔，上面寫著「事有不便，以便宜論上」。這遺詔的內容就是如果竇嬰以後有什麼急事，可以直接拿著這道遺詔找漢武帝面談，不用經過那些煩瑣的程序。

景帝立下這道遺詔的用意是擔心武帝年齡尚小，怕有人像趙高控制秦二世或者呂后控制少帝那樣控制他，不讓別的大臣見他，這樣大漢的天下就有可能敗亡。而天下最有可能控制漢武帝的就是王太后和舅舅田蚡，所以竇嬰能拿著遺詔直接面見陛下，某種程度上來說算是景帝留下來防備王家、田家等外戚干政的一手。景帝對自己的母親竇太皇太后有信心，卻對自己的妻子王太后沒信心。

竇嬰拿出遺詔後，武帝在宮中查案底，居然沒有發現這封遺詔的備份。漢代的詔書向來是一式兩份，一份給接詔書的人，另一份存在宮中，

這樣可以辨別詔書的真偽，防止有人矯詔。景帝的遺詔當然也是如此。

可為什麼武帝在宮中沒有找到竇嬰所持這份遺詔的備份呢？這已經成為了千古之謎，直到現在也沒個定論，世人有好多猜測，但每個猜測仔細推敲下來好像都不可能。

要說竇嬰真的矯詔應該還不至於，本來就不是什麼大罪，不過是替灌夫說幾句話，即使灌夫保不住腦袋，竇嬰也罪不至死，以他的才智不至於出此下策來矯詔，他一向熟悉政務，又不是不知道所有詔書在宮中都有備份，矯詔可是誅殺全族的大罪，作為三朝老臣，他不可能笨到這種地步。

要說漢武帝故意陷害竇嬰，也不可能。別說竇嬰還是他比較喜歡的人，就算不喜歡，此時竇家失勢，竇嬰也沒有什麼能力挾持自己，沒必要這麼做。何況整個過程中武帝還在極力保護竇嬰。退一萬步說，武帝就算想殺竇嬰，也沒必要用如此狠招來弄死竇氏全族，畢竟那些都是自己的親戚、自己親祖母的家族。

要說是景帝在給竇嬰遺詔的時候忘了備份，這還是不可能。景帝的性格謹慎小心，他臨終前把所有可能威脅兒子的刺都拔了乾淨，又特地留竇嬰來保護兒子，做了那麼多準備，怎麼可能漏了這麼關鍵的環節？

最使人信服的猜測還是王太后在知道竇嬰有這份遺詔之後，趁武帝還沒有查檔案，先利用自己在宮中的方便毀了備份，偽造出竇嬰矯詔的假象。這個說法好像合情合理，王太后確實有這個動機也有這個能力；可事實是，漢代宮中詔書備份都有編號，倘若王太后毀掉這份遺詔的備份，必定會讓中間空一個號出來，這樣就無法瞞過武帝了；如果王太后在這個號上換了另一道遺詔的話，武帝可以去查這份詔書當時發給了誰，再比對一番就能立刻知道真偽。

所以，王太后毀掉遺詔案底的這種說法也不太可能。

那麼歷史的真相到底是什麼呢？

筆者也不知道，所以說這是千古之謎。

漢武帝元光三年至元光四年　西元前一三二至前一三一年

　　矯詔的罪名可不小，竇嬰這下把自己和整個竇氏一族都送上了死路，有了這條罪名，就算武帝有心想保他也保不住了。

　　元光四年十月，灌夫被誅滅全族，緊接著十二月，竇嬰也被誅滅全族。

　　田竇之爭最終以田家全面勝利告終，可是田蚡的下場也不好，不知道是他心中有愧還是有其他原因，過沒多久，田蚡竟然發瘋了，精神失常，又過了一陣子就撒手人寰了。

　　史書上記載，田蚡發瘋的時候，漢武帝找「視鬼者」去看田蚡，視鬼者說看到竇嬰和灌夫在雲中拿鞭子抽他。

　　這當然是封建迷信的說法，但當時視鬼者能夠這麼說，可見在民間或者在輿論上，大家都替竇嬰鳴不平，認為田蚡不得好死。

　　田蚡究竟為什麼突然發生了這麼大的變故？這也是個謎。

　　所以，其實田竇之爭最後並不是田家大勝，而是兩敗俱傷。王太后家族中能人不多，田蚡死後，外朝就再也沒有可以代替她說話的人了，自己控制政局的能力也越來越弱。

　　漢景帝和竇太后擔心的事情沒有發生，他們低估了自己挑選的漢武帝的能力，漢武帝根本不需要什麼人保護，王太后也好，田蚡也好，甚至是竇嬰也好，都不是漢武帝的對手，他們只能是武帝的棋子。

　　田竇兩家兩敗俱傷，最大的受益者就是漢武帝，所有的權貴都走了，再也沒有人能夠威脅他的話語權了。

　　如何評價這件事呢？歷來大家都喜歡站在竇嬰的角度上罵田蚡，其實田蚡固然不是什麼好人，灌夫也是一方惡霸，和他半斤八兩。哪怕正直如竇嬰，其實也是為了自己的利益而爭鬥，不是什麼無辜的小白兔。這就是一次純粹的政治鬥爭，雙方不論對錯，不論正面或反面，沒有所謂的好人和壞人，大家都是為了利益而爭鬥的個體罷了。

　　電視劇《漢武大帝》中也安排了一場武帝和竇嬰在獄中的訣別，和景

帝與晁錯的告別一樣，非常感人，尤其是竇嬰最後的遺言：

「先帝把什麼都料到了，就是有一件事沒有料到。這就是陛下的英明神武和計謀睿智。所以根本就不需要有什麼人來監您的國，護您的駕，臣死，無所遺憾。」

而電視劇中田蚡後來的話也說明了一些問題。

田蚡在竇嬰被族誅之後，問自己的僕從：「殺了嗎？」

僕從回答：「殺了，一百七十三口，午時三刻，腰斬棄市於東市。到了這個地步，起因還不是一塊地嗎？」

田蚡喃喃自語：「你真以為是一塊地嗎？為了一塊兒小小的地，太后會出手，那邊竇太主、皇后也會出手？」

僕從說：「那還是兩大家族之間的事？」

田蚡說：「這事是鬥得有點兒過分，可是當時也是箭在弦上不得不發。竇家是徹底敗了，現在只剩下我們田家和王家，接下來就輪到我們了。陛下再也不是上林苑那個喜歡狩獵、風花雪月的少年人了。咱們攔不住他，匈奴人也攔不住他。我原以為我是他舅舅，是他保護人，但其實我忘記了，咱們都是他的子民。我田蚡苦心經營幾十年，再回首萬念俱灰。」

沒錯，到了這個時候，真的誰也攔不住漢武帝了。

第七十六章 鳳求凰的騙局

　　竇家和田家倒台之後，漢武帝先通西南夷，開拓疆土兩千里。說到開通西南夷，不得不提的就是武帝時期著名的文學家司馬相如。

　　司馬相如的文章寫得好，和卓文君的愛情也是千古流傳，這裡特地說一說。

　　司馬相如本名司馬犬子，字長卿，蜀郡成都人，後來因為非常羨慕戰國時期藺相如的為人，遂改名相如。

　　現在大家一般謙稱自己兒子為犬子，其實最早就是出自司馬相如，他聲名顯赫之後，大家紛紛給自己的兒子取乳名犬子，慢慢就演變成一個習俗，讓所有人都叫自己兒子犬子了。

　　司馬相如年輕的時候喜歡讀書，也學過劍，後來當景帝武騎。但武騎並不是司馬相如喜歡的，景帝不喜歡辭賦，所以他沒有發揮的空間。

　　後來梁王劉武入朝，司馬相如見到鄒陽、枚乘等很多和他有著共同愛好的人，非常高興。他知道梁王喜歡辭賦以後，就以生病為由辭官，到梁國去遊歷，得到了梁王的賞識，並且寫下了千古名篇〈子虛賦〉。

　　梁王死後，司馬相如頓時沒了去處，便回到家鄉蜀郡，因為無事可做，故一貧如洗，家徒四壁。

　　秉著一個客觀態度，筆者不得不說，其實司馬相如這個人除了文章寫得好以外，人品真的很低劣，遠遠比不上當年的賈誼。

　　當然筆者承認司馬相如在文學方面的造詣比賈誼高，但也就只是文學方面而已。

回到蜀郡的司馬相如日子過得非常悽慘，這時候和他交好的臨邛縣縣令王吉寫信給他，說：「你常年在外求官任職，不太順心，可以到我這裡看看。」

　　原來王吉想了一個幫助司馬相如解決自己困境的方法。

　　司馬相如到了臨邛之後，王吉天天大張旗鼓地去見司馬相如，而司馬相如就假裝不見他，司馬相如越不見，王吉就越恭敬。

　　臨邛雖然只是個小縣，但卻聚集了很多大富豪。前面說過，漢代是個重農抑商的時代，大商人一般都是發資源財或者積糧發戰爭財的。臨邛因為有鐵礦，所以造就了漢代一批赫赫有名的富豪，其中最大的兩個是卓王孫和程鄭。

　　卓王孫家裡有八百多個傭人，程鄭家也沒差多少，同是幾百人的排場。他倆聽說縣裡來了一個讓縣令如此敬重的人，就認定是個大貴人，說不定是哪位官侯的親戚或其他聲名遠播的人。像卓王孫和程鄭這樣的大富豪錢已經多得無處花了，但礙於漢代的風氣，他們的社會地位並不是很高，因為有市籍在漢代是幾輩子都除不掉的烙印，就和《水滸傳》裡宋江臉上有刺印一樣，始終是擺脫不了的記號。所以這些商人非常希望透過結交權貴大官或是其他名人來提高地位，司馬相如就這樣被他倆誤認為可以提高自己社會地位的人。

　　也許十幾年後的司馬相如確實有這種地位，但現在的他完全是個無名無業的窮光蛋，他和縣令王吉的一套雙簧就好像現在的詐騙集團，假裝自己是專家學者去騙民眾的錢一樣，引卓王孫和程鄭上鉤。

　　卓王孫和程鄭商量，縣裡來了貴客，我們應該一起去招待他。於是卓王孫帶了一百多人請見司馬相如，結果司馬相如演上癮了，面對卓王孫的盛情邀約，他還是稱病不見。

　　司馬相如越是裝得看不起卓王孫，越是讓卓王孫感覺他是一個高人，於是又拜託縣令王吉去請，王吉親自恭恭敬敬地請司馬相如，司馬相如才

漢武帝元光五年 西元前一三〇年

裝作不得已而勉強去卓王孫家做客。

司馬相如在卓王孫家喝得很暢快，正高興的時候，王吉又開始演戲了，他請司馬相如奏琴，說：「我聽說長卿喜歡彈琴，不妨彈奏一首。」司馬相如假意推辭了幾下後，就彈奏了一首。

當時卓王孫女兒卓文君的丈夫剛剛去世，卓文君成了寡婦回到家中，她喜歡聽別人彈琴，就悄悄躲在後面聽。司馬相如其實早就知道了，他就是針對卓文君來的，於是在彈琴的時候故意用琴心來挑逗卓文君。

司馬相如的這首曲子被後人稱作〈鳳求凰〉，其實在古代傳說中，鳳是雄的而凰是雌的，鳳求凰就是所謂求愛的過程，司馬相如彈奏這個，弦外之音非常明顯。這其中的故事和內容外行人可能聽不出，可卓文君卻肯定能聽出司馬相如琴聲中的意思。

之前司馬相如騎馬來的時候雍容閒雅，卓文君偷偷地看到了。司馬相如的形象如此英俊瀟灑，這時候又展示了一手漂亮的琴技，還在琴聲中挑逗她，卓文君早就對司馬相如芳心暗許了。何況她聽父親說司馬相如是一個大人物，頓時就有了和他交往的心思。

隨後，司馬相如花了不少錢買通卓文君的侍女，開始和卓文君鴻雁傳情。

就這樣，司馬相如和卓文君的感情越來越好，終於有一天卓文君做出了大膽的決定，為了愛情她要拋棄家族，趁夜跑出來和司馬相如私奔，然後一起回到成都。

卓文君夜裡跑出來和司馬相如私奔的故事，倒有些像唐代傳奇「紅拂夜奔」的故事。可不同的是，紅拂女看中的李靖真的是個大英雄，而李靖當時也沒有故意勾引紅拂女，只是自己的英氣在不覺間吸引了紅拂女；而卓文君看中的司馬相如卻是個徹頭徹尾的大騙子，兩人整個相識相愛的過程都是司馬相如事先計劃好的陰謀。

筆者覺得司馬相如和王吉最初的計畫，應該不是要騙卓文君私奔，他

倆花了那麼大力氣，演了那麼大一齣戲，花了那麼多錢（司馬相如自己都家徒四壁了，還重金賄賂卓文君的侍女），絕對不是只想騙這個女人。卓文君即使再漂亮，即使再有才學，也不值得他們如此做，尤其對王吉來說根本一點好處也沒有。且王吉最初是對司馬相如說幫他解決窮困的問題，又不是要解決娶妻生子的問題。

其實，換個角度想，司馬相如與王吉其實就和現代社會常出現的愛情騙子一樣，兩人合作演戲顯得其中一人很有身分，然後接近有錢人家，用花言巧語來騙這個有錢人家的千金，讓她愛上自己。

那麼接下來呢？當然是要騙財了。不是騙得這個女子痴情地給他們送錢，就是等這女子跟了他們之後再向她娘家要錢。古時嫁出去的女兒如潑出去的水，總不能讓她受苦吧？有錢人家往往就只能吃這個啞巴虧，主動送上錢財。

卓文君和司馬相如一起逃到蜀郡後，發現此人一貧如洗，根本是個窮光蛋，頓時後悔萬分，只得回去求助父親卓王孫金援，好讓他們生活。

可是司馬相如的心思沒有那麼容易實現，卓王孫知道自己被騙，惱羞成怒，對所有人說：「我女兒不才！我不忍心殺她，但錢一分都不會給她！」雖然周圍有許多人在勸卓王孫，可卓王孫就是不聽。

這下換司馬相如和卓文君鬱悶了，一個從小錦衣玉食的大小姐，如何能習慣和司馬相如過這種窮苦生活，她對司馬相如說：「我的兄弟都在臨邛，如果他們能夠稍微借我們一點錢，就足以生活了，何至於像現在這樣痛苦！」於是兩人離開了蜀郡回到臨邛縣。

到臨邛以後，他倆又想出一個狠招，先把車子和馬都賣了，然後買了一間酒家，讓卓文君當壚賣酒，而司馬相如身穿圍裙夾雜在店員間洗滌杯盤瓦器。

兩人這麼做顯然不是真的要靠這間酒肆賺錢，如果真的要賺錢，留在蜀郡不就好了，何必大老遠的跑到臨邛來。司馬相如和卓文君如此作踐自

己，就是故意要讓卓王孫難堪，好歹他也是地方財主，據說甚至是當時全國最大的商人，自己的女兒卻在家門口開酒肆，天天拋頭露面地賣酒，這讓他情何以堪。

從卓王孫想主動結交貴人的事情上就可以看出此人特別愛面子，因此對文君當壚這件事深以為恥，乾脆整日不出門，眼不見為淨，耳不聽為清。

這時又有親戚來勸他了：「你就這一個兒子兩個女兒，又不缺錢。現在文君已經許給司馬相如，司馬相如雖然窮，但也算是個能依靠的人才，而且還曾經是我們縣的貴客，何必互相恥辱到如此地步呢？」

這下卓王孫終於想通了，給卓文君送去一百多個僕人、一百萬金子以及當初出嫁時所有嫁妝。卓文君和司馬相如拿到錢後，迅速回到了成都，買了田地和宅邸，成為了富人。

現在大家知道筆者為什麼要深深鄙視他的人格了吧？從他和王吉騙婚卓文君，以及訛詐卓王孫財物這整個過程來看，純粹是一場詐騙，人財兩得的那種，毫無道德感可言，所以「文如其人」這句話有時很有問題。

第七十七章 開通西南

　　成為富人後的司馬相如本來已經無意出仕,想安心待在蜀郡享受生活。可也是因緣際會,他一心求官的時候仕途不順,如今賦閒在家卻意外迎來皇帝的寵信。

　　漢武帝為人好大喜功,喜歡看華麗的東西,文字當然也是越華麗越好,有一次無意間讀了司馬相如曾經寫下的那篇〈子虛賦〉,非常喜歡。因為〈子虛賦〉裡面的內容是以春秋戰國為背景,漢武帝誤以為是古人所著,就感嘆道:「我怎麼沒有和這個人同一時代啊!」

　　此時正好漢武帝身邊有一個養狗的太監楊得意,他也是蜀地人,知道這篇文章為司馬相如所寫,就對漢武帝說:「這其實是臣的同鄉司馬相如所寫。」

　　漢武帝大驚,馬上派人把司馬相如從蜀郡給召來,親自問他這篇文章是不是他所著,司馬相如看出漢武帝喜歡這類風格的文章,便說:「這是我寫的,寫的是諸侯的事情,不足以讓陛下觀看,請讓我為您寫一篇有關天子遊獵的辭賦。」

　　於是司馬相如又現場作了一篇新賦,算是〈子虛賦〉的續集,叫做〈上林賦〉。兩篇賦不但內容相接,文字辭藻也一樣華美壯麗,武帝非常高興,立刻封司馬相如為郎官。

　　〈子虛賦〉和〈上林賦〉兩篇賦的內容說白了很簡單,就是司馬相如假託了三個虛構的人「子虛」、「亡是公」和「烏有先生」,透過他們三人的對話發揚節儉的風氣,而文章的亮點就在於三人對話時極度華麗的辭藻。

　　司馬相如給漢武帝當了幾年郎官,也算是漢武帝「智囊團」成員之一,

不過對於政事，他發表的意見似乎也沒有特別突出的部分，主要還是負責寫這些欣賞用的文章。

可司馬相如就是運氣好，雖然他並不是智囊團中最厲害的那個，建下的功績卻不比任何一個人小，這和他蜀郡人的身分有關。

當初王恢出征閩越時，曾經派番陽縣縣令唐蒙去南越國說明自己的進軍路線，南越國的人拿出了蜀地所產的枸醬，唐蒙就問這是什麼地方弄來的，南越人告訴他：「是從西北方向的牂柯江運來的。」唐蒙回到長安，又問蜀地的商人，商人說：「只有蜀地出產枸醬，許多人私自帶著它出境賣到夜郎去。夜郎靠近牂柯江，牂柯江寬一百多步，行船毫無問題，可以直達南越。」

於是唐蒙知道了西南還有個叫夜郎的國家，而且透過夜郎可以從蜀地直接到南越，而不用先繞道走長沙，從豫章再往南越前進。

唐蒙上疏告訴武帝，如果以後皇帝想攻打南越，還得從長沙、豫章出兵，那條路水路大多不好走。可如果漢朝現在打通夜郎，就可以從夜郎出兵到南越，從牂柯江直接順流而下。

唐蒙的這個建議本來只是軍事準備，可大漢朝卻因為這條建議開疆拓土兩千餘里，不但對南越諸國（現在的廣西和廣東）加強了控制，還正式聯繫到現在雲南和貴州地區的祖先，讓中華文明的影響力更加擴大了一步。

漢武帝任命唐蒙為中郎將，讓他帶著一千多名士兵和一萬多個農夫經過巴蜀兩郡，進入夜郎國。

夜郎國本身不大，但困在一隅的他們卻因為看不到外面的世界而自以為自己很大，就問漢朝的使者：「夜郎和漢朝誰大？」等漢朝的使者到了夜郎旁邊的滇國後也遇到了這樣的問題，於是就誕生了「夜郎自大」這個成語。

當然，滇國和夜郎國最終還是見識到了漢朝的實力，自願成為漢朝的郡縣。雖然成為了郡縣，可兩國和漢朝還是道路不通，唐蒙也算比較有見

識，為了加強管理就開始修路，為此徵發了巴蜀兩郡許多士卒。

當時參與修路的有數萬人，許多士卒逃跑，唐蒙不知道如何安撫，索性來硬的，用軍法誅殺逃亡的士兵首領，巴蜀的百姓因此十分驚恐。

武帝得知此事，覺得唐蒙做得太超過了，剛好他又想慢慢地把自己的智囊團成員推到地方上任職，積累基層經驗。司馬相如是蜀郡人，在巴蜀兩郡比較容易得到人民的認同，便派他去糾正唐蒙的做法。

司馬相如接的任務可比嚴助那個要容易得多，完成起來沒什麼難度，不但巴蜀兩郡的老百姓很快平靜了下來，西南夷那些小國家也爭先恐後地給漢朝當屬國，因為他們可以得到好多從漢朝來的、從未見過的好東西。

不但如此，司馬相如還順道「衣錦還鄉」，在鄉親父老面前好好地風光了一把。

司馬相如拿著皇帝的使節，又是中郎將的身分，蜀郡的太守都得親自到郊區去迎接他，縣令只能背著弓箭在前面開路。卓王孫和臨邛的諸位父老紛紛憑藉關係到司馬相如門下，獻上牛和酒，和他一起暢敘歡樂之情。

卓王孫總算認可司馬相如這位女婿了，感嘆女兒太晚嫁給他。多年來想要提升自己社會地位的心願終於實現了。於是，他又分了好多錢財給卓文君，卓文君最終分到的家產甚至和他弟弟（也就是卓王孫唯一的兒子）一樣多。

司馬相如回到長安後，把最後的結果全都報告給漢武帝，他的一篇〈難蜀父老〉以解答問題的形式闡述了和少數民族相處的道理。

和嚴助一樣，司馬相如風光之後就變得不可一世，妄自尊大，沒過多久就因被人告發貪汙受賄而免了官職。

晚年的司馬相如又出來做官，他雖然文章寫得好，卻有口吃的毛病，所以不太願意和王公大臣當面討論國事，只能經常稱病在家不去上朝，透過寫文章勸諫的方式來表達自己對國事的意見。

後來司馬相如道德感更加敗壞，渾然忘記自己在窮困之時是如何透過和卓文君的婚姻渡過難關的，開始宿娼納妾，不怎麼理會卓文君。卓文君當年能夠那麼大膽的私奔，可見也不是個好欺負的女子。你司馬相如不是很會寫文章嗎？我就以其人之道還治其人之身，也寫一篇來對付你！

於是卓文君寫了一篇名叫〈白頭吟〉的詩來諷刺司馬相如，讓司馬相如負心郎的惡劣行徑千古流傳，不比當初司馬相如向她求愛時的〈鳳求凰〉名氣小。

下面就是〈白頭吟〉的全文：

「皚如山上雪，皎若雲間月。聞君有兩意，故來相決絕。今日斗酒會，明旦溝水頭。躞蹀御溝上，溝水東西流。

淒淒復淒淒，嫁娶不須啼；願得一心人，白頭不相離。竹竿何嫋嫋，魚尾何簁簁。男兒重意氣，何用錢刀為！」

另外，也附上〈鳳求凰〉的全文：

「鳳兮鳳兮歸故鄉，遨遊四海求其凰。時未遇兮無所將，何悟今兮升斯堂！有豔淑女在閨房，室邇人遐毒我腸。

何緣交頸為鴛鴦，胡頡頏兮共翱翔！凰兮凰兮從我棲，得托孳尾永為妃。交情通意心和諧，中夜相從知者誰？

雙翼俱起翻高飛，無感我思使余悲。」

總結一下司馬相如這個人，人品一般，甚至可以說是不好，但後半輩子實在運氣不錯，先是透過卓文君搖身成了富人，後又得到漢武帝的賞識建下功業。

不過司馬相如的文章確實寫得不錯，比賈誼還厲害一些，司馬遷在《史記》裡全文收集了他許多文章，也算是對他的認可。

司馬相如的文章往往文字華麗之至，講究聲音、色彩的變化。他還充分利用了漢字字形構造的特點，在字形排列上給人強烈的視覺刺激，比如

會有幾十個山字頭、魚字旁、草字頭等的連用，別出心裁。

第七十八章 主動出擊

劉邦平城大敗後，漢朝蟄伏七十多年，經過高帝、高后兩代的忍辱負重，經過文帝、景帝兩代的休養生息，經過漢武帝「馬邑之謀」的嘗試，終於，漢武帝元光六年，西元前一二九年，漢朝又一次主動向匈奴發起挑戰。

和「馬邑之謀」把匈奴人騙進埋伏裡不一樣，這次漢軍兵分四路，走出長城主動求戰，而且四路全是清一色的騎兵兵團，漢朝步兵被匈奴人騎兵羞辱的時代已經一去不復返。

此次漢武帝讓驍騎將軍李廣出兵雁門關，輕車將軍公孫賀出兵雲中郡，騎將軍公孫敖出兵代郡，車騎將軍衛青出兵上谷郡，四人每人各帶一萬騎兵，打出長城，攻擊屯兵在邊關貿易市場附近的匈奴軍隊，以此來保障漢朝邊關貿易的穩定。

這四位將軍承擔了漢朝第一次出擊匈奴的重要任務，自當是漢武帝極為信任的人。

另外，值得注意的是，這次出擊漢武帝挑選的幾乎都是年輕將領，只有李廣年紀稍微大一些，約五十多歲，其餘三人都不超過四十，衛青甚至還不到三十。四人中衛青和公孫敖都是第一次作為將軍獨立帶兵出征，他倆之前都是漢武帝的近身侍衛，沒有和匈奴交鋒過。

喜歡用年輕人是漢武帝的傳統，這次他就棄用了景帝時期和李廣齊名的另一位名將程不識，以及之前出擊南越有功的韓安國。

當然，程不識和韓安國被棄用有可能是受了之前田竇黨爭的影響，程不識是竇家的人，太皇太后生前一直由他負責其寢宮安全；而韓安國是武

安侯田蚡推薦給漢武帝的人。

當然，漢武帝沒有用程不識和韓安國，更多還是考慮此次主動出擊是純騎兵戰，和之前漢朝幾十年防守匈奴的方式大不相同，年輕人能夠更快地接受新的方式，成名的老將反而適應得慢。就像現在很多游泳教練在教人游泳的時候更喜歡那些沒有基礎的人，一張白紙遠比那些自己會一些、但有很多難以改正的錯誤習慣的人容易教好。

接下來詳細介紹一下這四位將軍。

公孫賀，字子叔，北地義渠人，本身就是胡人的後裔，他父親公孫昆邪在景帝時期任隴西太守，後來也參與平定「七國之亂」。

公孫賀年輕時就隨軍出征匈奴，立過一些戰功，後來成為太子舍人，算是武帝當時導師團的成員，專門給漢武帝講一些戰爭知識。

既然是太子黨的人，漢武帝即位之後公孫賀自然水漲船高了。當時衛青的三姐衛子夫受寵封為夫人，又誕下了皇子，衛青也逐漸在漢廷中嶄露頭角，這一系列的舉動引起了皇后陳阿嬌以及皇后母親館陶長公主的嫉妒，幾次想謀害衛家。漢武帝欲保住衛家，因此想讓衛家結識更多貴族，便把衛子夫、衛青的長姐衛君孺嫁給了公孫賀。

這樣一來，公孫賀和漢武帝成了連襟，都成了衛青的姐夫。

衛子夫的得寵真可謂一人得道，雞犬升天，不但弟弟衛青因此發達，大姐衛君孺嫁給了公孫賀，二姐衛少兒也嫁給了陳平的曾孫陳掌。衛少兒婚前原是平陽侯府中的侍女，和縣吏霍仲儒育有一私生子，霍去病在衛青和衛子夫的培養下也成了一代名將。而霍仲儒和自己後來娶的妻子生下一個兒子霍光，後來也被霍去病帶到皇宮裡，成為漢朝一代名臣。漢武帝駕崩前託孤四個大臣之首就是霍光，他在漢昭帝和漢宣帝期間掌管全部朝政，幾乎當了大漢二十年實際上的皇帝。

有時候大家族就是這樣憑藉子嗣和聯姻的關係逐漸壯大的，歐洲中世紀時主要國家的皇族、貴族之間基本上都是這種關係，算來算去所有人都

是一家人，三國時期曹操、劉備、孫權三家也可說是透過各種聯姻關係而成的一個大家族。

歷來政治都是如此，無非東方西方，古今皆同。

當然，大家族中出能人的機率固然高，出敗類的機率同樣也不小，比如公孫賀和衛君孺的兒子公孫敬聲，後來衛家的衰敗和他也有點關係，他和衛子夫的女兒陽石公主私通（兩人是表兄妹，以現代的觀點來看是亂倫，在當時只有堂親間才算）被人告發，還被抓到他們在用巫蠱之術。

前面提過漢武帝非常厭惡巫蠱之術，當時衛青、霍去病都去世了，衛子夫年老色衰不受寵，其子太子劉據又不被漢武帝喜歡，衛家本來就岌岌可危，公孫敬聲和陽石公主這麼一鬧直接加速了衛氏一族的敗亡。

第二個將軍公孫敖，他曾經救過衛青一命。當初公孫敖和衛青一樣都是漢武帝身邊的侍從，衛家剛剛興起的時候，館陶長公主不敢直接找衛子夫的麻煩，就派人把衛青抓起來想偷偷暗殺，結果公孫敖聽到消息後和幾個壯士一起搶救衛青，把他從鬼門關給拉了回來。

公孫敖一生的戰績不是很好，雖然立過功封過侯，但也戰敗丟過官職，後來元狩四年漠北之戰時李廣的死也和他有點關係。

當時李廣年紀已經很大，特別想打前鋒，可一來武帝悄悄吩咐衛青，李廣年紀太大不要讓他擔任先鋒；二來衛青想讓公孫敖打前鋒來立功，所以最後給李廣安排了一個側翼包抄的任務。結果李廣在側翼包抄時迷路了，沒有準時到達目的地，觸犯了軍法。李廣脾氣倔強，不想因為自己迷路連累他人，也不想被那些刀筆小吏審問，讓他受到屈辱，所以直接自殺了。

當然公孫敖後來的命運也挺悲慘，他屢戰屢敗被判處死刑，詐死逃到民間，漂泊了五六年，最後還是被抓了起來，同時還被發現他的妻子也從事巫蠱之術，最後被誅殺全族。

第三個介紹衛青，這是衛青一生七次出擊匈奴的第一次，也是他打響

名號的一次，後來他屢屢取得大捷，官拜大司馬大將軍，不但自己封侯，自己手下的將軍封侯，甚至是他襁褓中的三個兒子都封了侯，父子加起來戶數有兩萬兩百戶，堪稱西漢之最。霍去病一萬七千戶比衛青的一萬六千戶多，但是他沒有封侯的兒子，所以加起來要少一些；而張良的三萬戶因為最後推辭，所以也不及衛青。

衛青的一生傳奇，他是平陽縣縣令鄭季和平陽侯家侍女衛媼的私生子，小時候跟著父親生活，隨父親姓鄭，整日被父親的妻子和其他嫡子欺負，從不把他當家人，像對待畜生一樣對待他。小時候有人給衛青看相，說他是貴人，未來會封侯，鄭青絲毫不信，笑著說：「我是個奴隸命，能夠免遭鞭打和辱罵就滿足了，怎麼可能封侯？」

鄭青長大以後，主動脫離父親來找母親，到平陽侯府做騎奴，改姓為衛。

平陽侯就是劉邦時期功勛排第二的同鄉曹參的爵位，此時的平陽侯曹壽是曹參的曾孫，娶了漢武帝的姐姐平陽公主。而衛青就是平陽公主的騎奴。

曹壽後來因病陽痿，不能和平陽公主行房事。漢代從館陶長公主開始，公主養男寵的風氣就比較興盛，館陶長公主的男寵董偃當時可謂人盡皆知，連漢武帝都曾經勸她收斂。

衛子夫能被漢武帝寵信那麼多年，接連生下三女一子，相貌應該很漂亮，衛青是她同母異父的弟弟，長得自然也不差，而且衛青有本事，能文能武，性格溫順謙恭，是很受女人歡迎的類型。所以衛青後來被平陽公主看上而侍寢，發達以後更正式與公主成婚。

衛子夫當時在平陽公主家做歌女，漢武帝剛即位的時候來平陽公主家喝酒，平陽公主給他獻了好多美女（平陽公主和姑姑館陶長公主都經常給皇帝弟弟獻美女），結果漢武帝都看不上眼，獨獨相中了在一旁唱歌的衛子夫。

於是平陽公主讓衛子夫去服侍漢武帝，漢武帝在上茅廁時寵幸了衛子夫，第二天就把她帶回宮，也順道捎上了衛青。

後來衛子夫越來越得寵，衛青也憑藉著自身本事地位越來越高，此次就是他第一次出征。

再往後衛青連敗匈奴，官拜大將軍，平陽公主就以平陽侯曹壽身體有恙為由和曹壽「離婚」，向漢武帝要求正式下嫁衛青，於是兩人最終真正地成了一家人。元狩四年漠北大戰時，衛青攜帶的四個部將除了公孫敖、李廣、趙食其以外，最後一個就是平陽公主和曹壽之前生的兒子曹襄，這點很有趣。

最後一個說「飛將軍」李廣。

無論是此次元光六年出征前，還是兩千年後的今天，李廣都是四位將軍裡頭名氣最大的。且不論他和衛青的功績相比到底如何，在歷朝歷代李廣的名氣都不比衛青小，這應該和司馬遷的力捧有很大關係。

我們仔細看《史記》和《漢書》中在衛青和李廣兩人在記載上許多小區別，就可以發現司馬遷是捧李廣而貶衛青的，與此相反，班固捧衛青而貶李廣。司馬遷崇拜李廣天下無雙的英雄才氣，感嘆他一生命運的悲壯，而看不起衛青的圓滑和仰賴姐姐的關係而發達；班固則是從實際角度出發，看重衛青對漢朝立下的功績，直言李廣雖然名氣大，但實際上沒有多少戰績。

李廣是射箭世家出身，精通箭術，這點毋庸置疑。不過也正因為李廣太過依賴自己射箭的功夫，所以經常因此戰敗，他總想把敵人放得近一些，然後更好地射殺他們。

用現在的話來說，李廣身上其實有著很重的個人英雄主義，為了表現自己而犯下錯誤害苦大家，公孫賀的父親公孫昆邪就說他「才氣天下無雙」，但「自負其能」。

李廣一生不是沒有受過重用，他歷任七郡太守，還當過郎中令和衛尉

漢武帝元光六年　西元前一二九年

等九卿高官，負責皇宮戍衛和皇帝的安全，如果這還不算重用，那麼整個漢朝就沒幾人有受重用了。

可李廣一輩子沒有封侯也是事實，其中的原因絕對不是他說的自己曾經殺了投降的士兵，所以老天要懲罰他。李廣沒有封侯的悲哀其實是因為漢朝特殊的功勛體系，以及漢武帝為了大局著想而經常犧牲他。

漢朝的戰功體系既簡單又客觀，他們不看中個人打贏的仗有多少策略意義，也不看中個人完成了多麼高難度的任務，所有評判功勞的標準就是一個：拿你殺敵的人數減去你損失的人數，數字越大功勞越大，數字為負你就有罪。

這種計算功績的方法顯然有失公允，乘勝追擊時殺敵一千和防守重要陣地面臨敵方主力猛攻時殺敵一千顯然價值是不同的，這樣的體系意味能不能封侯不取決於個人本事多大，而取決於個人是否可以分到一個可以多殺敵的「美差」。

李廣不巧一輩子都沒有分到這種「美差」，因為他飛將軍的名氣太大了，也是受這聲名所累，加上有衛青在，他又一直當不了主帥，所以打了一輩子給主力部隊策應、吸引敵方火力、救援危難的防守地等吃力不討好的仗。

其實李廣在漢匈戰鬥中非常關鍵，他經常受到幾倍於己的匈奴大軍圍攻而沒有被擊潰，可是這樣的情況顯然也不可能多殺多少匈奴，墨守成規的漢朝封侯體系就是不給他封侯。

每場戰役下來，所有的功勞都被衛青搶去了，衛青殺敵無數，封侯拜將，甚至連衛青的部下也有十幾人封侯，這其中就有李廣的弟弟李蔡，搭上衛青的順風車也得以封侯，反而本事更大的李廣因為一直打策應仗而封不了侯，這些鬱悶也是李廣最後自殺的誘因。

第七十九章 龍城大捷

　　元光六年的出征因為是漢軍的第一次，所以也沒有安排什麼主力和策應。衛青、李廣、公孫賀、公孫敖四人完全一樣，一樣的兵種配置，一樣的兵力，一樣的任務，可是一打起來，李廣不知不覺就成了吸引匈奴火力的那一支。

　　匈奴人一看漢朝主動四路出擊，肯定要打聽誰是主帥。公孫敖、衛青是第一次出征，公孫賀之前也沒什麼名氣，只有李廣是威震匈奴的「飛將軍」，他們當然把所有目光都盯在李廣身上，集中所有主力攻打李廣這一路，而對其他三路都只派小支部隊騷擾。

　　這下李廣慘了，被匈奴大軍團團圍住，最後拼到全軍覆沒，沒有一個士兵活下來，而自己也被匈奴人活捉。匈奴人敬佩李廣的威名，軍臣單于就像長坂坡上曹操一定要活捉趙雲一樣，下了一個必須活捉李廣的軍令，他想親眼看看這位聞名天下的飛將軍。

　　可就是這個命令，最後讓李廣逃了出來，飛將軍哪能這麼輕易被人抓走。此時的李廣雖然已經五十多歲，但身手依舊非常矯健，匈奴人把受傷的李廣放在兩匹馬中間，讓他躺在一個用繩子結成的網袋裡。李廣一開始裝死，走了十幾里地，他斜眼看到自己旁邊有個匈奴少年騎了一匹好馬，就突然縱身一躍，跳上那個少年的馬，把少年推了下去，策馬揚鞭往回跑。一開始匈奴幾百騎兵在後面緊追不捨，那少年的馬上有弓箭，李廣就一邊跑一邊回頭射，他的箭術天下無雙，一箭射出去必定要死一個人，所以這些騎兵漸漸地就不敢再追，同時也怕誤殺了李廣，最終讓他逃了回去。

　　李廣一路全軍覆沒，公孫敖和公孫賀的兩路也都沒有占到便宜。

　　公孫賀出了長城之後一直沒有見到匈奴人，走著走著自己就害怕起

來，打慣防守戰的他還是不習慣這種新的方式，怕走得太深被匈奴全數殲滅，於是又乖乖地退了回來。漢武帝不敢任用老將是對的，越是經常與匈奴交戰的老將越會有這種膽怯，反而不如沒有戰鬥經驗的年輕人敢拚敢打。

公孫敖倒是遇到匈奴了，雖然對面沒有圍攻李廣的部隊戰鬥力強，但也不差，激戰一場損失了七千人，也撤了回來。

漢武帝四路兵馬出擊，一路被全數殲滅，一路損失七千人，一路沒有遇到匈奴自己跑回來，眼看一場比「馬邑之謀」還要大的恥辱就要降臨，衛青卻給了意外之喜。

和公孫賀一樣，衛青出塞後沒有遇到匈奴人，但他沒有畏畏縮縮，急於立功的他全速闖進匈奴腹地，最終深入到匈奴人的聖地龍城。

之前提過，匈奴人土地廣闊，部落分布極為分散，每年他們要進行兩次集會定下一年所有大事，一次是小會於單于王庭，另一次就是大會於龍城。龍城是匈奴人埋葬祖先的地方，也是大會時祭天的地方，其地位就像耶路撒冷之於伊斯蘭教，絕對不允許一般人隨意冒犯。

而衛青就這樣在匈奴人的眼皮子底下大規模地打到了龍城並進行屠城，等到匈奴大軍得知這一消息回頭來救的時候，衛青早已揚長而去。

匈奴人之所以會吃這麼大一個虧，一方面是因為沒有料到衛青這種靠關係攀升的皇帝小舅子，會有這種膽量和決心帶著大軍深入匈奴腹地，另一方面也是低估了漢武帝培養出來的漢軍新型騎兵的機動力。

從長城快速殺到龍城，然後又快速撤離，這種移動速度是漢朝之前的軍隊所沒有的，衛青是漢軍第一支真正的騎兵兵團將領，他能夠把騎兵速度的優勢發揮到極致，甚至不比匈奴人差。

後來的霍去病速度比衛青還要快，膽子比衛青更大，讓匈奴人更加受不了。

漢武帝此番出擊雖然最後以三敗一勝告終，但考量到衛青、龍城以及

這次勝利的意義，一般還是稱此番出擊為「龍城大捷」。

這是漢武帝一生對匈奴十五次主動出擊的第一次，雖然論解除匈奴威脅的意義，比不上衛青收復河朔，論擴大疆土的意義比不上霍去病攻破河西，論殺敵人數比不上衛青擊破右賢王，霍去病受降白羊、樓煩王，論出兵人數更比不上漠北大戰，但它是無與倫比的第一戰，也是中原政權繼秦將蒙恬之後，八十年來對匈奴的第一勝，非同小可。

這一戰捧紅了衛青，也給了漢武帝信心，繼續傾全國之力與匈奴開戰，之後他連續給予匈奴打擊，直到十幾年後衛青和霍去病各帶五萬騎兵還有五十萬步兵保障供給，越過漠北，和匈奴最後進行大決戰為止。曾經無比強大、橫行無忌的匈奴人最終還是被漢朝徹底削弱了，後來分為南北兩支。東漢時期北匈奴被竇憲趕得無影無蹤、西遷歐洲，而南匈奴也開始依附中原，王族紛紛改姓為劉。

西晉時期，雖然匈奴的後人劉聰發動「永嘉之亂」，毒殺晉懷帝建立了匈奴政權，但是他所帶來的五胡亂華造成了北方民族大融合，最後反讓匈奴這個民族徹底消失，融入了其他民族的血液中。

「龍城大捷」後，衛青自然是步步高升，其他三位將軍也沒有多罰，公孫敖和李廣雖然都因為損失軍隊過多而被判了死刑，但漢武帝也不想真殺他們，讓他們交錢贖了死罪，貶為平民。

漢朝的死罪只要不是上級長官執意要殺你，一般都可以拿錢來贖，這是官方所允許，並不是徇私枉法或貪污納賄。漢朝爵位有三十級，可以用錢買，買三十級爵的錢就可以買一條命，不過由於實在太貴，所以一般人——哪怕是官員——是絕對買不起的。只有高等官員或經常打仗、有不少獎金的將軍才贖得起自己的命。

另外，漢代將軍被貶為平民也不是什麼大事，皇帝只要還記得你，一遇到什麼事還會想起你，馬上就能官復原職。李廣和公孫敖都曾多次被貶為庶民，然後又重新起用。

李廣閒居之後，經常和灌嬰的孫子灌強在藍田南山打獵。漢武帝在上林苑打獵，所以當時其他的大臣閒居之後都經常到藍田南山隱居打獵，一方面悠閒，一方面也離長安不遠，方便隨時回去復職。

　　李廣有一回跟別人在鄉間飲酒，回來時路過霸陵亭。漢代晚上有宵禁，就是晚上過了某個點以後，關閉所有城門，不許通行，只有白天雞鳴後才可以開門。這個習俗從戰國時期就有，齊國孟嘗君「雞鳴狗盜」典故中，那個學雞叫的門客就是用雞叫騙守關的人早點開門讓人通行，這才讓孟嘗君逃出秦國。

　　此時已經夜間宵禁，霸陵亭尉喝醉了酒，就大聲喝斥李廣不讓通行。李廣的隨騎說：「這是前任李將軍。」那個亭尉就說：「就是現任將軍也不能在夜間通過，何況是前任將軍？」就扣留了李廣等人，留宿霸陵亭下。

　　不久，匈奴攻入遼西，擊敗了屯兵漁陽的韓安國。漢武帝重新找回李廣，封他為右北平太守。李廣隨即請求武帝，准許派遣霸陵亭尉一同前去。到了軍中後李廣就把亭尉殺了，然後向皇帝上疏請罪。

　　這種先斬後奏的行為漢武帝當然很不高興，但他還算比較愛惜李廣，順著他沒有多說什麼。雖然當時沒事，但李廣一定也在漢武帝心中留下了心胸狹隘的負面印象。所以，李廣一生的悲劇其實也和他自己的性格有點關係，他和霍去病一樣，雖然有本事，但仗著自己的本事飛揚跋扈、橫行霸道，和一生低調、謹慎謙虛的衛青有些差距。

　　漢興八十年，到此基本就說完了。「龍城大捷」是一個標誌，標誌著漢朝的盛世正式到來，不但內部富庶，對外也開始揚眉吐氣。中年的漢武帝一步步實現自己的宏圖偉業，讓一個無與倫比的大國矗立在世界的東方，也讓「漢」這個國號從此成為整個民族的稱號。

　　從此以後，漢武帝、漢昭帝、漢宣帝創造了漢朝最為強盛的八十年，漢元帝之後才開始慢慢衰落，如果有一天本書出續集的話，那一定是《漢盛八十年》。

第八十章 漢興八十年

　　秦趙同族，俱出大費，高陽苗裔，顓頊之後。非子畜馬，以為諸侯，襄公勤王，方有嬴秦。穆公霸西戎，商君變國法，強秦乃顯。而後張儀連橫以破合縱，范雎遠交而近攻，及至長平一戰，諸侯皆服，雖有魏公子聯軍叩函谷，亦是一時氣盡。

　　始皇一統，海內大同，輕以馬上得天下，而妄欲以馬上治之。當是時，秦人收天下之兵以為金人十二，自以為四海長安，萬世無憂。然而沙丘之變禍起，不過須臾。扶蘇見弒，二世遂篡天下，而後有閹人趙高指鹿為馬，禍亂朝綱。

　　暴秦無道，其勢不可久。陳勝首義，大澤鄉之奮起；劉項承業，楚三戶欲亡秦；是以十八路諸侯爭相起事，坑灰未冷而山東大亂。

　　少府章邯，秦之遺將，以驪山徒人，博嬴氏之回光。其出函谷，一敗周文於關下，二屠陳勝於滎陽，三斬項梁於定陶，致使山東諸侯，望其風而披靡，一時風光無兩，震懾天下。

　　然亡秦之大勢不可逆，遂有曠世項王之驚現，破釜沉舟，一戰而定。其時趙高弒主，將帥心寒，章邯畏己之誅也，故而舉軍獻降。邯之降矣，項王坑秦軍二十萬於野，其罪尤大。

　　初，高帝與項王約為兄弟，勠力向秦。後項王與章邯戰鉅鹿，而高帝間入函谷，遂入咸陽，降秦王子嬰。

　　暴秦亡而劉項爭鋒起，關東復亂五年。

　　田氏兄弟亂山東，怨項王分封之不公，項王往戰，一年乃平，而高帝間隙還定三秦，西出函谷。

項王簒弑義帝，高帝領諸侯聯軍六十二萬入彭城，為項王精兵三萬所劫。項王追亡逐北，聯軍潰敗，一時睢水為之不流。

　　繼而高帝退保滎陽，據險要，食敖倉粟，守成皋。是時項王患梁地彭越，多乏食，故而亦難西進。楚漢遂成相持之勢。

　　楚人韓信，本淮陰少年，嘗屬項王，無所知名，亡楚歸漢，高帝初亦不識，信幾欲覆亡，幸蕭丞相追之而返，薦為大將。

　　韓信將兵，背水破趙，繼而連下魏、齊，而與楚將龍且大戰，盡數滅之。

　　其時天下三分，楚、漢、韓信各得其一。

　　蒯徹說韓信以自立，自此楚漢齊鼎足而三，天下盡在股掌，然信念高帝舊德，不忍背棄，終不發。

　　高帝五年，楚漢鴻溝劃界，中分天下。然高帝食言，集天下群雄併力，圍項王於垓下。一時楚歌四起，項王以天不佑楚，竟自刎於烏江。

　　高皇帝享天下之初，外姓封王者為八數，然後七年，盡皆屠戮。先有車前力士擒韓信，後有平定黥布於淮南，至於盧綰之屬，亦入匈奴。

　　安得猛士守四方，高皇帝提三尺劍斬白蛇而起，戎馬半生，大定中原，其功不可謂不大，然亦有一恥。彼時精兵三十二萬出塞，為匈奴冒頓所敗，困於白登七日，幾欲喪生，後驚惶亡歸，遂行和親之事，開百年羞辱之先河，「以女子易安定」者之謂也。

　　高帝崩而呂后臨朝，其志不在小。囚戚夫人為「人彘」，鴆如意於榻前，得牧朝堂十五載，大封諸呂，殘害劉氏。高帝諸子多遭毒手，惠帝亦復早崩，一時江山易主，大勢難當。

　　及呂后崩，呂氏欲為亂，其時北軍在手，勢大滔天。

　　幸劉氏有齊燕大國興兵於外，朱虛東牟強權於內，諸呂忌憚，一時未決。及至陳平奇計出，絳侯隻身定北軍，朝局逆轉，諸呂見屠。

漢武帝元光六年 西元前一二九年

絳侯迎代王，是為文帝。

文帝即位之初，以宋昌監南北軍，拔群臣有冊立之功者，以周勃、陳平為相，大將軍灌嬰為太尉，復封朱虛侯章、東牟侯興居為王。

齊王襄本意自為帝，忽而群臣迎立文帝，鬱鬱不得志，未久病薨，文帝分齊國為七，遍享齊王兄弟，以彰大功，亦自安之策也。

文帝清明，恭儉持國，與民休息，二十餘載大漢國力復興；其輕徭薄賦、重農抑商亦為善舉；至於廢肉刑、行孝道，開百世之先河，其功尤大。

賈誼弱冠登朝，歲而三遷，以其絕慧震懾朝堂，然為公卿大夫所忌，遂有外放長沙之恨，竟至早逝。其進言，論天下朝局，字字珠璣，其時局勢謂可為痛哭者一，可為流涕者二，可為長太息者六，皆為亂天下治安者。

誼謂諸侯國之危，刻不容緩，削藩一策，勢在必行，文帝不決，雖布置二三，然終未實行。

景帝即位，以原太子家令晁錯為御史大夫，始行削藩之事。

錯為人峭直刻深，行之太急，朝臣無不怨，繼而諸侯亂起，竟至於腰斬。

吳王劉濞坐鎮東南數十年，其子幼時為景帝誤殺，懷怨已久，素有反意。其治吳國，鑄銅山為錢，煮海水為鹽，聚養死士，私練兵士，妄承天下之變。晁錯削吳會稽、豫章郡，吳王遂反，以「誅晁錯，清君側」興兵。

其時吳楚西進戰於梁國，膠西、膠東、淄川、濟北四國圍齊，而趙發於邯鄲。漢以將軍欒布東定齊，以曲周侯酈寄北定趙，以大將軍竇嬰據滎陽，監齊趙兵。太尉周亞夫將漢軍主力往迎吳楚。

吳楚行軍，其鋒至，皆下，所向披靡，無能與其匹敵者，直至梁都睢陽。

梁王劉武，景帝同母弟也，英武過人，誓守睢陽，以張羽、韓安國為將，拒吳楚兵三月。吳楚方攻急，梁王請周亞夫往救，亦告景帝及竇后，

然亞夫堅守不出，抗命再三，幾使睢陽為破。

後，亞夫使弓高侯韓頹當襲淮泗口。頹當，故韓王信子，幼時在匈奴，善將騎兵，出其不意，斷吳楚糧道。

吳楚乏食，潰亂，為亞夫所破，濞亦不得生，其後三月亂軍盡滅。

七國既破，天下大定，景帝立太子劉榮，以竇嬰為傅。

後三年，景帝以劉榮不堪廢之，鴆殺其母栗姬，復以膠東王劉徹為太子，以其母王夫人為皇后。

「蒼鷹」郅都，漢之酷吏，親貴見其皆側目，匈奴亦不敢正視，其治廢太子劉榮，竟至於死。其時刀筆吏橫行，條侯亦不堪於此而絕於獄中，一時朝野皆驚。

後十年，劉徹即位，是為武帝。

武帝尚儒，召賢良方正於殿前，先後有董仲舒、嚴助、東方朔、趙綰、王臧任於駕下。然太皇太后竇氏好黃老之言，把持朝局，故步自封。

太皇太后既沒，武帝親政，太后王氏用事，武安侯田蚡弄權，與魏其侯竇嬰爭於東殿。後竇氏族誅，而武安亦病篤，田竇具衰。

武帝好大喜功，先伐閩越於會稽，後謀匈奴於馬邑，遂開四方之事，至有唐蒙司馬相如展拓西南，廣地千里。

司馬相如，蜀之文人，著有〈子虛賦〉、〈上林賦〉之賦，世所顯名，文君當爐鳳求凰之曲，亦自流傳。

元光六年，漢軍四路擊胡，驍騎將軍李廣出雁門，輕車將軍公孫賀出雲中，騎將軍公孫敖出代，車騎將軍衛青出上谷，軍各萬騎。青至龍城，斬首數百，大捷而還，破其聖地，一戰而匈奴膽寒，揚國威於大漠。

至此則大漢盛世而至。

自始皇崩而至龍城大戰，倏忽八十載，秦亡漢興，多少英雄喟嘆，雲

起雲落，盡在笑談中。

　　贊曰：漢承堯運，德祚已盛，斷蛇著符，旗幟上赤，協於火德，自然之應，得天統矣；而後孝惠內修親親，外禮宰相；高后女主制政，不出房闥，而天下晏然，民務稼穡，衣食滋殖；孝文專務以德化民，是以海內殷富，興於禮義；孝景遵業，至於移風易俗，黎民醇厚漢承百王之弊；孝武初立，卓然罷黜百家，表章《六經》，遂疇咨海內，舉其俊茂，與之立功，有三代之風。（本段摘選自《漢書》）

後記

《漢書》是對我影響最大的書，沒有之一。

我從小就喜歡讀書，不過一直都停留在小說的層面，小學的時候讀遍了稍微有點名氣的明清古白話小說，國中時沉迷武俠，三年的時間把金庸、古龍、梁羽生的作品一一拿下。

到了高中，一次機緣巧合讓我開始讀《漢書》。從此，整個人生和觀念都為之改變了。

那個時候花了五十元買下的《漢書》，雖說也花了一點錢，但當時真的以為這種古老的書籍我最多只會翻一翻，然後就擱到一邊擺個樣子。

誰料想，這一翻竟一直翻到了現在。

也就是從那時起，我開始著迷於歷史，著迷於古典的著作。錢穆先生說文科生做學問要講究「通」，一通則百通。我當然不敢說自己通了什麼，但《漢書》讀得多了之後，它真的為我開啟了一個全新的世界，讓我再讀其他史書的時候感覺輕鬆有趣了許多。

上了經管學院後，慢慢地沒有了當年那種對歷史和古文的執著，因為在這裡要做的事情太多，想做的事情太多，每天都十分忙碌，不知所以。可幾年下來我回頭想一想——不對，那些都不是我要的。

我開始放下包袱追逐夢想，不是專業出身沒有關係，有其他方面的壓力也沒有關係，人總要趁著年輕做一些自己真正想做的事情。

於是就有了這本書。

能讓我的第一本書寫和《漢書》相關的東西實在是太完美了。雖然隨著知識的豐富，我明白了許多《漢書》的缺點，明白它遜於《史記》的地方，但在我心中，《漢書》還是有著不可替代的地位，因為是它替我打開了那扇窗。

本書的緣起是大四那年閒來無聊，我寫了《劉氏血親》在網路上連載，用短短三萬字把西漢皇族劉氏整個兩百年的故事梗概講了講。

後來又過了一年的時間，在《劉氏血親》的基礎之上，我認真地重寫了一遍西漢的故事，投稿的時候只寫到漢景帝的部分，但已經有十七萬字，幾乎已經是全新的內容了，原來類似《史記》中世家的描寫模式也改成了普通故事的敘述方式，名字變為《大漢江山》。

之後我愈發認真，又開始了新一輪的改稿。

這一輪的修改在顧濤老師的指導下進行，相比之前無論是在嚴謹度上還是在條理上都有了大幅度的提升。現在定稿字數已經達到了二十八萬字，敘述的形式也變成了類似《資治通鑑》式的編年體。

從《劉氏血親》到《大漢江山》再到本書，從三萬字到十七萬字再到二十八萬字，從世家到敘事再到編年，每一次變化都是天翻地覆的，著實不易，一路的艱辛難以名狀。

因為全文採用編年的敘事方式，優點在於故事的邏輯和時間脈絡比較清晰，缺點在於對人物性格的凸顯和事件本質的揭露可能不夠。在寫作過程中我也著重關注了人物的性格，不過可能限於本人程度，還是有很多紕漏和不周的地方，還望大家海涵。

軒轅之秋

漢興，自秦末亂世至劉氏崛起的八十年：
從秦火灰燼中燃起的漢家王朝

作　　者：軒轅之秋

發 行 人：黃振庭

出 版 者：沐燁文化事業有限公司

發 行 者：沐燁文化事業有限公司

E－mail：sonbookservice@gmail.com

粉 絲 頁：https://www.facebook.com/
　　　　　sonbookss/

網　　址：https://sonbook.net/

地　　址：台北市中正區重慶南路一段六十一號八
　　　　　樓 815 室

Rm. 815, 8F., No.61, Sec. 1, Chongqing S. Rd.,
Zhongzheng Dist., Taipei City 100, Taiwan

電　　話：(02)2370－3310

傳　　真：(02)2388－1990

印　　刷：京峯數位服務有限公司

律師顧問：廣華律師事務所 張珮琦律師

-版權聲明

定　　價：499 元

發行日期：2023 年 11 月第一版

◎本書以 POD 印製

國家圖書館出版品預行編目資料

漢興，自秦末亂世至劉氏崛起的
八十年：從秦火灰燼中燃起的漢家
王朝 / 軒轅之秋 著 . —— 第一版 .
—— 臺北市：沐燁文化事業有限公
司 , 2023.11
面；　公分
POD 版
ISBN 978-626-7372-11-1(平裝)
1.CST: 漢史
621.9　　112016989

電子書購買

臉書

爽讀 APP